CAMBRIDGE GREEK AND LATIN CLASSICS

General Editors

P. E. Easterling
Regius Professor Emeritus of Greek, University of Cambridge

Philip Hardie
Senior Research Fellow, Trinity College, and Honorary Professor of Latin, University of Cambridge

Neil Hopkinson
Fellow, Trinity College, University of Cambridge

Richard Hunter
Regius Professor of Greek, University of Cambridge

E. J. Kenney
Kennedy Professor Emeritus of Latin, University of Cambridge

S. P. Oakley
Kennedy Professor of Latin, University of Cambridge

AUGUSTINE
CONFESSIONS

BOOKS V–IX

EDITED BY
PETER WHITE
University of Chicago

CAMBRIDGE
UNIVERSITY PRESS

University Printing House, Cambridge CB2 8BS, United Kingdom

One Liberty Plaza, 20th Floor, New York, NY 10006, USA

477 Williamstown Road, Port Melbourne, VIC 3207, Australia

314–321, 3rd Floor, Plot 3, Splendor Forum, Jasola District Centre,
New Delhi – 110025, India

79 Anson Road, #06–04/06, Singapore 079906

Cambridge University Press is part of the University of Cambridge.

It furthers the University's mission by disseminating knowledge in the pursuit of
education, learning, and research at the highest international levels of excellence.

www.cambridge.org
Information on this title: www.cambridge.org/9781107009592
DOI: 10.1017/9780511841873

© Cambridge University Press 2019

This publication is in copyright. Subject to statutory exception
and to the provisions of relevant collective licensing agreements,
no reproduction of any part may take place without the written
permission of Cambridge University Press.

First published 2019

Printed and bound in Great Britain by Clays Ltd, Elcograf S.p.A.

A catalogue record for this publication is available from the British Library.

Library of Congress Cataloging-in-Publication Data

NAMES: Augustine, of Hippo, Saint, 354–430, author. | White, Peter, 1941–editor.
| Augustine, of Hippo, Saint, 354–430. Confessiones. | Augustine, of Hippo,
Saint, 354–430. Confessiones. English.
TITLE: Confessions. Books V–IX / Augustine ; edited by Peter White. Other titles:
Cambridge Greek and Latin classics.
DESCRIPTION: Cambridge : Cambridge University Press, 2019. | Series:
Cambridge Greek and Latin classics
IDENTIFIERS: LCCN 2019020560 | ISBN 9781107009592 (alk. paper)
SUBJECTS: LCSH: Augustine, of Hippo, Saint, 354–430. | Christian saints – Algeria –
Hippo (Extinct city) – Biography.
CLASSIFICATION: LCC BR65 .A6 2019 | DDC 270.2092 [B]–dc23
LC record available at https://lccn.loc.gov/2019020560

ISBN 978-1-107-00959-2 Hardback
ISBN 978-0-521-25351-2 Paperback

Cambridge University Press has no responsibility for the persistence or accuracy
of URLs for external or third-party internet websites referred to in this publication
and does not guarantee that any content on such websites is, or will remain,
accurate or appropriate.

To the memory of Nancy Helmbold, who gave me her course and her text

CONTENTS

Preface	*page* ix
List of Abbreviations and Short References	xi
Introduction	1
1 Confessions *in the Life and Literary Career of Augustine*	1
2 *The Latinity of* Confessions	3
3 *Rhetoric and Style in* Confessions	7
4 *Book Divisions and Narrative Structure in* Confessions	9
5 *Books 5–9 of* Confessions	11
6 *This Text and Commentary*	12
AVGVSTINI CONFESSIONVM LIBRI V–IX	15
Commentary	79
Works Cited	346
1 *Index of Latin Words*	355
2 *Index of Topics*	357

PREFACE

This commentary is meant for students of classical or patristic literature who wish to read Saint Augustine's *Confessions* in Latin, but who find that that work presents elements with which they are unfamiliar. Classicists will come upon a number of grammatical usages and lexical items not registered in the reference works that they typically consult, they will be unprepared for the extent to which Augustine blends biblical Latin into his own prose, and they may know relatively little about early Christianity and the Late Antique world for which Augustine was helping to develop it. Students of patristic literature may not realize how faithful his Latin remains to the Ciceronian model, how consciously he relies on classical techniques of rhetoric to structure his story, or how much his literary imagination owes to the influence of Latin authors taught in Roman schools. I hope that this commentary will ease the way for both sets of readers at the same time, though at the possible cost of sometimes supplying one of them with information that the other may not need.

Gillian Clark created a niche for the *Confessions* in this series with a commentary on books 1 to 4 in 1995. In carrying that initiative another step forward, I have been encouraged by the availability of several excellent resources, some quite new, that now facilitate the study of Augustine's text. In addition to the pioneering edition and commentary by James O'Donnell, the magnificent *Corpus Augustinianum Gissense* offers a searchable database of the entire corpus, and Brepols offers an online repository of evidence for ancient Latin translations of the Bible. The *Thesaurus linguae Latinae*, the only dictionary that covers Latin of the fourth and fifth centuries, is about two thirds complete. The first half of Harm Pinkster's *Oxford Latin syntax*, now the fullest description of Latin grammar through Augustine's lifetime, has appeared, and publication of the second half (on complex as opposed to simple sentences) is imminent. The *Augustinus-Lexikon*, a modern encyclopedia of all matters relating to Augustine, has reached the letter P. I have tried to make judicious use of all.

My abettors in this project have been, in the first instance, the series editors Philip Hardie and Stephen Oakley, who accepted the proposal for a follow-up to the Clark commentary and then patiently nudged it into the shape it now has. I am grateful to both for their detailed criticisms and for allowing commentary on a somewhat larger scale than in my predecessor's volume. Other readers to whom I am grateful for counsel on parts or the whole of what I have written are Adam Becker, Andrew Feldherr, Robert Kaster, E. J. Kenney, Gabriel Lear, James O'Donnell, and Harm Pinkster. I am particularly indebted to Harm Pinkster, who not only made available the files comprising part two of his *Syntax*, but labored greatly to refine my annotations on Augustine's Latin. For helpful interventions from the Press at the production stage, I am grateful to Sarah Starkey, my content manager, and Mary Morton, my copyeditor.

I am also grateful to the National Endowment for the Humanities for a Fellowship in support of this commentary, and to the Division of Humanities of the University of Chicago for partial relief from teaching and other responsibilities at two points in the writing of it.

ABBREVIATIONS AND SHORT REFERENCES

A–G	Greenough, J. B. et al. 1903. *Allen and Greenough's new Latin grammar.* Boston.
A–L	Mayer, C. et al., eds. 1986–. *Augustinus-Lexikon.* Basel.
BDAG	Bauer, W., W. Arndt, F. W. Gingrich, and F. W. Danker. 2000. *A Greek-English lexicon of the new testament and other early Christian literature,* 3rd edn. Chicago.
BDF	Blass, F. and A. Debrunner. 1961. *A Greek grammar of the new testament and other early Christian literature,* rev. and tr. R. W. Funk. Chicago.
BNP	Cancik, H. and H. Schneider, eds. 2002–10. *Brill's new Pauly: encyclopedia of the ancient world: antiquity,* English edition by C. F. Salazar. Boston.
CAG-online	*Corpus Augustinianum Gissense a Cornelio Mayer editum* (version 3-0 online resource: www.cag-online.net). Würzburg 2013.
G–L	Gildersleeve, B. L. and G. Lodge. 1895. *Gildersleeve's Latin grammar,* 3rd edn. London.
H–S	Hofmann, J. B. and A. Szantyr. 1965. *Lateinische Syntax und Stilistik.* Munich.
K–S	Kühner, R. and C. Stegmann. 1914. *Ausführliche Grammatik der lateinischen Sprache: Satzlehre,* 2 vols., 2nd edn. Hanover.
NLS	Woodcock, E. C. 1959. *A new Latin syntax.* Cambridge, MA.
OCD	Hornblower, S. and A. Spawforth, eds. 2012. *The Oxford classical dictionary,* 4th edn. Oxford.
ODCC	Cross, F. L. and E. A. Livingstone, eds. 1997. *The Oxford dictionary of the Christian church,* 3rd edn. Oxford.
OLD	Glare, P. G. W., ed. 2012. *Oxford Latin dictionary,* 2nd. edn. Oxford.
OLS	Pinkster, H. 2015. *The Oxford Latin syntax,* I: *the simple clause.* Oxford.
PCBE Afrique	Mandouze, A. 1982. *Prosopographie chrétienne du bas-empire,* I: *Prosopographie de l'Afrique chrétienne (303–533).* Paris.
PCBE Italie	Pietri, C. and L. 2000. *Prosopographie chrétienne du bas-empire,* II: *Prosopographie de l'Italie chrétienne (313–604),* 2 vols. Rome.

PIR²	Groag, A., E. Stein et al. 1933–2015. *Prosopographia imperii Romani saec. I. II. III.*, 8 vols., 2nd edn. Berlin.
PLRE	Jones, A. H. M., J. R. Martindale, and J. Morris, eds. 1971–92. *Prosopography of the later Roman empire*, 3 vols. in 4. Cambridge.
RAC	Klauser, T., ed. 1950– *Reallexikon für antike und Christentum.* Stuttgart.
RSV	The Revised Standard Version of the Bible, cited in its online form at: https://quod.lib.umich.edu/r/rsv/browse.html
TLL	*Thesaurus linguae Latinae.* 1904–. Leipzig.
Vetus Latina online	*Vetus Latina* database (*Vetus Latina* Institut, Beuron): http://apps.brepolis.net/vld/

COMMENTATORS AND TRANSLATORS CITED

Armstrong, A. H. 1966–88. *Plotinus: Enneads* 7 vols. Cambridge, MA.

Clark, G. 1995. *Augustine: Confessions Books I–IV.* Cambridge.

Gibb, J. and W. Montgomery. 1927. *The Confessions of Augustine.* Cambridge.

Madec, G. 1994. *Sant'Agostino: Confessioni, III: Libri VII–IX*, translation by G. Chiarini, with commentary by G. Madec and L. F. Pizzolato.

O'Donnell, J. J. 1992. *Augustine: Confessions*, 3 vols. Oxford.

Pizzolato, L. F. 1994. *Sant'Agostino: Confessioni, II: Libri IV–VI*, translation by G. Chiarini, with commentary by P. Cambronne, L. F. Pizzolato, and P. Siniscalco.

Pizzolato, L. F. 1994. *Sant'Agostino: Confessioni, III: Libri VII–IX*, translation by G. Chiarini, with commentary by G. Madec and L. F. Pizzolato.

Solignac, A. 1962. *Oeuvres de saint Augustin, XIII–XIV: Les confessions.* Translation by E. Tréhorel and G. Bouissou and introduction and notes by A. Solignac, 2 vols. Paris.

Tréhorel, E. and G. Bouissou. 1962. *Oeuvres de saint Augustin, XIII–XIV: Les confessions.* Translation by E. Tréhorel and G. Bouissou and introduction and notes by A. Solignac, 2 vols. Paris.

INTRODUCTION

1 *CONFESSIONS* IN THE LIFE AND LITERARY CAREER OF AUGUSTINE

In a list of writings that Augustine (hereafter A.) drew up late in life, he indicates that his book *Confessions* dates from approximately the year 397, when he was 42 or 43 years old. That puts it a little over a decade into a writing career that would continue steadily until his death in 430. During that time, on the evidence of the *Corpus Augustinianum Gissense*, the online database of his works, he produced a corpus totaling well over 5,000,000 words, which is many times more than survive of such prolific predecessors as Plato, Aristotle, or Cicero.

Yet throughout A.'s life, writing was a sideline to his principal career. At the time he began *Confessions*, he was newly installed as a Christian bishop in the port city of Hippo Regius in north Africa (= Annaba in present-day Algeria), where his major preoccupations were the care of souls and the administration of his diocese. As a Christian bishop, however, he was also concerned to defend, regularize, and ground the wider church practices of his day, and to combat deviations from what he held to be orthodoxy. A majority of his writings are devoted to religious issues and controversies, often in response to appeals for guidance from clergy and laity who were less intellectually resourceful or less energetic than he was.

But not *Confessions*, which has the least overtly pragmatic purpose of any of his works. It consists of a narrative about himself, from birth to the age of almost 33, followed by a long interpretative exploration of the opening verses from the book of Genesis. This mixing of disparate ingredients in one work is the first of many puzzles about *Confessions*. Although A. implies that they form a natural unity, critics have struggled to articulate the nature of the connection between the two parts. Moreover, the interpretation of Genesis was A.'s third attempt at explicating that text. He had already composed two tracts defending the book of Genesis against criticisms of it by the Manichees, a professedly Christian sect to which he had belonged in his teens and twenties. But their core belief concerned a struggle between good and evil cosmic powers, for which they found the Old Testament less appealing than the New. When A. broke with them, he set about rehabilitating the cosmology of Genesis. But curiously, in his discussion of it in *Confessions*, the Manichees are hardly mentioned, despite the anti-Manichean polemic that pervades the narrative portion of that work.

The narrative books present a puzzle of their own that has to do with chronology. The writing of *Confessions* may have stretched out for some years beyond 397. According to A.'s own testimony, other books of his—most notably *On free will*, *On Christian teaching*, *On the Trinity*, and *City of God*—were written at intervals over a period of time rather than in single spurts. Parallels between writings of the early 400s and passages in *Confessions* have been taken to suggest that composition of the latter may have been similarly protracted (see Hombert 2000: 9–23). In any case, there is a gap of at least ten years between the last event recorded in the work, which belongs to the latter half of the year 387, and the moment at which A. began writing. This hiatus is curious in itself, and A. makes readers conscious of it throughout. He emphasizes that the story he tells is an exercise in memory, and often cautions that his memory may be fallible. More perplexing is that he keeps shifting the standpoint from which he reports events. Some episodes of his earlier life he tries to present as he experienced them at the time, while he looks back on others from his later perspective as a committed Christian and leader of his church. In some parts of *Confessions*, it is not clear which perspective he has adopted.

The long interval between events and the recording of them has naturally prompted questions about what launched A. on the project of setting down his *Confessions*, and why he ended the narrative where he did. Answers have been sought in various areas of his life that are peripheral to his presentation of it in the text. In the context of his ecclesiastical career, for example, he may have felt a need to affirm his current orthodoxy by publicly disavowing his unorthodox Manichean past. In relation to his ongoing writerly agenda, he may have wanted to offer a case study in support of his approach to the interpretation of Scripture, or of his theological understanding of God's grace in the work of salvation. Or reflection on his life may have served as a form of psychological self-help, as A. tried to come to terms with having accepted a daunting new vocation in middle age. Decisions often have multiple causes, and more or less plausible arguments can be advanced for these and other hypotheses about the origin of *Confessions*.

The text, however, does not offer ready confirmation for any of them. At the usual point where readers could expect to find some orientation to an author's purpose, A. dispenses with conventions. His book does not open with a preface in which he introduces himself, nor does he put the spotlight on a dedicatee for whose benefit or at whose request it has been written. Although the book carries a title, it is anything but self-explanatory. The word "confession" had never figured in a literary title until A. turned it into one, and he has compounded its strangeness by using it in a way unfamiliar to many of his contemporaries, to mean giving praise to God.

A further peculiarity is that, from the first sentence to the last, *Confessions* is framed as a prayer to God, and yet as a book, it necessarily presumes an audience of human readers. But what human audience A. had in mind is difficult to pin down. At different points, *Confessions* appears to be directed to fellow believers (5.10.20), the Manichees (8.10.22), critics (12.15.22), readers (9.13.37), and the human race (2.3.5).

Since in other parts of his voluminous output, A. follows conventional practices regarding title, introduction, and dedicatee, his avoidance of them in *Confessions* must represent a choice. He evidently preferred not to explain the origin of his account, but to plunge readers into it with no mediation, allowing them to judge it for themselves. He says as much in his entry for *Confessions* in the bio-bibliography mentioned earlier (*Reconsiderations* 2.6.1). After commenting that his books serve to rouse our understanding and feeling toward God, he adds, "at any rate, as far as I am concerned, they had that effect on me when they were being written, and have it still when they are read. What others make of those books is up to them" (*quod ad me attinet, hoc in me egerunt cum scriberentur et agunt cum leguntur. quid de illis alii sentiant, ipsi uiderint*).

A.'s disinclination to categorize his narrative is also apparent in the way he refers to it. Biographical or autobiographical writing in Latin was conventionally identified by some use of the word *uita* "life," as for example in reference to a "book concerning the life and character" (*liber de uita et moribus*) of someone, or to a person's "memoir of his life" (*commentarius de uita sua*). But although *uita* is in fact a key word of *Confessions*, appearing nearly 200 times, A. rarely uses the phrase "my life" in that work, and he never characterizes his book as "a life." His only specific form of reference to it is by its enigmatic title, "these confessions of mine" (5.10.20, 9.8.17, 9.13.37, 12.30.41). Otherwise, he has recourse to neutral designations such as "this writing" (2.3.5, 9.12.33, 10.3.4, 12.24.33), "my composition" (10.1.1), "narratives" (11.1.1), or simply "these things" (11.1.1). Although the content of his work presents elements that may suggest associations with established forms such as autobiography, memoir, apologia, or protreptic, A. himself shies away from any sort of generic label for it.

2 THE LATINITY OF *CONFESSIONS*

But if the overall purpose and genre of *Confessions* continue to elude definition, some attributes that characterize it as a text can nevertheless be surveyed. Readers of Cicero will find most elements of A.'s Latin broadly recognizable, which is hardly surprising given that even after four centuries, Cicero remained a model taught in Roman schools. But by A.'s time, a number of usages that were infrequent or unknown in the prose of Cicero and his contemporaries had come to take their place alongside the conventions of classical grammar. Most noticeably, indirect statements appear not only in the form of accusative and infinitive constructions, but also as *quod* clauses with indicative or subjunctive verbs; sometimes the two constructions appear side by side in the same sentence. In A.'s Latin, indirect questions can feature indicative verbs as well as subjunctives. Purpose clauses are often introduced by *quo* instead of *ut* even when the clause does not contain a comparative adjective or adverb. Negative commands can be expressed with *non* as well as *ne*. A. employs the imperfect subjunctive as a mood of past potentiality more often than classical writers do, in both main clauses and subordinate clauses, and he turns participles into substantives and uses infinitives as substantives more freely than they do. Classical distinctions between the pronouns *ipse* and *idem* and *ille* and *iste* are blurred. Phrases consisting of *de* + the ablative sometimes take the place of the simple ablative of means. These are usages that A. shares with other writers of his time.

Peculiarities of syntax, however, are less extensive than lexical differences between A.'s Latin and classical Latin. When he is speaking entirely in his own voice, as often in passages of argument or narrative, his language comes mostly from the classical lexicon, or is easily understandable in terms of it (the fullest survey of A.'s diction in *Confessions* is Hrdlicka 1931). As a Christian, however, he also had occasion to draw on predominantly Greek-derived terms that related to institutions and beliefs of his church, such as the words *christianus* and *ecclesia* themselves, *euangelium* ("gospel"), *propheta*, *baptismus* (the Christian sacrament of initiation), *catechumenus* (an as yet unbaptized Christian), *angelus* and *diabolus* ("angel" and "devil" respectively), *apostolus* and *martyr*, *presbyter* and *episcopus* ("priest" and "bishop"), *monasterium* (a community of monks), *elemosyna* ("almsgiving"), *catholicus* (designating whatever characterizes orthodox or "universal" Christianity in terms of belief or practice), and *haeresis* ("heresy" or "sect"). The Latin language supplied him with *trinitas* (the triune unity of Father, Son, and Holy Spirit).

A more sizable portion of A.'s vocabulary consists of well-established Latin words that had acquired distinctive new Christian meanings. Among the more important are *fidelis* (a baptized Christian), *peregrinus* (a "pilgrim" or Christian imagined as merely traveling through earthly life on the way to heaven), *sancti* ("saints," in life or after death), *gentes* and *gentilis* ("pagans" and "pagan" respectively), *saeculum* (the material, passing world in contrast to eternity), *peccatum* ("sin" as alienation from God), *iniquitas* (in the sense of "wickedness"), *dimittere* ("to forgive"), *caro* ("flesh," referring to the lower components of human nature that are in conflict with the spiritual), *conuersio* (the turning of an individual away from sin and back to God), *oratio* ("prayer"), *confessio* (acknowledgment of God's greatness and goodness as well as of one's own sinfulness), *gratia* ("grace"), *sacramentum* (any vehicle of God's grace to human beings), *iudicium* (God's verdict of condemnation or salvation on each individual after death), *salus* ("salvation" from the consequences of sin), *requies* (the state of eternal rest enjoyed by the blessed in the afterlife), *scriptura* and *testamentum* (the Bible and either of its two major divisions), *dominus*, usually referring to God or Christ, and *spiritus*, sometimes referring to the Holy Spirit, the third person of the Trinity.

A.'s language in *Confessions*, however, is not simply a result of importing isolated words from Christian discourse into the literary and scholastic Latin of his day. Sometimes he spins entire sentences out of quotations, paraphrases, idioms, or reminiscences of Scripture, as in the opening lines, "Great are you, Lord, and worthy of praise exceedingly; great your virtue, and of your wisdom there is no number" (*Magnus es, domine, et laudabilis ualde; magna uirtus tua et sapientiae tuae non est numerus*), which combines adaptations of Psalms 95:4 and 146:5. Shorter biblicisms are even more frequent. To a greater degree than any writer before him, and in *Confessions* to a greater degree than elsewhere in his works, A. fuses his own Latin together with that of the Bible. The Latin Bible is the ultimate source of most of the "Christian" words or word usages already mentioned, along with several other words which A. borrows, and which eventually passed into English, like *abyssus, acceptabilis, blasphemia, concupiscentia, contritio, corruptibilis, creatura, fornicatio, mammona,* and *resurrectio*.

But what makes the diction of *Confessions* distinctive is less its lexical novelties than the arrangement of familiar words in unfamiliar patterns. The opening contains no word that was not known to Cicero, but it is not a combination of words that any classical writer would have put together. In psalmic fashion, it consists of a statement about God which is then rephrased as a parallel statement about the attributes of God. The parallel opens with a repetition of the predicate "great" in clause-initial position, but it is disrupted by a divergence between attributes, one of which is phrased positively and the other negatively, and one of which is the subject of a verb, and the other not. Normal Latin word order is unbalanced by the positioning of "exceedingly" at the end of its clause rather than before the adjective it modifies, and by a reversal of order between the divine attributes and what is predicated of them in "great your virtue" and "of your wisdom there is no number." Sense is challenged by the strangeness of combining the word "number" with "wisdom." A reader of these simple lines confronts a form of expression that sounds un-Latin at every step, yet A. offers them to the reader as his own prose. They are not separated from his text like a modern epigraph, and in fact they do not constitute a literal quotation from Scripture. Not only has A. created the opening by conflating passages from the psalms, but he has turned it into a personal address to God with the words "Great are *you*, Lord." (The psalmist had said "Great is the Lord.")

The language and rhythms of the Bible are the most salient feature of A.'s Latin, and they are perceptible on page after page (demonstrating remarkable mastery for someone who had begun seriously reading the Bible little more than a decade before beginning *Confessions*). As in the opening lines, A. usually incorporates biblical language into his own prose without identifying the passages on which he draws, and unlike modern readers, his original readers did not enjoy the advantage of having them annotated by an editor. But whether they recognized the source of the words or not, they would have recognized a succession of intrusive elements in A.'s text, and for cultured Romans, that would have been disconcerting. Except in satire, classical Latin writers had tried to avoid stylistic dissonance. They left no model for A.'s blending of his own prose with borrowings from the Bible. Furthermore, the descriptor "biblical language" hardly does justice to the wildness of the mixture in *Confessions*. The Bible is itself a congeries of styles and genres, and A. took from all of them—psalms, prophets, gospel parables, missionary epistles, and an apocalypse, to name only some. In addition to its polyphony, the Bible featured a number of prominent metaphors and images that carried different associations, or no particular associations, for readers schooled in classical literature, such as the mountain, the desert, the sea, the pearl, the cup, and the cross. They would have added to its exotic quality.

Other church writers contemporary with A., such as Paulinus of Nola, and many afterwards also made a habit of blending biblical expressions with their own, with the result that it can sometimes seem a generic mannerism or decoration. But that is seldom if ever the case with A. His recourse to Scripture is above all a method of countering a problem he had pondered as a teacher of rhetoric long before his conversion: that human language is an imperfect and at times untrustworthy medium of communication. It is a particularly inadequate medium in relation to the divine. But A. could in some measure compensate for its inadequacy by aligning his own words with the words of Scripture, which he accepted as the words of God.

So far from using scriptural language as decoration, A. sometimes relies on it to do the main work of argument. In book 7 of *Confessions*, for example, describing the impression made on him by his investigation of Neoplatonic philosophy, he says that he valued it because it harmonized with Christian theology at important points. But instead of quoting the philosopher Plotinus, or explaining that he saw a partial parallel between the Christian idea of the Trinity and Plotinus' conception of an incorporeal One from which emanates an incorporeal Intellect, he trusts readers to recognize the parallel in a passage of Scripture. At 7.9.14 he writes,

"I read there [= in Neoplatonist texts] that the Word God was born not from flesh, not from blood, nor from the will of a man, nor from the will of the flesh, but from God" (*legi ibi quia uerbum deus non ex carne, non ex sanguine non ex uoluntate uiri neque ex uoluntate carnis, sed ex deo natus est*), quoting from (a variant version of) John 1:12–13. A.'s borrowings are integrated into his text in a way that obliges readers first to work out the meaning of each in its own right, and then to consider how each relates to the direction of his argument.

Two factors complicate this operation, however. As A. explains at *Confessions* 5.14.24, he became convinced that the meaning of the Old Testament was primarily allegorical. And so even a reader who successfully parsed the literal meaning of his excerpts would in many cases not understand what A. thought was meant by them without further guidance. A good illustration is his treatment of Psalm 4 at 9.4.8–11, which is not easily comprehensible unless one knows what he wrote about Psalm 4 in *Expositions of the psalms*.

The passage from John's gospel just quoted reveals one last hurdle in the way of reckoning with A.'s use of Scripture. A.'s text refers to the Word God, born not from flesh and blood but from God. The generally accepted text of John, however, speaks of "sons of God" in the plural, meaning those who believe in Christ—those to whom Christ "gave power to become children of God, who were born not of blood nor of the will of the flesh nor of the will of man, but of God," in the words of the Revised Standard Version. This discrepancy points to the important fact that there was no commonly accepted Latin translation of the Bible at the time when A. was writing. And in the case of the Old Testament especially, not only did Latin translations diverge, but the Greek versions from which they were made were themselves divergent. (A translation directly from the Hebrew did not become available until Saint Jerome began producing one during the same decade when A. was composing *Confessions*.) The consequence is that even a reader familiar with the Bible is apt to be baffled by many of A.'s quotations from it, in the Old Testament more often than in the New, and in the psalms more often than anywhere else.

3 RHETORIC AND STYLE IN *CONFESSIONS*

Although the language of the Bible contributes powerfully to the effect of *Confessions*, it does not outweigh effects that A. was able to obtain by exploiting the techniques of speech long taught in Roman schools. He has often been characterized as a "rhetorical writer," by which is meant that he employs an abundance of devices like personification and metaphor, alliteration, assonance, and rhyme, anaphora and antithesis, puns and epigrams, and paired phrases balanced in syntax and number of syllables. These are a teacher of rhetoric's stock in trade, and A. had taught rhetoric for at least a decade before the conversion that led him to renounce his profession in 386. In rhetorical treatises, such devices are mostly classified as "figures of speech" or "figures of thought," and treated under the general heading of "elaboration" (*ornatus*).

Like biblical language, they are not evenly distributed across *Confessions*, which is noticeably more rhetorical on some pages than on others. Often they serve the practical function of punctuating A.'s narrative by drawing attention to words that close or open a segment of it. One of the more showy examples is the elaborate metaphor of a lost wayfarer stranded on a mountaintop that ends book 7. More subtle is a sentence which introduces A.'s account of his recovery from a bereavement: "times are not empty, nor do they roll passively over our senses: they create wondrous effects in the mind" (*non uacant tempora nec otiose uoluuntur per sensus nostros: faciunt in animo mira opera*, 4.8.13). But it comprises a personified (or animated) abstraction, antitheses of negative and positive and of sensation and thought, and a variation on A.'s recurrent metaphor of the river of human custom. Even very simple figures can serve as punctuating devices. In book 5, A. describes a deception that enabled him to prevent his mother from taking passage with him when he sailed from Carthage to Italy. The narrative ends with a glimpse of the two of them finally separated: his ship pulls out of the harbor, and "she went away to her old routines, and I to Rome" (*abiit ad solita et ego Romam*, 5.8.15).

To A.'s mind, however, such devices also served a larger purpose. In the fourth book of his essay *On Christian teaching*, he discusses what qualities he thinks make for effective church preaching, and not surprisingly, he approaches the question from the standpoint of what he knows about effective public oratory. Though disavowing any suggestion that the clergy should be trained in rhetoric, he says that when they speak, they do have to know how to fit their style to their objectives. And style he discusses in terms of the traits long distinguished by rhetoricians as the plain, middle, and grand styles. Following Cicero, A. holds that an effective speaker will have recourse to all three styles even within a single discourse. But the grand style draws most of his attention. As models of Christian eloquence, he analyzes several passages from Saint Paul and the prophets. He breaks them down into the phrase units which rhetoricians termed "commata," "cola," and "periods," and he shows that many of the phrases take the form of rhetorical figures. And again he follows Cicero in linking them with the grand style, and treating it as a means of rousing the emotions (*affectus*) in order to impel the mind to action.

A.'s discussion of style in *On Christian teaching* is consistent with his practice in *Confessions*, even though it was written many years later. It explains the rise and fall of rhetorical temperature as he shifts mode between prayer, meditation, narrative, and argument, and it provides a rationale for the proliferation of figures in certain passages. Above all, it connects his style with the effect he says he was aiming for at *Confessions* 11.1.1: "Why, then, do I set out the narratives of so many things for you [God]? ... I am rousing my own emotion toward you, and that of those who read these things, so that we may all say 'the Lord is great and greatly to be praised'" (*cur ergo tibi tot rerum narrationes digero? ... affectum meum excito in te, et eorum qui haec legunt, ut dicamus omnes "magnus dominus et laudabilis ualde"*).

Another stylistic refinement that A. discusses in *On Christian teaching* is the use of metrically patterned cadences at the end of phrases and sentences. Though he notes their absence from the Latin Bible, he acknowledges his own use of them at 4.20.41. And *Confessions* has been shown to reproduce the same quantitative rhythms as are found in Cicero's works (examples are set out in Zwierlein 2002).

4 BOOK DIVISIONS AND NARRATIVE STRUCTURE IN *CONFESSIONS*

The book divisions of *Confessions*—which reflect A.'s own organization of his text, not that of a later editor—are strikingly uneven. The mean length of a book would be a little over 6,000 words. But the nine narrative books are on average shorter than that and the three interpretative books are longer, while the hinge between them, book 10, dwarfs all others at over 11,000 words. Even the narrative books vary in length, ranging from book 2 at under 3,000 words to book 9 at more than double that number. It is equally clear that the length of books is not proportionate to the segments of A.'s life that they track. The short book 2 covers only about one year of his life. But so do books 6 (about 5,500 words), 7 (6,000 words), 8 (5,700 words), and 9 (6,100 words), and they are all longer than books 3 (3,900 words) and 4 (5,100 words), which cover stretches of about four years and nine years respectively.

At various points, A. divides his past into periods of infancy (*infantia*), boyhood (*pueritia*), adolescence (*adulescentia*), and youth (*iuuentus*). He mentions particular episodes as having occurred when he was 18 years old (3.4.7), 20 (4.16.28), 26 or 27 (4.15.27), 28 (5.3.3), or 30 (6.11.18). He regrets more than once the nine years of his life he spent as an adherent of Manicheism (4.1.1, 5.6.10, 9.1.1). But with two exceptions, the structure of his narrative does not appear to be organized around such dates and periods. Book 2 he makes coterminous with his 16th year (2.2.4, 2.3.6, 2.6.12), and book 5 leads off with an event of his 29th year (5.3.3). Otherwise, however, books commence and end without being tied to dates that he mentions. And he mentions few dates to begin with. Although scholars like Courcelle 1968 and Perler 1969 have established a chronology for most events in A.'s life, he himself assigns dates to no more than the handful just indicated. The fact that certain books of *Confessions* overlap, such as 3 and 4 or 6 and 7, also contributes to the blurring of its timeline, as do a number of flashbacks to earlier points in his narrative.

The paucity of dates in part reflects a paucity of reported events. A.'s self-presentation in *Confessions* is highly selective. Over the course of nine books covering thirty-three years, he chronicles relatively few episodes of his life—something on the order of 35, from large to very small. What he focuses on, whether large or small, are experiences that he can interpret; almost nothing in *Confessions* passes without interpretation, explicit or implicit. The most famous stories that A. tells, like the theft of pears in book 2, the death of a hometown friend in book 4, the desertion of his mother in book 5, and the conversion in the garden in book 8, do not involve complex, dramatic, or lengthy actions. They owe their elaboration to meanings he reads into them. The same holds for small-scale stories, like one he relates about meeting a Milanese beggar in book 6.

Furthermore, it is important to the way *Confessions* is constructed that A. does not view these and other events of his life in isolation from one another, or their meanings as unrelated. As he says repeatedly, he believes (at least in retrospect) that all his experiences enacted a plan God had for him. At the narrative level, the all-encompassing pattern of meaning that he discerns becomes a pattern of themes and ideas. This is often expressed in correlations between different parts of *Confessions*, as in the theme of rest which is sounded both at the outset and at the end of it: "our heart is restless until it rests in you" (*inquietum est cor nostrum donec requiescat in te*) at 1.1.1, and "we hope that we shall rest in your great consecration" (*nos requieturos in tua grandi sanctificatione speramus*) at 13.38.53. But thematic patterns have often been noticed in the structure of individual books as well. Book 5 develops a contrast between A.'s disappointment with the Manichean bishop Faustus at the beginning and his enthusiasm for the Christian bishop Ambrose at the end. His narrative of his conversion in book 8 is balanced by a series of parallel conversion stories that precede it. The account of his new birth as a baptized Christian in book 9 is juxtaposed with recollections of the death of four persons close to him. The brevity of book 2 has as its cause the fact that the actions to be told in it have been reduced to only two: A.'s discovery of sexuality in the first half and the theft of pears in the second; here he is likely to have had in mind the Genesis story of Adam and Eve, which also coupled a theft of fruit with new consciousness of sex. A.'s readers might have been made all the more aware of such correspondences if *Confessions* circulated in the codex format which by the late fourth century was replacing the book roll (Gamble 1995: 49–81). One of the great advantages of the codex was that it allowed for easy navigation between one point in a text and another.

Because the first nine books of *Confessions* comprise a narrative, chronology is inevitably an important ordering device in them. But time was not the most important order that A. discerned in his life, and on the view he argues in book 11, the human conception of time is problematic in any case and ultimately meaningless. To organize the divisions of his text, he focused on ideas that he found more fruitful.

5 BOOKS 5–9 OF *CONFESSIONS*

The goal of the present commentary on books 5 through 9 is to elucidate A.'s narrative of a small but consequential portion of his life, from the year 382 or 383, when he was 28, to the latter half of 387, when he was about to turn 33. All of that period was spent away from home. At the start of it, he was established as a teacher of rhetoric in Carthage, where his mother had come to join him, and where he also had a concubine and a son with whom he had been living for about a decade. In addition to his teaching career, he was a convert to and an articulate proselytizer for Manicheism, yet increasingly troubled by doubts about that creed. (G. Bonner 1986: 157–92 is a helpful short introduction to that religion as A. knew it, while BeDuhn 2010 and 2013 trace in detail A.'s fraught relationship with it.) Five years later, at the end of book 9 of *Confessions*, he had reached a juncture by which his mother had died, he had resigned from a distinguished teaching appointment in the imperial capital of Milan, he had been baptized into the Christian faith and sworn himself to celibacy, and he was about to return to his African hometown of Thagaste (= Souk Ahras in present-day Algeria).

Anyone who picks up *Confessions* with book 5 will want to know the main lines of A.'s story up until the year 382/383. The predecessor volume in this series by Gillian Clark 1995 contains a good introduction, and fuller accounts of A.'s life have since been published by Peter Brown in 1967, but updated in 2000, James J. O'Donnell 2005, and Robin Lane Fox 2015. The concerns with which A. was preoccupied in books 1 to 4 remain at issue in books 5 through 9: the value of rhetorical culture in late antiquity and the ambiguous function of language, the fragility of personal relationships, the nature of the soul or self, the problem of evil and the Manichean solution to it, the illusion of astrology, and the idea of God. Books 5 through 9 also introduce significant new developments: A.'s attainment of professional success, his encounter with a powerful Christian church in the imperial capital, a dramatic expansion of his philosophical horizon, his first serious explorations of the Catholic Bible as opposed to the Manichean Bible, and the discovery of a new key for reading it. In passing, he registers the inauguration of a late new phase in his life as a lay Christian writer and intellectual.

6 THIS TEXT AND COMMENTARY

The Latin text that accompanies this commentary is substantially the text of the edition (1992) which James O'Donnell has put into the public domain, and graciously given permission to modify as needed. The spelling of Latin words has been conformed to the guidelines for this series, punctuation has sometimes been tacitly revised, and a very small number of readings have been changed (the latter all noted in the commentary).

In the commentary, titles of primary sources are given in English, unabbreviated. Titles of A.'s works are given according to the titles in the Wiley-Blackwell *Companion to Augustine* edited by Mark Vessey 2012: xxv–xxxix, which also includes a concordance of Latin titles. Specific passages are identified according to the format in the online edition of the *Corpus Augustinianum Gissense*, but those references are sometimes expanded to include book, chapter, and section number if the *CAG* provides only book and section numbers (as in *Confessions*). Cross-references to parts of this commentary are given by book, chapter, and section number of *Confessions*. But in any given book of the commentary, a cross-reference to another part of the commentary on that same book is given by section number only.

References to other Latin and Greek authors are given by author's name, italicized full title of the work in English, and arabic numbers for book, chapter, and paragraph or section. Bible references are given in the usual format for scriptural citations: the name of the book unitalicized, chapter number, colon, and verse number. References to the Book of Psalms are given according to the numeration with which A. was familiar, in which most psalms from 10 through 145 carry numbers one lower than in modern Protestant editions. A. knew the Bible not in its Hebrew or Greek form, but in Latin. Unless otherwise indicated, scriptural quotations in this commentary are taken from the Latin text which became established as the "Vulgate" edition (Weber 1994). However, in the Old Testament and especially in the psalms, A. generally quotes from earlier Latin versions which differ considerably from the Vulgate. Although no complete exemplar of any of these early Latin Bibles exists, a composite version has been reconstructed from parts of them that do survive and from Bible quotations by early Christian writers (for the many difficulties of coming to terms with this material, see O'Donnell I lxix–lxxi). In this commentary, all references to the "non-Vulgate" text are based on materials compiled in the online edition of the *Vetus Latina* maintained by Brepols.

Among secondary sources, commentators and translators are identified by surname alone in the body of the commentary, but full references to them are given in the section on "Abbreviations and short references" above. That section also expands on abbreviations that are used to identify a number of standard reference works, such as grammars, handbooks, and prosopographies. Other secondary literature is cited by author and year in the body of the commentary and fully in the Bibliography.

Since readers of A. are apt to come to *Confessions* with varying backgrounds in Latin, this commentary deals with points of syntax in some detail, and since readers are apt to skip around in the text, many points are covered more than once, especially between books. Where school grammars provide sufficient information, I refer to them: usually to Gildersleeve and Lodge (G–L), sometimes to Allen and Greenough (A–G), if a given point seems more clearly stated or helpfully illustrated in the latter. For fuller treatments, I refer to Woodcock's *New Latin Syntax* (*NLS*). On occasion the great scholarly grammars are cited, and necessarily so for details about postclassical developments. The foremost of these resources is now Pinkster's *Oxford Latin syntax* (*OLS*), all references to which are to the pages of volume 1 (since volume 2 has not yet appeared in print). That volume is supplemented with information from the two German grammars, Szantyr–Hofmann (S–H) and Kühner–Stegmann (K–S). Citation of school grammars is thus meant to document standard usage of the classical period. But if one of the big grammars is cited, that often, though not invariably, points to a peculiarity of later Latin. A parallel distinction in citation practice applies to word use. A reference to the *Oxford Latin dictionary* (*OLD*) implies that a word was current in Latin before the end of the second century AD, while a reference to the *Thesaurus linguae Latinae* (*TLL*) usually implies that the word, or a given sense of it, originates later.

AVGVSTINI CONFESSIONVM LIBRI V–IX

LIBER QVINTVS

[1] 1 Accipe sacrificium confessionum mearum de manu linguae meae (quam formasti et excitasti ut confiteatur nomini tuo), et sana omnia ossa mea, et dicant, "domine, quis similis tibi?" neque enim docet te quid in se agatur qui tibi confitetur, quia oculum tuum non excludit cor clausum nec manum tuam repellit duritia hominum, sed soluis eam cum uoles, aut miserans aut uindicans, et non est qui se abscondat a calore tuo. sed te laudet anima mea ut amet te, et confiteatur tibi miserationes tuas ut laudet te. non cessat nec tacet laudes tuas uniuersa creatura tua, nec spiritus omnis per os conuersum ad te nec animalia nec corporalia per os considerantium ea, ut exsurgat in te a lassitudine anima nostra, innitens eis quae fecisti et transiens ad te, qui fecisti haec mirabiliter. et ibi refectio et uera fortitudo.

[2] 2 Eant et fugiant a te inquieti iniqui. et tu uides eos et distinguis umbras, et ecce pulchra sunt cum eis omnia et ipsi turpes sunt. et quid nocuerunt tibi? aut in quo imperium tuum dehonestauerunt, a caelis usque in nouissima iustum et integrum? quo enim fugerunt, cum fugerent a facie tua? aut ubi tu non inuenis eos? sed fugerunt ut non uiderent te uidentem se atque excaecati in te offenderent, quia non deseris aliquid eorum quae fecisti; in te offenderent iniusti et iuste uexarentur, subtrahentes se lenitati tuae et offendentes in rectitudinem tuam et cadentes in asperitatem tuam. uidelicet nesciunt quod ubique sis, quem nullus circumscribit locus, et solus es praesens etiam his qui longe fiunt a te. conuertantur ergo et quaerant te, quia non sicut ipsi deseruerunt creatorem suum, ita tu deseruisti creaturam tuam: ipsi conuertantur. et ecce ibi es in corde eorum, in corde confitentium tibi et proicientium se in te et plorantium in sinu tuo post uias suas difficiles. et tu facilis terges lacrimas eorum, et magis plorant et gaudent in fletibus, quoniam tu, domine, non aliquis homo, caro et sanguis, sed tu, domine, qui fecisti, reficis et consolaris eos. et ubi ego eram, quando te quaerebam? et tu eras ante me, ego autem et a me discesseram nec me inueniebam: quanto minus te!

[3] 3 Proloquar in conspectu dei mei annum illum undetricensimum aetatis meae. iam uenerat Carthaginem quidam manichaeorum episcopus, Faustus nomine, magnus laqueus diaboli, et multi implicabantur in eo per illecebram suauiloquentiae. quam ego iam tametsi laudabam, discernebam tamen a ueritate rerum quarum discendarum auidus eram, nec quali uasculo sermonis, sed quid mihi scientiae comedendum apponeret nominatus apud eos ille Faustus intuebar. fama enim de illo

praelocuta mihi erat quod esset honestarum omnium doctrinarum peritissimus et apprime disciplinis liberalibus eruditus.

Et quoniam multa philosophorum legeram memoriaeque mandata retinebam, ex eis quaedam comparabam illis manichaeorum longis fabulis, et mihi probabiliora ista uidebantur quae dixerunt illi qui tantum potuerunt ualere ut possent aestimare saeculum, quamquam eius dominum minime inuenerint. quoniam magnus es, domine, et humilia respicis, excelsa autem a longe cognoscis, nec propinquas nisi obtritis corde nec inueniris a superbis, nec si illi curiosa peritia numerent stellas et harenam et dimetiantur sidereas plagas et uestigent uias astrorum.

[3] **4** Mente sua enim quaerunt ista et ingenio quod tu dedisti eis et inuenerunt et praenuntiauerunt ante multos annos defectus luminarium solis et lunae, quo die, qua hora, quanta ex parte futuri essent, et non eos fefellit numerus. et ita factum est ut praenuntiauerunt, et scripserunt regulas indagatas, et leguntur hodie atque ex eis praenuntiatur quo anno et quo mense anni et quo die mensis et qua hora diei et quota parte luminis sui defectura sit luna uel sol: et ita fiet ut praenuntiatur. et mirantur haec homines et stupent qui nesciunt ea, et exultant atque extolluntur qui sciunt, et per impiam superbiam recedentes et deficientes a lumine tuo tanto ante solis defectum futurum praeuident, et in praesentia suum non uident. non enim religiose quaerunt unde habeant ingenium quo ista quaerunt, et inuenientes quia tu fecisti eos, non ipsi se dant tibi, se ut serues quod fecisti, et quales se ipsi fecerant occidunt se tibi, et trucidant exaltationes suas sicut uolatilia, et curiositates suas sicut pisces maris quibus perambulant secretas semitas abyssi, et luxurias suas sicut pecora campi, ut tu, deus, ignis edax consumas mortuas curas eorum, recreans eos immortaliter.

[3] **5** Sed non nouerunt uiam, uerbum tuum, per quod fecisti ea quae numerant et ipsos qui numerant, et sensum quo cernunt quae numerant et mentem de qua numerant: et sapientiae tuae non est numerus. ipse autem unigenitus factus est nobis sapientia et iustitia et sanctificatio et numeratus est inter nos et soluit tributum Caesari. non nouerunt hanc uiam qua descendant ad illum a se et per eum ascendant ad eum. non nouerunt hanc uiam, et putant se excelsos esse cum sideribus et lucidos, et ecce ruerunt in terram, et obscuratum est insipiens cor eorum. et multa uera de creatura dicunt et ueritatem, creaturae artificem, non pie quaerunt, et ideo non inueniunt, aut si inueniunt, cognoscentes deum non sicut deum honorant aut gratias agunt, et euanescunt in cogitationibus suis, et dicunt se esse sapientes sibi tribuendo quae tua sunt, ac per hoc student peruersissima caecitate etiam tibi tribuere quae sua sunt, mendacia scilicet in te conferentes, qui ueritas es, et immutantes gloriam incorrupti dei in similitudinem imaginis corruptibilis hominis et uolucrum et quadrupedum et serpentium, et conuertunt ueritatem tuam in mendacium, et colunt et seruiunt creaturae potius quam creatori.

[3] **6** Multa tamen ab eis ex ipsa creatura uera dicta retinebam, et occurrebat mihi ratio per numeros et ordinem temporum et uisibiles attestationes siderum, et conferebam cum dictis Manichaei, quae de his rebus multa scripsit copiosissime delirans, et non mihi occurrebat ratio nec solistitiorum et aequinoctiorum nec defectuum luminarium nec quidquid tale in libris saecularis sapientiae didiceram. ibi autem credere iubebar, et ad illas rationes numeris et oculis meis exploratas non occurrebat, et longe diuersum erat.

[4] **7** Numquid, domine deus ueritatis, quisquis nouit ista, iam placet tibi? infelix enim homo qui scit illa omnia, te autem nescit; beatus autem qui te scit, etiamsi illa nesciat. qui uero et te et illa nouit, non propter illa beatior, sed propter te solum beatus est, si cognoscens te sicut te glorificet et gratias agat, et non euanescat in cogitationibus suis. sicut enim melior est qui nouit possidere arborem et de usu eius tibi gratias agit, quamuis nesciat uel quot cubitis alta sit uel quanta latitudine diffusa, quam ille qui eam metitur et omnes ramos eius numerat et neque possidet eam neque creatorem eius nouit aut diligit, sic fidelis homo, cuius totus mundus diuitiarum est et quasi nihil habens omnia possidet inhaerendo tibi, cui seruiunt omnia, quamuis nec saltem septentrionum gyros nouerit, dubitare stultum est, quin utique melior sit quam mensor caeli et numerator siderum et pensor elementorum et neglegens tui, qui omnia in mensura et numero et pondere disposuisti.

[5] **8** Sed tamen quis quaerebat Manichaeum nescio quem etiam ista scribere, sine quorum peritia pietas disci poterat? dixisti enim homini, "ecce pietas est sapientia." quam ille ignorare posset, etiamsi ista perfecte nosset; ista uero quia non nouerat, impudentissime audens docere, prorsus illam nosse non posset. uanitas est enim mundana ista etiam nota profiteri, pietas autem tibi confiteri. unde ille deuius ad hoc ista multum locutus est, ut conuictus ab eis qui ista uere didicissent, quis esset eius sensus in ceteris quae abditiora sunt manifeste cognosceretur. non enim parui se aestimari uoluit, sed spiritum sanctum, consolatorem et ditatorem fidelium tuorum, auctoritate plenaria personaliter in se esse persuadere conatus est. itaque cum de caelo ac stellis et de solis ac lunae motibus falsa dixisse deprehenderetur, quamuis ad doctrinam religionis ista non pertineant, tamen ausus eius sacrilegos fuisse satis emineret, cum ea non solum ignorata sed etiam falsa tam uesana superbiae uanitate diceret ut ea tamquam diuinae personae tribuere sibi niteretur.

[5] **9** Cum enim audio Christianum aliquem fratrem illum aut illum ista nescientem et aliud pro alio sentientem, patienter intueor opinantem hominem nec illi obesse uideo, cum de te, domine creator omnium, non credat indigna, si forte situs et habitus creaturae corporalis ignoret. obest autem, si hoc ad ipsam doctrinae pietatis formam pertinere arbitretur et pertinacius affirmare audeat quod ignorat. sed etiam talis infirmitas in

fidei cunabulis a caritate matre sustinetur, donec adsurgat nouus homo in uirum perfectum et circumferri non possit omni uento doctrinae. in illo autem qui doctor, qui auctor, qui dux et princeps eorum quibus illa suaderet, ita fieri ausus est, ut qui eum sequerentur non quemlibet hominem sed spiritum tuum sanctum se sequi arbitrarentur, quis tantam dementiam, sicubi falsa dixisse conuinceretur, non detestandam longeque abiciendam esse iudicaret?

Sed tamen nondum liquido compereram utrum etiam secundum eius uerba uicissitudines longiorum et breuiorum dierum atque noctium et ipsius noctis et diei et deliquia luminum et si quid eius modi in aliis libris legeram posset exponi, ut, si forte posset, incertum quidem mihi fieret utrum ita se res haberet an ita, sed ad fidem meam illius auctoritatem propter creditam sanctitatem praeponerem.

[6] 10 Et per annos ferme ipsos nouem quibus eos animo uagabundus audiui nimis extento desiderio uenturum expectabam istum Faustum. ceteri enim eorum in quos forte incurrissem, qui talium rerum quaestionibus a me obiectis deficiebant, illum mihi promittebant, cuius aduentu conlatoque conloquio facillime mihi haec et si qua forte maiora quaererem enodatissime expedirentur. ergo ubi uenit, expertus sum hominem gratum et iucundum uerbis et ea ipsa quae illi solent dicere multo suauius garrientem. sed quid ad meam sitim pretiosorum poculorum decentissimus ministrator? iam rebus talibus satiatae erant aures meae, nec ideo mihi meliora uidebantur quia melius dicebantur, nec ideo uera quia diserta, nec ideo sapiens anima quia uultus congruus et decorum eloquium. illi autem qui eum mihi promittebant non boni rerum existimatores erant, et ideo illis uidebatur prudens et sapiens quia delectabat eos loquens. sensi autem aliud genus hominum etiam ueritatem habere suspectam et ei nolle adquiescere, si compto atque uberi sermone promeretur. me autem iam docueras, deus meus, miris et occultis modis (et propterea credo quod tu me docueris, quoniam uerum est, nec quisquam praeter te alius doctor est ueri, ubicumque et undecumque claruerit), iam ergo abs te didiceram nec eo debere uideri aliquid uerum dici, quia eloquenter dicitur, nec eo falsum, quia incomposite sonant signa labiorum; rursus nec ideo uerum, quia impolite enuntiatur, nec ideo falsum, quia splendidus sermo est, sed perinde esse sapientiam et stultitiam sicut sunt cibi utiles et inutiles, uerbis autem ornatis et inornatis sicut uasis urbanis et rusticanis utrosque cibos posse ministrari.

[6] 11 Igitur auiditas mea, qua illum tanto tempore expectaueram hominem, delectabatur quidem motu affectuque disputantis et uerbis congruentibus atque ad uestiendas sententias facile occurrentibus. delectabar autem et cum multis uel etiam prae multis laudabam ac ferebam, sed moleste habebam quod in coetu audientium non sinerer ingerere

illi et partiri cum eo curas quaestionum mearum conferendo familiariter et accipiendo ac reddendo sermonem. quod ubi potui et aures eius cum familiaribus meis eoque tempore occupare coepi quo non dedeceret alternis disserere, et protuli quaedam quae me mouebant, expertus sum prius hominem expertem liberalium disciplinarum nisi grammaticae atque eius ipsius usitato modo. et quia legerat aliquas Tullianas orationes et paucissimos Senecae libros et nonnulla poetarum et suae sectae si qua uolumina latine atque composite conscripta erant, et quia aderat cotidiana sermocinandi exercitatio, inde suppetebat eloquium, quod fiebat acceptius magisque seductorium moderamine ingenii et quodam lepore naturali. itane est, ut recolo, domine deus meus, arbiter conscientiae meae? coram te cor meum et recordatio mea, qui me tunc agebas abdito secreto prouidentiae tuae et inhonestos errores meos iam conuertebas ante faciem meam, ut uiderem et odissem.

[7] **12** Nam posteaquam ille mihi imperitus earum artium quibus eum excellere putaueram satis apparuit, desperare coepi posse mihi eum illa quae me mouebant aperire atque dissoluere; quorum quidem ignarus posset ueritatem tenere pietatis, sed si manichaeus non esset. libri quippe eorum pleni sunt longissimis fabulis de caelo et sideribus et sole et luna; quae mihi eum, quod utique cupiebam, conlatis numerorum rationibus quas alibi ego legeram, utrum potius ita essent ut Manichaei libris continebantur, an certe uel par etiam inde ratio redderetur, subtiliter explicare posse iam non arbitrabar. quae tamen ubi consideranda et discutienda protuli, modeste sane ille nec ausus est subire ipsam sarcinam. nouerat enim se ista non nosse nec eum puduit confiteri. non erat de talibus, quales multos loquaces passus eram, conantes ea me docere et dicentes nihil. iste uero cor habebat, etsi non rectum ad te, nec tamen nimis incautum ad se ipsum. non usquequaque imperitus erat imperitiae suae et noluit se temere disputando in ea coartare unde nec exitus ei ullus nec facilis esset reditus: etiam hinc mihi amplius placuit. pulchrior est enim temperantia confitentis animi quam illa quae nosse cupiebam. et eum in omnibus difficilioribus et subtilioribus quaestionibus talem inueniebam.

[7] **13** Refracto itaque studio quod intenderam in Manichaei litteras, magisque desperans de ceteris eorum doctoribus, quando in multis quae me mouebant ita ille nominatus apparuit, coepi cum eo pro studio eius agere uitam, quo ipse flagrabat in eas litteras quas tunc iam rhetor Carthaginis adulescentes docebam, et legere cum eo siue quae ille audita desideraret siue quae ipse tali ingenio apta existimarem. ceterum conatus omnis meus quo proficere in illa secta statueram illo homine cognito prorsus intercidit, non ut ab eis omnino separarer sed, quasi melius quicquam non inueniens, eo quo iam quoquo modo irrueram contentus interim esse decreueram, nisi aliquid forte quod magis eligendum esset

eluceret. ita ille Faustus, qui multis laqueus mortis extitit, meum quo captus eram relaxare iam coeperat, nec uolens nec sciens. manus enim tuae, deus meus, in abdito prouidentiae tuae non deserebant animam meam, et de sanguine cordis matris meae per lacrimas eius diebus et noctibus pro me sacrificabatur tibi, et egisti mecum miris modis. tu illud egisti, deus meus, nam a domino gressus hominis diriguntur, et uiam eius uolet. aut quae procuratio salutis praeter manum tuam reficientem quae fecisti?

[8] **14** Egisti ergo mecum ut mihi persuaderetur Romam pergere et potius ibi docere quod docebam Carthagini. et hoc unde mihi persuasum est non praeteribo confiteri tibi, quoniam et in his altissimi tui recessus et praesentissima in nos misericordia tua cogitanda et praedicanda est. non ideo Romam pergere uolui quod maiores quaestus maiorque mihi dignitas ab amicis qui hoc suadebant promittebatur (quamquam et ista ducebant animum tunc meum) sed illa erat causa maxima et paene sola, quod audiebam quietius ibi studere adulescentes et ordinatiore disciplinae coherctione sedari, ne in eius scholam quo magistro non utuntur passim et proterue irruant, nec eos admitti omnino nisi ille permiserit. contra apud Carthaginem foeda est et intemperans licentia scholasticorum. irrumpunt impudenter et prope furiosa fronte perturbant ordinem quem quisque discipulis ad proficiendum instituerit. multa iniuriosa faciunt mira hebetudine, et punienda legibus nisi consuetudo patrona sit, hoc miseriores eos ostendens quo iam quasi liceat faciunt quod per tuam aeternam legem numquam licebit et impune se facere arbitrantur, cum ipsa faciendi caecitate puniantur et incomparabiliter patiantur peiora quam faciunt. ergo quos mores cum studerem meos esse nolui, eos cum docerem cogebar perpeti alienos. et ideo placebat ire ubi talia non fieri omnes qui nouerant indicabant. uerum autem tu, spes mea et portio mea in terra uiuentium, ad mutandum terrarum locum pro salute animae meae et Carthagini stimulos quibus inde auellerer admouebas et Romae illecebras quibus attraheres proponebas mihi per homines qui diligunt uitam mortuam, hinc insana facientes, inde uana pollicentes, et ad corrigendos gressus meos utebaris occulte et illorum et mea peruersitate. nam et qui perturbabant otium meum foeda rabie caeci erant et qui inuitabant ad aliud terram sapiebant, ego autem, qui detestabar hic ueram miseriam, illic falsam felicitatem appetebam.

[8] **15** Sed quare hinc abirem et illuc irem, tu sciebas, deus, nec indicabas mihi nec matri, quae me profectum atrociter planxit et usque ad mare secuta est. sed fefelli eam, uiolenter me tenentem ut aut reuocaret aut mecum pergeret. et finxi me amicum nolle deserere donec uento facto nauigaret, et mentitus sum matri, et illi matri. et euasi, quia et hoc dimisisti mihi misericorditer seruans me ab aquis maris, plenum

exsecrandis sordibus, usque ad aquam gratiae tuae, qua me abluto siccarentur flumina maternorum oculorum quibus pro me cotidie tibi rigabat terram sub uultu suo. et tamen recusanti sine me redire uix persuasi ut in loco qui proximus nostrae naui erat, memoria beati Cypriani, maneret ea nocte. sed ea nocte clanculo ego profectus sum, illa autem non; mansit orando et flendo. et quid a te petebat, deus meus, tantis lacrimis, nisi ut nauigare me non sineres? sed tu alte consulens et exaudiens cardinem desiderii eius non curasti quod tunc petebat, ut me faceres quod semper petebat. flauit uentus et impleuit uela nostra et litus subtraxit aspectibus nostris, in quo mane illa insaniebat dolore, et querelis et gemitu implebat aures tuas contemnentis ista, cum et me cupiditatibus meis raperes ad finiendas ipsas cupiditates et illius carnale desiderium iusto dolorum flagello uapularet. amabat enim secum praesentiam meam more matrum, sed multis multo amplius, et nesciebat quid tu illi gaudiorum facturus esses de absentia mea. nesciebat, ideo flebat et eiulabat, atque illis cruciatibus arguebatur in ea reliquiarium Euae, cum gemitu quaerens quod cum gemitu pepererat. et tamen post accusationem fallaciarum et crudelitatis meae conuersa rursus ad deprecandum te pro me abiit ad solita, et ego Romam.

[9] **16** Et ecce excipior ibi flagello aegritudinis corporalis, et ibam iam ad inferos portans omnia mala quae commiseram et in te et in me et in alios, multa et grauia super originalis peccati uinculum quo omnes in Adam morimur. non enim quicquam eorum mihi donaueras in Christo, nec soluerat ille in cruce sua inimicitias quas tecum contraxeram peccatis meis. quomodo enim eas solueret in cruce phantasmatis, quod de illo credideram? quam ergo falsa mihi uidebatur mors carnis eius, tam uera erat animae meae, et quam uera erat mors carnis eius, tam falsa uita animae meae, quae id non credebat. et ingrauescentibus febribus iam ibam et peribam. quo enim irem, si hinc tunc abirem, nisi in ignem atque tormenta digna factis meis in ueritate ordinis tui? et hoc illa nesciebat et tamen pro me orabat absens; tu autem ubique praesens ubi erat exaudiebas eam, et ubi eram miserebaris mei, ut recuperarem salutem corporis adhuc insanus corde sacrilego. neque enim desiderabam in illo tanto periculo baptismum tuum, et melior eram puer, quo illum de materna pietate flagitaui, sicut iam recordatus atque confessus sum. sed in dedecus meum creueram et consilia medicinae tuae demens irridebam, qui non me siuisti talem bis mori. quo uulnere si fereretur cor matris, numquam sanaretur. non enim satis eloquor quid erga me habebat animi, et quanto maiore sollicitudine me parturiebat spiritu quam carne pepererat.

[9] **17** Non itaque uideo quomodo sanaretur, si mea talis illa mors transuerberasset uiscera dilectionis eius. et ubi essent tantae preces, et tam crebrae sine intermissione? nusquam nisi ad te. an uero tu, deus

misericordiarum, sperneres cor contritum et humiliatum uiduae castae
ac sobriae, frequentantis elemosynas, obsequentis atque seruientis sanctis
tuis, nullum diem praetermittentis oblationem ad altare tuum, bis die,
mane et uespere, ad ecclesiam tuam sine ulla intermissione uenientis,
non ad uanas fabulas et aniles loquacitates sed ut te audiret in tuis sermonibus et tu illam in suis orationibus? huiusne tu lacrimas, quibus non a
te aurum et argentum petebat, nec aliquod nutabile aut uolubile bonum,
sed salutem animae filii sui, tu, cuius munere talis erat, contemneres
et repelleres ab auxilio tuo? nequaquam, domine. immo uero aderas
et exaudiebas et faciebas ordine quo praedestinaueras esse faciendum.
absit ut tu falleres eam in illis uisionibus et responsis tuis, quae iam commemoraui et quae non commemoraui, quae illa fideli pectore tenebat et
semper orans tamquam chirographa tua ingerebat tibi. dignaris enim,
quoniam in saeculum misericordia tua, eis quibus omnia debita dimittis,
etiam promissionibus debitor fieri.

[10] **18** Recreasti ergo me ab illa aegritudine et saluum fecisti filium ancillae tuae tunc interim corpore, ut esset cui salutem meliorem
atque certiorem dares. et iungebar etiam tunc Romae falsis illis atque
fallentibus sanctis, non enim tantum auditoribus eorum, quorum e
numero erat etiam is in cuius domo aegrotaueram et conualueram,
sed eis etiam quos electos uocant. adhuc enim mihi uidebatur non esse
nos qui peccamus, sed nescio quam aliam in nobis peccare naturam,
et delectabat superbiam meam extra culpam esse et, cum aliquid mali
fecissem, non confiteri me fecisse, ut sanares animam meam, quoniam peccabat tibi, sed excusare me amabam et accusare nescio quid
aliud quod mecum esset et ego non essem. uerum autem totum ego
eram et aduersus me impietas mea me diuiserat, et id erat peccatum
insanabilius, quo me peccatorem non esse arbitrabar, et execrabilis
iniquitas, te, deus omnipotens, te in me ad perniciem meam, quam
me a te ad salutem malle superari. nondum ergo posueras custodiam
ori meo et ostium continentiae circum labia mea, ut non declinaret
cor meum in uerba mala ad excusandas excusationes in peccatis cum
hominibus operantibus iniquitatem, et ideo adhuc combinabam cum
electis eorum, sed tamen iam desperans in ea falsa doctrina me posse
proficere, eaque ipsa quibus, si nihil melius reperirem, contentus esse
decreueram iam remissius neglegentiusque retinebam.

[10] **19** Etenim suborta est etiam mihi cogitatio, prudentiores illos
ceteris fuisse philosophos quos academicos appellant, quod de omnibus
dubitandum esse censuerant nec aliquid ueri ab homine comprehendi
posse decreuerant. ita enim et mihi liquido sensisse uidebantur, ut uulgo
habentur, etiam illorum intentionem nondum intellegenti. nec dissimulaui eundem hospitem meum reprimere a nimia fiducia quam sensi
eum habere de rebus fabulosis quibus Manichaei libri pleni sunt. amicitia

tamen eorum familiarius utebar quam ceterorum hominum qui in illa haeresi non fuissent. nec eam defendebam pristina animositate, sed tamen familiaritas eorum (plures enim eos Roma occultat) pigrius me faciebat aliud quaerere, praesertim desperantem in ecclesia tua, domine caeli et terrae, creator omnium uisibilium et inuisibilium, posse inueniri uerum, unde me illi auerterant, multumque mihi turpe uidebatur credere figuram te habere humanae carnis et membrorum nostrorum liniamentis corporalibus terminari, et quoniam cum de deo meo cogitare uellem, cogitare nisi moles corporum non noueram (neque enim uidebatur mihi esse quicquam quod tale non esset), ea maxima et prope sola causa erat ineuitabilis erroris mei.

[10] **20** Hinc enim et mali substantiam quandam credebam esse talem et habere suam molem taetram et deformem et crassam, quam terram dicebant, siue tenuem atque subtilem, sicuti est aeris corpus, quam malignam mentem per illam terram repentem imaginantur. et quia deum bonum nullam malam naturam creasse qualiscumque me pietas credere cogebat, constituebam ex aduerso sibi duas moles, utramque infinitam, sed malam angustius, bonam grandius, et ex hoc initio pestilentioso me cetera sacrilegia sequebantur. cum enim conaretur animus meus recurrere in catholicam fidem, repercutiebar, quia non erat catholica fides quam esse arbitrabar. et magis pius mihi uidebar, si te, deus meus, cui confitentur ex me miserationes tuae, uel ex ceteris partibus infinitum crederem, quamuis ex una, qua tibi moles mali opponebatur, cogerer finitum fateri, quam si ex omnibus partibus in corporis humani forma te opinarer finiri. et melius mihi uidebar credere nullum malum te creasse (quod mihi nescienti non solum aliqua substantia sed etiam corporea uidebatur, quia et mentem cogitare non noueram nisi eam subtile corpus esse, quod tamen per loci spatia diffunderetur) quam credere abs te esse qualem putabam naturam mali. ipsumque saluatorem nostrum, unigenitum tuum, tamquam de massa lucidissimae molis tuae porrectum ad nostram salutem ita putabam, ut aliud de illo non crederem nisi quod possem uanitate imaginari. talem itaque naturam eius nasci non posse de Maria uirgine arbitrabar, nisi carni concerneretur. concerni autem et non inquinari non uidebam, quod mihi tale figurabam. metuebam itaque credere in carne natum, ne credere cogerer ex carne inquinatum. nunc spiritales tui blande et amanter ridebunt me, si has confessiones meas legerint, sed tamen talis eram.

[11] **21** Deinde quae illi in scripturis tuis reprehenderant defendi posse non existimabam sed aliquando sane cupiebam cum aliquo illorum librorum doctissimo conferre singula et experiri quid inde sentiret. iam enim Elpidii cuiusdam aduersus eosdem manichaeos coram loquentis et disserentis sermones etiam apud Carthaginem mouere me coeperant, cum talia de scripturis proferret quibus resisti non facile posset.

et inbecilla mihi responsio uidebatur istorum, quam quidem non facile palam promebant sed nobis secretius, cum dicerent scripturas noui testamenti falsatas fuisse a nescio quibus qui Iudaeorum legem inserere christianae fidei uoluerint, atque ipsi incorrupta exemplaria nulla proferrent. sed me maxime captum et offocatum quodam modo deprimebant corporalia cogitantem moles illae, sub quibus anhelans in auram tuae ueritatis liquidam et simplicem respirare non poteram.

[12] **22** Sedulo ergo agere coeperam, propter quod ueneram, ut docerem Romae artem rhetoricam, et prius domi congregare aliquos quibus et per quos innotescere coeperam. et ecce cognosco alia Romae fieri quae non patiebar in Africa. nam re uera illas euersiones a perditis adulescentibus ibi non fieri manifestatum est mihi: "sed subito," inquiunt, "ne mercedem magistro reddant, conspirant multi adulescentes et transferunt se ad alium, desertores fidei et quibus prae pecuniae caritate iustitia uilis est." oderat etiam istos cor meum, quamuis non perfecto odio; quod enim ab eis passurus eram magis oderam fortasse quam eo quod cuilibet illicita faciebant. certe tamen turpes sunt tales et fornicantur abs te amando uolatica ludibria temporum et lucrum luteum, quod cum apprehenditur manum inquinat, et amplectendo mundum fugientem, contemnendo te manentem et reuocantem et ignoscentem redeunti ad te meretrici animae humanae. et nunc tales odi prauos et distortos, quamuis eos corrigendos diligam, ut pecuniae doctrinam ipsam quam discunt praeferant, ei uero te deum ueritatem et ubertatem certi boni et pacem castissimam. sed tunc magis eos pati nolebam malos propter me, quam fieri propter te bonos uolebam.

[13] **23** Itaque posteaquam missum est a Mediolanio Romam ad praefectum urbis, ut illi ciuitati rhetoricae magister prouideretur, impertita etiam euectione publica, ego ipse ambiui per eos ipsos manichaeis uanitatibus ebrios (quibus ut carerem ibam, sed utrique nesciebamus) ut dictione proposita me probatum praefectus tunc Symmachus mitteret. et ueni Mediolanium ad Ambrosium episcopum, in optimis notum orbi terrae, pium cultorem tuum, cuius tunc eloquia strenue ministrabant adipem frumenti tui et laetitiam olei et sobriam uini ebrietatem populo tuo. ad eum autem ducebar abs te nesciens, ut per eum ad te sciens ducerer.

Suscepit me paterne ille homo dei et peregrinationem meam satis episcopaliter dilexit. et eum amare coepi, primo quidem non tamquam doctorem ueri, quod in ecclesia tua prorsus desperabam, sed tamquam hominem benignum in me. et studiose audiebam disputantem in populo, non intentione qua debui sed quasi explorans eius facundiam, utrum conueniret famae suae an maior minorue proflueret quam praedicabatur, et uerbis eius suspendebar intentus, rerum autem incuriosus et contemptor adstabam. et delectabar suauitate sermonis, quamquam eruditioris, minus tamen hilarescentis atque mulcentis quam Fausti erat, quod attinet ad dicendi modum. ceterum rerum ipsarum nulla comparatio: nam ille per manichaeas fallacias aberrabat, ille autem saluberrime docebat salutem. sed longe est a peccatoribus salus, qualis ego tunc aderam, et tamen propinquabam sensim et nesciens.

[14] **24** Cum enim non satagerem discere quae dicebat, sed tantum quemadmodum dicebat audire (ea mihi quippe iam desperanti ad te uiam patere homini inanis cura remanserat), ueniebant in animum meum simul cum uerbis quae diligebam res etiam quas neglegebam, neque enim ea dirimere poteram. et dum cor aperirem ad excipiendum quam diserte diceret, pariter intrabat et quam uere diceret, gradatim quidem. nam primo etiam ipsa defendi posse mihi iam coeperunt uideri, et fidem catholicam, pro qua nihil posse dici aduersus oppugnantes manichaeos putaueram, iam non impudenter adseri existimabam, maxime audito uno atque altero et saepius aenigmate soluto de scriptis ueteribus, ubi, cum ad litteram acciperem, occidebar. spiritaliter itaque plerisque illorum librorum locis expositis iam reprehendebam desperationem meam, illam dumtaxat qua credideram legem et prophetas detestantibus atque irridentibus resisti omnino non posse. nec tamen iam ideo mihi catholicam uiam tenendam esse sentiebam, quia et ipsa poterat habere doctos adsertores suos, qui copiose et non absurde obiecta refellerent, nec ideo iam damnandum illud quod tenebam quia defensionis partes aequabantur. ita enim catholica non mihi uicta uidebatur, ut nondum etiam uictrix appareret.

[14] **25** Tum uero fortiter intendi animum, si quo modo possem certis aliquibus documentis manichaeos conuincere falsitatis. quod si possem spiritalem substantiam cogitare, statim machinamenta illa omnia soluerentur et abicerentur ex animo meo: sed non poteram. uerum tamen de ipso mundi huius corpore omnique natura quam sensus carnis attingeret multo probabiliora plerosque sensisse philosophos magis magisque considerans atque comparans iudicabam. itaque academicorum more, sicut existimantur, dubitans de omnibus atque inter omnia fluctuans, manichaeos quidem relinquendos esse decreui, non arbitrans eo ipso tempore dubitationis meae in illa secta mihi permanendum esse cui iam nonnullos philosophos praeponebam. quibus tamen philosophis, quod sine salutari nomine Christi essent, curationem languoris animae meae committere omnino recusabam. statui ergo tamdiu esse catechumenus in catholica ecclesia mihi a parentibus commendata, donec aliquid certi eluceret quo cursum dirigerem.

LIBER SEXTVS

[1] **1** Spes mea a iuuentute mea, ubi mihi eras et quo recesseras? an uero non tu feceras me et discreueras me a quadrupedibus et a uolatilibus caeli sapientiorem me feceras? et ambulabam per tenebras et lubricum et quaerebam te foris a me, et non inueniebam deum cordis mei. et uen-
5 eram in profundum maris, et diffidebam et desperabam de inuentione ueri.

Iam uenerat ad me mater pietate fortis, terra marique me sequens et in periculis omnibus de te secura. nam et per marina discrimina ipsos nautas consolabatur, a quibus rudes abyssi uiatores, cum perturbantur,
10 consolari solent, pollicens eis peruentionem cum salute, quia hoc ei tu per uisum pollicitus eras. et inuenit me, periclitantem quidem grauiter desperatione indagandae ueritatis. sed tamen ei cum indicassem non me quidem iam esse manichaeum, sed neque catholicum christianum, non quasi inopinatum aliquid audierit exiliuit laetitia, cum iam
15 secura fieret ex ea parte miseriae meae in qua me tamquam mortuum sed resuscitandum tibi flebat, et feretro cogitationis offerebat ut diceres filio uiduae, "iuuenis, tibi dico, surge," et reuiuesceret et inciperet loqui et traderes illum matri suae. nulla ergo turbulenta exultatione trepidauit cor eius, cum audisset ex tanta parte iam factum quod tibi
20 cotidie plangebat ut fieret, ueritatem me nondum adeptum sed falsitati iam ereptum. immo uero quia certa erat et quod restabat te daturum, qui totum promiseras, placidissime et pectore pleno fiduciae respondit mihi credere se in Christo quod priusquam de hac uita emigraret me uisura esset fidelem catholicum. et hoc quidem mihi. tibi autem,
25 fons misericordiarum, preces et lacrimas densiores, ut accelerares adiutorium tuum et illuminares tenebras meas, et studiosius ad ecclesiam currere et in Ambrosii ora suspendi, ad fontem salientis aquae in uitam aeternam. diligebat autem illum uirum sicut angelum dei, quod per illum cognouerat me interim ad illam ancipitem fluctuationem iam
30 esse perductum per quam transiturum me ab aegritudine ad sanitatem, intercurrente artiore periculo quasi per accessionem quam criticam medici uocant, certa praesumebat.

[2] **2** Itaque cum ad memorias sanctorum, sicut in Africa solebat, pultes et panem et merum attulisset atque ab ostiario prohiberetur, ubi hoc
35 episcopum uetuisse cognouit, tam pie atque oboedienter amplexa est ut ipse mirarer quam facile accusatrix potius consuetudinis suae quam disceptatrix illius prohibitionis effecta sit. non enim obsidebat spiritum eius uinulentia eamque stimulabat in odium ueri amor uini, sicut plerosque mares et feminas qui ad canticum sobrietatis sicut ad potionem aquatam
40 madidi nausiant, sed illa cum attulisset canistrum cum sollemnibus epulis praegustandis atque largiendis, plus etiam quam unum pocillum pro suo

palato satis sobrio temperatum, unde dignationem sumeret, non ponebat, et si multae essent quae illo modo uidebantur honorandae memoriae defunctorum, idem ipsum unum, quod ubique poneret, circumferebat, quo iam non solum aquatissimo sed etiam tepidissimo cum suis praesentibus per sorbitiones exiguas partiretur, quia pietatem ibi quaerebat, non uoluptatem. itaque ubi comperit a praeclaro praedicatore atque antistite pietatis praeceptum esse ista non fieri nec ab eis qui sobrie facerent, ne ulla occasio se ingurgitandi daretur ebriosis, et quia illa quasi parentalia superstitioni gentilium essent simillima, abstinuit se libentissime, et pro canistro pleno terrenis fructibus plenum purgatioribus uotis pectus ad memorias martyrum afferre didicerat, ut et quod posset daret egentibus et sic communicatio dominici corporis illic celebraretur, cuius passionis imitatione immolati et coronati sunt martyres. sed tamen uidetur mihi, domine deus meus (et ita est in conspectu tuo de hac re cor meum), non facile fortasse de hac amputanda consuetudine matrem meam fuisse cessuram si ab alio prohiberetur quem non sicut Ambrosium diligebat. quem propter salutem meam maxime diligebat, eam uero ille propter eius religiosissimam conuersationem, qua in bonis operibus tam feruens spiritu frequentabat ecclesiam, ita ut saepe erumperet, cum me uideret, in eius praedicationem gratulans mihi, quod talem matrem haberem, nesciens qualem illa me filium, qui dubitabam de illis omnibus et inueniri posse uiam uitae minime putabam.

[3] 3 Nec iam ingemescebam orando ut subuenires mihi, sed ad quaerendum intentus et ad disserendum inquietus erat animus meus, ipsumque Ambrosium felicem quendam hominem secundum saeculum opinabar, quem sic tantae potestates honorarent; caelibatus tantum eius mihi laboriosus uidebatur. quid autem ille spei gereret, et aduersus ipsius excellentiae temptamenta quid luctaminis haberet quidue solaminis in aduersis, et occultum os eius, quod erat in corde eius, quam sapida gaudia de pane tuo ruminaret, nec conicere noueram nec expertus eram, nec ille sciebat aestus meos nec foueam periculi mei. non enim quaerere ab eo poteram quod uolebam, sicut uolebam, secludentibus me ab eius aure atque ore cateruis negotiosorum hominum, quorum infirmitatibus seruiebat. cum quibus quando non erat, quod perexiguum temporis erat, aut corpus reficiebat necessariis sustentaculis aut lectione animum. sed cum legebat, oculi ducebantur per paginas et cor intellectum rimabatur, uox autem et lingua quiescebant. saepe cum adessemus (non enim uetabatur quisquam ingredi aut ei uenientem nuntiari mos erat), sic eum legentem uidimus tacite et aliter numquam, sedentesque in diuturno silentio (quis enim tam intento esse oneri auderet?) discedebamus et coniectabamus eum paruo ipso tempore quod reparandae menti suae nanciscebatur, feriatum ab strepitu causarum alienarum, nolle in aliud auocari et cauere fortasse ne, auditore suspenso et intento, si qua obscurius posuisset

ille quem legeret, etiam exponere esset necesse aut de aliquibus difficilioribus dissertare quaestionibus, atque huic operi temporibus impensis minus quam uellet uoluminum euolueret, quamquam et causa seruandae uocis, quae illi facillime obtundebatur, poterat esse iustior tacite legendi. quolibet tamen animo id ageret, bono utique ille uir agebat.

[3] **4** Sed certe mihi nulla dabatur copia sciscitandi quae cupiebam de tam sancto oraculo tuo, pectore illius, nisi cum aliquid breuiter esset audiendum. aestus autem illi mei otiosum eum ualde cui refunderentur requirebant nec umquam inueniebant. et eum quidem in populo uerbum ueritatis recte tractantem omni die dominico audiebam, et magis magisque mihi confirmabatur omnes uersutarum calumniarum nodos quos illi deceptores nostri aduersus diuinos libros innectebant posse dissolui. ubi uero etiam comperi ad imaginem tuam hominem a te factum ab spiritalibus filiis tuis, quos de matre catholica per gratiam regenerasti, non sic intellegi ut humani corporis forma te determinatum crederent atque cogitarent (quamquam quomodo se haberet spiritalis substantia, ne quidem tenuiter atque in aenigmate suspicabar), tamen gaudens erubui non me tot annos aduersus catholicam fidem, sed contra carnalium cogitationum figmenta latrasse. eo quippe temerarius et impius fueram, quod ea quae debebam quaerendo discere accusando dixeram. tu enim, altissime et proxime, secretissime et praesentissime, cui membra non sunt alia maiora et alia minora, sed ubique totus es et nusquam locorum es, non es utique forma ista corporea, tamen fecisti hominem ad imaginem tuam, et ecce ipse a capite usque ad pedes in loco est.

[4] **5** Cum ergo nescirem quomodo haec subsisteret imago tua, pulsans proponerem quomodo credendum esset, non insultans opponerem quasi ita creditum esset. tanto igitur acrior cura rodebat intima mea, quid certi retinerem, quanto me magis pudebat tam diu illusum et deceptum promissione certorum puerili errore et animositate tam multa incerta quasi certa garrisse. quod enim falsa essent, postea mihi claruit; certum tamen erat quod incerta essent et a me aliquando pro certis habita fuissent, cum catholicam tuam caecis contentionibus accusarem, etsi nondum compertam uera docentem, non tamen ea docentem quae grauiter accusabam. itaque confundebar et conuertebar, et gaudebam, deus meus, quod ecclesia unica, corpus unici tui, in qua mihi nomen Christi infanti est inditum, non saperet infantiles nugas neque hoc haberet in doctrina sua sana, quod te creatorem omnium in spatium loci quamuis summum et amplum, tamen undique terminatum membrorum humanorum figura contruderet.

[4] **6** Gaudebam etiam quod uetera scripta legis et prophetarum iam non illo oculo mihi legenda proponerentur quo antea uidebantur

absurda, cum arguebam tamquam ita sentientes sanctos tuos, uerum autem non ita sentiebant. et tamquam regulam diligentissime commendaret, saepe in popularibus sermonibus suis dicentem Ambrosium laetus audiebam: "littera occidit, spiritus autem uiuificat," cum ea quae ad litteram peruersitatem docere uidebantur, remoto mystico uelamento, spiritaliter aperiret, non dicens quod me offenderet, quamuis ea diceret quae utrum uera essent adhuc ignorarem. tenebam enim cor meum ab omni assensione timens praecipitium, et suspendio magis necabar. uolebam enim eorum quae non uiderem ita me certum fieri ut certus essem quod septem et tria decem sint. neque enim tam insanus eram ut ne hoc quidem putarem posse comprehendi, sed sicut hoc, ita cetera cupiebam, siue corporalia, quae coram sensibus meis non adessent, siue spiritalia, de quibus cogitare nisi corporaliter nesciebam. et sanari credendo poteram, ut purgatior acies mentis meae dirigeretur aliquo modo in ueritatem tuam semper manentem et ex nullo deficientem. sed sicut euenire adsolet, ut malum medicum expertus etiam bono timeat se committere, ita erat ualetudo animae meae, quae utique nisi credendo sanari non poterat et, ne falsa crederet, curari recusabat, resistens manibus tuis, qui medicamenta fidei confecisti et sparsisti super morbos orbis terrarum et tantam illis auctoritatem tribuisti.

[5] 7 Ex hoc tamen quoque iam praeponens doctrinam catholicam, modestius ibi minimeque fallaciter sentiebam iuberi ut crederetur quod non demonstrabatur (siue esset quid, sed cui forte non esset, siue nec quid esset), quam illic temeraria pollicitatione scientiae credulitatem irrideri et postea tam multa fabulosissima et absurdissima, quia demonstrari non poterant, credenda imperari. deinde paulatim tu, domine, manu mitissima et misericordissima pertractans et componens cor meum, consideranti quam innumerabilia crederem quae non uiderem neque cum gererentur adfuissem, sicut tam multa in historia gentium, tam multa de locis atque urbibus quae non uideram, tam multa amicis, tam multa medicis, tam multa hominibus aliis atque aliis, quae nisi crederentur, omnino in hac uita nihil ageremus, postremo quam inconcusse fixum fide retinerem de quibus parentibus ortus essem, quod scire non possem nisi audiendo credidissem, persuasisti mihi non qui crederent libris tuis, quos tanta in omnibus fere gentibus auctoritate fundasti, sed qui non crederent esse culpandos nec audiendos esse, si qui forte mihi dicerent, "unde scis illos libros unius ueri et ueracissimi dei spiritu esse humano generi ministratos?" id ipsum enim maxime credendum erat, quoniam nulla pugnacitas calumniosarum quaestionum per tam multa quae legeram inter se confligentium philosophorum extorquere mihi potuit ut aliquando non crederem te esse quidquid esses, quod ego nescirem, aut administrationem rerum humanarum ad te pertinere.

[5] **8** Sed id credebam aliquando robustius, aliquando exilius, semper tamen credidi et esse te et curam nostri gerere, etiamsi ignorabam uel quid sentiendum esset de substantia tua uel quae uia duceret aut reduceret ad te. ideoque cum essemus infirmi ad inueniendam liquida ratione ueritatem et ob hoc nobis opus esset auctoritate sanctarum litterarum, iam credere coeperam nullo modo te fuisse tributurum tam excellentem illi scripturae per omnes iam terras auctoritatem, nisi et per ipsam tibi credi et per ipsam te quaeri uoluisses. iam enim absurditatem quae me in illis litteris solebat offendere, cum multa ex eis probabiliter exposita audissem, ad sacramentorum altitudinem referebam eoque mihi illa uenerabilior et sacrosancta fide dignior apparebat auctoritas, quo et omnibus ad legendum esset in promptu et secreti sui dignitatem in intellectu profundiore seruaret, uerbis apertissimis et humillimo genere loquendi se cunctis praebens et exercens intentionem eorum qui non sunt leues corde, ut exciperet omnes populari sinu et per angusta foramina paucos ad te traiceret, multo tamen plures quam si nec tanto apice auctoritatis emineret nec turbas gremio sanctae humilitatis hauriret. cogitabam haec et aderas mihi, suspirabam et audiebas me, fluctuabam et gubernabas me, ibam per uiam saeculi latam nec deserebas.

[6] **9** Inhiabam honoribus, lucris, coniugio, et tu irridebas. patiebar in eis cupiditatibus amarissimas difficultates, te propitio tanto magis, quanto minus sinebas mihi dulcescere quod non eras tu. uide cor meum, domine, qui uoluisti ut hoc recordarer et confiterer tibi. nunc tibi inhaereat anima mea, quam de uisco tam tenaci mortis exuisti. quam misera erat! et sensum uulneris tu pungebas, ut relictis omnibus conuerteretur ad te, qui es super omnia et sine quo nulla essent omnia, conuerteretur et sanaretur. quam ergo miser eram, et quomodo egisti ut sentirem miseriam meam die illo quo, cum pararem recitare imperatori laudes, quibus plura mentirer et mentienti faueretur ab scientibus, easque curas anhelaret cor meum et cogitationum tabificarum febribus aestuaret, transiens per quendam uicum Mediolanensem animaduerti pauperem mendicum, iam, credo, saturum, iocantem atque laetantem. et ingemui et locutus sum cum amicis qui mecum erant multos dolores insaniarum nostrarum, quia omnibus talibus conatibus nostris, qualibus tunc laborabam, sub stimulis cupiditatum trahens infelicitatis meae sarcinam et trahendo exaggerans, nihil uellemus aliud nisi ad securam laetitiam peruenire, quo nos mendicus ille iam praecessisset numquam illuc fortasse uenturos. quod enim iam ille pauculis et emendicatis nummulis adeptus erat, ad hoc ego tam aerumnosis anfractibus et circuitibus ambiebam, ad laetitiam scilicet temporalis felicitatis. non enim uerum gaudium habebat, sed et ego illis ambitionibus multo falsius quaerebam. et certe ille laetabatur, ego anxius eram, securus ille, ego trepidus. et si quisquam percontaretur me utrum mallem exultare an metuere, responderem:

"exultare"; rursus si interrogaret utrum me talem mallem qualis ille, an qualis ego tunc essem, me ipsum curis timoribusque confectum eligerem, sed peruersitate—numquid ueritate? neque enim eo me praeponere illi debebam, quo doctior eram, quoniam non inde gaudebam, sed placere inde quaerebam hominibus, non ut eos docerem, sed tantum ut placerem. propterea et tu baculo disciplinae tuae confringebas ossa mea.

[6] **10** Recedant ergo ab anima mea qui dicunt ei, "interest unde quis gaudeat. gaudebat mendicus ille uinulentia, tu gaudere cupiebas gloria." qua gloria, domine, quae non est in te? nam sicut uerum gaudium non erat, ita nec illa uera gloria et amplius uertebat mentem meam. et ille ipsa nocte digesturus erat ebrietatem suam, ego cum mea dormieram et surrexeram et dormiturus et surrecturus eram, uide quot dies! interest uero unde quis gaudeat, scio, et gaudium spei fidelis incomparabiliter distat ab illa uanitate, sed et tunc distabat inter nos. nimirum quippe ille felicior erat, non tantum quod hilaritate perfundebatur, cum ego curis euiscerarer, uerum etiam quod ille bene optando adquisiuerat uinum, ego mentiendo quaerebam typhum. dixi tunc multa in hac sententia caris meis, et saepe aduertebam in his quomodo mihi esset, et inueniebam male mihi esse et dolebam et conduplicabam ipsum male et, si quid arrisisset prosperum, taedebat apprehendere, quia paene priusquam teneretur auolabat.

[7] **11** Congemescebamus in his qui simul amice uiuebamus, et maxime ac familiarissime cum Alypio et Nebridio ista colloquebar. quorum Alypius ex eodem quo ego eram ortus municipio, parentibus primatibus municipalibus, me minor natu. nam et studuerat apud me, cum in nostro oppido docere coepi, et postea Carthagini, et diligebat multum, quod ei bonus et doctus uiderer, et ego illum propter magnam uirtutis indolem, quae in non magna aetate satis eminebat. gurges tamen morum Carthaginiensium, quibus nugatoria feruent spectacula, absorbuerat eum in insaniam circensium. sed cum in eo miserabiliter uolueretur, ego autem rhetoricam ibi professus publica schola uterer, nondum me audiebat ut magistrum propter quandam simultatem quae inter me et patrem eius erat exorta. et compereram quod circum exitiabiliter amaret, et grauiter angebar, quod tantam spem perditurus uel etiam perdidisse mihi uidebatur. sed monendi eum et aliqua coercitione reuocandi nulla erat copia uel amicitiae beniuolentia uel iure magisterii. putabam enim eum de me cum patre sentire, ille uero non sic erat. itaque postposita in hac re patris uoluntate salutare me coeperat ueniens in auditorium meum et audire aliquid atque abire.

[7] **12** Sed enim de memoria mihi lapsum erat agere cum illo, ne uanorum ludorum caeco et praecipiti studio tam bonum interimeret ingenium, uerum autem, domine, tu, qui praesides gubernaculis omnium quae creasti, non eum oblitus eras futurum inter filios tuos

antistitem sacramenti tui et, ut aperte tibi tribueretur eius correctio, per me quidem illam sed nescientem operatus es. nam quodam die cum sederem loco solito et coram me adessent discipuli, uenit, salutauit, sedit atque in ea quae agebantur intendit animum. et forte lectio in manibus erat, quam dum exponerem opportune mihi adhibenda uideretur similitudo circensium, quo illud quod insinuabam et iucundius et planius fieret cum irrisione mordaci eorum quos illa captiuasset insania. scis tu, deus noster, quod tunc de Alypio ab illa peste sanando non cogitauerim. at ille in se rapuit meque illud non nisi propter se dixisse credidit et quod alius acciperet ad suscensendum mihi, accepit honestus adulescens ad suscensendum sibi et ad me ardentius diligendum. dixeras enim tu iam olim et innexueras litteris tuis, "corripe sapientem, et amabit te." at ego illum non corripueram, sed utens tu omnibus et scientibus et nescientibus ordine quo nosti (et ille ordo iustus est) de corde et lingua mea carbones ardentes operatus es, quibus mentem spei bonae adureres tabescentem ac sanares. taceat laudes tuas qui miserationes tuas non considerat, quae tibi de medullis meis confitentur. etenim uero ille post illa uerba proripuit se ex fouea tam alta, qua libenter demergebatur et cum mira uoluptate caecabatur, et excussit animum forti temperantia, et resiluerunt omnes circensium sordes ab eo ampliusque illuc non accessit. deinde patrem reluctantem euicit ut me magistro uteretur; cessit ille atque concessit. et audire me rursus incipiens illa mecum superstitione inuolutus est, amans in manichaeis ostentationem continentiae, quam ueram et germanam putabat. erat autem illa uecors et seductoria, pretiosas animas captans nondum uirtutis altitudinem scientes tangere et superficie decipi faciles, sed tamen adumbratae simulataeque uirtutis.

[8] **13** Non sane relinquens incantatam sibi a parentibus terrenam uiam, Romam praecesserat ut ius disceret, et ibi gladiatorii spectaculi hiatu incredibili et incredibiliter abreptus est. cum enim auersaretur et detestaretur talia, quidam eius amici et condiscipuli, cum forte de prandio redeuntibus peruium esset, recusantem uehementer et resistentem familiari uiolentia duxerunt in amphitheatrum crudelium et funestorum ludorum diebus, haec dicentem: "si corpus meum in locum illum trahitis et ibi constituitis, numquid et animum et oculos meos in illa spectacula potestis intendere? adero itaque absens ac sic et uos et illa superabo." quibus auditis illi nihilo setius eum adduxerunt secum, id ipsum forte explorare cupientes utrum posset efficere. quo ubi uentum est et sedibus quibus potuerunt locati sunt, feruebant omnia immanissimis uoluptatibus. ille clausis foribus oculorum interdixit animo ne in tanta mala procederet. atque utinam et aures obturauisset! nam quodam pugnae casu, cum clamor ingens totius populi uehementer eum pulsasset, curiositate uictus et quasi paratus, quidquid illud esset,

etiam uisum contemnere et uincere, aperuit oculos. et percussus est grauiore uulnere in anima quam ille in corpore quem cernere concupiuit, ceciditque miserabilius quam ille quo cadente factus est clamor. qui per eius aures intrauit et reserauit eius lumina, ut esset qua feriretur et deiceretur audax adhuc potius quam fortis animus, et eo infirmior quo de se praesumserat, qui debuit de te. ut enim uidit illum sanguinem, immanitatem simul ebibit et non se auertit, sed fixit aspectum et hauriebat furias et nesciebat, et delectabatur scelere certaminis et cruenta uoluptate inebriabatur. et non erat iam ille qui uenerat sed unus de turba ad quam uenerat, et uerus eorum socius a quibus adductus erat. quid plura? spectauit, clamauit, exarsit, abstulit inde secum insaniam qua stimularetur redire non tantum cum illis a quibus prius abstractus est, sed etiam prae illis et alios trahens. et inde tamen manu ualidissima et misericordissima eruisti eum tu, et docuisti non sui habere sed tui fiduciam, sed longe postea.

[9] **14** Verum tamen iam hoc ad medicinam futuram in eius memoria reponebatur. nam et illud quod, cum adhuc studeret iam me audiens apud Carthaginem et medio die cogitaret in foro quod recitaturus erat, sicut exerceri scholastici solent, siuisti eum comprehendi ab aeditimis fori tamquam furem, non arbitror aliam ob causam te permisisse, deus noster, nisi ut ille uir tantus futurus iam inciperet discere quam non facile in cognoscendis causis homo ab homine damnandus esset temeraria credulitate. quippe ante tribunal deambulabat solus cum tabulis ac stilo, cum ecce adulescens quidam ex numero scholasticorum, fur uerus, securim clanculo apportans, illo non sentiente ingressus est ad cancellos plumbeos qui uico argentario desuper praeminent et praecidere plumbum coepit. sono autem securis audito summurmurauerunt argentarii qui subter erant, et miserunt qui apprehenderent quem forte inuenissent. quorum uocibus auditis relicto instrumento ille discessit timens, ne cum eo teneretur. Alypius autem, qui non uiderat intrantem, exeuntem sensit et celeriter uidit abeuntem et, causam scire cupiens, ingressus est locum et inuentam securim stans atque admirans considerabat, cum ecce illi qui missi erant reperiunt eum solum ferentem ferrum cuius sonitu exciti uenerant. tenent, attrahunt, congregatis inquilinis fori tamquam furem manifestum se comprehendisse gloriantur, et inde offerendus iudiciis ducebatur.

[9] **15** Sed hactenus docendus fuit. statim enim, domine, subuenisti innocentiae, cuius testis eras tu solus. cum enim duceretur uel ad custodiam uel ad supplicium, fit eis obuiam quidam architectus, cuius maxima erat cura publicarum fabricarum. gaudent illi eum potissimum occurrisse, cui solebant in suspicionem uenire ablatarum rerum quae perissent de foro, ut quasi tandem iam ille cognosceret a quibus haec fierent. uerum autem uiderat homo saepe Alypium in domo cuiusdam

senatoris ad quem salutandum uentitabat, statimque cognitum manu
apprehensa semouit a turbis et tanti mali causam quaerens, quid gestum esset audiuit omnesque tumultuantes qui aderant et minaciter fre-
mentes iussit uenire secum. et uenerunt ad domum illius adulescentis
qui rem commiserat. puer uero erat ante ostium, et tam paruus erat
ut nihil exinde domino suo metuens facile posset totum indicare; cum
eo quippe in foro fuit pedisequus. quem posteaquam recoluit Alypius,
architecto intimauit. at ille securim demonstrauit puero, quaerens
ab eo cuius esset. qui confestim "nostra" inquit; deinde interrogatus
aperuit cetera. sic in illam domum translata causa confusisque turbis
quae de illo triumphare iam coeperant, futurus dispensator uerbi tui et
multarum in ecclesia tua causarum examinator experientior instructiorque discessit.

[10] **16** Hunc ergo Romae inueneram, et adhaesit mihi fortissimo
uinculo mecumque Mediolanium profectus est, ut nec me desereret et
de iure quod didicerat aliquid ageret secundum uotum magis parentum
quam suum. et ter iam assederat mirabili continentia ceteris, cum ille
magis miraretur eos qui aurum innocentiae praeponerent. temptata est
quoque eius indoles non solum illecebra cupiditatis sed etiam stimulo
timoris. Romae assidebat comiti largitionum Italicianarum. erat eo tempore quidam potentissimus senator cuius et beneficiis obstricti multi et
terrori subditi erant. uoluit sibi licere nescio quid ex more potentiae
suae quod esset per leges illicitum; restitit Alypius. promissum est praemium; irrisit animo. praetentae minae; calcauit, mirantibus omnibus
inusitatam animam, quae hominem tantum et innumerabilibus praestandi nocendique modis ingenti fama celebratum uel amicum non
optaret uel non formidaret inimicum. ipse autem iudex cui consiliarius
erat, quamuis et ipse fieri nollet, non tamen aperte recusabat, sed in
istum causam transferens ab eo se non permitti adserebat, quia et re
uera, si ipse faceret, iste discederet. hoc solo autem paene iam illectus
erat studio litterario, ut pretiis praetorianis codices sibi conficiendos
curaret, sed consulta iustitia deliberationem in melius uertit, utiliorem
iudicans aequitatem qua prohibebatur quam potestatem qua sinebatur.
paruum est hoc, sed qui in paruo fidelis est et in magno fidelis est, nec
ullo modo erit inane quod tuae ueritatis ore processit: "si in iniusto
mammona fideles non fuistis, uerum quis dabit uobis? et si in alieno
fideles non fuistis, uestrum quis dabit uobis?" talis ille tunc inhaerebat mihi mecumque nutabat in consilio, quisnam esset tenendus uitae
modus.

[10] **17** Nebridius etiam, qui relicta patria uicina Carthagini atque
ipsa Carthagine, ubi frequentissimus erat, relicto paterno rure optimo, relicta domo et non secutura matre, nullam ob aliam causam Mediolanium
uenerat, nisi ut mecum uiueret in flagrantissimo studio ueritatis atque

sapientiae, pariter suspirabat pariterque fluctuabat, beatae uitae inquisitor ardens et quaestionum difficillimarum scrutator acerrimus. et erant ora trium egentium et inopiam suam sibimet inuicem anhelantium et ad te expectantium, ut dares eis escam in tempore opportuno. et in omni amaritudine quae nostros saeculares actus de misericordia tua sequebatur, intuentibus nobis finem cur ea pateremur, occurrebant tenebrae, et auersabamur gementes et dicebamus, "quamdiu haec?" et hoc crebro dicebamus, et dicentes non relinquebamus ea, quia non elucebat certum aliquid quod illis relictis apprehenderemus.

[11] **18** Et ego maxime mirabar, satagens et recolens quam longum tempus esset ab undeuicensimo anno aetatis meae, quo feruere coeperam studio sapientiae, disponens ea inuenta relinquere omnes uanarum cupiditatum spes inanes et insanias mendaces. et ecce iam tricenariam aetatem gerebam, in eodem luto haesitans auiditate fruendi praesentibus fugientibus et dissipantibus me, dum dico, "cras inueniam. ecce manifestum apparebit, et tenebo. ecce Faustus ueniet et exponet omnia. o magni uiri academici! nihil ad agendam uitam certi comprehendi potest. immo quaeramus diligentius et non desperemus. ecce iam non sunt absurda in libris ecclesiasticis quae absurda uidebantur, et possunt aliter atque honeste intellegi. figam pedes in eo gradu in quo puer a parentibus positus eram, donec inueniatur perspicua ueritas. sed ubi quaeretur? quando quaeretur? non uacat Ambrosio, non uacat legere. ubi ipsos codices quaerimus? unde aut quando comparamus? a quibus sumimus? deputentur tempora, distribuantur horae pro salute animae. magna spes oborta est: non docet catholica fides quod putabamus et uani accusabamus. nefas habent docti eius credere deum figura humani corporis terminatum. et dubitamus pulsare, quo aperiantur cetera? antemeridianis horis discipuli occupant: ceteris quid facimus? cur non id agimus? sed quando salutamus amicos maiores, quorum suffragiis opus habemus? quando praeparamus quod emant scholastici? quando reparamus nos ipsos relaxando animo ab intentione curarum?

[11] **19** "Pereant omnia et dimittamus haec uana et inania: conferamus nos ad solam inquisitionem ueritatis. uita misera est, mors incerta est. subito obrepat: quomodo hinc exibimus? et ubi nobis discenda sunt quae hic neglegimus? ac non potius huius neglegentiae supplicia luenda? quid si mors ipsa omnem curam cum sensu amputabit et finiet? ergo et hoc quaerendum. sed absit ut ita sit. non uacat, non est inane, quod tam eminens culmen auctoritatis christianae fidei toto orbe diffunditur. numquam tanta et talia pro nobis diuinitus agerentur, si morte corporis etiam uita animae consumeretur. quid cunctamur igitur relicta spe saeculi conferre nos totos ad quaerendum deum et uitam beatam? sed expecta: iucunda sunt etiam ista, habent non paruam dulcedinem suam; non facile ab eis praecidenda est intentio, quia turpe est ad ea rursum

redire. ecce iam quantum est ut impetretur aliquis honor. et quid amplius in his desiderandum? suppetit amicorum maiorum copia: ut nihil aliud et multum festinemus, uel praesidatus dari potest. et ducenda uxor cum aliqua pecunia, ne sumptum nostrum grauet, et ille erit modus cupiditatis. multi magni uiri et imitatione dignissimi sapientiae studio cum coniugibus dediti fuerunt."

[11] **20** Cum haec dicebam et alternabant hi uenti et impellebant huc atque illuc cor meum, transibant tempora et tardabam conuerti ad dominum, et differebam de die in diem uiuere in te et non differebam cotidie in memet ipso mori. amans beatam uitam timebam illam in sede sua et ab ea fugiens quaerebam eam. putabam enim me miserum fore nimis si feminae priuarer amplexibus, et medicinam misericordiae tuae ad eandem infirmitatem sanandam non cogitabam, quia expertus non eram, et propriarum uirium credebam esse continentiam, quarum mihi non eram conscius, cum tam stultus essem ut nescirem, sicut scriptum est, neminem posse esse continentem nisi tu dederis. utique dares, si gemitu interno pulsarem aures tuas et fide solida in te iactarem curam meam.

[12] **21** Prohibebat me sane Alypius ab uxore ducenda, cantans nullo modo nos posse securo otio simul in amore sapientiae uiuere, sicut iam diu desideraremus, si id fecissem. erat enim ipse in ea re etiam tunc castissimus, ita ut mirum esset, quia uel experientiam concubitus ceperat in ingressu adulescentiae suae, sed non haeserat magisque doluerat et spreuerat et deinde iam continentissime uiuebat. ego autem resistebam illi exemplis eorum qui coniugati coluissent sapientiam et promeruissent deum et habuissent fideliter ac dilexissent amicos. a quorum ego quidem granditate animi longe aberam et deligatus morbo carnis mortifera suauitate trahebam catenam meam, solui timens et quasi concusso uulnere repellens uerba bene suadentis tamquam manum soluentis. insuper etiam per me ipsi quoque Alypio loquebatur serpens, et innectebat atque spargebat per linguam meam dulces laqueos in uia eius, quibus illi honesti et expediti pedes implicarentur.

[12] **22** Cum enim me ille miraretur, quem non parui penderet, ita haerere uisco illius uoluptatis ut me affirmarem, quotienscumque inde inter nos quaereremus, caelibem uitam nullo modo posse degere atque ita me defenderem, cum illum mirantem uiderem, ut dicerem multum interesse inter illud quod ipse raptim et furtim expertus esset, quod paene iam ne meminisset quidem atque ideo nulla molestia facile contemneret, et delectationes consuetudinis meae, ad quas si accessisset honestum nomen matrimonii, non eum mirari oportere cur ego illam uitam nequirem spernere, coeperat et ipse desiderare coniugium, nequaquam uictus libidine talis uoluptatis sed curiositatis. dicebat enim scire se

cupere quidnam esset illud sine quo uita mea, quae illi sic placebat, non
mihi uita sed poena uideretur. stupebat enim liber ab illo uinculo animus seruitutem meam et stupendo ibat in experiendi cupidinem, uen-
turus in ipsam experientiam atque inde fortasse lapsurus in eam quam
stupebat seruitutem, quoniam sponsionem uolebat facere cum morte, et 5
qui amat periculum incidet in illud. neutrum enim nostrum, si quod est
coniugale decus in officio regendi matrimonii et suscipiendorum liberorum, ducebat nisi tenuiter. magna autem ex parte atque uehementer
consuetudo satiandae insatiabilis concupiscentiae me captum excrucia-
bat, illum autem admiratio capiendum trahebat. sic eramus, donec tu, 10
altissime, non deserens humum nostram miseratus miseros subuenires
miris et occultis modis.

[13] **23** Et instabatur impigre ut ducerem uxorem. iam petebam, iam
promittebatur maxime matre dante operam, quo me iam coniugatum
baptismus salutaris ablueret, quo me in dies gaudebat aptari et uota sua 15
ac promissa tua in mea fide compleri animaduertebat. cum sane et rogatu
meo et desiderio suo forti clamore cordis abs te deprecaretur cotidie ut
ei per uisum ostenderes aliquid de futuro matrimonio meo, numquam
uoluisti. et uidebat quaedam uana et phantastica, quo cogebat impetus
de hac re satagentis humani spiritus, et narrabat mihi non cum fiducia 20
qua solebat, cum tu demonstrabas ei, sed contemnens ea. dicebat enim
discernere se nescio quo sapore, quem uerbis explicare non poterat, quid
interesset inter reuelantem te et animam suam somniantem. instabatur
tamen, et puella petebatur, cuius aetas ferme biennio minus quam nubilis
erat, et quia ea placebat, exspectabatur. 25

[14] **24** Et multi amici agitaueramus animo et colloquentes ac
detestantes turbulentas humanae uitae molestias paene iam firma
ueramus remoti a turbis otiose uiuere, id otium sic moliti ut, si quid
habere possemus, conferremus in medium unamque rem familiarem
conflaremus ex omnibus, ut per amicitiae sinceritatem non esset aliud 30
huius et aliud illius, sed quod ex cunctis fieret unum et uniuersum
singulorum esset et omnia omnium, cum uideremur nobis esse posse
decem ferme homines in eadem societate essentque inter nos praediuites, Romanianus maxime communiceps noster, quem tunc graues
aestus negotiorum suorum ad comitatum attraxerant, ab ineunte 35
aetate mihi familiarissimus. qui maxime instabat huic rei et magnam in
suadendo habebat auctoritatem, quod ampla res eius multum ceteris
anteibat. et placuerat nobis ut bini annui tamquam magistratus omnia
necessaria curarent ceteris quietis. sed posteaquam coepit cogitari
utrum hoc mulierculae sinerent, quas et alii nostrum iam habebant et 40
nos habere uolebamus, totum illud placitum, quod bene formabamus,
dissiluit in manibus atque confractum et abiectum est. inde ad suspiria

et gemitus et gressus ad sequendas latas et tritas uias saeculi, quoniam multae cogitationes erant in corde nostro, consilium autem tuum manet in aeternum. ex quo consilio deridebas nostra et tua praeparabas nobis, daturus escam in opportunitate et aperturus manum atque impleturus animas nostras benedictione.

[15] **25** Interea mea peccata multiplicabantur, et auulsa a latere meo tamquam impedimento coniugii cum qua cubare solitus eram, cor, ubi adhaerebat, concisum et uulneratum mihi erat et trahebat sanguinem. et illa in Africam redierat, uouens tibi alium se uirum nescituram, relicto apud me naturali ex illa filio meo. at ego infelix nec feminae imitator, dilationis impatiens, tamquam post biennium accepturus eam quam petebam, quia non amator coniugii sed libidinis seruus eram, procuraui aliam, non utique coniugem, quo tamquam sustentaretur et perduceretur uel integer uel auctior morbus animae meae satellitio perdurantis consuetudinis in regnum uxorium. nec sanabatur uulnus illud meum quod prioris praecisione factum erat, sed post feruorem doloremque acerrimum putrescebat, et quasi frigidius sed desperatius dolebat.

[16] **26** Tibi laus, tibi gloria, fons misericordiarum! ego fiebam miserior et tu propinquior. aderat iam iamque dextera tua raptura me de caeno et ablutura, et ignorabam. nec me reuocabat a profundiore uoluptatum carnalium gurgite nisi metus mortis et futuri iudicii tui, qui per uarias quidem opiniones numquam tamen recessit de pectore meo. et disputabam cum amicis meis Alypio et Nebridio de finibus bonorum et malorum: Epicurum accepturum fuisse palmam in animo meo, nisi ego credidissem post mortem restare animae uitam et tractus meritorum, quod Epicurus credere noluit. et quaerebam si essemus immortales et in perpetua corporis uoluptate sine ullo amissionis terrore uiueremus, cur non essemus beati aut quid aliud quaereremus, nesciens id ipsum ad magnam miseriam pertinere quod ita demersus et caecus cogitare non possem lumen honestatis et gratis amplectendae pulchritudinis quam non uidet oculus carnis, et uidetur ex intimo. nec considerabam miser ex qua uena mihi manaret quod ista ipsa foeda tamen cum amicis dulciter conferebam, nec esse sine amicis poteram beatus, etiam secundum sensum quem tunc habebam in quantalibet affluentia carnalium uoluptatum. quos utique amicos gratis diligebam uicissimque ab eis me diligi gratis sentiebam. o tortuosas uias! uae animae audaci quae sperauit, si a te recessisset, se aliquid melius habituram! uersa et reuersa in tergum et in latera et in uentrem, et dura sunt omnia, et tu solus requies. et ecce ades et liberas a miserabilibus erroribus et constituis nos in uia tua et consolaris et dicis, "currite, ego feram et ego perducam et ibi ego feram."

LIBER SEPTIMVS

[1] 1 Iam mortua erat adulescentia mea mala et nefanda, et ibam in iuuentutem, quanto aetate maior, tanto uanitate turpior, qui cogitare aliquid substantiae nisi tale non poteram, quale per hos oculos uideri solet. non te cogitabam, deus, in figura corporis humani—ex quo audire aliquid de sapientia coepi, semper hoc fugi—et gaudebam me hoc repperisse in fide spiritalis matris nostrae, catholicae tuae, sed quid te aliud cogitarem non occurrebat. et conabar cogitare te, homo et talis homo, summum et solum et uerum deum, et te incorruptibilem et inuiolabilem et incommutabilem totis medullis credebam, quia nesciens unde et quomodo, plane tamen uidebam et certus eram id quod corrumpi potest deterius esse quam id quod non potest, et quod uiolari non potest incunctanter praeponebam uiolabili, et quod nullam patitur mutationem melius esse quam id quod mutari potest. clamabat uiolenter cor meum aduersus omnia phantasmata mea, et hoc uno ictu conabar abigere circumuolantem turbam immunditiae ab acie mentis meae, et uix dimota in ictu oculi, ecce conglobata rursus aderat et inruebat in aspectum meum et obnubilabat eum, ut quamuis non forma humani corporis, corporeum tamen aliquid cogitare cogerer per spatia locorum, siue infusum mundo siue etiam extra mundum per infinita diffusum, etiam ipsum incorruptibile et inuiolabile et incommutabile quod corruptibili et uiolabili et commutabili praeponebam, quoniam quidquid priuabam spatiis talibus nihil mihi esse uidebatur, sed prorsus nihil, ne inane quidem, tamquam si corpus auferatur loco et maneat locus omni corpore uacuatus et terreno et humido et aerio et caelesti, sed tamen sit locus inanis tamquam spatiosum nihil.

[1] 2 Ego itaque incrassatus corde nec mihimet ipsi uel ipse conspicuus, quidquid non per aliquanta spatia tenderetur uel diffunderetur uel conglobaretur uel tumeret uel tale aliquid caperet aut capere posset, nihil prorsus esse arbitrabar. per quales enim formas ire solent oculi mei, per tales imagines ibat cor meum, nec uidebam hanc eandem intentionem qua illas ipsas imagines formabam non esse tale aliquid, quae tamen ipsas non formaret nisi esset magnum aliquid. ita etiam te, uita uitae meae, grandem per infinita spatia undique cogitabam penetrare totam mundi molem et extra eam quaquauersum per immensa sine termino, ut haberet te terra, haberet caelum, haberent omnia et illa finirentur in te, tu autem nusquam. sicut autem luci solis non obsisteret aeris corpus, aeris huius qui supra terram est, quominus per eum traiceretur penetrans eum, non dirumpendo aut concidendo sed implendo eum totum, sic tibi putabam non solum caeli et aeris et maris sed etiam terrae corpus peruium et ex omnibus maximis minimisque partibus penetrabile ad capiendam praesentiam tuam, occulta inspiratione intrinsecus et

extrinsecus administrantem omnia quae creasti. ita suspicabar, quia cogitare aliud non poteram; nam falsum erat. illo enim modo maior pars terrae maiorem tui partem haberet et minorem minor, atque ita te plena essent omnia ut amplius tui caperet elephanti corpus quam passeris, quo esset isto grandius grandioremque occuparet locum, atque ita frustatim partibus mundi magnis magnas, breuibus breues partes tuas praesentes faceres. non est autem ita, sed nondum illuminaueras tenebras meas.

[2] **3** Sat erat mihi, domine, aduersus illos deceptos deceptores et loquaces mutos, quoniam non ex eis sonabat uerbum tuum—sat erat ergo illud quod iam diu ab usque Carthagine a Nebridio proponi solebat et omnes qui audieramus concussi sumus: quid erat tibi factura nescio qua gens tenebrarum, quam ex aduersa mole solent opponere, si tu cum ea pugnare noluisses? si enim responderetur aliquid fuisse nocituram, uiolabilis tu et corruptibilis fores. si autem nihil ea nocere potuisse diceretur, nulla afferretur causa pugnandi, et ita pugnandi ut quaedam portio tua et membrum tuum uel proles de ipsa substantia tua misceretur aduersis potestatibus et non a te creatis naturis, atque in tantum ab eis corrumperetur et commutaretur in deterius ut a beatitudine in miseriam uerteretur et indigeret auxilio quo erui purgarique posset, et hanc esse animam cui tuus sermo seruienti liber et contaminatae purus et corruptae integer subueniret, sed et ipse corruptibilis, quia ex una eademque substantia. itaque si te, quidquid es, id est substantiam tuam qua es, incorruptibilem dicerent, falsa esse illa omnia et exsecrabilia; si autem corruptibilem, id ipsum iam falsum et prima uoce abominandum. sat erat ergo istuc aduersus eos omni modo euomendos a pressura pectoris, quia non habebant qua exirent sine horribili sacrilegio cordis et linguae sentiendo de te ista et loquendo.

[3] **4** Sed et ego adhuc, quamuis incontaminabilem et inconuertibilem et nulla ex parte mutabilem dicerem firmeque sentirem deum nostrum, deum uerum, qui fecisti non solum animas nostras sed etiam corpora, nec tantum nostras animas et corpora sed omnes et omnia, non tenebam explicatam et enodatam causam mali. quaecumque tamen esset, sic eam quaerendam uidebam, ut non per illam constringerer deum incommutabilem mutabilem credere, ne ipse fierem quod quaerebam. itaque securus eam quaerebam, et certus non esse uerum quod illi dicerent quos toto animo fugiebam, quia uidebam quaerendo unde malum repletos malitia, qua opinarentur tuam potius substantiam male pati quam suam male facere.

[3] **5** Et intendebam ut cernerem quod audiebam, liberum uoluntatis arbitrium causam esse ut male faceremus et rectum iudicium tuum ut pateremur, et eam liquidam cernere non ualebam. itaque aciem mentis de profundo educere conatus mergebar iterum, et saepe conatus mergebar iterum atque iterum. subleuabat enim me in lucem tuam quod tam sciebam me habere uoluntatem quam me uiuere. itaque cum aliquid

uellem aut nollem, non alium quam me uelle ac nolle certissimus eram, et ibi esse causam peccati mei iam iamque animaduertebam. quod autem inuitus facerem, pati me potius quam facere uidebam, et id non culpam sed poenam esse iudicabam, qua me non iniuste plecti te iustum cogitans cito fatebar. sed rursus dicebam, "quis fecit me? nonne deus meus, non tantum bonus sed ipsum bonum? unde igitur mihi male uelle et bene nolle? ut esset cur iuste poenas luerem? quis in me hoc posuit et inseuit mihi plantarium amaritudinis, cum totus fierem a dulcissimo deo meo? si diabolus auctor, unde ipse diabolus? quod si et ipse peruersa uoluntate ex bono angelo diabolus factus est, unde et in ipso uoluntas mala qua diabolus fieret, quando totus angelus a conditore optimo factus esset?" his cogitationibus deprimebar iterum et suffocabar, sed non usque ad illum infernum subducebar erroris ubi nemo tibi confitetur, dum tu potius mala pati quam homo facere putatur.

[4] 6 Sic enim nitebar inuenire cetera, ut iam inueneram melius esse incorruptibile quam corruptibile, et ideo te, quidquid esses, esse incorruptibilem confitebar. neque enim ulla anima umquam potuit poteritue cogitare aliquid quod sit te melius, qui summum et optimum bonum es. cum autem uerissime atque certissime incorruptibile corruptibili praeponatur, sicut iam ego praeponebam, poteram iam cogitatione aliquid attingere quod esset melius deo meo, nisi tu esses incorruptibilis. ubi igitur uidebam incorruptibile corruptibili esse praeferendum, ibi te quaerere debebam atque inde aduertere ubi sit malum, id est unde sit ipsa corruptio, qua uiolari substantia tua nullo modo potest. nullo enim prorsus modo uiolat corruptio deum nostrum, nulla uoluntate, nulla necessitate, nullo improuiso casu, quoniam ipse est deus, et quod sibi uult bonum est, et ipse est idem bonum; corrumpi autem non est bonum. nec cogeris inuitus ad aliquid, quia uoluntas tua non est maior quam potentia tua. esset autem maior, si te ipso tu ipse maior esses: uoluntas enim et potentia dei deus ipse est. et quid improuisum tibi, qui nosti omnia? et nulla natura est nisi quia nosti eam. et ut quid multa dicimus cur non sit corruptibilis substantia quae deus est, quando, si hoc esset, non esset deus?

[5] 7 Et quaerebam unde malum, et male quaerebam, et in ipsa inquisitione mea non uidebam malum. et constituebam in conspectu spiritus mei uniuersam creaturam, quidquid in ea cernere possumus, sicuti est terra et mare et aer et sidera et arbores et animalia mortalia, et quidquid in ea non uidemus, sicut firmamentum caeli insuper et omnes angelos et cuncta spiritalia eius, sed etiam ipsa, quasi corpora essent, locis et locis ordinauit imaginatio mea. et feci unam massam grandem distinctam generibus corporum, creaturam tuam, siue re uera quae corpora erant, siue quae ipse pro spiritibus finxeram, et eam feci grandem, non quantum erat, quod scire non poteram, sed quantum libuit, undiqueuersum sane finitam, te autem, domine, ex omni parte ambientem et penetrantem eam,

sed usquequaque infinitum: tamquam si mare esset ubique, et undique per immensa infinitum solum mare, et haberet intra se spongiam quamlibet magnam, sed finitam tamen, plena esset utique spongia illa ex omni sua parte ex immenso mari. sic creaturam tuam finitam te infinito plenam putabam et dicebam, "ecce deus et ecce quae creauit deus, et bonus deus atque his ualidissime longissimeque praestantior; sed tamen bonus bona creauit, et ecce quomodo ambit atque implet ea. ubi ergo malum et unde et qua huc inrepsit? quae radix eius et quod semen eius? an omnino non est? cur ergo timemus et cauemus quod non est? aut si inaniter timemus, certe uel timor ipse malum est, quo incassum stimulatur et excruciatur cor, et tanto grauius malum, quanto non est, quod timeamus, et timemus. idcirco aut est malum quod timemus, aut hoc malum est quia timemus. unde est igitur, quoniam deus fecit haec omnia bonus bona? maius quidem et summum bonum minora fecit bona, sed tamen et creans et creata bona sunt omnia. unde est malum? an unde fecit ea, materies aliqua mala erat et formauit atque ordinauit eam, sed reliquit aliquid in illa quod in bonum non conuerteret? cur et hoc? an impotens erat totam uertere et commutare, ut nihil mali remaneret, cum sit omnipotens? postremo cur inde aliquid facere uoluit ac non potius eadem omnipotentia fecit, ut nulla esset omnino? aut uero exsistere poterat contra eius uoluntatem? aut si aeterna erat, cur tam diu per infinita retro spatia temporum sic eam siuit esse ac tanto post placuit aliquid ex ea facere? aut iam, si aliquid subito uoluit agere, hoc potius ageret omnipotens, ut illa non esset atque ipse solus esset totum uerum et summum et infinitum bonum. aut si non erat bene, ut non aliquid boni etiam fabricaretur et conderet qui bonus erat, illa sublata et ad nihilum redacta materie quae mala erat, bonam ipse institueret unde omnia crearet. non enim esset omnipotens si condere non posset aliquid boni nisi ea quam non ipse condiderat adiuuaretur materia." talia uoluebam pectore misero, ingrauidato curis mordacissimis de timore mortis et non inuenta ueritate; stabiliter tamen haerebat in corde meo in catholica ecclesia fides Christi tui, domini et saluatoris nostri, in multis quidem adhuc informis et praeter doctrinae normam fluitans, sed tamen non eam relinquebat animus, immo in dies magis magisque imbibebat.

[6] 8 Iam etiam mathematicorum fallaces diuinationes et impia deliramenta reieceram. confiteantur etiam hinc tibi de intimis uisceribus animae meae miserationes tuae, deus meus! tu enim, tu omnino (nam quis alius a morte omnis erroris reuocat nos nisi uita quae mori nescit, et sapientia mentes indigentes illuminans, nullo indigens lumine, qua mundus administratur usque ad arborum uolatica folia?), tu procurasti peruicaciae meae, qua obluctatus sum Vindiciano acuto seni et Nebridio adulescenti mirabilis animae, illi uehementer affirmanti, huic cum dubitatione quidem aliqua sed tamen crebro dicenti non esse illam artem futura praeuidendi, coniecturas autem hominum habere saepe uim sortis

et multa dicendo dici pleraque uentura, nescientibus eis qui dicerent sed in ea non tacendo incurrentibus—procurasti ergo tu hominem amicum, non quidem segnem consultorem mathematicorum nec eas litteras bene callentem sed, ut dixi, consultorem curiosum et tamen scientem aliquid quod a patre suo se audisse dicebat: quod quantum ualeret ad illius artis opinionem euertendam ignorabat. is ergo uir nomine Firminus, liberaliter institutus et excultus eloquio, cum me tamquam carissimum de quibusdam suis rebus, in quas saecularis spes eius intumuerat, consuleret, quid mihi secundum suas quas constellationes appellant uideretur, ego autem, qui iam de hac re in Nebridii sententiam flecti coeperam, non quidem abnuerem conicere ac dicere quod nutanti occurrebat, sed tamen subicerem prope iam esse mihi persuasum ridicula illa esse et inania, tum ille mihi narrauit patrem suum fuisse librorum talium curiosissimum et habuisse amicum aeque illa simulque sectantem. qui pari studio et collatione flatabant in eas nugas ignem cordis sui, ita ut mutorum quoque animalium, si quae domi parerent, obseruarent momenta nascentium atque ad ea caeli positionem notarent, unde illius quasi artis experimenta colligerent. itaque dicebat audisse se a patre quod, cum eundem Firminum praegnans mater esset, etiam illius paterni amici famula quaedam pariter utero grandescebat, quod latere non potuit dominum, qui etiam canum suarum partus examinatissima diligentia nosse curabat; atque ita factum esse, ut cum iste coniugis, ille autem ancillae dies et horas minutioresque horarum articulos cautissima obseruatione numerarent, enixae essent ambae simul, ita ut easdem constellationes usque ad easdem minutias utrique nascenti facere cogerentur, iste filio, ille seruulo. nam cum mulieres parturire coepissent, indicauerunt sibi ambo quid sua cuiusque domo ageretur, et parauerunt quos ad se inuicem mitterent, simul ut natum quod parturiebatur esset cuique nuntiatum: quod tamen ut continuo nuntiaretur, tamquam in regno suo facile effecerant. atque ita qui ab alterutro missi sunt tam ex paribus domorum interuallis sibi obuiam factos esse dicebat, ut aliam positionem siderum aliasque particulas momentorum neuter eorum notare sineretur. et tamen Firminus amplo apud suos loco natus dealbatiores uias saeculi cursitabat, augebatur diuitiis, sublimabatur honoribus, seruus autem ille conditionis iugo nullatenus relaxato dominis seruiebat, ipso indicante qui nouerat eum.

[6] **9** His itaque auditis et creditis (talis quippe narrauerat) omnis illa reluctatio mea resoluta concidit, et primo Firminum ipsum conatus sum ab illa curiositate reuocare, cum dicerem, constellationibus eius inspectis ut uera pronuntiarem, debuisse me utique uidere ibi parentes inter suos esse primarios, nobilem familiam propriae ciuitatis, natales ingenuos, honestam educationem liberalesque doctrinas; at si me ille seruus ex eisdem constellationibus (quia et illius ipsae essent) consuluisset, ut eidem quoque uera proferrem, debuisse me rursus ibi uidere abiectissimam familiam,

conditionem seruilem et cetera longe a prioribus aliena longeque distantia. unde autem fieret ut eadem inspiciens diuersa dicerem, si uera dicerem, si autem eadem dicerem, falsa dicerem, inde certissime colligi ea quae uera consideratis constellationibus dicerentur non arte dici sed sorte, quae autem falsa, non artis imperitia sed sortis mendacio.

[6] 10 Hinc autem accepto aditu, ipse mecum talia ruminando, ne quis eorundem delirorum qui talem quaestum sequerentur, quos iam iamque inuadere atque irrisos refellere cupiebam, mihi ita resisteret, quasi aut Firminus mihi aut illi pater falsa narrauerit, intendi considerationem in eos qui gemini nascuntur, quorum plerique ita post inuicem funduntur ex utero ut paruum ipsum temporis interuallum, quantamlibet uim in rerum natura habere contendant, colligi tamen humana obseruatione non possit litterisque signari omnino non ualeat quas mathematicus inspecturus est ut uera pronuntiet. et non erunt uera, quia easdem litteras inspiciens eadem debuit dicere de Esau et de Iacob, sed non eadem utrique acciderunt. falsa ergo diceret aut, si uera diceret, non eadem diceret: at eadem inspiceret. non ergo arte sed sorte uera diceret. tu enim, domine, iustissime moderator uniuersitatis, consulentibus consultisque nescientibus occulto instinctu agis ut, dum quisque consulit, hoc audiat quod eum oportet audire occultis meritis animarum, ex abysso iusti iudicii tui. cui non dicat homo, "quid est hoc?" "ut quid hoc?" non dicat, non dicat; homo est enim.

[7] 11 Iam itaque me, adiutor meus, illis uinculis solueras, et quaerebam unde malum, et non erat exitus. sed me non sinebas ullis fluctibus cogitationis auferri ab ea fide qua credebam et esse te et esse incommutabilem substantiam tuam et esse de hominibus curam et iudicium tuum et in Christo, filio tuo, domino nostro, atque scripturis sanctis quas ecclesiae tuae catholicae commendaret auctoritas, uiam te posuisse salutis humanae ad eam uitam quae post hanc mortem futura est. his itaque saluis atque inconcusse roboratis in animo meo, quaerebam aestuans unde sit malum. quae illa tormenta parturientis cordis mei, qui gemitus, deus meus! et ibi erant aures tuae nesciente me. et cum in silentio fortiter quaererem, magnae uoces erant ad misericordiam tuam tacitae contritiones animi mei. tu sciebas quid patiebar, et nullus hominum. quantum enim erat quod inde digerebatur per linguam meam in aures familiarissimorum meorum! numquid totus tumultus animae meae, cui nec tempora nec os meum sufficiebat, sonabat eis? totum tamen ibat in auditum tuum quod rugiebam a gemitu cordis mei, et ante te erat desiderium meum, et lumen oculorum meorum non erat mecum. intus enim erat, ego autem foris, nec in loco illud. at ego intendebam in ea quae locis continentur, et non ibi inueniebam locum ad requiescendum, nec recipiebant me ista ut dicerem, "sat est et bene est," nec dimittebant redire ubi mihi satis esset bene. superior enim eram istis, te uero inferior, et tu gaudium uerum mihi subdito tibi et tu mihi subieceras quae infra me creasti. et hoc erat rectum temperamentum

et media regio salutis meae, ut manerem ad imaginem tuam et tibi seruiens dominarer corpori. sed cum superbe contra te surgerem et currerem aduersus dominum in ceruice crassa scuti mei, etiam ista infima supra me facta sunt et premebant, et nusquam erat laxamentum et respiramentum. ipsa occurrebant undique aceruatim et conglobatim cernenti, cogitanti autem imagines corporum ipsae opponebantur redeunti, quasi diceretur, "quo is, indigne et sordide?" et haec de uulnere meo creuerant, quia humilasti tamquam uulneratum superbum, et tumore meo separabar abs te et nimis inflata facies claudebat oculos meos.

[8] **12** Tu uero, domine, in aeternum manes et non in aeternum irasceris nobis, quoniam miseratus es terram et cinerem. et placuit in conspectu tuo reformare deformia mea, et stimulis internis agitabas me ut impatiens essem donec mihi per interiorem aspectum certus esses. et residebat tumor meus ex occulta manu medicinae tuae aciesque conturbata et contenebrata mentis meae acri collyrio salubrium dolorum de die in diem sanabatur.

[9] **13** Et primo uolens ostendere mihi quam resistas superbis, humilibus autem des gratiam, et quanta misericordia tua demonstrata sit hominibus uia humilitatis, quod uerbum tuum caro factum est et habitauit inter homines, procurasti mihi per quendam hominem immanissimo typho turgidum quosdam platonicorum libros ex graeca lingua in latinam uersos, et ibi legi, non quidem his uerbis sed hoc idem omnino multis et multiplicibus suaderi rationibus, quod in principio erat uerbum et uerbum erat apud deum et deus erat uerbum. hoc erat in principio apud deum. omnia per ipsum facta sunt, et sine ipso factum est nihil. quod factum est in eo uita est, et uita erat lux hominum; et lux in tenebris lucet, et tenebrae eam non comprehenderunt. et quia hominis anima, quamuis testimonium perhibeat de lumine, non est tamen ipsa lumen, sed uerbum deus est lumen uerum, quod illuminat omnem hominem uenientem in hunc mundum. et quia in hoc mundo erat, et mundus per eum factus est, et mundus eum non cognouit. quia uero in sua propria uenit et sui eum non receperunt, quotquot autem receperunt eum, dedit eis potestatem filios dei fieri credentibus in nomine eius, non ibi legi.

[9] **14** Item legi ibi quia uerbum, deus, non ex carne, non ex sanguine non ex uoluntate uiri neque ex uoluntate carnis, sed ex deo natus est; sed quia uerbum caro factum est et habitauit in nobis, non ibi legi. indagaui quippe in illis litteris uarie dictum et multis modis quod sit filius in forma patris, non rapinam arbitratus esse aequalis deo, quia naturaliter id ipsum est, sed quia semet ipsum exinaniuit formam serui accipiens, in similitudinem hominum factus et habitu inuentus ut homo, humilauit se factus oboediens usque ad mortem, mortem autem crucis: propter quod deus eum exaltauit a mortuis et donauit ei nomen quod est super omne nomen, ut in nomine Iesu omne genu flectatur caelestium terrestrium et

infernorum, et omnis lingua confiteatur quia dominus Iesus in gloria est dei patris, non habent illi libri. quod enim ante omnia tempora et supra omnia tempora incommutabiliter manet unigenitus filius tuus coaeternus tibi, et quia de plenitudine eius accipiunt animae ut beatae sint, et quia participatione manentis in se sapientiae renouantur ut sapientes sint, est ibi; quod autem secundum tempus pro impiis mortuus est, et filio tuo unico non pepercisti, sed pro nobis omnibus tradidisti eum, non est ibi. abscondisti enim haec a sapientibus et reuelasti ea paruulis, ut uenirent ad eum laborantes et onerati et reficeret eos, quoniam mitis est et humilis corde, et dirigit mites in iudicio et docet mansuetos uias suas, uidens humilitatem nostram et laborem nostrum et dimittens omnia peccata nostra. qui autem cothurno tamquam doctrinae sublimioris elati non audiunt dicentem, "discite a me quoniam mitis sum et humilis corde, et inuenietis requiem animabus uestris," etsi cognoscunt deum, non sicut deum glorificant aut gratias agunt, sed euanescunt in cogitationibus suis et obscuratur insipiens cor eorum; dicentes se esse sapientes stulti facti sunt.

[9] **15** Et ideo legebam ibi etiam immutatam gloriam incorruptionis tuae in idola et uaria simulacra, in similitudinem imaginis corruptibilis hominis et uolucrum et quadrupedum et serpentium, uidelicet Aegyptium cibum quo Esau perdidit primogenita sua, quoniam caput quadrupedis pro te honorauit populus primogenitus, conuersus corde in Aegyptum et curuans imaginem tuam, animam suam, ante imaginem uituli manducantis faenum. inueni haec ibi et non manducaui. placuit enim tibi, domine, auferre opprobrium diminutionis ab Iacob, ut maior seruiret minori, et uocasti gentes in hereditatem tuam. et ego ad te ueneram ex gentibus et intendi in aurum quod ab Aegypto uoluisti ut auferret populus tuus, quoniam tuum erat, ubicumque erat. et dixisti Atheniensibus per apostolum tuum quod in te uiuimus et mouemur et sumus, sicut et quidam secundum eos dixerunt, et utique inde erant illi libri. et non attendi in idola Aegyptiorum, quibus de auro tuo ministrabant qui transmutauerunt ueritatem dei in mendacium, et coluerunt et seruierunt creaturae potius quam creatori.

[10] **16** Et inde admonitus redire ad memet ipsum, intraui in intima mea duce te, et potui, quoniam factus es adiutor meus. intraui et uidi qualicumque oculo animae meae supra eundem oculum animae meae, supra mentem meam, lucem incommutabilem, non hanc uulgarem et conspicuam omni carni, nec quasi ex eodem genere grandior erat, tamquam si ista multo multoque clarius claresceret totumque occuparet magnitudine. non hoc illa erat sed aliud, aliud ualde ab istis omnibus. nec ita erat supra mentem meam, sicut oleum super aquam nec sicut caelum super terram, sed superior, quia ipsa fecit me, et ego inferior, quia factus ab ea. qui nouit ueritatem, nouit eam, et qui nouit eam, nouit aeternitatem; caritas nouit eam. o aeterna ueritas et uera caritas et cara aeternitas, tu es deus meus, tibi suspiro die ac nocte! et cum te primum cognoui,

tu assumpsisti me ut uiderem esse quod uiderem, et nondum me esse qui uiderem. et reuerberasti infirmitatem aspectus mei, radians in me uehementer, et contremui amore et horrore. et inueni longe me esse a te in regione dissimilitudinis, tamquam audirem uocem tuam de excelso: "cibus sum grandium: cresce et manducabis me. nec tu me in te mutabis sicut cibum carnis tuae, sed tu mutaberis in me." et cognoui quoniam pro iniquitate erudisti hominem, et tabescere fecisti sicut araneam animam meam, et dixi, "numquid nihil est ueritas, quoniam neque per finita neque per infinita locorum spatia diffusa est?" et clamasti de longinquo, "immo uero ego sum qui sum." et audiui, sicut auditur in corde, et non erat prorsus unde dubitarem, faciliusque dubitarem uiuere me quam non esse ueritatem, quae per ea quae facta sunt intellecta conspicitur.

[11] **17** Et inspexi cetera infra te et uidi nec omnino esse nec omnino non esse: esse quidem, quoniam abs te sunt, non esse autem, quoniam id quod es non sunt. id enim uere est quod incommutabiliter manet. mihi autem inhaerere deo bonum est, quia, si non manebo in illo, nec in me potero. ille autem in se manens innouat omnia, et dominus meus es, quoniam bonorum meorum non eges.

[12] **18** Et manifestatum est mihi quoniam bona sunt quae corrumpuntur, quae neque si summa bona essent neque nisi bona essent corrumpi possent; quia si summa bona essent, incorruptibilia essent, si autem nulla bona essent, quid in eis corrumperetur non esset. nocet enim corruptio et, nisi bonum minueret, non noceret. aut igitur nihil nocet corruptio, quod fieri non potest, aut, quod certissimum est, omnia quae corrumpuntur priuantur bono. si autem omni bono priuabuntur, omnino non erunt. si enim erunt et corrumpi iam non poterunt, meliora erunt, quia incorruptibiliter permanebunt. et quid monstrosius quam ea dicere omni bono amisso facta meliora? ergo si omni bono priuabuntur, omnino nulla erunt: ergo quamdiu sunt, bona sunt. ergo quaecumque sunt, bona sunt, malumque illud quod quaerebam unde esset non est substantia, quia si substantia esset, bonum esset. aut enim esset incorruptibilis substantia, magnum utique bonum, aut substantia corruptibilis esset, quae nisi bona esset, corrumpi non posset. itaque uidi et manifestatum est mihi quia omnia bona tu fecisti et prorsus nullae substantiae sunt quas tu non fecisti. et quoniam non aequalia omnia fecisti, ideo sunt omnia, quia singula bona sunt, et simul omnia ualde bona, quoniam fecit deus noster omnia bona ualde.

[13] **19** Et tibi omnino non est malum, non solum tibi sed nec uniuersae creaturae tuae, quia extra non est aliquid quod inrumpat et corrumpat ordinem quem imposuisti ei. in partibus autem eius quaedam quibusdam quia non conueniunt, mala putantur; et eadem ipsa conueniunt aliis et bona sunt et in semet ipsis bona sunt. et omnia haec, quae sibimet inuicem non conueniunt, conueniunt inferiori parti rerum, quam

terram dicimus, habentem caelum suum nubilosum atque uentosum congruum sibi. et absit iam ut dicerem, "non essent ista," quia etsi sola ista cernerem, desiderarem quidem meliora, sed iam etiam de solis istis laudare te deberem, quoniam laudandum te ostendunt de terra dracones et omnes abyssi, ignis, grando, nix, glacies, spiritus tempestatis, quae faciunt uerbum tuum, montes et omnes colles, ligna fructifera et omnes cedri, bestiae et omnia pecora, reptilia et uolatilia pinnata. reges terrae et omnes populi, principes et omnes iudices terrae, iuuenes et uirgines, seniores cum iunioribus laudent nomen tuum. cum uero etiam de caelis te laudent, laudent te, deus noster, in excelsis omnes angeli tui, omnes uirtutes tuae, sol et luna, omnes stellae et lumen, caeli caelorum et aquae quae super caelos sunt; laudent nomen tuum. non iam desiderabam meliora, quia omnia cogitabam, et meliora quidem superiora quam inferiora, sed meliora omnia quam sola superiora iudicio saniore pendebam.

[14] **20** Non est sanitas eis quibus displicet aliquid creaturae tuae, sicut mihi non erat cum displicerent multa quae fecisti. et quia non audebat anima mea ut ei displiceret deus meus, nolebat esse tuum quidquid ei displicebat. et inde ierat in opinionem duarum substantiarum, et non requiescebat, et aliena loquebatur. et inde rediens fecerat sibi deum per infinita spatia locorum omnium et eum putauerat esse te et eum collocauerat in corde suo, et facta erat rursus templum idoli sui abominandum tibi. sed posteaquam fouisti caput nescientis et clausisti oculos meos, ne uiderent uanitatem, cessaui de me paululum, et consopita est insania mea, et euigilaui in te et uidi te infinitum aliter, et uisus iste non a carne trahebatur.

[15] **21** Et respexi alia, et uidi tibi debere quia sunt et in te cuncta finita, sed aliter, non quasi in loco, sed quia tu es omnitenens manu ueritate, et omnia uera sunt in quantum sunt, nec quicquam est falsitas, nisi cum putatur esse quod non est. et uidi quia non solum locis sua quaeque suis conueniunt sed etiam temporibus et quia tu, qui solus aeternus es, non post innumerabilia spatia temporum coepisti operari, quia omnia spatia temporum, et quae praeterierunt et quae praeteribunt, nec abirent nec uenirent nisi te operante et manente.

[16] **22** Et sensi expertus non esse mirum quod palato non sano poena est et panis qui sano suauis est, et oculis aegris odiosa lux quae puris amabilis. et iustitia tua displicet iniquis, nedum uipera et uermiculus, quae bona creasti, apta inferioribus creaturae tuae partibus, quibus et ipsi iniqui apti sunt, quanto dissimiliores sunt tibi, apti autem superioribus, quanto similiores fiunt tibi. et quaesiui quid esset iniquitas et non inueni substantiam, sed a summa substantia, te deo, detortae in infima uoluntatis peruersitatem, proicientis intima sua et tumescentis foras.

[17] **23** Et mirabar quod iam te amabam, non pro te phantasma, et non stabam frui deo meo, sed rapiebar ad te decore tuo moxque diripiebar abs te pondere meo, et ruebam in ista cum gemitu; et pondus hoc consuetudo

carnalis. sed mecum erat memoria tui, neque ullo modo dubitabam esse cui cohaererem, sed nondum me esse qui cohaererem, quoniam corpus quod corrumpitur aggrauat animam et deprimit terrena inhabitatio sensum multa cogitantem, eramque certissimus quod inuisibilia tua a constitutione mundi per ea quae facta sunt intellecta conspiciuntur, sempiterna quoque uirtus et diuinitas tua. quaerens enim unde approbarem pulchritudinem corporum, siue caelestium siue terrestrium, et quid mihi praesto esset integre de mutabilibus iudicanti et dicenti, "hoc ita esse debet, illud non ita"—hoc ergo quaerens, unde iudicarem cum ita iudicarem, inueneram incommutabilem et ueram ueritatis aeternitatem supra mentem meam commutabilem. atque ita gradatim a corporibus ad sentientem per corpus animam atque inde ad eius interiorem uim, cui sensus corporis exteriora nuntiaret, et quousque possunt bestiae, atque inde rursus ad ratiocinantem potentiam ad quam refertur iudicandum quod sumitur a sensibus corporis. quae se quoque in me comperiens mutabilem erexit se ad intellegentiam suam et abduxit cogitationem a consuetudine, subtrahens se contradicentibus turbis phantasmatum, ut inueniret quo lumine aspergeretur, cum sine ulla dubitatione clamaret incommutabile praeferendum esse mutabili unde nosset ipsum incommutabile (quod nisi aliquo modo nosset, nullo modo illud mutabili certa praeponeret), et peruenit ad id quod est in ictu trepidantis aspectus. tunc uero inuisibilia tua per ea quae facta sunt intellecta conspexi, sed aciem figere non eualui, et repercussa infirmitate redditus solitis non mecum ferebam nisi amantem memoriam et quasi olefacta desiderantem quae comedere nondum possem.

[18] **24** Et quaerebam uiam comparandi roboris quod esset idoneum ad fruendum te, nec inueniebam donec amplecterer mediatorem dei et hominum, hominem Christum Iesum, qui est super omnia deus benedictus in saecula, uocantem et dicentem, "ego sum uia et ueritas et uita," et cibum, cui capiendo inualidus eram, miscentem carni, quoniam uerbum caro factum est ut infantiae nostrae lactesceret sapientia tua, per quam creasti omnia. non enim tenebam deum meum Iesum, humilis humilem, nec cuius rei magistra esset eius infirmitas noueram. uerbum enim tuum, aeterna ueritas, superioribus creaturae tuae partibus supereminens subditos erigit ad se ipsam, in inferioribus autem aedificauit sibi humilem domum de limo nostro, per quam subdendos deprimeret a se ipsis et ad se traiceret, sanans tumorem et nutriens amorem, ne fiducia sui progrederentur longius, sed potius infirmarentur, uidentes ante pedes suos infirmam diuinitatem ex participatione tunicae pelliciae nostrae, et lassi prosternerentur in eam, illa autem surgens leuaret eos.

[19] **25** Ego uero aliud putabam tantumque sentiebam de domino Christo meo, quantum de excellentis sapientiae uiro cui nullus posset aequari, praesertim quia mirabiliter natus ex uirgine, ad exemplum contemnendorum temporalium prae adipiscenda immortalitate, diuina pro

nobis cura tantam auctoritatem magisterii meruisse uidebatur. quid autem sacramenti haberet uerbum caro factum, ne suspicari quidem poteram. tantum cognoueram ex his quae de illo scripta traderentur quia manducauit et bibit, dormiuit, ambulauit, exhilaratus est, contristatus est, sermocinatus est, non haesisse carnem illam uerbo tuo nisi cum anima et mente humana. nouit hoc omnis qui nouit incommutabilitatem uerbi tui, quam ego iam noueram, quantum poteram, nec omnino quicquam inde dubitabam. etenim nunc mouere membra corporis per uoluntatem, nunc non mouere, nunc aliquo affectu affici, nunc non affici, nunc proferre per signa sapientes sententias, nunc esse in silentio, propria sunt mutabilitatis animae et mentis. quae si falsa de illo scripta essent, etiam omnia periclitarentur mendacio neque in illis litteris ulla fidei salus generi humano remaneret. quia itaque uera scripta sunt, totum hominem in Christo agnoscebam, non corpus tantum hominis aut cum corpore sine mente animum, sed ipsum hominem, non persona ueritatis, sed magna quadam naturae humanae excellentia et perfectiore participatione sapientiae praeferri ceteris arbitrabar. Alypius autem deum carne indutum ita putabat credi a catholicis ut praeter deum et carnem non esset in Christo, animam mentemque hominis non existimabat in eo praedicari. et quoniam bene persuasum tenebat ea quae de illo memoriae mandata sunt sine uitali et rationali creatura non fieri, ad ipsam christianam fidem pigrius mouebatur. sed postea haereticorum apollinaristarum hunc errorem esse cognoscens catholicae fidei collaetatus et contemperatus est. ego autem aliquanto posterius didicisse me fateor, in eo quod uerbum caro factum est, quomodo catholica ueritas a Photini falsitate dirimatur. improbatio quippe haereticorum facit eminere quid ecclesia tua sentiat et quid habeat sana doctrina. oportuit enim et haereses esse, ut probati manifesti fierent inter infirmos.

[20] **26** Sed tunc, lectis platonicorum illis libris, posteaquam inde admonitus quaerere incorpoream ueritatem, inuisibilia tua per ea quae facta sunt intellecta conspexi et repulsus sensi quid per tenebras animae meae contemplari non sinerer, certus esse te et infinitum esse nec tamen per locos finitos infinitosue diffundi et uere te esse, qui semper idem ipse esses, ex nulla parte nulloque motu alter aut aliter, cetera uero ex te esse omnia, hoc solo firmissimo documento quia sunt, certus quidem in istis eram, nimis tamen infirmus ad fruendum te. garriebam plane quasi peritus et, nisi in Christo, saluatore nostro, uiam tuam quaererem, non peritus sed periturus essem. iam enim coeperam uelle uideri sapiens plenus poena mea et non flebam, insuper et inflabar scientia. ubi enim erat illa aedificans caritas a fundamento humilitatis, quod est Christus Iesus? aut quando illi libri me docerent eam? in quos me propterea, priusquam scripturas tuas considerarem, credo uoluisti incurrere, ut imprimeretur memoriae meae quomodo ex eis affectus essem et, cum postea in libris tuis mansuefactus essem et curantibus digitis tuis contrectarentur uulnera mea, discernerem atque distinguerem quid interesset

inter praesumptionem et confessionem, inter uidentes quo eundum sit nec uidentes qua, et uiam ducentem ad beatificam patriam non tantum cernendam sed et habitandam. nam si primo sanctis tuis litteris informatus essem et in earum familiaritate obdulcuisses mihi, et post in illa uolumina incidissem, fortasse aut abripuissent me a solidamento pietatis, aut si in affectu quem salubrem imbiberam perstitissem, putarem etiam ex illis libris eum posse concipi, si eos solos quisque didicisset.

[21] **27** Itaque auidissime arripui uenerabilem stilum spiritus tui, et prae ceteris apostolum Paulum, et perierunt illae quaestiones in quibus mihi aliquando uisus est aduersari sibi et non congruere testimoniis legis et prophetarum textus sermonis eius, et apparuit mihi una facies eloquiorum castorum, et exultare cum tremore didici. et coepi et inueni, quidquid illac uerum legeram, hac cum commendatione gratiae tuae dici, ut qui uidet non sic glorietur, quasi non acceperit non solum id quod uidet, sed etiam ut uideat (quid enim habet quod non accepit?) et ut te, qui es semper idem, non solum admoneatur ut uideat, sed etiam sanetur ut teneat, et qui de longinquo uidere non potest, uiam tamen ambulet qua ueniat et uideat et teneat, quia, etsi condelectetur homo legi dei secundum interiorem hominem, quid faciet de alia lege in membris suis repugnante legi mentis suae et se captiuum ducente in lege peccati, quae est in membris eius? quoniam iustus es, domine, nos autem peccauimus, inique fecimus, impie gessimus, et grauata est super nos manus tua, et iuste traditi sumus antiquo peccatori, praeposito mortis, quia persuasit uoluntati nostrae similitudinem uoluntatis suae, qua in ueritate tua non stetit. quid faciet miser homo? quis eum liberabit de corpore mortis huius, nisi gratia tua per Iesum Christum dominum nostrum, quem genuisti coaeternum et creasti in principio uiarum tuarum, in quo princeps huius mundi non inuenit quicquam morte dignum et occidit eum? et euacuatum est chirographum quod erat contrarium nobis. hoc illae litterae non habent: non habent illae paginae uultum pietatis huius, lacrimas confessionis, sacrificium tuum, spiritum contribulatum, cor contritum et humilatum, populi salutem, sponsam ciuitatem, arram spiritus sancti, poculum pretii nostri. nemo ibi cantat, "nonne deo subdita erit anima mea? ab ipso enim salutare meum: etenim ipse deus meus et salutaris meus, susceptor meus: non mouebor amplius." nemo ibi audit uocantem: "uenite ad me, qui laboratis." dedignantur ab eo discere quoniam mitis est et humilis corde. abscondisti enim haec a sapientibus et prudentibus et reuelasti ea paruulis. et aliud est de siluestri cacumine uidere patriam pacis et iter ad eam non inuenire et frustra conari per inuia circum obsidentibus et insidiantibus fugitiuis desertoribus cum principe suo leone et dracone, et aliud tenere uiam illuc ducentem cura caelestis imperatoris munitam, ubi non latrocinantur qui caelestem militiam deseruerunt; uitant enim eam sicut supplicium. haec mihi inuiscerabantur miris modis, cum minimum apostolorum tuorum legerem, et consideraueram opera tua et expaueram.

LIBER OCTAVVS

[1] **1** Deus meus, recorder in gratiarum actione tibi et confitear misericordias tuas super me. perfundantur ossa mea dilectione tua et dicant: "domine, quis similis tibi?" dirupisti uincula mea: sacrificem tibi sacrificium laudis. quomodo dirupisti ea narrabo, et dicent omnes qui adorant te cum audiunt haec, "benedictus dominus in caelo et in terra; magnum et mirabile nomen eius."

Inhaeserant praecordiis meis uerba tua, et undique circumuallabar abs te. de uita tua aeterna certus eram, quamuis eam in aenigmate et quasi per speculum uideram. dubitatio tamen omnis de incorruptibili substantia, quod ab illa esset omnis substantia, ablata mihi erat, nec certior de te sed stabilior in te esse cupiebam. de mea uero temporali uita nutabant omnia et mundandum erat cor a fermento ueteri. et placebat uia ipse saluator, et ire per eius angustias adhuc pigebat. et immisisti in mentem meam uisumque est bonum in conspectu meo pergere ad Simplicianum, qui mihi bonus apparebat seruus tuus et lucebat in eo gratia tua. audieram etiam quod a iuuentute sua deuotissime tibi uiueret; iam uero tunc senuerat et longa aetate in tam bono studio sectandae uitae tuae multa expertus, multa edoctus mihi uidebatur: et uere sic erat. unde mihi ut proferret uolebam conferenti secum aestus meos quis esset aptus modus sic affecto ut ego eram ad ambulandum in uia tua.

[1] **2** Videbam enim plenam ecclesiam, et alius sic ibat, alius autem sic. mihi autem displicebat quod agebam in saeculo et oneri mihi erat ualde, non iam inflammantibus cupiditatibus, ut solebant, spe honoris et pecuniae ad tolerandam illam seruitutem tam grauem. iam enim me illa non delectabant prae dulcedine tua et decore domus tuae, quam dilexi, sed adhuc tenaciter colligabar ex femina, nec me prohibebat apostolus coniugari, quamuis exhortaretur ad melius, maxime uolens omnes homines sic esse ut ipse erat. sed ego infirmior eligebam molliorem locum, et propter hoc unum uoluebar in ceteris, languidus et tabescens curis marcidis, quod et in aliis rebus quas nolebam pati congruere cogebar uitae coniugali, cui deditus obstringebar. audieram ex ore ueritatis esse spadones qui se ipsos absciderunt propter regnum caelorum, sed "qui potest," inquit, "capere, capiat." uani sunt certe omnes homines quibus non inest dei scientia, nec de his quae uidentur bona potuerunt inuenire eum qui est. at ego iam non eram in illa uanitate. transcenderam eam et contestante uniuersa creatura inueneram te creatorem nostrum et uerbum tuum apud te deum tecumque unum deum, per quod creasti omnia. et est aliud genus impiorum, qui cognoscentes deum non sicut deum glorificauerunt aut gratias egerunt. in hoc quoque incideram, et dextera tua suscepit me et inde ablatum posuisti ubi conualescerem, quia dixisti homini "ecce pietas est sapientia," et "noli uelle uideri sapiens,"

quoniam "dicentes se esse sapientes stulti facti sunt." et inueneram iam bonam margaritam, et uenditis omnibus quae haberem emenda erat, et dubitabam.

[2] **3** Perrexi ergo ad Simplicianum, patrem in accipienda gratia tunc episcopi Ambrosii et quem uere ut patrem diligebat. narraui ei circuitus erroris mei. ubi autem commemoraui legisse me quosdam libros platonicorum, quos Victorinus, quondam rhetor urbis Romae, quem christianum defunctum esse audieram, in latinam linguam transtulisset, gratulatus est mihi quod non in aliorum philosophorum scripta incidissem plena fallaciarum et deceptionum secundum elementa huius mundi, in istis autem omnibus modis insinuari deum et eius uerbum. deinde, ut me exhortaretur ad humilitatem Christi sapientibus absconditam et reuelatam paruulis, Victorinum ipsum recordatus est, quem Romae cum esset familiarissime nouerat, deque illo mihi narrauit quod non silebo. habet enim magnam laudem gratiae tuae confitendam tibi, quemadmodum ille doctissimus senex et omnium liberalium doctrinarum peritissimus quique philosophorum tam multa legerat et diiudicauerat, doctor tot nobilium senatorum, qui etiam ob insigne praeclari magisterii, quod ciues huius mundi eximium putant, statuam Romano foro meruerat et acceperat, usque ad illam aetatem uenerator idolorum sacrorumque sacrilegorum particeps, quibus tunc tota fere Romana nobilitas inflata spirabat †popiliosiam† et omnigenum deum monstra et Anubem latratorem, quae aliquando contra Neptunum et Venerem contraque Mineruam tela tenuerant et a se uictis iam Roma supplicabat, quae iste senex Victorinus tot annos ore terricrepo defensitauerat, non erubuerit esse puer Christi tui et infans fontis tui, subiecto collo ad humilitatis iugum et edomita fronte ad crucis opprobrium.

[2] **4** O domine, domine, qui inclinasti caelos et descendisti, tetigisti montes et fumigauerunt, quibus modis te insinuasti illi pectori? legebat, sicut ait Simplicianus, sanctam scripturam omnesque christianas litteras inuestigabat studiosissime et perscrutabatur, et dicebat Simpliciano, non palam sed secretius et familiarius, "noueris me iam esse christianum." et respondebat ille, "non credam nec deputabo te inter christianos, nisi in ecclesia Christi uidero." ille autem irridebat dicens, "ergo parietes faciunt christianos?" et hoc saepe dicebat, iam se esse christianum, et Simplicianus illud saepe respondebat, et saepe ab illo parietum irrisio repetebatur. amicos enim suos reuerebatur offendere, superbos daemonicolas, quorum ex culmine Babylonicae dignitatis quasi ex cedris Libani, quas nondum contriuerat dominus, grauiter ruituras in se inimicitias arbitrabatur. sed posteaquam legendo et inhiando hausit firmitatem timuitque negari a Christo coram angelis sanctis, si eum timeret coram hominibus confiteri, reusque sibi magni criminis apparuit erubescendo de sacramentis humilitatis uerbi tui et non erubescendo de sacris sacrilegis superborum

daemoniorum, quae imitator superbus acceperat, depuduit uanitati et
erubuit ueritati subitoque et inopinatus ait Simpliciano, ut ipse narrabat,
"eamus in ecclesiam: christianus uolo fieri." at ille non se capiens laetitia
perrexit cum eo. ubi autem imbutus est primis instructionis sacramentis, non multo post etiam nomen dedit ut per baptismum regeneraretur,
mirante Roma, gaudente ecclesia. superbi uidebant et irascebantur, dentibus suis stridebant et tabescebant. seruo autem tuo dominus deus erat
spes eius, et non respiciebat in uanitates et insanias mendaces.

[2] **5** Denique ut uentum est ad horam profitendae fidei, quae uerbis
certis conceptis retentisque memoriter de loco eminentiore in conspectu
populi fidelis Romae reddi solet ab eis qui accessuri sunt ad gratiam tuam,
oblatum esse dicebat Victorino a presbyteris ut secretius redderet, sicut
nonnullis qui uerecundia trepidaturi uidebantur offerri mos erat; illum
autem maluisse salutem suam in conspectu sanctae multitudinis profiteri.
non enim erat salus quam docebat in rhetorica, et tamen eam publice professus erat. quanto minus ergo uereri debuit mansuetum gregem tuum
pronuntians uerbum tuum, qui non uerebatur in uerbis suis turbas insanorum? itaque ubi ascendit ut redderet, omnes sibimet inuicem, quisque
ut eum nouerat, instrepuerunt nomen eius strepitu gratulationis (quis
autem ibi non eum nouerat?) et sonuit presso sonitu per ora cunctorum
collaetantium, "Victorinus, Victorinus." cito sonuerunt exultatione, quia
uidebant eum, et cito siluerunt intentione, ut audirent eum. pronuntiauit
ille fidem ueracem praeclara fiducia, et uolebant eum omnes rapere intro
in cor suum. et rapiebant amando et gaudendo: hae rapientium manus
erant.

[3] **6** Deus bone, quid agitur in homine, ut plus gaudeat de salute
desperatae animae et de maiore periculo liberatae quam si spes ei semper adfuisset aut periculum minus fuisset? etenim tu quoque, misericors
pater, plus gaudes de uno paenitente quam de nonaginta nouem iustis
quibus non opus est paenitentia. et nos cum magna iucunditate audimus,
cum audimus quam exultantibus pastoris umeris reportetur ouis quae
errauerat, et drachma referatur in thesauros tuos collaetantibus uicinis
mulieri quae inuenit, et lacrimas excutit gaudium sollemnitatis domus
tuae, cum legitur in domo tua de minore filio tuo quoniam "mortuus erat
et reuixit, perierat et inuentus est." gaudes quippe in nobis et in angelis
tuis sancta caritate sanctis. nam tu semper idem, qui ea quae non semper
nec eodem modo sunt eodem modo semper nosti omnia.

[3] **7** Quid ergo agitur in anima, cum amplius delectatur inuentis
aut redditis rebus quas diligit quam si eas semper habuisset? contestan-
tur enim et cetera et plena sunt omnia testimoniis clamantibus, "ita est."
triumphat uictor imperator, et non uicisset nisi pugnauisset, et quanto
maius periculum fuit in proelio, tanto est gaudium maius in triumpho.
iactat tempestas nauigantes minaturque naufragium: omnes futura morte

pallescunt. tranquillatur caelum et mare, et exultant nimis, quoniam timuerunt nimis. aeger est carus et uena eius malum renuntiat: omnes qui eum saluum cupiunt aegrotant simul animo. fit ei recte et nondum ambulat pristinis uiribus, et fit iam tale gaudium quale non fuit cum antea saluus et fortis ambularet. easque ipsas uoluptates humanae uitae etiam non inopinatis et praeter uoluntatem irruentibus, sed institutis et uoluntariis molestiis homines acquirunt. edendi et bibendi uoluptas nulla est, nisi praecedat esuriendi et sitiendi molestia. et ebriosi quaedam salsiuscula comedunt, quo fiat molestus ardor, quem dum exstinguit potatio, fit delectatio. et institutum est ut iam pactae sponsae non tradantur statim, ne uile habeat maritus datam quam non suspirauerit sponsus dilatam.

[3] 8 Hoc in turpi et exsecranda laetitia, hoc in ea quae concessa est et licita est, hoc in ipsa sincerissima honestate amicitiae, hoc in eo qui mortuus erat et reuixit, perierat et inuentus est: ubique maius gaudium molestia maiore praeceditur. quid est hoc, domine deus meus, cum tu aeternum tibi, tu ipse, sis gaudium, et quaedam de te circa te semper gaudeant? quid est quod haec rerum pars alternat defectu et profectu, offensionibus et conciliationibus? an is est modus earum et tantum dedisti eis, cum a summis caelorum usque ad ima terrarum, ab initio usque in finem saeculorum, ab angelo usque ad uermiculum, a motu primo usque ad extremum, omnia genera bonorum et omnia iusta opera tua suis quaeque sedibus locares et suis quaeque temporibus ageres? ei mihi, quam excelsus es in excelsis et quam profundus in profundis! et nusquam recedis, et uix redimus ad te.

[4] 9 Age, domine, fac, excita et reuoca nos, accende et rape, fragra, dulcesce: amemus, curramus. nonne multi ex profundiore tartaro caecitatis quam Victorinus redeunt ad te et accedunt et illuminantur, recipientes lumen quod si qui recipiunt, accipiunt a te potestatem ut filii tui fiant? sed si minus noti sunt populis, minus de illis gaudent etiam qui nouerunt eos. quando enim cum multis gaudetur, et in singulis uberius est gaudium, quia feruefaciunt se et inflammantur ex alterutro. deinde quod multis noti, multis sunt auctoritati ad salutem et multis praeeunt secuturis, ideoque multum de illis et qui eos praecesserunt laetantur, quia non de solis laetantur. absit enim ut in tabernaculo tuo prae pauperibus accipiantur personae diuitum aut prae ignobilibus nobiles, quando potius infirma mundi elegisti ut confunderes fortia, et ignobilia huius mundi elegisti et contemptibilia, et ea quae non sunt tamquam sint, ut ea quae sunt euacuares. et tamen idem ipse minimus apostolorum tuorum, per cuius linguam tua ista uerba sonuisti, cum Paulus proconsul per eius militiam debellata superbia sub lene iugum Christi tui missus esset, regis magni prouincialis effectus, ipse quoque ex priore Saulo Paulus uocari amauit ob tam magnae insigne uictoriae. plus enim hostis uincitur in eo quem plus tenet et de quo plures tenet. plus autem superbos

tenet nomine nobilitatis et de his plures nomine auctoritatis. quanto igitur gratius cogitabatur Victorini pectus, quod tamquam inexpugnabile receptaculum diabolus obtinuerat, Victorini lingua, quo telo grandi et acuto multos peremerat, abundantius exultare oportuit filios tuos, quia rex noster alligauit fortem, et uidebant uasa eius erepta mundari et aptari in honorem tuum et fieri utilia domino ad omne opus bonum.

[5] 10 Sed ubi mihi homo tuus Simplicianus de Victorino ista narrauit, exarsi ad imitandum: ad hoc enim et ille narrauerat. posteaquam uero et illud addidit, quod imperatoris Iuliani temporibus lege data prohibiti sunt christiani docere litteraturam et oratoriam—quam legem ille amplexus, loquacem scholam deserere maluit quam uerbum tuum quo linguas infantium facis disertas—non mihi fortior quam felicior uisus est, quia inuenit occasionem uacandi tibi, cui rei ego suspirabam, ligatus non ferro alieno sed mea ferrea uoluntate. uelle meum tenebat inimicus et inde mihi catenam fecerat et constrinxerat me. quippe ex uoluntate peruersa facta est libido, et dum seruitur libidini, facta est consuetudo, et dum consuetudini non resistitur, facta est necessitas. quibus quasi ansulis sibimet innexis (unde catenam appellaui) tenebat me obstrictum dura seruitus. uoluntas autem noua quae mihi esse coeperat, ut te gratis colerem fruique te uellem, deus, sola certa iucunditas, nondum erat idonea ad superandam priorem uetustate roboratam. ita duae uoluntates meae, una uetus, alia noua, illa carnalis, illa spiritalis, confligebant inter se atque discordando dissipabant animam meam.

[5] 11 Sic intellegebam me ipso experimento id quod legeram, quomodo caro concupisceret aduersus spiritum et spiritus aduersus carnem, ego quidem in utroque, sed magis ego in eo quod in me approbabam quam in eo quod in me improbabam. ibi enim magis iam non ego, quia ex magna parte id patiebar inuitus quam faciebam uolens, sed tamen consuetudo aduersus me pugnacior ex me facta erat, quoniam uolens quo nollem perueneram. et quis iure contradiceret, cum peccantem iusta poena sequeretur? et non erat iam illa excusatio qua uideri mihi solebam propterea me nondum contempto saeculo seruire tibi, quia incerta mihi esset perceptio ueritatis: iam enim et ipsa certa erat. ego autem adhuc terra obligatus militare tibi recusabam et impedimentis omnibus sic timebam expediri, quemadmodum impediri timendum est.

[5] 12 Ita sarcina saeculi, uelut somno adsolet, dulciter premebar, et cogitationes quibus meditabar in te similes erant conatibus expergisci uolentium, qui tamen superati soporis altitudine remerguntur. et sicut nemo est qui dormire semper uelit omniumque sano iudicio uigilare praestat, differt tamen plerumque homo somnum excutere cum grauis torpor in membris est, eumque iam displicentem carpit libentius quamuis surgendi tempus aduenerit: ita certum habebam esse melius tuae caritati me dedere quam meae cupiditati cedere, sed illud placebat et uincebat,

hoc libebat et uinciebat. non enim erat quod tibi responderem dicenti mihi, "surge qui dormis et exsurge a mortuis, et illuminabit te Christus," et undique ostendenti uera te dicere, non erat omnino quid responderem ueritate conuictus, nisi tantum uerba lenta et somnolenta: "modo," "ecce modo," "sine paululum." sed "modo" et "modo" non habebat modum et "sine paululum" in longum ibat. frustra condelectabar legi tuae secundum interiorem hominem, cum alia lex in membris meis repugnaret legi mentis meae et captiuum me duceret in lege peccati quae in membris meis erat. lex enim peccati est uiolentia consuetudinis, qua trahitur et tenetur etiam inuitus animus eo merito quo in eam uolens illabitur. miserum ergo me quis liberaret de corpore mortis huius nisi gratia tua per Iesum Christum, dominum nostrum?

[6] **13** Et de uinculo quidem desiderii concubitus, quo artissimo tenebar, et saecularium negotiorum seruitute quemadmodum me exemeris, narrabo et confitebor nomini tuo, domine, adiutor meus et redemptor meus. agebam solita, crescente anxitudine, et cotidie suspirabam tibi. frequentabam ecclesiam tuam, quantum uacabat ab eis negotiis sub quorum pondere gemebam. mecum erat Alypius otiosus ab opere iuris peritorum post assessionem tertiam, expectans quibus iterum consilia uenderet, sicut ego uendebam dicendi facultatem, si qua docendo praestari potest. Nebridius autem amicitiae nostrae cesserat ut omnium nostrum familiarissimo Verecundo, Mediolanensi et ciui et grammatico, subdoceret, uehementer desideranti et familiaritatis iure flagitanti de numero nostro fidele adiutorium, quo indigebat nimis. non itaque Nebridium cupiditas commodorum eo traxit (maiora enim posset, si uellet, de litteris agere) sed officio beniuolentiae petitionem nostram contemnere noluit, amicus dulcissimus et mitissimus. agebat autem illud prudentissime cauens innotescere personis secundum hoc saeculum maioribus, deuitans in eis omnem inquietudinem animi, quem uolebat habere liberum et quam multis posset horis feriatum ad quaerendum aliquid uel legendum uel audiendum de sapientia.

[6] **14** Quodam igitur die—non recolo causam qua—erat absens Nebridius, cum ecce ad nos domum uenit ad me et Alypium Ponticianus quidam, ciuis noster in quantum Afer, praeclare in palatio militans: nescio quid a nobis uolebat. et consedimus ut colloqueremur. et forte supra mensam lusoriam quae ante nos erat attendit codicem. tulit, aperuit, inuenit apostolum Paulum, inopinate sane: putauerat enim aliquid de libris quorum professio me conterebat. tum uero arridens meque intuens gratulatorie miratus est quod eas et solas prae oculis meis litteras repente comperisset. christianus quippe et fidelis erat, et saepe tibi, deo nostro, prosternebatur in ecclesia crebris et diuturnis orationibus. cui ego cum indicassem illis me scripturis curam maximam impendere, ortus est sermo ipso narrante de Antonio Aegyptio monacho, cuius nomen

excellenter clarebat apud seruos tuos, nos autem usque in illam horam latebat. quod ille ubi comperit, immoratus est in eo sermone, insinuans tantum uirum ignorantibus et admirans eandem nostram ignorantiam. stupebamus autem audientes tam recenti memoria et prope nostris temporibus testatissima mirabilia tua in fide recta et catholica ecclesia. omnes mirabamur, et nos, quia tam magna erant, et ille, quia inaudita nobis erant.

[6] **15** Inde sermo eius deuolutus est ad monasteriorum greges et mores suaueolentiae tuae et ubera deserta heremi, quorum nos nihil sciebamus. et erat monasterium Mediolanii plenum bonis fratribus extra urbis moenia sub Ambrosio nutritore, et non noueramus. pertendebat ille et loquebatur adhuc, et nos intenti tacebamus. unde incidit ut diceret nescio quando se et tres alios contubernales suos, nimirum apud Treueros, cum imperator promeridiano circensium spectaculo teneretur, exisse deambulatum in hortos muris contiguos atque illic, ut forte combinati spatiabantur, unum secum seorsum et alios duos itidem seorsum pariterque digressos; sed illos uagabundos irruisse in quandam casam ubi habitabant quidam serui tui spiritu pauperes, qualium est regnum caelorum, et inuenisse ibi codicem in quo scripta erat uita Antonii. quam legere coepit unus eorum et mirari et accendi, et inter legendum meditari arripere talem uitam et relicta militia saeculari seruire tibi. erant autem ex eis quos dicunt agentes in rebus. tum subito repletus amore sancto et sobrio pudore, iratus sibi, coniecit oculos in amicum et ait illi, "dic, quaeso te, omnibus istis laboribus nostris quo ambimus peruenire? quid quaerimus? cuius rei causa militamus? maiorne esse poterit spes nostra in palatio quam ut amici imperatoris simus? et ibi quid non fragile plenumque periculis? et per quot pericula peruenitur ad grandius periculum? et quando istuc erit? amicus autem dei, si uoluero, ecce nunc fio." dixit hoc et turbidus parturitione nouae uitae reddidit oculos paginis. et legebat et mutabatur intus, ubi tu uidebas, et exuebatur mundo mens eius, ut mox apparuit. namque dum legit et uoluit fluctus cordis sui, infremuit aliquando et discreuit decreuitque meliora, iamque tuus ait amico suo, "ego iam abrupi me ab illa spe nostra et deo seruire statui, et hoc ex hac hora, in hoc loco aggredior. te si piget imitari, noli aduersari." respondit ille adhaerere se socium tantae mercedis tantaeque militiae. et ambo iam tui aedificabant turrem sumptu idoneo relinquendi omnia sua et sequendi te. tunc Ponticianus et qui cum eo per alias horti partes deambulabat, quaerentes eos, deuenerunt in eundem locum et inuenientes admonuerunt ut redirent, quod iam declinasset dies. at illi, narrato placito et proposito suo quoque modo in eis talis uoluntas orta esset atque firmata, petiuerunt ne sibi molesti essent si adiungi recusarent. isti autem nihilo mutati a pristinis fleuerunt se tamen, ut dicebat, atque illis pie congratulati sunt, et commendauerunt se orationibus eorum et trahentes cor in

terra abierunt in palatium, illi autem affigentes cor caelo manserunt in
casa. et habebant ambo sponsas quae, posteaquam hoc audierunt, dicauerunt etiam ipsae uirginitatem tibi.

[7] **16** Narrabat haec Ponticianus. tu autem, domine, inter uerba
eius retorquebas me ad me ipsum, auferens me a dorso meo, ubi me posueram dum nollem me attendere, et constituebas me ante faciem meam,
ut uiderem quam turpis essem, quam distortus et sordidus, maculosus et
ulcerosus. et uidebam et horrebam, et quo a me fugerem non erat. sed
si conabar auertere a me aspectum, narrabat ille quod narrabat, et tu me
rursus opponebas mihi et impingebas me in oculos meos, ut inuenirem
iniquitatem meam et odissem. noueram eam, sed dissimulabam et cohibebam et obliuiscebar.

[7] **17** Tunc uero quanto ardentius amabam illos de quibus audiebam salubres affectus, quod se totos tibi sanandos dederunt, tanto exsecrabilius me comparatum eis oderam, quoniam multi mei anni mecum
effluxerant (forte duodecim anni) ex quo ab undeuicensimo anno aetatis meae, lecto Ciceronis Hortensio, excitatus eram studio sapientiae et
differebam contempta felicitate terrena ad eam inuestigandam uacare,
cuius non inuentio sed uel sola inquisitio iam praeponenda erat etiam
inuentis thesauris regnisque gentium et ad nutum circumfluentibus corporis uoluptatibus. at ego adulescens miser ualde, miser in exordio ipsius
adulescentiae, etiam petieram a te castitatem et dixeram, "da mihi castitatem et continentiam, sed noli modo." timebam enim ne me cito exaudires et cito sanares a morbo concupiscentiae, quem malebam expleri
quam exstingui.

Et ieram per uias prauas superstitione sacrilega, non quidem certus
in ea sed quasi praeponens eam ceteris, quae non pie quaerebam sed
inimice oppugnabam.

[7] **18** Et putaueram me propterea differre de die in diem contempta spe saeculi te solum sequi, quia non mihi apparebat certum aliquid quo dirigerem cursum meum. et uenerat dies quo nudarer mihi
et increparet in me conscientia mea: "ubi est lingua? nempe tu dicebas
propter incertum uerum nolle te abicere sarcinam uanitatis. ecce iam
certum est, et illa te adhuc premit, umerisque liberioribus pinnas recipiunt qui neque ita in quaerendo attriti sunt nec decennio et amplius
ista meditati." ita rodebar intus et confundebar pudore horribili uehementer, cum Ponticianus talia loqueretur. terminato autem sermone et
causa qua uenerat, abiit ille, et ego ad me. quae non in me dixi? quibus
sententiarum uerberibus non flagellaui animam meam ut sequeretur
me conantem post te ire? et renitebatur, recusabat, et non se excusabat:
consumpta erant et conuicta argumenta omnia. remanserat muta trepidatio et quasi mortem reformidabat restringi a fluxu consuetudinis, quo
tabescebat in mortem.

AVGVSTINI

[8] **19** Tum in illa grandi rixa interioris domus meae, quam fortiter excitaueram cum anima mea in cubiculo nostro, corde meo, tam uultu quam mente turbatus inuado Alypium: exclamo, "quid patimur? quid est hoc? quid audisti? surgunt indocti et caelum rapiunt, et nos cum doctrinis nostris, sine corde, ecce ubi uolutamur in carne et sanguine! an quia praecesserunt, pudet sequi et non pudet nec saltem sequi?" dixi nescio qua talia, et abripuit me ab illo aestus meus, cum taceret attonitus me intuens. neque enim solita sonabam. plus loquebantur animum meum frons, genae, oculi, color, modus uocis quam uerba quae promebam. hortulus quidam erat hospitii nostri, quo nos utebamur sicut tota domo: nam hospes ibi non habitabat, dominus domus. illuc me abstulerat tumultus pectoris, ubi nemo impediret ardentem litem quam mecum aggressus eram, donec exiret qua tu sciebas, ego autem non. sed tantum insaniebam salubriter et moriebar uitaliter, gnarus quid mali essem et ignarus quid boni post paululum futurus essem. abscessi ergo in hortum, et Alypius pedem post pedem. neque enim secretum meum non erat ubi ille aderat. aut quando me sic affectum desereret? sedimus quantum potuimus remoti ab aedibus. ego fremebam spiritu, indignans indignatione turbulentissima quod non irem in placitum et pactum tecum, deus meus, in quod eundum esse omnia ossa mea clamabant et in caelum tollebant laudibus. et non illuc ibatur nauibus aut quadrigis aut pedibus, quantum saltem de domo in eum locum ieram ubi sedebamus. nam non solum ire uerum etiam peruenire illuc nihil erat aliud quam uelle ire, sed uelle fortiter et integre, non semisauciam hac atque hac uersare et iactare uoluntatem parte adsurgente cum alia parte cadente luctantem.

[8] **20** Denique tam multa faciebam corpore in ipsis cunctationis aestibus, quae aliquando uolunt homines et non ualent, si aut ipsa membra non habeant aut ea uel colligata uinculis uel resoluta languore uel quoquo modo impedita sint. si uulsi capillum, si percussi frontem, si consertis digitis amplexatus sum genu, quia uolui, feci. potui autem uelle et non facere, si mobilitas membrorum non obsequeretur. tam multa ergo feci, ubi non hoc erat uelle quod posse: et non faciebam quod et incomparabili affectu amplius mihi placebat, et mox ut uellem possem, quia mox ut uellem, utique uellem. ibi enim facultas ea, quae uoluntas, et ipsum uelle iam facere erat; et tamen non fiebat, faciliusque obtemperabat corpus tenuissimae uoluntati animae, ut ad nutum membra mouerentur, quam ipsa sibi anima ad uoluntatem suam magnam in sola uoluntate perficiendam.

[9] **21** Vnde hoc monstrum? et quare istuc? luceat misericordia tua, et interrogem, si forte mihi respondere possint latebrae poenarum hominum et tenebrosissimae contritiones filiorum Adam. unde hoc monstrum? et quare istuc? imperat animus corpori, et paretur statim; imperat

animus sibi, et resistitur. imperat animus ut moueatur manus, et tanta
est facilitas ut uix a seruitio discernatur imperium: et animus animus est,
manus autem corpus est. imperat animus ut uelit animus, nec alter est
nec facit tamen. unde hoc monstrum? et quare istuc? imperat, inquam,
ut uelit qui non imperaret nisi uellet, et non facit quod imperat? sed non
ex toto uult: non ergo ex toto imperat. nam in tantum imperat, in quantum uult, et in tantum non fit quod imperat, in quantum non uult, quoniam uoluntas imperat ut sit uoluntas, nec alia, sed ipsa. non itaque plena
imperat; ideo non est quod imperat. nam si plena esset, nec imperaret ut
esset, quia iam esset. non igitur monstrum partim uelle, partim nolle, sed
aegritudo animi est, quia non totus adsurgit ueritate subleuatus, consuetudine praegrauatus. et ideo sunt duae uoluntates, quia una earum tota
non est et hoc adest alteri quod deest alteri.

[10] **22** Pereant a facie tua, deus, sicuti pereunt, uaniloqui et mentis seductores qui, cum duas uoluntates in deliberando animaduerterint,
duas naturas duarum mentium esse adseuerant, unam bonam, alteram
malam. ipsi uere mali sunt, cum ista mala sentiunt, et idem ipsi boni erunt,
si uera senserint uerisque consenserint, ut dicat eis apostolus tuus, "fuistis
aliquando tenebrae, nunc autem lux in domino." illi enim dum uolunt
esse lux, non in domino sed in se ipsis, putando animae naturam hoc
esse quod deus est, ita facti sunt densiores tenebrae, quoniam longius a
te recesserunt horrenda arrogantia, a te uero lumine illuminante omnem
hominem uenientem in hunc mundum. attendite quid dicatis, et erubescite et accedite ad eum et illuminamini, et uultus uestri non erubescent.
ego cum deliberabam ut iam seruirem domino deo meo, sicut diu disposueram, ego eram qui uolebam, ego qui nolebam: ego eram. nec plene
uolebam nec plene nolebam. ideo mecum contendebam et dissipabar a
me ipso, et ipsa dissipatio me inuito quidem fiebat, nec tamen ostendebat
naturam mentis alienae sed poenam meae. et ideo non iam ego operabar
illam sed quod habitabat in me peccatum de supplicio liberioris peccati,
quia eram filius Adam.

[10] **23** Nam si tot sunt contrariae naturae quot uoluntates sibi resistunt, non iam duae sed plures erunt. si deliberet quisquam utrum ad
conuenticulum eorum pergat an ad theatrum, clamant isti, "ecce duae
naturae, una bona hac ducit, altera mala illac reducit, nam unde ista
cunctatio sibimet aduersantium uoluntatum?" ego autem dico ambas
malas, et quae ad illos ducit et quae ad theatrum reducit. sed non credunt
nisi bonam esse qua itur ad eos. quid si ergo quisquam noster deliberet et secum altercantibus duabus uoluntatibus fluctuet, utrum ad theatrum pergat an ad ecclesiam nostram, nonne et isti quid respondeant
fluctuabunt? aut enim fatebuntur quod nolunt, bona uoluntate pergi in
ecclesiam nostram, sicut in eam pergunt qui sacramentis eius imbuti sunt

atque detinentur, aut duas malas naturas et duas malas mentes in uno homine confligere putabunt, et non erit uerum quod solent dicere, unam bonam, alteram malam, aut conuertentur ad uerum et non negabunt, cum quisque deliberat, animam unam diuersis uoluntatibus aestuare.

[10] **24** Iam ergo non dicant, cum duas uoluntates in homine uno aduersari sibi sentiunt, duas contrarias mentes de duabus contrariis substantiis et de duobus contrariis principiis contendere, unam bonam, alteram malam. nam tu, deus uerax, improbas eos et redarguis atque conuincis eos, sicut in utraque mala uoluntate, cum quisque deliberat utrum hominem ueneno interimat an ferro, utrum fundum alienum illum an illum inuadat, quando utrumque non potest, utrum emat uoluptatem luxuria an pecuniam seruet auaritia, utrum ad circum pergat an ad theatrum, si uno die utrumque exhibeatur—addo etiam tertium, an ad furtum de domo aliena, si subest occasio—addo et quartum, an ad committendum adulterium, si et inde simul facultas aperitur, si omnia concurrant in unum articulum temporis pariterque cupiantur omnia quae simul agi nequeunt. discerpunt enim animum sibimet aduersantibus quattuor uoluntatibus uel etiam pluribus in tanta copia rerum quae appetuntur, nec tamen tantam multitudinem diuersarum substantiarum solent dicere. ita et in bonis uoluntatibus. nam quaero ab eis utrum bonum sit delectari lectione apostoli et utrum bonum sit delectari psalmo sobrio et utrum bonum sit euangelium disserere. respondebunt ad singula: "bonum." quid si ergo pariter delectent omnia simulque uno tempore, nonne diuersae uoluntates distendunt cor hominis, dum deliberatur quid potissimum arripiamus? et omnes bonae sunt et certant secum, donec eligatur unum quo feratur tota uoluntas una, quae in plures diuidebatur. ita etiam cum aeternitas delectat superius et temporalis boni uoluptas retentat inferius, eadem anima est non tota uoluntate illud aut hoc uolens et ideo discerpitur graui molestia, dum illud ueritate praeponit, hoc familiaritate non ponit.

[11] **25** Sic aegrotabam et excruciabar, accusans memet ipsum solito acerbius nimis ac uoluens et uersans me in uinculo meo, donec abrumperetur totum, quo iam exiguo tenebar, sed tenebar tamen. et instabas tu in occultis meis, domine, seuera misericordia, flagella ingeminans timoris et pudoris, ne rursus cessarem et non abrumperetur idipsum exiguum et tenue quod remanserat, et reualesceret iterum et me robustius alligaret. dicebam enim apud me intus, "ecce modo fiat, modo fiat," et cum uerbo iam ibam in placitum. iam paene faciebam et non faciebam, nec relabebar tamen in pristina sed de proximo stabam et respirabam. et item conabar, et paulo minus ibi eram et paulo minus, iam iamque attingebam et tenebam. et non ibi eram nec attingebam nec tenebam, haesitans mori morti et uitae uiuere, plusque in me ualebat deterius inolitum quam melius insolitum, punctumque ipsum temporis quo aliud futurus eram,

quanto propius admouebatur, tanto ampliorem incutiebat horrorem, sed non recutiebat retro nec auertebat, sed suspendebat.

[11] 26 Retinebant nugae nugarum et uanitates uanitantium, antiquae amicae meae, et succutiebant uestem meam carneam et summurabant, "dimittisne nos?" et "a momento isto non erimus tecum ultra in aeternum," et "a momento isto non tibi licebit hoc et illud ultra in aeternum." et quae suggerebant in eo quod dixi "hoc et illud," quae suggerebant, deus meus! auertat ab anima serui tui misericordia tua! quas sordes suggerebant, quae dedecora! et audiebam eas iam longe minus quam dimidius, non tamquam libere contradicentes eundo in obuiam sed uelut a dorso mussitantes et discedentem quasi furtim uellicantes, ut respicerem. tardabant tamen cunctantem me abripere atque excutere ab eis et transilire quo uocabar, cum diceret mihi consuetudo uiolenta, "putasne sine istis poteris?"

[11] 27 Sed iam tepidissime hoc dicebat. aperiebatur enim ab ea parte qua intenderam faciem et quo transire trepidabam casta dignitas Continentiae, serena et non dissolute hilaris, honeste blandiens ut uenirem neque dubitarem, et extendens ad me suscipiendum et amplectendum pias manus plenas gregibus bonorum exemplorum. ibi tot pueri et puellae, ibi iuuentus multa et omnis aetas, et graues uiduae et uirgines anus, et in omnibus ipsa continentia nequaquam sterilis, sed fecunda mater filiorum gaudiorum de marito te, domine. et irridebat me irrisione hortatoria, quasi diceret, "tu non poteris quod isti, quod istae? an uero isti et istae in se ipsis possunt ac non in domino deo suo? dominus deus eorum me dedit eis. quid in te stas et non stas? proice te in eum! noli metuere. non se subtrahet ut cadas: proice te securus! excipiet et sanabit te." et erubescebam nimis, quia illarum nugarum murmura adhuc audiebam, et cunctabundus pendebam. et rursus illa, quasi diceret, "obsurdesce aduersus immunda illa membra tua super terram, ut mortificentur. narrant tibi delectationes, sed non sicut lex domini dei tui." ista controuersia in corde meo non nisi de me ipso aduersus me ipsum. at Alypius affixus lateri meo inusitati motus mei exitum tacitus opperiebatur.

[12] 28 Vbi uero a fundo arcano alta consideratio traxit et congessit totam miseriam meam in conspectu cordis mei, oborta est procella ingens ferens ingentem imbrem lacrimarum. et ut totum effunderem cum uocibus suis, surrexi ab Alypio (solitudo mihi ad negotium flendi aptior suggerebatur) et secessi remotius quam ut posset mihi onerosa esse etiam eius praesentia. sic tunc eram, et ille sensit: nescio quid enim, puto, dixeram in quo apparebat sonus uocis meae iam fletu grauidus, et sic surrexeram. mansit ergo ille ubi sedebamus nimie stupens. ego sub quadam fici arbore straui me nescio quomodo, et dimisi habenas lacrimis, et proruperunt flumina oculorum meorum, acceptabile sacrificium tuum, et non

quidem his uerbis sed in hac sententia multa dixi tibi: "et tu, domine,
usquequo? usquequo, domine, irasceris in finem? ne memor fueris iniquitatum nostrarum antiquarum." sentiebam enim eis me teneri.
iactabam uoces miserabiles: "quamdiu, quamdiu, 'cras' et 'cras'? quare
non modo? quare non hac hora finis turpitudinis meae?"

[12] **29** Dicebam haec et flebam amarissima contritione cordis mei. et
ecce audio uocem de uicina domo cum cantu dicentis et crebro repetentis, quasi pueri an puellae, nescio: "tolle lege, tolle lege." statimque mutato
uultu intentissimus cogitare coepi utrumnam solerent pueri in aliquo
genere ludendi cantitare tale aliquid. nec occurrebat omnino audisse me
uspiam, repressoque impetu lacrimarum surrexi, nihil aliud interpretans
diuinitus mihi iuberi nisi ut aperirem codicem et legerem quod primum
caput inuenissem. audieram enim de Antonio quod ex euangelica lectione
cui forte superuenerat admonitus fuerit, tamquam sibi diceretur quod
legebatur: "uade, uende omnia quae habes, et da pauperibus et habebis
thesaurum in caelis; et ueni, sequere me," et tali oraculo confestim ad te
esse conuersum. itaque concitus redii in eum locum ubi sedebat Alypius:
ibi enim posueram codicem apostoli cum inde surrexeram. arripui, aperui, et legi in silentio capitulum quo primum coniecti sunt oculi mei: "non
in comessationibus et ebrietatibus, non in cubilibus et impudicitiis, non
in contentione et aemulatione, sed induite dominum Iesum Christum et
carnis prouidentiam ne feceritis in concupiscentiis." nec ultra uolui legere
nec opus erat. statim quippe cum fine huiusce sententiae quasi luce securitatis infusa cordi meo omnes dubitationis tenebrae diffugerunt.

[12] **30** Tum interiecto aut digito aut nescio quo alio signo codicem
clausi et tranquillo iam uultu indicaui Alypio. at ille quid in se ageretur
(quod ego nesciebam) sic indicauit. petit uidere quid legissem. ostendi,
et attendit etiam ultra quam ego legeram. et ignorabam quid sequeretur.
sequebatur uero: "infirmum autem in fide recipite." quod ille ad se rettulit
mihique aperuit. sed tali admonitione firmatus est placitoque ac proposito
bono et congruentissimo suis moribus, quibus a me in melius iam olim
ualde longeque distabat, sine ulla turbulenta cunctatione coniunctus est.
inde ad matrem ingredimur, indicamus: gaudet. narramus quemadmodum
gestum sit: exultat et triumphat et benedicebat tibi, qui potens es ultra
quam petimus et intellegimus facere, quia tanto amplius sibi a te concessum
de me uidebat quam petere solebat miserabilibus flebilibusque gemitibus.
conuertisti enim me ad te, ut nec uxorem quaererem nec aliquam spem
saeculi huius, stans in ea regula fidei in qua me ante tot annos ei reuelaueras, et conuertisti luctum eius in gaudium multo uberius quam uoluerat,
et multo carius atque castius quam de nepotibus carnis meae requirebat.

LIBER NONVS

[1] **1** O domine, ego seruus tuus, ego seruus tuus et filius ancillae tuae: dirupisti uincula mea, tibi sacrificabo hostiam laudis. laudet te cor meum et lingua mea, et omnia ossa mea dicant, "domine, quis similis tibi?" dicant, et responde mihi et dic animae meae, "salus tua ego sum." quis ego et qualis ego? quid non mali aut facta mea aut, si non facta, dicta mea aut, si non dicta, uoluntas mea fuit? tu autem, domine, bonus et misericors, et dextera tua respiciens profunditatem mortis meae et a fundo cordis mei exhauriens abyssum corruptionis. et hoc erat totum, nolle quod uolebam et uelle quod uolebas. sed ubi erat tam annoso tempore et de quo imo altoque secreto euocatum est in momento liberum arbitrium meum, quo subderem ceruicem leni iugo tuo et umeros leui sarcinae tuae, Christe Iesu, adiutor meus et redemptor meus? quam suaue mihi subito factum est carere suauitatibus nugarum, et quas amittere metus fuerat iam dimittere gaudium erat. eiciebas enim eas a me, uera tu et summa suauitas, eiciebas et intrabas pro eis omni uoluptate dulcior, sed non carni et sanguini, omni luce clarior, sed omni secreto interior, omni honore sublimior, sed non sublimibus in se. iam liber erat animus meus a curis mordacibus ambiendi et adquirendi et uolutandi atque scalpendi scabiem libidinum, et garriebam tibi, claritati meae et diuitiis meis et saluti meae, domino deo meo.

[2] **2** Et placuit mihi in conspectu tuo non tumultuose abripere sed leniter subtrahere ministerium linguae meae nundinis loquacitatis, ne ulterius pueri meditantes non legem tuam, non pacem tuam, sed insanias mendaces et bella forensia, mercarentur ex ore meo arma furori suo. et opportune iam paucissimi dies supererant ad uindemiales ferias, et statui tolerare illos, ut sollemniter abscederem et redemptus a te iam non redirem uenalis. consilium ergo nostrum erat coram te, coram hominibus autem nisi nostris non erat. et conuenerat inter nos ne passim cuiquam effunderetur, quamquam tu nobis a conualle plorationis ascendentibus et cantantibus canticum graduum dederas sagittas acutas et carbones uastatores aduersus linguam subdolam, uelut consulendo contradicentem et, sicut cibum adsolet, amando consumentem.

[2] **3** Sagittaueras tu cor nostrum caritate tua et gestabamus uerba tua transfixa uisceribus. et exempla seruorum tuorum, quos de nigris lucidos et de mortuis uiuos feceras, congesta in sinum cogitationis nostrae urebant et absumebant grauem torporem, ne in ima uergeremus, et accendebant nos ualide, ut omnis ex lingua subdola contradictionis flatus inflammare nos acrius posset, non extinguere.

Verum tamen quia propter nomen tuum, quod sanctificasti per terras, etiam laudatores utique haberet uotum et propositum nostrum, iactantiae

simile uidebatur non opperiri tam proximum feriarum tempus, sed de
publica professione atque ante oculos omnium sita ante discedere, ut
conuersa in factum meum ora cunctorum, intuentium quam uicinum uindemialium diem praeuenire uoluerim, multa dicerent quod quasi appetissem magnus uideri. et quo mihi erat istuc, ut putaretur et disputaretur de
animo meo et blasphemaretur bonum nostrum?

[2] **4** Quin etiam quod ipsa aestate litterario labori nimio pulmo
meus cedere coeperat et difficulter trahere suspiria doloribusque pectoris testari se saucium uocemque clariorem productioremue recusare,
primo perturbauerat me quia magisterii illius sarcinam paene iam necessitate deponere cogebat aut, si curari et conualescere potuissem, certe
intermittere. sed ubi plena uoluntas uacandi et uidendi quoniam tu es
dominus oborta mihi est atque firmata (nosti, deus meus), etiam gaudere coepi quod haec quoque suberat non mendax excusatio, quae
offensionem hominum temperaret, qui propter liberos suos me liberum
esse numquam uolebant. plenus igitur tali gaudio tolerabam illud interuallum temporis donec decurreret (nescio utrum uel uiginti dies erant),
sed tamen fortiter tolerabantur quia recesserat cupiditas, quae mecum
solebat ferre graue negotium, et ego premendus remanseram nisi patientia succederet. peccasse me in hoc quisquam seruorum tuorum, fratrum
meorum, dixerit, quod iam pleno corde militia tua passus me fuerim
uel una hora sedere in cathedra mendacii, at ego non contendo. sed tu,
domine misericordissime, nonne et hoc peccatum cum ceteris horrendis
et funereis in aqua sancta ignouisti et remisisti mihi?

[3] **5** Macerabatur anxitudine Verecundus de isto nostro bono, quod
propter uincula sua, quibus tenacissime tenebatur, deseri se nostro consortio uidebat. nondum christianus, coniuge fideli, ea ipsa tamen artiore
prae ceteris compede ab itinere quod aggressi eramus retardabatur, nec
christianum esse alio modo se uelle dicebat quam illo quo non poterat.
benigne sane obtulit ut, quamdiu ibi essemus, in rure eius essemus.
retribues illi, domine, in resurrectione iustorum, quia iam ipsam sortem
retribuisti ei. quamuis enim absentibus nobis, cum Romae iam essemus,
corporali aegritudine correptus et in ea christianus et fidelis factus ex
hac uita emigrauit. ita misertus es non solum eius sed etiam nostri, ne
cogitantes egregiam erga nos amici humanitatem nec eum in grege tuo
numerantes dolore intolerabili cruciaremur. gratias tibi, deus noster! tui
sumus. indicant hortationes et consolationes tuae: fidelis promissor reddes
Verecundo pro rure illo eius Cassiciaco ubi ab aestu saeculi requieuimus
in te, amoenitatem sempiterne uirentis paradisi tui, quoniam dimisisti ei
peccata super terram in monte incaseato, monte tuo, monte uberi.

[3] **6** Angebatur ergo tunc ipse, Nebridius autem collaetabatur. quamuis enim et ipse nondum christianus in illam foueam perniciosissimi
erroris inciderat ut ueritatis filii tui carnem phantasma crederet, tamen

inde emergens sic sibi erat, nondum imbutus ullis ecclesiae tuae sacramentis, sed inquisitor ardentissimus ueritatis. quem non multo post conuersionem nostram et regenerationem per baptismum tuum ipsum etiam fidelem catholicum, castitate perfecta atque continentia tibi seruientem in Africa apud suos, cum tota domus eius per eum christiana facta esset, carne soluisti. et nunc ille uiuit in sinu Abraham. quidquid illud est quod illo significatur sinu, ibi Nebridius meus uiuit, dulcis amicus meus, tuus autem, domine, adoptiuus ex liberto filius: ibi uiuit. nam quis alius tali animae locus? ibi uiuit unde me multa interrogabat homuncionem inexpertum. iam non ponit aurem ad os meum sed spiritale os ad fontem tuum, et bibit quantum potest sapientiam pro auiditate sua sine fine felix. nec eum sic arbitror inebriari ex ea ut obliuiscatur mei, cum tu, domine, quem potat ille, nostri sis memor.

Sic ergo eramus, Verecundum consolantes tristem salua amicitia de tali conuersione nostra et exhortantes ad fidem gradus sui, uitae scilicet coniugalis, Nebridium autem opperientes, quando sequeretur, quod de tam proximo poterat. et erat iam iamque facturus, cum ecce euoluti sunt dies illi tandem. nam longi et multi uidebantur prae amore libertatis otiosae ad cantandum de medullis omnibus: "tibi dixit cor meum, 'quaesiui uultum tuum; uultum tuum, domine, requiram'."

[4] **7** Et uenit dies quo etiam actu soluerer a professione rhetorica, unde iam cogitatu solutus eram, et factum est. eruisti linguam meam unde iam erueras cor meum, et benedicebam tibi gaudens, profectus in uillam cum meis omnibus. ibi quid egerim in litteris iam quidem seruientibus tibi, sed adhuc superbiae scholam tamquam in pausatione anhelantibus, testantur libri disputati cum praesentibus et cum ipso me solo coram te; quae autem cum absente Nebridio, testantur epistulae. et quando mihi sufficiat tempus commemorandi omnia magna erga nos beneficia tua in illo tempore, praesertim ad alia maiora properanti? reuocat enim me recordatio mea, et dulce mihi fit, domine, confiteri tibi quibus internis me stimulis perdomueris, et quemadmodum me complanaueris humilitatis montibus et collibus cogitationum mearum et tortuosa mea direxeris et aspera lenieris, quoque modo ipsum etiam Alypium, fratrem cordis mei, subegeris nomini unigeniti tui, domini et saluatoris nostri Iesu Christi, quod primo dedignabatur inseri litteris nostris. magis enim eas uolebat redolere gymnasiorum cedros, quas iam contriuit dominus, quam salubres herbas ecclesiasticas aduersas serpentibus.

[4] **8** Quas tibi, deus meus, uoces dedi, cum legerem psalmos Dauid, cantica fidelia, sonos pietatis excludentes turgidum spiritum, rudis in germano amore tuo, catechumenus in uilla cum catechumeno Alypio feriatus, matre adhaerente nobis muliebri habitu, uirili fide, anili securitate, materna caritate, christiana pietate! quas tibi uoces dabam in psalmis illis, et quomodo in te inflammabar ex eis et accendebar eos recitare, si

possem, toto orbi terrarum aduersus typhum generis humani! et tamen toto orbe cantantur, et non est qui se abscondat a calore tuo. quam uehementi et acri dolore indignabar manichaeis et miserabar eos rursus, quod illa sacramenta, illa medicamenta nescirent et insani essent aduersus antidotum quo sani esse potuissent! uellem ut alicubi iuxta essent tunc et, me nesciente quod ibi essent, intuerentur faciem meam et audirent uoces meas quando legi quartum psalmum in illo tunc otio. quid de me fecerit ille psalmus "cum inuocarem, exaudiuit me deus iustitiae meae; in tribulatione dilatasti mihi. miserere mei, domine, et exaudi orationem meam," audirent ignorante me utrum audirent, ne me propter se illa dicere putarent quae inter haec uerba dixerim, quia et re uera nec ea dicerem nec sic ea dicerem, si me ab eis audiri uiderique sentirem, nec, si dicerem, sic acciperent quomodo mecum et mihi coram te de familiari affectu animi mei.

[4] **9** Inhorrui timendo ibidemque inferbui sperando et exultando in tua misericordia, pater. et haec omnia exibant per oculos et uocem meam, cum conuersus ad nos spiritus tuus bonus ait nobis, "filii hominum, quousque graues corde? ut quid diligitis uanitatem et quaeritis mendacium?" dilexeram enim uanitatem et quaesieram mendacium, et tu, domine, iam magnificaueras sanctum tuum, suscitans eum a mortuis et collocans ad dexteram tuam, unde mitteret ex alto promissionem suam, paracletum, spiritum ueritatis. et miserat eum iam, sed ego nesciebam. miserat eum, quia iam magnificatus erat resurgens a mortuis et ascendens in caelum. ante autem spiritus nondum erat datus, quia Iesus nondum erat clarificatus. et clamat prophetia, "quousque graues corde? ut quid diligitis uanitatem et quaeritis mendacium? et scitote quoniam dominus magnificauit sanctum suum." clamat "quousque," clamat "scitote," et ego tamdiu nesciens uanitatem dilexi et mendacium quaesiui, et ideo audiui et contremui, quoniam talibus dicitur qualem me fuisse reminiscebar. in phantasmatis enim quae pro ueritate tenueram uanitas erat et mendacium. et insonui multa grauiter ac fortiter in dolore recordationis meae. quae utinam audissent qui adhuc usque diligunt uanitatem et quaerunt mendacium: forte conturbarentur et euomuissent illud, et exaudires eos cum clamarent ad te, quoniam uera morte carnis mortuus est pro nobis qui te interpellat pro nobis.

[4] **10** Legebam, "irascimini et nolite peccare," et quomodo mouebar, deus meus, qui iam didiceram irasci mihi de praeteritis, ut de cetero non peccarem, et merito irasci, quia non alia natura gentis tenebrarum de me peccabat, sicut dicunt qui sibi non irascuntur et thesaurizant sibi iram in die irae et reuelationis iusti iudicii tui! nec iam bona mea foris erant nec oculis carneis in isto sole quaerebantur. uolentes enim gaudere forinsecus facile uanescunt et effunduntur in ea quae uidentur et temporalia sunt, et imagines eorum famelica cogitatione lambiunt. et o si

fatigentur inedia et dicant, "quis ostendet nobis bona?" et dicamus, et audiant, "signatum est in nobis lumen uultus tui, domine." non enim lumen nos sumus quod illuminat omnem hominem, sed illuminamur a te ut, qui fuimus aliquando tenebrae, simus lux in te. o si uiderent internum aeternum, quod ego quia gustaueram, frendebam, quoniam non eis poteram ostendere, si afferrent ad me cor in oculis suis foris a te et dicerent, "quis ostendet nobis bona?" ibi enim ubi mihi iratus eram, intus in cubili ubi compunctus eram, ubi sacrificaueram mactans uetustatem meam et inchoata meditatione renouationis meae sperans in te, ibi mihi dulcescere coeperas et dederas laetitiam in corde meo. et exclamabam legens haec foris et agnoscens intus, nec uolebam multiplicari terrenis bonis, deuorans tempora et deuoratus temporibus, cum haberem in aeterna simplicitate aliud frumentum et uinum et oleum.

[4] **11** Et clamabam in consequenti uersu clamore alto cordis mei, "o 'in pace!' o 'in id ipsum'!" o quid dixit: "obdormiam et somnum capiam!" quoniam quis resistet nobis, cum fiet sermo qui scriptus est, "absorpta est mors in uictoriam?" et tu es id ipsum ualde, qui non mutaris, et in te requies obliuiscens laborum omnium, quoniam nullus alius tecum nec ad alia multa adipiscenda quae non sunt quod tu, sed tu, domine, singulariter in spe constituisti me. legebam et ardebam, nec inueniebam quid facerem surdis mortuis ex quibus fueram, pestis, latrator amarus et caecus aduersus litteras de melle caeli melleas et de lumine tuo luminosas, et super inimicis scripturae huius tabescebam.

[4] **12** Quando recordabor omnia dierum illorum feriatorum? sed nec oblitus sum nec silebo flagelli tui asperitatem et misericordiae tuae mirabilem celeritatem. dolore dentium tunc excruciabas me, et cum in tantum ingrauesceret ut non ualerem loqui, ascendit in cor meum admonere omnes meos qui aderant ut deprecarentur te pro me, deum salutis omnimodae. et scripsi hoc in cera et dedi ut eis legeretur. mox ut genua supplici affectu fiximus, fugit dolor ille. sed quis dolor! aut quomodo fugit! expaui, fateor, domine meus deus meus. nihil enim tale ab ineunte aetate expertus fueram, et insinuati sunt mihi in profundo nutus tui. et gaudens in fide laudaui nomen tuum, et ea fides me securum esse non sinebat de praeteritis peccatis meis, quae mihi per baptismum tuum remissa nondum erant.

[5] **13** Renuntiaui peractis uindemialibus ut scholasticis suis Mediolanenses uenditorem uerborum alium prouiderent, quod et tibi ego seruire delegissem et illi professioni prae difficultate spirandi ac dolore pectoris non sufficerem. et insinuaui per litteras antistiti tuo, uiro sancto Ambrosio, pristinos errores meos et praesens uotum meum, ut moneret quid mihi potissimum de libris tuis legendum esset, quo percipiendae tantae gratiae paratior aptiorque fierem. at ille iussit Esaiam prophetam, credo, quod prae ceteris euangelii uocationisque gentium sit

praenuntiator apertior. uerum tamen ego primam huius lectionem non intellegens totumque talem arbitrans distuli repetendum exercitatior in dominico eloquio.

[6] **14** Inde ubi tempus aduenit quo me nomen dare oporteret, relicto rure Mediolanium remeauimus. placuit et Alypio renasci in te mecum iam induto humilitate sacramentis tuis congrua et fortissimo domitori corporis, usque ad Italicum solum glaciale nudo pede obterendum insolito ausu. adiunximus etiam nobis puerum Adeodatum ex me natum carnaliter de peccato meo. tu bene feceras eum. annorum erat ferme quindecim et ingenio praeueniebat multos graues et doctos uiros. munera tua tibi confiteor, domine deus meus, creator omnium et multum potens formare nostra deformia; nam ego in illo puero praeter delictum non habebam. quod enim et nutriebatur a nobis in disciplina tua, tu inspiraueras nobis, nullus alius. munera tua tibi confiteor. est liber noster qui inscribitur "de magistro": ipse ibi mecum loquitur. tu scis illius esse sensa omnia quae inseruntur ibi ex persona collocutoris mei, cum esset in annis sedecim. multa eius alias mirabiliora expertus sum: horrori mihi erat illud ingenium. et quis praeter te talium miraculorum opifex? cito de terra abstulisti uitam eius, et securior eum recordor non timens quicquam pueritiae nec adulescentiae nec omnino homini illi. sociauimus eum coaeuum nobis in gratia tua, educandum in disciplina tua. et baptizati sumus et fugit a nobis sollicitudo uitae praeteritae. nec satiabar illis diebus dulcedine mirabili considerare altitudinem consilii tui super salutem generis humani. quantum fleui in hymnis et canticis tuis, suaue sonantis ecclesiae tuae uocibus commotus acriter! uoces illae influebant auribus meis, et eliquabatur ueritas in cor meum, et exaestuabat inde affectus pietatis, et currebant lacrimae, et bene mihi erat cum eis.

[7] **15** Non longe coeperat Mediolanensis ecclesia genus hoc consolationis et exhortationis celebrare magno studio fratrum concinentium uocibus et cordibus. nimirum annus erat aut non multo amplius, cum Iustina, Valentiniani regis pueri mater, hominem tuum Ambrosium persequeretur haeresis suae causa, qua fuerat seducta ab arrianis. excubabat pia plebs in ecclesia, mori parata cum episcopo suo, seruo tuo. ibi mea mater, ancilla tua, sollicitudinis et uigiliarum primas tenens, orationibus uiuebat. nos adhuc frigidi a calore spiritus tui excitabamur tamen ciuitate attonita atque turbata. tunc hymni et psalmi ut canerentur secundum morem orientalium partium, ne populus maeroris taedio contabesceret, institutum est, et ex illo in hodiernum retentum, multis iam ac paene omnibus gregibus tuis et per cetera orbis imitantibus.

[7] **16** Tunc memorato antistiti tuo per uisum aperuisti quo loco laterent martyrum corpora Protasii et Geruasii, quae per tot annos incorrupta in thesauro secreti tui reconderas, unde opportune promeres ad cohercendam rabiem femineam sed regiam. cum enim propalata et effossa

digno cum honore transferrentur ad ambrosianam basilicam, non solum quos immundi uexabant spiritus confessis eisdem daemonibus sanabantur, uerum etiam quidam plures annos caecus ciuis ciuitatique notissimus, cum populi tumultuante laetitia causam quaesisset atque audisset, exiliuit eoque se ut duceret suum ducem rogauit, quo perductus impetrauit admitti ut sudario tangeret feretrum pretiosae in conspectu tuo mortis sanctorum tuorum; quod ubi fecit atque admouit oculis, confestim aperti sunt. inde fama discurrens, inde laudes tuae feruentes, lucentes, inde illius inimicae animus etsi ad credendi sanitatem non applicatus, a persequendi tamen furore compressus est. gratias tibi, deus meus! unde et quo duxisti recordationem meam, ut haec etiam confiterer tibi, quae magna oblitus praeterieram? et tamen tunc, cum ita fragraret odor unguentorum tuorum, non currebamus post te. ideo plus flebam inter cantica hymnorum tuorum, olim suspirans tibi et tandem respirans, quantum patet aura in domo faenea.

[8] **17** Qui habitare facis unanimes in domo, consociasti nobis et Euodium iuuenem ex nostro municipio. qui cum agens in rebus militaret, prior nobis ad te conuersus est et baptizatus et relicta militia saeculari accinctus in tua. simul eramus, simul habitaturi placito sancto. quaerebamus quisnam locus nos utilius haberet seruientes tibi; pariter remeabamus in Africam.

Et cum apud Ostia Tiberina essemus, mater defuncta est. multa praetereo, quia multum festino: accipe confessiones meas et gratiarum actiones, deus meus, de rebus innumerabilibus etiam in silentio. sed non praeteribo quidquid mihi anima parturit de illa famula tua, quae me parturiuit et carne, ut in hanc temporalem, et corde, ut in aeternam lucem nascerer. non eius sed tua dicam dona in eam, neque enim se ipsa fecerat aut educauerat se ipsam. tu creasti eam (nec pater nec mater sciebat qualis ex eis fieret) et erudiuit eam in timore tuo uirga Christi tui, regimen unici tui, in domo fideli, bono membro ecclesiae tuae. nec tantam erga suam disciplinam diligentiam matris praedicabat quantam famulae cuiusdam decrepitae, quae patrem eius infantem portauerat, sicut dorso grandiuscularum puellarum paruuli portari solent. cuius rei gratia et propter senectam ac mores optimos in domo christiana satis a dominis honorabatur. unde etiam curam dominicarum filiarum commissam diligenter gerebat et erat in eis cohercendis, cum opus esset, sancta seueritate uehemens atque in docendis sobria prudentia. nam eas, praeter illas horas quibus ad mensam parentum moderatissime alebantur, etiamsi exardescerent siti, nec aquam bibere sinebat, praecauens consuetudinem malam et addens uerbum sanum: "modo aquam bibitis, quia in potestate uinum non habetis; cum autem ad maritos ueneritis factae dominae apothecarum et cellariorum, aqua sordebit, sed mos potandi praeualebit." hac ratione praecipiendi et auctoritate imperandi frenabat auiditatem tenerioris aetatis et ipsam puellarum sitim formabat ad honestum modum, ut iam nec liberet quod non deceret.

[8] **18** Et subrepserat tamen, sicut mihi filio famula tua narrabat, subrepserat ei uinulentia. nam cum de more tamquam puella sobria iuberetur a parentibus de cupa uinum depromere, summisso poculo qua desuper patet, priusquam in lagunculam funderet merum, primoribus labris sorbebat exiguum, quia non poterat amplius sensu recusante. non enim ulla temulenta cupidine faciebat hoc, sed quibusdam superfluentibus aetatis excessibus, qui ludicris motibus ebulliunt et in puerilibus animis maiorum pondere premi solent. itaque ad illud modicum cotidiana modica addendo (quoniam qui modica spernit, paulatim decidit) in eam consuetudinem lapsa erat ut prope iam plenos mero caliculos inhianter hauriret. ubi tunc sagax anus et uehemens illa prohibitio? numquid ualebat aliquid aduersus latentem morbum, nisi tua medicina, domine, uigilaret super nos? absente patre et matre et nutritoribus tu praesens, qui creasti, qui uocas, qui etiam per praepositos homines boni aliquid agis ad animarum salutem. quid tunc egisti, deus meus? unde curasti? unde sanasti? nonne protulisti durum et acutum ex altera anima conuicium tamquam medicinale ferrum ex occultis prouisionibus tuis et uno ictu putredinem illam praecidisti? ancilla enim, cum qua solebat accedere ad cupam, litigans cum domina minore, ut fit, sola cum sola, obiecit hoc crimen amarissima insultatione uocans "meribibulam." quo illa stimulo percussa respexit foeditatem suam confestimque damnauit atque exuit. sicut amici adulantes peruertunt, sic inimici litigantes plerumque corrigunt. nec tu quod per eos agis, sed quod ipsi uoluerunt, retribuis eis. illa enim irata exagitare appetiuit minorem dominam, non sanare, et ideo clanculo, aut quia ita eas inuenerat locus et tempus litis, aut ne forte et ipsa periclitaretur, quod tam sero prodidisset. at tu, domine, rector caelitum et terrenorum, ad usus tuos contorquens profunda torrentis, fluxum saeculorum ordinate turbulentum, etiam de alterius animae insania sanasti alteram, ne quisquam cum hoc aduertit, potentiae suae tribuat, si uerbo eius alius corrigatur quem uult corrigi.

[9] **19** Educata itaque pudice ac sobrie potiusque a te subdita parentibus quam a parentibus tibi, ubi plenis annis nubilis facta est, tradita uiro seruiuit ueluti domino et sategit eum lucrari tibi, loquens te illi moribus suis, quibus eam pulchram faciebas et reuerenter amabilem atque mirabilem uiro. ita autem tolerauit cubilis iniurias ut nullam de hac re cum marito haberet umquam simultatem. expectabat enim misericordiam tuam super eum, ut in te credens castificaretur. erat uero ille praeterea sicut beniuolentia praecipuus, ita ira feruidus. sed nouerat haec non resistere irato uiro, non tantum facto sed ne uerbo quidem. iam uero refractum et quietum cum opportunum uiderat, rationem facti sui reddebat, si forte ille inconsideratius commotus fuerat. denique cum matronae

multae, quarum uiri mansuetiores erant, plagarum uestigia etiam dehonestata facie gererent, inter amica colloquia illae arguebant maritorum uitam, haec earum linguam, ueluti per iocum grauiter admonens, ex quo illas tabulas quae matrimoniales uocantur recitari audissent, tamquam instrumenta quibus ancillae factae essent deputare debuisse; proinde memores condicionis superbire aduersus dominos non oportere. cumque mirarentur illae, scientes quam ferocem coniugem sustineret, numquam fuisse auditum aut aliquo indicio claruisse quod Patricius ceciderit uxorem aut quod a se inuicem uel unum diem domestica lite dissenserint, et causam familiariter quaererent, docebat illa institutum suum, quod supra memoraui. quae obseruabant, expertae gratulabantur; quae non obseruabant, subiectae uexabantur.

[9] **20** Socrum etiam suam primo susurris malarum ancillarum aduersus se irritatam sic uicit obsequiis, perseuerans tolerantia et mansuetudine, ut illa ultro filio suo medias linguas famularum proderet, quibus inter se et nurum pax domestica turbabatur, expeteretque uindictam. itaque posteaquam ille et matri obtemperans et curans familiae disciplinam et concordiae suorum consulens proditas ad prodentis arbitrium uerberibus cohercuit, promisit illa talia de se praemia sperare debere, quaecumque de sua nuru sibi, quo placeret, mali aliquid loqueretur, nullaque iam audente memorabili inter se beniuolentiae suauitate uixerunt.

[9] **21** Hoc quoque illi bono mancipio tuo, in cuius utero me creasti, deus meus, misericordia mea, munus grande donaueras, quod inter dissidentes atque discordes quaslibet animas, ubi poterat, tam se praebebat pacificam ut cum ab utraque multa de inuicem audiret amarissima, qualia solet eructare turgens atque indigesta discordia, quando praesenti amicae de absente inimica per acida colloquia cruditas exhalatur odiorum, nihil tamen alteri de altera proderet nisi quod ad eas reconciliandas ualeret. paruum hoc bonum mihi uideretur, nisi turbas innumerabiles tristis experirer (nescio qua horrenda pestilentia peccatorum latissime peruagante) non solum iratorum inimicorum iratis inimicis dicta prodere, sed etiam quae non dicta sunt addere, cum contra homini humano parum esse debeat inimicitias hominum nec excitare nec augere male loquendo, nisi eas etiam extinguere bene loquendo studuerit: qualis illa erat docente te magistro intimo in schola pectoris.

[9] **22** Denique etiam uirum suum iam in extrema uita temporali eius lucrata est tibi, nec in eo iam fideli planxit quod in nondum fideli tolerauerat.

Erat etiam serua seruorum tuorum. quisquis eorum nouerat eam, multum in ea laudabat et honorabat et diligebat te, quia sentiebat praesentiam tuam in corde eius sanctae conuersationis fructibus testibus. fuerat enim unius uiri uxor, mutuam uicem parentibus reddiderat, domum suam pie tractauerat, in operibus bonis testimonium habebat. nutrierat filios, totiens eos parturiens quotiens abs te deuiare cernebat. postremo nobis, domine, omnibus, quia ex munere tuo sinis loqui, seruis tuis, qui ante dormitionem eius in te iam consociati uiuebamus percepta gratia baptismi tui, ita curam gessit quasi omnes genuisset, ita seruiuit quasi ab omnibus genita fuisset.

[10] **23** Impendente autem die quo ex hac uita erat exitura (quem diem tu noueras ignorantibus nobis), prouenerat, ut credo, procurante te occultis tuis modis, ut ego et ipsa soli staremus, incumbentes ad quandam fenestram unde hortus intra domum quae nos habebat prospectabatur, illic apud Ostia Tiberina, ubi remoti a turbis post longi itineris laborem instaurabamus nos nauigationi. colloquebamur ergo soli ualde dulciter et, praeterita obliuiscentes in ea quae ante sunt extenti, quaerebamus inter nos apud praesentem ueritatem, quod tu es, qualis futura esset uita aeterna sanctorum, quam nec oculus uidit nec auris audiuit nec in cor hominis ascendit. sed inhiabamus ore cordis in superna fluenta fontis tui, fontis uitae, qui est apud te, ut inde pro captu nostro aspersi quoquo modo rem tantam cogitaremus.

[10] **24** Cumque ad eum finem sermo perduceretur, ut carnalium sensuum delectatio quantalibet, in quantalibet luce corporea, prae illius uitae iucunditate non comparatione sed ne commemoratione quidem digna uideretur, erigentes nos ardentiore affectu in id ipsum, perambulauimus gradatim cuncta corporalia et ipsum caelum, unde sol et luna et stellae lucent super terram. et adhuc ascendebamus interius cogitando et loquendo et mirando opera tua, et uenimus in mentes nostras et transcendimus eas, ut attingeremus regionem ubertatis indeficientis, ubi pascis Israhel in aeternum ueritate pabulo, et ibi uita sapientia est, per quam fiunt omnia ista, et quae fuerunt et quae futura sunt, et ipsa non fit, sed sic est ut fuit, et sic erit semper. quin potius fuisse et futurum esse non est in ea, sed esse solum, quoniam aeterna est: nam fuisse et futurum esse non est aeternum. et dum loquimur et inhiamus illi, attingimus eam modice toto ictu cordis. et suspirauimus et reliquimus ibi religatas primitias spiritus et remeauimus ad strepitum oris nostri, ubi uerbum et incipitur et finitur. et quid simile uerbo tuo, domino nostro, in se permanenti sine uetustate atque innouanti omnia?

[10] **25** Dicebamus ergo, "si cui sileat tumultus carnis, sileant phantasiae terrae et aquarum et aeris, sileant et poli, et ipsa sibi anima sileat et transeat se non se cogitando, sileant somnia et imaginariae reuelationes, omnis lingua et omne signum, et quidquid transeundo fit si cui sileat omnino (quoniam si quis audiat, dicunt haec omnia, 'non ipsa nos fecimus, sed fecit nos qui manet in aeternum'), his dictis si iam taceant, quoniam erexerunt aurem in eum qui fecit ea, et loquatur ipse solus non per ea sed per se ipsum, ut audiamus uerbum eius, non per linguam carnis neque per uocem angeli nec per sonitum nubis nec per aenigma

similitudinis, sed ipsum quem in his amamus, ipsum sine his audiamus (sicut nunc extendimus nos et rapida cogitatione attingimus aeternam sapientiam super omnia manentem), si continuetur hoc et subtrahantur aliae uisiones longe imparis generis et haec una rapiat et absorbeat et recondat in interiora gaudia spectatorem suum, ut talis sit sempiterna uita quale fuit hoc momentum intellegentiae cui suspirauimus, nonne hoc est: 'intra in gaudium domini tui'? et istud quando? an cum omnes resurgemus, sed non omnes immutabimur?"

[10] **26** Dicebam talia, etsi non isto modo et his uerbis, tamen, domine, tu scis, quod illo die, cum talia loqueremur et mundus iste nobis inter uerba uilesceret cum omnibus delectationibus suis, tunc ait illa, "fili, quantum ad me attinet, nulla re iam delector in hac uita. quid hic faciam adhuc et cur hic sim, nescio, iam consumpta spe huius saeculi. unum erat propter quod in hac uita aliquantum immorari cupiebam, ut te christianum catholicum uiderem priusquam morerer. cumulatius hoc mihi deus meus praestitit, ut te etiam contempta felicitate terrena seruum eius uideam. quid hic facio?"

[11] **27** Ad haec ei quid responderim non satis recolo, cum interea uix intra quinque dies aut non multo amplius decubuit febribus. et cum aegrotaret, quodam die defectum animae passa est et paululum subtracta a praesentibus. nos concurrimus, sed cito reddita est sensui et aspexit astantes me et fratrem meum, et ait nobis quasi quaerenti similis, "ubi eram?" deinde nos intuens maerore attonitos "ponitis hic" inquit "matrem uestram." ego silebam et fletum frenabam, frater autem meus quiddam locutus est, quo eam non in peregre, sed in patria defungi tamquam felicius optaret. quo audito illa uultu anxio reuerberans eum oculis, quod talia saperet, atque inde me intuens: "uide" ait "quid dicit." et mox ambobus: "ponite" inquit "hoc corpus ubicumque. nihil uos eius cura conturbet. tantum illud uos rogo, ut ad domini altare memineritis mei, ubiubi fueritis." cumque hanc sententiam uerbis quibus poterat explicasset, conticuit et ingrauescente morbo exercebatur.

[11] **28** Ego uero cogitans dona tua, deus inuisibilis, quae immittis in corda fidelium tuorum, et proueniunt inde fruges admirabiles, gaudebam et gratias tibi agebam recolens, quod noueram quanta cura semper aestuasset de sepulchro quod sibi prouiderat et praeparauerat iuxta corpus uiri sui. quia enim ualde concorditer uixerant, id etiam uolebat, ut est animus humanus minus capax diuinorum, adiungi ad illam felicitatem et commemorari ab hominibus, concessum sibi esse post transmarinam peregrinationem ut coniuncta terra amborum coniugum terra tegeretur. quando autem ista inanitas plenitudine bonitatis tuae coeperat in eius corde non esse, nesciebam et laetabar, admirans quod sic mihi apparuisset (quamquam et in illo sermone nostro ad fenestram, cum dixit, "iam quid hic facio?," non apparuit desiderare in patria mori). audiui etiam postea

quod iam cum Ostiis essemus cum quibusdam amicis meis materna fiducia colloquebatur quodam die de contemptu uitae huius et bono mortis, ubi ipse non aderam, illisque stupentibus uirtutem feminae (quoniam tu dederas ei) quaerentibusque utrum non formidaret tam longe a sua ciuitate corpus relinquere, "nihil" inquit "longe est deo, neque timendum est, ne ille non agnoscat in fine saeculi unde me resuscitet." ergo die nono aegritudinis suae, quinquagesimo et sexto anno aetatis suae, tricesimo et tertio aetatis meae, anima illa religiosa et pia corpore soluta est.

[12] **29** Premebam oculos eius, et confluebat in praecordia mea maestitudo ingens et transfluebat in lacrimas, ibidemque oculi mei uiolento animi imperio resorbebant fontem suum usque ad siccitatem, et in tali luctamine ualde male mihi erat. tum uero ubi efflauit extremum, puer Adeodatus exclamauit in planctu atque ab omnibus nobis cohercitus tacuit. hoc modo etiam meum quiddam puerile, quod labebatur in fletus, iuuenali uoce cordis cohercebatur et tacebat. neque enim decere arbitrabamur funus illud questibus lacrimosis gemitibusque celebrare, quia his plerumque solet deplorari quaedam miseria morientium aut quasi omnimoda extinctio. at illa nec misere moriebatur nec omnino moriebatur. hoc et documentis morum eius et fide non ficta rationibusque certis tenebamus.

[12] **30** Quid erat ergo quod intus mihi grauiter dolebat, nisi ex consuetudine simul uiuendi, dulcissima et carissima, repente dirupta uulnus recens? gratulabar quidem testimonio eius, quod in ea ipsa ultima aegritudine obsequiis meis interblandiens appellabat me pium et commemorabat grandi dilectionis affectu numquam se audisse ex ore meo iaculatum in se durum aut contumeliosum sonum. sed tamen quid tale, deus meus, qui fecisti nos, quid comparabile habebat honor a me delatus illi et seruitus ab illa mihi? quoniam itaque deserebar tam magno eius solacio, sauciabatur anima et quasi dilaniabatur uita, quae una facta erat ex mea et illius.

[12] **31** Cohibito ergo a fletu illo puero, psalterium arripuit Euodius et cantare coepit psalmum. cui respondebamus omnis domus: "misericordiam et iudicium cantabo tibi, domine." audito autem quid ageretur, conuenerunt multi fratres ac religiosae feminae et, de more illis quorum officium erat funus curantibus, ego in parte ubi decenter poteram, cum eis qui me non deserendum esse censebant, quod erat tempori congruum disputabam eoque fomento ueritatis mitigabam cruciatum tibi notum, illis ignorantibus et intente audientibus et sine sensu doloris me esse arbitrantibus. at ego in auribus tuis, ubi eorum nullus audiebat, increpabam mollitiam affectus mei et constringebam fluxum maeroris, cedebatque mihi paululum. rursusque impetu suo ferebatur non usque ad eruptionem lacrimarum nec usque ad uultus mutationem, sed ego sciebam quid corde premerem. et quia mihi uehementer displicebat tantum in me posse haec humana, quae ordine debito et sorte conditionis nostrae accidere necesse est, alio dolore dolebam dolorem et duplici tristitia macerabar.

[12] **32** Cum ecce corpus elatum est, imus, redimus sine lacrimis. nam neque in eis precibus quas tibi fudimus, cum offerretur pro ea sacrificium pretii nostri iam iuxta sepulchrum, posito cadauere priusquam deponeretur, sicut illic fieri solet—nec in eis ergo precibus fleui, sed toto die grauiter in occulto maestus eram et mente turbata rogabam te, ut poteram, quo sanares dolorem meum, nec faciebas, credo commendans memoriae meae uel hoc uno documento omnis consuetudinis uinculum etiam aduersus mentem quae iam non fallaci uerbo pascitur. uisum etiam mihi est ut irem lauatum, quod audieram inde balneis nomen inditum quia graeci balanion dixerint, quod anxietatem pellat ex animo. ecce et hoc confiteor misericordiae tuae, pater orphanorum, quoniam laui et talis eram qualis priusquam lauissem, neque enim exudauit de corde meo maeroris amaritudo. deinde dormiui et euigilaui, et non parua ex parte mitigatum inueni dolorem meum atque, ut eram in lecto meo solus, recordatus sum ueridicos uersus Ambrosii tui. tu es enim,

> deus, creator omnium
> polique rector uestiens
> diem decoro lumine,
> noctem sopora gratia,
>
> artus solutos ut quies
> reddat laboris usui
> mentesque fessas alleuet
> luctuque soluat anxios.

[12] **33** Atque inde paulatim reducebam in pristinum sensum ancillam tuam conuersationemque eius piam in te et sancte in nos blandam atque morigeram, qua subito destitutus sum, et libuit flere in conspectu tuo de illa et pro illa, de me et pro me. et dimisi lacrimas quas continebam, ut effluerent quantum uellent, substernens eas cordi meo. et requieuit in eis, quoniam ibi erant aures tuae, non cuiusquam hominis superbe interpretantis ploratum meum.

Et nunc, domine, confiteor tibi in litteris: legat qui uolet, et interpretetur ut uolet, et si peccatum inuenerit fleuisse me matrem exigua parte horae, matrem oculis meis interim mortuam quae me multos annos fleuerat ut oculis tuis uiuerem, non irrideat sed potius, si est grandi caritate, pro peccatis meis fleat ipse ad te, patrem omnium fratrum Christi tui.

[13] **34** Ego autem, iam sanato corde ab illo uulnere in quo poterat redargui carnalis affectus, fundo tibi, deus noster, pro illa famula tua longe aliud lacrimarum genus, quod manat de concusso spiritu consideratione periculorum omnis animae quae in Adam moritur. quamquam illa in Christo uiuificata etiam nondum a carne resoluta sic uixerit, ut laudetur nomen tuum in fide moribusque eius, non tamen audeo dicere, ex quo eam per baptismum regenerasti, nullum uerbum exisse ab ore eius contra

praeceptum tuum. et dictum est a ueritate filio tuo, "si quis dixerit fratri suo, 'fatue,' reus erit gehennae ignis"; et uae etiam laudabili uitae hominum, si remota misericordia discutias eam! quia uero non exquiris delicta uehementer, fiducialiter speramus aliquem apud te locum. quisquis autem tibi enumerat uera merita sua, quid tibi enumerat nisi munera tua? o si cognoscant se homines homines, et qui gloriatur, in domino glorietur!

[13] **35** Ego itaque, laus mea et uita mea, deus cordis mei, sepositis paulisper bonis eius actibus, pro quibus tibi gaudens gratias ago, nunc pro peccatis matris meae deprecor te. exaudi me per medicinam uulnerum nostrorum, quae pependit in ligno et sedens ad dexteram tuam te interpellat pro nobis. scio misericorditer operatam et ex corde dimisisse debita debitoribus suis. dimitte illi et tu debita sua, si qua etiam contraxit per tot annos post aquam salutis. dimitte, domine, dimitte, obsecro, ne intres cum ea in iudicium. superexultet misericordia iudicio, quoniam eloquia tua uera sunt et promisisti misericordiam misericordibus. quod ut essent tu dedisti eis, qui misereberis cui misertus eris, et misericordiam praestabis cui misericors fueris.

[13] **36** Et credo, iam feceris quod te rogo, sed uoluntaria oris mei approba, domine. namque illa imminente die resolutionis suae non cogitauit suum corpus sumptuose contegi aut condiri aromatis aut monumentum electum concupiuit aut curauit sepulchrum patrium. non ista mandauit nobis, sed tantummodo memoriam sui ad altare tuum fieri desiderauit, cui nullius diei praetermissione seruierat, unde sciret dispensari uictimam sanctam qua deletum est chirographum quod erat contrarium nobis, qua triumphatus est hostis computans delicta nostra et quaerens quid obiciat, et nihil inueniens in illo, in quo uincimus. quis ei refundet innocentem sanguinem? quis ei restituet pretium quo nos emit, ut nos auferat ei? ad cuius pretii nostri sacramentum ligauit ancilla tua animam suam uinculo fidei. nemo a protectione tua dirumpat eam; non se interponat nec ui nec insidiis leo et draco. neque enim respondebit illa nihil se debere, ne conuincatur et obtineatur ab accusatore callido, sed respondebit dimissa debita sua ab eo cui nemo reddet, quod pro nobis non debens reddidit.

[13] **37** Sit ergo in pace cum uiro, ante quem nulli et post quem nulli nupta est, cui seruiuit fructum tibi afferens cum tolerantia, ut eum quoque lucraretur tibi. et inspira, domine meus, deus meus, inspira seruis tuis, fratribus meis, filiis tuis, dominis meis, quibus et corde et uoce et litteris seruio, ut quotquot haec legerint, meminerint ad altare tuum Monnicae, famulae tuae, cum Patricio, quondam eius coniuge, per quorum carnem introduxisti me in hanc uitam, quemadmodum nescio. meminerint cum affectu pio parentum meorum in hac luce transitoria, et fratrum meorum sub te patre in matre catholica, et ciuium meorum in aeterna Hierusalem, cui suspirat peregrinatio populi tui ab exitu usque ad reditum, ut quod a me illa poposcit extremum uberius ei praestetur in multorum orationibus per confessiones quam per orationes meas.

COMMENTARY

BOOK V

Chronology: in ¶3, A. announces that book 5 contains the narrative of his 29th year, which ran from 13 November, 382 to 12 November, 383. When within that period the encounter with Faustus related in ¶¶10–13 took place cannot be determined, but it is likely that A.'s departure from Carthage (¶15) occurred at or near the end of the school year, in the summer of 383. The narrative continues through most of the following year as well, during which A. taught rhetoric privately in Rome and then gained an official position as rhetorician in Milan. The end of the book coincides with his move to Milan, which he indicates (¶23) took place during Symmachus' term as Urban Prefect in Rome, in the latter part of the year 384, when A. had just turned or was about to turn 30.

5.1.1 The book opens with a formal prayer of petition, for the first time since book 1. As in 1.1.1–2, A. draws heavily on images and echoes of Scripture, especially the additive style (*et ... et ... et*) that he considered one of the hallmarks of the psalms (declaring at *Expositions of the psalms* 4.4 that "the style of this locution is at home in the language in which the prophets spoke"). The focus of this prayer is different, however. In book 1, A. had puzzled over the problem of elementary contact between God and any human being. This prayer touches on issues that preoccupy him in the present phase of his life. ¶¶1–2 are set off as prolog not only by the contrast between the language of prayer and the resumption of narrative in ¶3, but also by the temporal shift out of the story of the 28-year-old A. to the standpoint at which it is being narrated more than a decade and a half later. The appearance of a prolog passage signals an important transition in the story. A.'s education and early career at home in north Africa, described in books 1–4, are now all but over. Books 5–9 will describe his pursuit of a career abroad, and how it ended.

sacrificium confessionum mearum: at 4.2.3, A. had recoiled when a soothsayer offered him aid involving animal sacrifice, which was as abhorrent to his Manichean as later to his Christian beliefs. The sacrifice he offers now is conceived in Judeo-Christian terms (e.g. Psalms 50: 18–19, 115: 16) as the spiritual offering of a contrite heart. It is implicitly contrasted with the "sacrifice" that he failed to offer at the end of book 4 for the gifts of learning and intelligence (4.16.30 *non inde sacrificabam tibi*); for the motif, see Knauer 1955: 150–2. The noun *confessiones* occurs for the first time here (since the title) in A's text, where it never has the familiar classical sense of admitting to guilt in a forensic context. Like the corresponding verb, it denotes a form of discourse addressed to God, but in addition to acknowledging sinful behavior, it is also used in biblical senses to mean declaring one's faith in God and offering praise and thanksgiving to God (see *TLL confiteor* 230.32 and 84 and O'Donnell II 3–5). In A.'s text, the plural *confessiones* is both a book title and the extended prayer to God which the book records (cf. ¶20 *spiritales tui ... ridebunt me, si has confessiones meas legerint*). **de manu linguae meae**: A. borrows a phrase from Proverbs 18: 21 that emphasizes the equivalence of speech and deeds, and applies it to his narrative project, as later at 11.11.13 *manus oris mei*. **formasti** = *formauisti*. Through the slurring known as "syncopation," *-u-* in the perfect stem (especially of first-conjugation verbs) is often dropped and the adjacent vowels merged (G–L §131). The training of the tongue from infancy through the school of rhetoric was a leading theme of books 1–3. **excitasti**: also syncopated. As on its initial occurrence in 1.1.1, the word expresses A.'s conviction that grace prompts every human approach to God (see *ODCC* "grace" and *A-L* "Gratia" III 182–242, and for the use of *excitare* in A., Kursawe 1989); *excitasti* is answered by *exsurgat* at the end of the ¶. **ut confiteatur nomini tuo**: adapted from Psalm 53: 8. *nomini tuo* for *tibi* is a Hebraic idiom that passed into the Greek and then the Latin Bible: "the name appears nearly as the representative of the Godhead, as a tangible manifestation of His nature," BDAG ὄνομα 1 d β. **sana omnia ossa mea**: on A.'s understanding, the *ossa* in this adaptation of Psalm 6: 3 stand for the strength to which he aspires at the end of the ¶ (according to *Expositions of the psalms* 6.3, *ossa mea* signifies "the firmness or fortitude of my soul"). **dicant, "domine, quis similis tibi"**: adapted from Psalm 34: 10; cf. Exodus 15: 11. *dicant* is jussive subjunctive (with *lingua* and *ossa* understood as subject), like *laudet* and *confiteatur* below. The scriptural question serves as a comment on A.'s continuing inability to conceive of God in other than material form. **enim** explains why confessions can constitute an offering: anyone who relates God's mercies is not disclosing information that God lacks, but can only be bestowing praise (so below, *confiteatur ... ut laudet te*). **qui tibi confitetur**: identifies the subject of *docet*. **oculum tuum non excludit cor clausum nec manum tuam repellit duritia hominum**: parallel clauses created in the manner of Hebrew poetry (e.g. Isaiah 40: 6–7 RSV "All flesh is grass, and all its beauty is like the flower of the field. The grass withers, the flower fades"). *duritia* evokes the scriptural tag "hardness of heart" (*TLL* 2291.39–42), given that *cor* precedes and that *duritia* is a hapax in *Confessions*. *hominum*: here and in the next ¶, the generalizations from A. himself to the rest of humanity invite readers to recognize him as an Everyman. **soluis** "melt" (*OLD* 13 b), anticipating the following image *nec est qui se abscondat a calore tuo* from Psalm 18: 7. **uoles**: the future tense often alternates with the present in statements expressing general truths (*OLS* 425).   **aut miserans aut uindicans**: A. consistently divides God's dealings with errant humanity into acts of mercy or chastisement, separately or in combination; both express divine solicitude (so 4.4.7 *deus ultionum et fons misericordiarum simul, qui conuertis nos ad te*).   **non est qui**: this expression, parallel in sense to *nemo est qui*, is comparatively rare in classical Latin, but typical of biblical Latin, e.g. Tobit 13: 2 *non est qui effugiat manum tuam*.   **laudet ... ut amet te, et confiteatur ... ut laudet te**: this kind of conceptual concatenation, a favorite figure (= *climax* or *gradatio*, Lausberg 1998: §§623–4) in the *Confessions*, is borrowed from Paul, as A. indicates on its first appearance in 1.1.1 and in his discussion of it at *On Christian teaching* 4.7.11; for a brief sketch of its use in A., see Dutoit 1961.   **miserationes** "acts of compassion"; the plural of abstract nouns usually refers to concrete applications of the abstract idea (A–G §100 c). The word is classical, but almost exclusively biblical as a plural; see Burton 2007: 116–24 for A.'s exploitation of such plurals.   **non cessat nec tacet laudes tuas uniuersa tua creatura** "All your creation is not inert, nor does it mute its praise of you." *cessare* here and often does not mean to cease doing something, but not to get started (*OLD* 4); A. may have in mind Paul's phrase *linguae cessabunt* at 1 Corinthians 13: 6. *tacet* is used transitively (*OLD* 4). In the singular, *creatura*, which first enters Latin through the Latin Bible (*TLL*), usually refers to the totality of the created world rather than to a particular thing ("a creature"). *uniuersa creatura* is then subdivided into three terms in apposition: humans with mind or reason (*spiritus omnis* here—rather than *homo omnis*—alludes to Psalm 150: 6 *omnis spiritus laudet dominum*), other animate creatures (*animalia*), and physical things (*corporalia*). Humans praise God directly because unlike four-footed animals they have their faces raised toward heaven and they have the capacity of speech (*os* implies both looking and speaking, as at 9.2.3 *iactantiae simile uidebatur ... de publica professione atque ante oculos omnium sita ... discedere, ut conuersa in factum meum ora cunctorum ... multa dicerent*). Non-rational creatures give praise indirectly, through the utterance of humans who contemplate them.   **os conuersum ad te**: on its first appearance in book 5, *conuerti* seems simply to describe the position of the face. But from subsequent appearances, beginning in the next ¶, it becomes clear that A. always has in mind the full figurative sense of "conversion." In an image that is consistent throughout *Confessions*, a sinner's gaze is turned away from God and inner self, and "conversion" means literally being turned around again to face both (see *A-L* "Conversio" I 1282–94 for the image and the concept in A.).   **ut exsurgat in te a lassitudine anima nostra**: creation's praise for God is made to serve a purpose for humans in the midst of it. In *Confessions*, *exsurgere* and its simplex often denote the turning back to God, with echoes of the story of the Prodigal Son (where in the Latin Bible it announces the turning point at

Luke 15: 18 and 20). But A. also has in view another sense of "rising up," by which the mind ascends from the thought of created things to that of God as uncreated spirit, an exercise that he will describe in book 7. *lassitudo* is the condition of weakness resulting from chronic misdirection of one's energies and desires.   **innitens eis quae fecisti et transiens ad te**: points ahead to A.'s own experience of reasoning from astronomical phenomena to the falsity of Manichean doctrine.   **ibi** = *in te*.   **refectio** "refreshment" (*OLD* 2), the usual meaning. But A. understands also a literal remaking for an eternal afterlife (so *reficis* at the end of the next ¶ and *recreans immortaliter* at the end of ¶4).

5.2.2 Eant et fugiant: as in English "go and do … ," commands in Latin are often expressed pleonastically, with *ire* and another verb (*OLD eo* 10). But in this context A. is also evoking Psalm 138: 7 *quo ibo ab spiritu tuo et quo a facie tua fugiam?*   **inquieti iniqui** "the wicked, [being] restive." *iniqui* constitutes the subject, reserved to last place as the topic of the new ¶; the sense "evil, wicked" is postclassical and Christian (*TLL* 1644.52). *inquieti* functions as a secondary predicate (for the predicative use of adjectives, see *NLS* §88 n.). So far in *Confessions*, A. has ascribed inquietude mainly to himself (1.1.1, 1.17.27, 1.18.30, 2.2.2, 2.3.6), and the closing sentences of this ¶ show that he has himself in view here as well.   **distinguis** "set off," as contrastive elements in a painting (*OLD* 2).   **umbras** "shadings" (*OLD* 4 b). The contrast of good and bad in terms of light and dark lends itself to a metaphor whereby evil is seen as contributing dark tones integral to the canvas of creation (hence *cum eis omnia* following, "the totality including the *umbrae/ iniqui*"); cf. *City of God* 11.23 *sicut pictura cum colore nigro loco suo posito, ita uniuersitas rerum, si quis possit intueri, etiam cum peccatoribus pulchra est.* A. could have drawn the painting metaphor from Plotinus *Enneads* 3.2.11. But see Schäfer 2002: 291–300 on the difficulty of harmonizing this image of evil with A.'s philosophical account of it as the privation of good.   **et ecce**: a scriptural trademark that A. adopts as a mannerism in *Confessions*; statistics in O'Donnell at 1.5.5.   **turpes** "ugly," aesthetically (*OLD* 2) as well as morally.   **quid nocuerunt tibi**: *tibi* by contrast with God's counterpart in the Manichean cosmos, who succumbed to an invasion of evil.   **imperium** "dominion," as in a parallel context at 12.11.11.   **nouissima** "lowliest" or "least things," as at 2.2.3.   **iustum** applies in the sense of being both morally "right" (*OLD* 1) and structurally "appropriate" (*OLD* 6), a distinction again activated in *iniusti* and *iuste* below.   **integrum** "unimpaired."   **quo … fugerunt** "where *have* they fled" (and *cum fugerent* following is "when they *flee*"). In Latin of all periods, the perfect indicative can take secondary sequence even when it has a present perfective sense (G–L §511 r. 3).   **sed fugerunt ut non uiderent te uidentem se atque excaecati in**

te offenderent, quia non deseris aliquid eorum quae fecisti: the subordinate clauses *ut non uiderent* ... *atque* ... *offenderent* belong to a class of final clauses discussed by Nisbet 1923, in which the purpose of an action lies not with the doer of it but with an imagined higher power, in this case God. As one might expect, this perspective on purpose is congenial to A., from whom Nisbet drew several examples. In later Latin, *ut non* sometimes takes the place of *ne* in purpose clauses (Arts 1927: 97, H–S 535). The literal sense of "stumbling against" often present in scriptural uses of *offendere* is elaborated by *cadentes in asperitatem tuam* immediately following: it is a paradox that in their blind flight, the *iniqui* stumble over God willy-nilly. *excaecati* is a hapax in *Confessions*; the word and the thought are borrowed from the scriptural pronouncement (John 12: 40, from Isaiah 6: 10) that God blinds the eyes and hardens the hearts of willful unbelievers. *quia non deseris* gives the reason, not for *fugerunt ut non uiderent* ... *offenderent*, which is parenthetical, but for *ubi tu non inuenis eos?* **in te offenderent iniusti et iuste uexarentur**: this part of the sentence resumes and extends the preceding *ut offenderent*. *iniusti* is predicative like *inquieti* above, not the subject; the semantic contrast *iniusti/iuste* is complemented by a grammatical contrast of adjective and adverb. **lenitati** "from your mercy," with *subtrahentes*, which regularly takes the dative (*OLD*, cf. *NLS* §61). **nesciunt quod**: the use of *quod*, *quia*, and (less often) *quoniam* clauses for indirect statements was exceptional in Republican Latin but gaining ground on the accusative + infinitive by A.'s time; it occurs 81 × in *Confessions* (H–S 576-8, Arts 1927: 103–5). **longe fiunt** "retreat, flee." The idiom *longe* + *facere/fieri* to express movement away is borrowed from the Bible (*TLL longe* 1647.74–84). **ipsi conuertantur**: in later Latin, the pronoun *ipse* is sometimes used in place of the demonstratives and of *idem* (*OLS* 1162–3, Arts 1927: 50–2). **Proicientium** "prostrating" (*OLD* 5 b). **uias suas difficiles** alludes to Wisdom 5: 7 *ambulauimus uias difficiles, uiam autem domini ignorauimus.* **facilis**: predicative. The word often characterizes the beneficent actions of deities (*OLD* 9), but A. has chosen it also for the sake of an antithesis with *difficiles.* **terges lacrimas eorum ... et consolaris eos** recapitulates the lesson that A. drew from the death of the friend in 4.5.10–4.10.15: the only solace for the sufferings of mortality lies in the promise of resurrection to eternal life. Words and thought draw on Revelation 21: 4 *absterget deus omnem lacrimam ab oculis eorum et mors ultra non erit neque luctus* (the expression "wiping away tears" in A. is always linked to this verse or its doublet 7: 17). **caro et sanguis**, in apposition with *homo*, is originally a Semitic expression, occurring first at Sirach 17: 30 but more often in the New Testament (see BDAG σάρξ 3 a). It characterizes human nature as weak, earth-bound, and mortal in contrast to God, as in the text to which A. refers most often, 1 Corinthians 15: 50 (RSV) "flesh and blood cannot inherit the kingdom of God, nor does the perishable inherit the imperishable." **a me discesseram**: because the external goods that he was pursuing were by definition outside himself. **te**: sc. *inueniebam.*

5.3.3 Proloquar: as likely to be hortatory or jussive subjunctive, "let me declare" (which occurs in the singular in *Confessions*, e.g. *confitear* at 4.1.1 and *interrogem* at 8.9.21: see *OLS* 497–8), as future indicative. The prefix *pro-* is a reminder that, although A. speaks in the first instance to God, he does so before an audience of readers (so 2.3.5 *apud te narro haec generi meo, generi humano*); for full discussion of *proloqui* in A., see O'Donnell on 1.5.6. **in conspectu dei mei**: A. borrows a formula that is biblical and especially psalmic (18: 15, 67: 4, 115: 15) to re-establish the framework of a "confession" before God. **annum illum undetricensimum aetatis meae**: from 13 November 382 to 12 November 383. **iam uenerat Carthaginem ... episcopus Faustus**: *iam* + pluperfect points to an ellipse in narrative time since the end of book 4 (cf. 6.1.1 *iam uenerat ad me mater*, 7.6.8 *iam etiam ... reieceram*, 7.7.11 *iam .... solueras*). Faustus was one of 72 Bishops in the third tier of the Manichean hierarchy, below the Head and the 12 Apostles (see Lieu 1992: 27 and Decret 1978: 204–5). But A. has chosen his phrasing here partly for the sake of the narrative counterpoint toward the close of the book, ¶23 *et ueni Mediolanium ad Ambrosium episcopum.* Faustus was a compatriot of A. from Milev in western Numidia (now Mila in Algeria), but his origins were pagan and poorer. By the time A. encountered him, he had converted to Manicheism, becoming one of its most effective missionaries. Their next encounter was literary. Faustus published a Manichean critique of the Old Testament, to which A. responded in a massive treatise written shortly after *Confessions* (for Faustus' career, see *PCBE Afrique* "Faustus 2" 390–7 and *A–L* "Faustus Manichaeus" II 1252–5). **nomine**: ordinary Latin when speaking of "a person named X" (*OLD* 3). But from subsequent references (*nominatus apud eos ille Faustus* below, and *ille nominatus* in ¶13), it becomes clear that A. is drawing attention to the disparity between the pernicious doctrine that Faustus preached and the meaning of his name ("auspicious"). **laqueus diaboli** is taken from 1 Timothy 3: 7 (where it comes up in a discussion of bishops), and has already been applied to Manicheism at 3.6.10. In both passages, the peril emphasized lay in the eloquence of Manichean preachers, hence *laqueus* here sets up a sound play *imp<u>lic</u>abantur—il<u>lec</u>ebram—suaui<u>loqu</u>entiae* to underline the point (the noun *suauiloquentia* is borrowed from Cicero *Brutus* 58, occurring nowhere else but here). A. is here turning back against the Manichees an entrapment metaphor of which they made use themselves (Mikkelsen 2011). **in eo**: in Faustus, personified as a snare here and in ¶13. **quam ego iam tametsi laudabam, discernebam tamen a ueritate**

rerum quarum discendarum auidus eram, nec quali uasculo sermonis, sed quid mihi scientiae comedendum apponeret nominatus apud eos ille Faustus intuebar "Now, though I praised that [eloquence], I did not confuse [it] with the truth of those matters which I was hungry to learn, nor did I examine in what sort of vessel of discourse, but what knowledge Faustus—as they called him—was serving for me to eat." *auidus* keys the food imagery that follows in *comedendum apponeret*; *quali uasculo* introduces the first of two indirect questions depending on *intuebar* at the end of the sentence; and the ablative is instrumental with *apponeret*. *quid ... scientiae* "what knowledge." The partitive genitive regularly combines with a neuter pronoun or adjective (G–L §369), but often the two words stand at a distance from each other. A. distinguishes words as material signs from the immaterial concepts that they mediate (on A.'s theory of language, see Kirwan 1989 and Rist 1994). Because they "carry" meaning, he likens them to containers, and specifically containers for food and drink (*uasa* here, in ¶10, and at 1.16.26, platters at 3.6.10, cups in ¶10). The field of imagery owes more to the cups and vases of wrath (e.g. Isaiah 51: 17, Jeremiah 50: 25), deliverance (Psalm 5: 13), and mercy (Romans 9: 23) that he encountered in the Bible than to anything in classical literature. But the metaphors are also linked to the themes of the present narrative in two important ways. First, A.'s career in rhetoric had encouraged him to regard words as elaborately wrought artifacts: "precious" vessels, as he says at 1.16.26. And second, in his mind the word par excellence was Christ, whom Scripture identified as the "Word of God" (as he will recall in ¶5), and who famously offered himself to believers in the form of bread and wine. When he associates words and food, A. may be thinking ahead to his conversion, which will culminate in receiving the Word in the form of the eucharist (for the rich repertoire of food imagery in *Confessions*, see Ferrari 1978). **fama**: the meditation on fame at 4.14.23 has primed readers to anticipate a disappointment. **honestarum omnium doctrinarum peritissimus et apprime disciplinis liberalibus eruditus**: *doctrinae* and *disciplinae* along with *studia, artes,* and *litterae* are interchangeable terms for higher learning in A., and *honestus* and *liberalis* are interchangeable qualifiers for it (e.g. 1.12.21 *honestiores litterae,* 7.6.9 *honestam educationem liberalesque doctrinas, On the Trinity* 15.9.16 *disciplinas liberalesque doctrinas*). The *doctrinae* and *disciplinae* credited to Faustus are thus not distinct in meaning, but a rhetorical amplification that, together with the superlatives *peritissimus* and *apprime eruditus*, creates a build-up to be demolished in ¶11. The seven "liberal disciplines" usually included grammar, rhetoric, logic or dialectic, music, arithmetic, geometry, and astronomy (see O'Donnell on 4.16.30 and *A-L* "Disciplinae liberales" II 472–85). A.'s attitude toward them is ambivalent. He esteemed them as the highest attainments of which anyone in his culture was capable, but he thought that they fostered excessive self-regard, and that they were rooted in non-Christian values. Further complicating his attitude is the fact that his schooling had provided him only with grammar and rhetoric. In the other disciplines, he was self-taught (as he notes at 4.16.30, "all the books of the so-called liberal arts I read on my own").

The narrative now sidelines Faustus until ¶10, as A. veers off to pass judgment, first on the knowledge of the philosophers (¶¶ 3–6) and then on the ignorance of Mani (¶¶ 6–9). **multa philosophorum legeram memoriaeque mandata retinebam**: discussion of this topic lasts up to the resumptive sentence *multa tamen ab eis ... dicta retinebam* at the beginning of ¶6. The negative tone overshadows A.'s acknowledgment that through reading philosophy he learned truths which helped undo his Manichean beliefs. His hostility toward philosophy was fostered by both Old Testament and New Testament texts (several of which are quoted in the course of this ¶). It may also reflect the fact that, whereas he learned rhetoric by studying with a rhetor, he learned philosophy on his own, without the benefit of personal relationships (so *nullo adminiculo humani magisterii* at 4.16.31). The dissonance A. creates between the value of his philosophical reading and his presentation of it will recur in book 7, where his acknowledgment that Neoplatonist philosophers gave him the intellectual resources to understand God as spirit is overshadowed by his indictment of their pride. **illi qui tantum ... minime inuenerint** "those who could avail so far as to measure the world, although they failed to discover the lord of it," reworked from Wisdom 13: 9. Rather than repeat the word "philosophers," A. has recourse to a scriptural description that puts them in their place. In the Latin Bible, *saeculum* regularly translates αἰών ("age" or "time"), and acquired its connotation of "worldliness" largely through biblical contrasts between "the present age" and "the age to come" (but see also Löfstedt 1933: 470–3). Words for number and measure abound in this passage, not only because they figure in the scriptural texts on which A. relies, but also because they provide a point of attack. He cannot criticize philosophers for applying reason to the objects of their inquiry, since he regards himself as committed to the use of reason. But he can criticize them for tying themselves to a criterion of measure, which, unlike reason, is limited to material objects. **quoniam magnus es, domine, et humilia respicis, excelsa autem a longe cognoscis, nec propinquas nisi obtritis corde**: a sentence fashioned from Psalms 47: 2 (which also provided the opening words of *Confessions*), 137: 6, and 33: 19. *excelsa* ("the heights") and *humilia* encompass persons as well as things; the psalm text lends itself to A.'s point that philosophers identify with the celestial objects they study. *a longe* is a biblical Latinism that translates the Septuagint's (ἀπό) μακρόθεν (*TLL a, ab* 40.43). The participle *obtritis* (here used as a substantive) is dative with the verb *propinquas*, and synonymous with the more common *contriti* (from *conterere*), meaning literally "crushed" and figuratively "humbled." *humilis* and *contritus* are often paired in Scripture, e.g. Isaiah 57: 15.   **nec inueniris a superbis**: the theme of *superbia* is salient in A.'s treatment of the astronomers here and of the Neoplatonists in book 7, but it was already sounded in the very first lines of *Confessions*: see Testard 1987.   **nec si illi curiosa peritia numerent stellas et harenam et dimetiantur sidereas plagas et uestigent uias astrorum**: A. shifts out of scriptural language into an elevated secular Latin that expresses the loftiness of the philosophers' enterprise.   **nec si** "not even if" (*OLD neque* 2 b). "Curiosity" is always a pejorative idea in *Confessions*, implying interests that are excessive or presumptuous (see O'Donnell on 3.2.2 and 10.35.54 and *A-L* "curiositas" II 188–96, with bibliography). For affinities with the *curiositas* theme in the *Metamorphoses* of A.'s countryman Apuleius, a work with which A. was familiar, see Courcelle 1963: 101–7.

5.3.4 Mente sua enim quaerunt: the point of *sua* is explained by *ingenio quod tu dedisti eis*: they claim to be operating entirely on the strength of their own intellectual resources.   **ista**: celestial phenomena.   **ante multos annos** "many years in advance" (G–L §403 n. 4).   **defectus**: direct object of the main verbs, but then understood as subject of the indirect question (G–L §468). O'Donnell provides information on eclipses visible in north Africa during A.'s lifetime.   **luminarium**: A. has chosen the noun *luminare* "lamp," which scarcely occurs in classical Latin, for its evocation of Genesis 1: 16, describing God's creation of the sun and the moon, *duo magna luminaria*.   **numerus** "their calculation" (*OLD* 2 c).   **ita factum est**: this phrase, the schema "they announced and so it happened," and the elaborate repetitions of the sentence parallel the Genesis account of creation. A. implies that astronomers regarded their discoveries as god-like accomplishments, as he will say more plainly in ¶5.   **indagatas** "well-researched."   **praenuntiatur quo anno ... et quota parte luminis**: *anno, mense, die*, and *hora* are ablatives of time when, but *parte* is ablative with a verb of deprivation.   **recedentes et deficientes** "waning and dimming," terms used technically in describing the movements of heavenly bodies (*OLD recedere* 4, *deficere* 8 b), which A. reapplies morally, as with *defectus*.   **tanto ante** "so long beforehand." *tanto* is the ablative of measure of difference regularly associated with comparatives, and *ante* is here an adverb (G–L §403).   **in praesentia** "for the present," where *praesentia* is accusative plural neuter of *praesens* (*OLD* 16 b).   **suum**: i.e. *defectum*.   **religiose**: A.'s point is not that philosophers did not look for a relation between human and divine (he knew that Neoplatonists did), but that they did not do so in a spirit of reverent obedience. The idea is reiterated in *non pie quaerunt* in the next ¶.   **inuenientes**: the participle governs the indirect statement *quia tu fecisti eos*, for which, see ¶2 *nesciunt quod* (n.).   **non ipsi se dant tibi, se ut serues quod fecisti**: if the text is sound, the second *se* has to be the object either of *fecisti* or of *serues*. In the first case it would mean "in order that you may save that which you have made them [to be]," as understood by Tréhorel and Bouissou; *se quod fecisti* would then balance and contrast with *quales se ipsi fecerant* in the following clause. Gibb and Montgomery, however, make *se* the object of *serues* and take *quod fecisti* as modifying it ("that Thou mightest preserve them as being something that Thou hast made"). But some manuscripts omit one or the other *se*, and translators often follow suit, translating simply "in order that you may preserve what you have made."   **et ... occidunt se tibi**: since the negative of *non ipsi se dant tibi* seems to carry over into the parallel clauses *et ... occidunt* and *et trucidant*, *et ... et* have to be rendered "nor ... nor" (cf. *non enim uetabatur ... aut* at 6.3.3, where the *non* similarly carries over into the *aut* clause, and H–S 825 g). But the distance over which the negative is felt is extreme. The striking locution *occidunt se tibi* brings out its equivalence to *se dant tibi*: the giving of oneself to God *means* the sacrifice of a sinful self in order to receive new life. The verbs *occidunt* and *trucidant* thus pick up the theme of sacrifice with which the book opened.   **exaltationes ... curiositates ... et luxurias**: A. explains that *se occidunt* is not to be taken literally, but refers to the repression of base impulses, which he compares to animal victims for sacrifice. The animals come from Psalm 8: 8–9 (God has put under human control *pecora campi, uolucres caeli, et pisces maris qui perambulant semitas maris*), which he interpreted figuratively. According to *Expositions of the psalms* 8.13, the high-flying birds represent pride, the fish in the deep represent inquisitiveness (and in order to bolster that interpretation, A. here inserts *secretas* into the psalm text and substitutes *abyssi* for *maris*), and the grazing cattle represent carnal indulgence or concupiscence. That philosophers are prone to pride and *curiositas* he has already indicated. Concupiscence can be imputed to them as well because A. held that these three impulses together make up the gamut of human sinfulness, on the authority of 1 John 2: 16 *omne quod est in mundo concupiscentia carnis et concupiscentia oculorum* [= *curiositas* for A.] *est et superbia uitae*.   **quibus (perambulant)**: the antecedent of the relative pronoun (another tendentious alteration of the psalm text) is *curiositates*.   **ignis edax**: although A. seems to have remembered this as a scriptural tag (cf. Deuteronomy 4: 24, 9: 3, and Hebrews 12: 29), the actual wording is Virgilian (*Aeneid* 2.758) or Ovidian (*Metamorphoses* 9.202 and 14.541); the imagery of sacrifice continues.   **mortuas curas**: those worldly concerns that have been sacrificed; A. uses the expression similarly at *Against the Academic skeptics* 2.2.4.

5.3.5 A dense web of scriptural quotes carries the argument in almost every sentence of this ¶. The gist of it is that God *per se* is beyond the reach of philosophic inquiry, but that true knowledge is available through Christ, who was the maker of the world, and yet became accessible to humanity as a human being.

non nouerunt: a triple refrain amplifies the statement of John's gospel (1: 10) that despite Christ's presence in the world, "the world knew him not." **uiam**: A. treats the words *uia, ueritas,* and *uita* as interchangeable with the person of Christ, on the authority of Christ's statement (at John 14: 6) *ego sum uia et ueritas et uita*; *ueritas* in this sense will follow shortly. **uerbum tuum, per quod fecisti ea**: as described in the first chapter of John's gospel. **de qua** "*by* which"; *de* + ablative increasingly functions as an alternative to the instrumental ablative in later Latin (*OLS* 880). **sapientiae tuae non est numerus**: in the opening line of *Confessions*, A. invoked Psalm 146: 5 to praise God's greatness. Here the verse is used to make a more specific point, that although God created all things that can be measured, God is not one of those things, but spirit. Hence philosophers cannot reach God through a science of measurement. **ipse autem unigenitus factus est nobis sapientia et iustitia et sanctificatio**: this quotation of 1 Corinthians 1: 30 enables A. to introduce the God-man Christ as a source of knowledge in place of a transcendent creator, and at the same time to shift the knowledge at issue from nature to human behavior. *unigenitus* "only begotten" comes into Latin through the Latin Bible. A. has imported it into the Pauline verse from the first chapter of John (verses 14 and 18), not just because it suits the theme of Christ and number but because it makes the theological point that Christ is of the same nature as God and can therefore bear reliable witness to God's work and will. *iustitia* in the Latin Bible regularly translates Paul's δικαιοσύνη "justification." **numeratus est inter nos** in the Roman census at Christ's birth (Luke 2: 1). **soluit tributum Caesari** in a story told at Matthew 17: 23–6, again illustrating the immersion of Christ in the world of number. **uiam qua descendat ad illum a se et per eum ascendant ad eum**: this compressed paradox envisions complementary movements of descent and ascent on which A. dwells repeatedly in *Confessions*. The son of God first humbled himself by *descending* to earth in human form, redeemed humanity by his death, and then *ascended* back to heaven. Philosophers in turn should *descend* from their proud opinion of themselves (*a se*) to acknowledge the divinity of Christ (it was particularly difficult for Platonizing philosophers to credit any linkage between God and matter), and through belief in him gain the possibility of *rising* to join him in heaven; compare 4.12.19. **lucidos** cues both the implicit parallel with the fall of the proud angel Lucifer (Isaiah 14: 12), and the word *obscuratum* following.   **obscuratum est insipiens cor eorum**: part of a quotation from Romans 1: 20–5 that runs through the remainder of this ¶ (RSV), "Ever since the creation of the world his invisible nature, namely, his eternal power and deity, has been clearly perceived in the things that have been made. So they are without excuse; for although they knew God they did not honor him as God or give thanks to him, but they became futile in their thinking and their senseless minds were darkened. Claiming to be wise, they became fools, and exchanged the glory of the immortal God for images resembling mortal man or birds or animals or reptiles. Therefore God gave them up in the lusts of their hearts to impurity, to the dishonoring of their bodies among themselves, because they exchanged the truth about God for a lie and worshiped and served the creature rather than the Creator." A. begins at the point where the text of Paul (recalling Isaiah 6: 10 RSV "make the heart of this people fat, and their ears heavy, and shut their eyes") dovetails neatly with his own theme. *obscurare* was current as another term in astronomy ("darken, eclipse," *OLD* 1 a), and *insipiens* keeps up the emphasis on knowledge that unifies this passage. *cor* is regularly conceived in Latin as the seat of intellect as well as emotions (*OLD* 3), but in A. it acquires an even wider range of associations through its use in the Bible: see *A-L* "cor" II 1–6.   **euanescunt**: the Latin Bible translated Paul's ἐματαιώθησαν "were rendered ineffectual" by a word with stronger image content meaning "vanish," "dissipate," or "fade." To A. it suggested the idea of something like smoke that obscures, but quickly blows away (cf. *Against Faustus, a Manichean* 2.3).   **sibi tribuendo quae tua sunt ... tibi tribuere quae sua sunt**: the philosophers impute credit for their God-given intelligence to themselves while imputing to God the false images which they entertain of him.   **mendacia**: the word comes from the Pauline text, but when Paul spoke of "exchanging the truth of God for a lie," he was referring to the worship of false gods. A. has in mind not just idolatry in the literal sense, but embrace of the illusory material goods and appetites that human beings set up in place of God. That lying is a constant attribute of human beings he held on the authority of Psalm 115: 11 *omnis homo mendax*.

5.3.6 Multa tamen finally concedes the positive content of the philosophers' research, as A. now turns to criticism of Mani.   **ex ipsa creatura uera dicta**: *ex creatura* (as opposed to *multa uera de creatura* in the previous ¶) and *ipsa* are both pointed: philosophers did not so much excogitate truths *about* the created world as elicit them *from* that world, and that was God's work, not a construct of their own (a view on which A. elaborates at *On Christian teaching* 2.27.41).   **occurrebat ... ratio**: verb and noun are repeated three times in slightly different combinations, in implicit opposition to *credere* in the last sentence. The underlying idea of *occurrere*, which is to be evident to sight or thought (*OLD* 8), is reenforced by *uisibiles* and *oculis ... exploratas* later in the ¶.   **ratio per** "an explanation in terms of."   **attestationes** "data, facts."   **Manichaei**: here and later, when capitalized, not a follower of Mani, but Mani himself. The prophet's name appears usually as Μάνης, sometimes Μανιχαῖος in Greek sources, but usually as *Manichaeus* in Latin sources.   **copiosissime**: ordinarily a term of rhetorical commendation, but an oxymoron in combination with *delirans*.   **delirans** refers to the "fantastical" (*phantasmata*, 3.6.10) myths that Mani contrived to explain the cosmos. But A. also knew that Mani's Greek opponents liked to connect his name to the verb μαίνεσθαι "to be crazy" (*Against Faustus, a Manichean* 19.22), and his own references to him often toy with the idea of his being a madman.   **non mihi occurrebat ratio**: Mani did explain eclipses in terms of the cosmic struggle between good and evil beings (see Lieu 1992: 31), but not in natural scientific terms.   **in libris saecularis sapientiae**: what books of astronomy A. read, or whether they were original works or compilations, is unknown; *saecularis* conveys that it is unimportant.   **ibi**: i.e. in the teaching of Mani, which is also the subject of the following *occurrebat*.   **ad illas rationes ... non occurrebat**: *occurrere* + *ad* in later Latin means "to be in accord with, to square with" (*TLL* 401.42–57).

5.4.7 Numquid, domine deus ueritatis, quisquis nouit ista, iam placet tibi? *numquid* is an interrogative particle which expects a "no" answer to a question that is posed (*OLD*). *domine deus ueritatis* is a phrase from Psalm 30: 6 which A. uses to sum up a result he will now qualify: God is the source of all truth, yet abstract truth is not of paramount importance for human beings. *iam* (= "thereby") implies that a new situation follows from something else (*OLD* 6).   **infelix ... homo qui scit illa omnia**: A. recalls and corrects *Georgics* 2.490 *felix qui potuit rerum cognoscere causas*, "that most renowned line of Virgil," as he calls it at *City of God* 7.9.   **sicut te (glorificet)**: *sicut te* = *sicut deum*, as in the passage from Romans 1: 21–5 again being paraphrased here.   **sicut enim melior est ... pondere disposuisti** "For just as the one who knows how to lay claim on a tree and thanks you for its use, though he may not know how many cubits tall it is or how broadly outspread, is better than the one who measures it and counts all its branches yet does not lay claim to it or know or love its creator, so it is foolish to doubt that the faithful person to whom belongs [literally, "whose is"] the entire world of riches and who, by clinging to you whom all things serve, claims all as owning nothing, while he may not even know the cyclings of the Seven Plough-Oxen, is surely better than the measurer of the sky and the counter of stars and the weigher of elements and the disdainer of you, who have ordered all things by measure and number and weight." The skeleton of the sentence is *sicut melior est [ille] qui nouit possidere arborem ... quam ille qui eam metitur ... sic dubitare stultum est quin fidelis homo cuius totus mundus est ... melior sit quam mensor*. Although *fidelis homo* belongs grammatically to the *quin* clause, not the main clause, it stands first as the logical subject. *possidere arborem* means to lay claim on a tree by making use of its fruit or nuts or wood or leaves or shade; the sense of *possidere* is somewhat strained because A. is determined to introduce a verb with a scriptural warrant (in *quasi nihil habens omnia possidet* below, from 2 Corinthians 6: 10) rather than say more simply what he means. **sic fidelis homo ... seruiunt omnia**: a cento sewn together from a non-Vulgate version of Proverbs 17: 6, 2 Corinthians 6: 10, and Psalm 118: 91. **omnia possidet**: understand *qui* from the preceding *cuius* as the subject. In Latin of all periods (by contrast with English), if a second relative clause is added which is coordinate with the first, the relative pronoun may not be repeated even when a case change is required, as here (G–L §636, K–S II 323–4). **quot cubitis**: ablative of measure of difference (G–L §403), like *quanta latitudine* following. **nec saltem** "not even" (*OLD saltem* 2). **septentrionum gyros** refers to the seven-star constellation known variously as the Plough, the Wain, the Great Bear, or the Big Dipper, and among the easiest of all constellations to recognize. **utique** "surely," "of course," "certainly." A favorite word of A. (49 x in *Confessions*), it often affirms the relevance or importance of something he thinks should be taken for granted. **mensor ... numerator ... et pensor**: *mensor* is classical, but *numerator* and *pensor* are Augustinian coinages to balance the nouns in the following quotation (*omnia ... disposuisti*) of Wisdom 11: 21. **in mensura** "*by* measure." In the Latin Bible, *in* + ablative often, as here, translates the Greek instrumental dative (*OLS* 880).

5.5.8 In the preceding ¶, A. distinguished between abstract knowledge of nature and grateful acknowledgment of it as God's gift, but treated both as forms of knowing. Now he identifies the latter as *pietas* and, further on in the ¶, as *doctrina religionis*. Abstract knowledge, on the other hand, is associated with *uanitas* at its best, and in Mani's case, with something much worse.

quis quaerebat Manichaeum nescio quem ... scribere "who looked for some Mani to write?"; the construction of *quaero* with an accusative + infinitive is exceptional if not unique. A.'s phrasing is dismissive: he means that the science of astronomy was already well developed, and that further contributions were hardly to be expected from a nobody with an outlandish name (a Greek name would have carried more credibility, given the history of astronomy). **dixisti enim homini, "ecce pietas est sapientia"**:

Job 28: 28 in a non-Vulgate version, with *pietas* in place of *timor domini*. **enim**, A.'s addition to the Job text, explains why he characterized *pietas* as matter for learning in the previous sentence. The use of singular *homini* as an indefinite referring to humankind in general carries over into biblical Latin from the use of ἄνθρωπος in biblical Greek (BDAG 4 b). **quam** refers back to *pietas*, as does *illam* at the end of the sentence. **ille ignorare posset**: throughout this ¶, A. presents the connection between Mani's science and his religion in hypothetical rather than factual terms: even if Mani's science were perfect, he *might have been* without an understanding of God (*pietas*), whereas his scientific mistakes *might have made* the absurdity of his religious teaching clear. Hence the past potential subjunctives *posset* (twice) and *emineret* at the close of the ¶; use of the past potential is more common in later Latin than classical Latin (*OLS* 488). As A. notes at the end of the next ¶, in 383 he himself was not quite ready to make the connections he articulates here. **etiam nota** repeats the idea of *etiamsi ista perfecte nosset*. **profiteri** "proclaim," often in some professional capacity; the verb is contrasted with *confiteri tibi* "declare to you (in praise)." Both infinitives govern *mundana ista*, and *pro-* and *con-* distinguish them as public and personal acts respectively. **unde ille deuius … cognosceretur** "Straying from that [piety], Mani babbled much about these matters, to the end that, after being confounded by those who had really mastered them, it might become patently clear what his competence was in other matters which were more arcane." **ista multum**: *ista* is the direct object, *multum* is adverbial = "often" (*OLD multum*²). **didicissent**: subjunctive by attraction to *ut cognosceretur* (G–L §629). **ut conuictus … cognosceretur**: A.'s habit of anticipating subordinate constructions has led him into an anacoluthon (reproduced in the translation). The *ut* clause begins as though the subject of the main clause (*ille*) were still the subject, now modified by the participle *conuictus*. But then the construction shifts to an impersonal passive *cognosceretur*, which governs an indirect question whose subject is not Mani himself but *sensus eius*. **in ceteris quae abditiora sunt**: i.e. all parts of Mani's system which could not be tested empirically. **non enim parui se aestimari uoluit** "he did not want himself to be counted as of little importance"; *parui* is a genitive of value (G–L §380). **spiritum sanctum … in se esse**: indirect statement depending on *persuadere*. On Mani's teaching vis-à-vis the Holy Spirit, see 3.6.10 and O'Donnell's note there. **consolatorem et ditatorem fidelium tuorum**: A. counters Mani's claim with a statement of the orthodox view. *consolator* translates παράκλητος, the term Christ applied to the Holy Spirit at John 14: 26; *ditator* (occurring first in Latin here) is A.'s parallel epithet for the Spirit as the source of the spiritual gifts described at Isaiah 11: 1–3 and 1 Corinthians 12: 7–11. **auctoritate plenaria personaliter in se esse**: A. shifts into the idiom of current theological disputation, suggesting Mani's pretensions in yet another area of thought. *plenarius,* meaning "full and complete," came into currency in legal and ecclesiastical spheres within A.'s lifetime, but A. rarely uses it elsewhere except as a qualifier of church councils. *personalis* and its adverb are also postclassical and technical, with distinct applications in grammar, law, and Trinitarian theology; as A. makes clear at the end of the ¶, he is implying that Mani equated himself with a member of the Trinity.   **ausus** is a noun, "innovations, pretensions," subject of *fuisse*; it looks away from Mani's claim about the Spirit and back again to his astronomical doctrines, picking up *impudentissime audens docere* above, and A. adds a new point to his criticism. Mani's scientific claims were not only mistaken, they were also blasphemous, since Mani tried to cloak them in divine authority.   **uanitate**: this recurrent term in A. usually means emptiness of substance as applied to things and conceit as applied to the human psyche; his use of the term is surveyed by Chevalier and Rondet 1957.

5.5.9 Cum enim audio Christianum aliquem fratrem illum aut illum ista nescientem et aliud pro alio sentientem, patienter intueor opinantem hominem: this is the first explicit reference forward in *Confessions* to A.'s role as a Christian bishop at the time of writing, from which he instances a measured exercise of religious authority to contrast with Mani's overreach. For a similar forward reference, cf. ¶22 *et nunc tales odi prauos et distortos, quamuis eos corrigendos diligam*. *enim* explains that Mani's blasphemy foreclosed the defense of pardonable ignorance, but A. does not come to the point until *in illo autem qui doctor ... ausus est. illum aut illum* "this one or that," for *hunc ... illum* (H–S 182). *aliud pro alio sentientem* "mistaking one thing for another," as at 1.1.1 *aliud pro alio potest inuocare nesciens*. **opinantem hominem**: both words are patronizing (and *opinari* is always pejorative in *Confessions*): "as mere human speculation."   **situs et habitus**: philosophical terms for the categories of "place" and "condition" (included in A.'s listing of the categories at *On the Trinity* 5.7.8). The quasi-technical words are meant to recall again the limited importance of philosophical knowledge, and these categories in particular recall points at which Mani's teaching about celestial bodies went wrong.   **formam** "essence."   **in fidei cunabulis**: the "cradle of faith" metaphor (which becomes current at just this time: *On Christian teaching* 2.12.17, Ambrose *Exposition of Psalm 118* 17.8—a sermon that Augustine could have heard— and Jerome *Letters* 52.4.3) derives from Paul's image (1 Corinthians 3: 1–2) of new Christians as infants in need of nursing in the faith. A.'s point is that the Christian church allows for different levels of understanding of the natural world because it does not combine creed and "science" into an integrated system like Manicheism.   **a caritate matre** "by mothering love" or "by the love that is our mother," a formula that A. invokes elsewhere (e.g. 13.6.7, *Expositions of the psalms* 147.14, *Against Faustus, a Manichean* 2.2). The love is the love of God (or the Holy Spirit), which A. holds is poured out chiefly through the church (the primary focus of mother imagery in Christian writing of this period). **donec adsurgat nouus homo ... omni uento doctrinae**: combines ideas from Ephesians 4: 13, 14, and 22, describing the maturation of Christians in the body of the church. **in illo ... qui** "in the case of that [Mani] who," cuing the main clause *quis tantam dementiam ... iudicaret.* **iudicaret**: past potential, like *sicubi ... conuinceretur.* A. is not describing an inference about Mani to be drawn in the present, but one he might have drawn in the period when he was under Mani's spell.

Sed tamen nondum liquido compereram ... praeponerem: pointedly self-critical. The phrase *si forte posset* ("if perchance some explanation *could* be given") shows that, although A. recognized problems with Mani's science, he hoped to avoid resolving them. The reliance on Mani's authority in the absence of definitive proof that his science was false parallels A.'s attitude toward astrology at 4.3.6. He says later (at 8.5.11) that he made doubt about the truth a habitual excuse in this period, and his willingness to remain uncertain "whether the situation was this way or that" shows that he was already trying out the Academic skepticism that he adopts as policy in ¶19. *liquido* is adverbial (*OLD*). The pluperfect *compereram* returns the narrative from the present of writing to the past. **uicissitudines** "the cycle." **si quid**: here and often interchangeable with the indefinite relative "whatever" (*OLD quis*² 1 a). **quidem** balances *sed* in the next clause (*OLD* 4), and marks the *incertum fieret* clause as a concern less important to A. than saving Mani's authority. **ita ... an ita** "this way or that," another instance of the late Latin penchant for iterative rather than contrastive expression, like *illum aut illum* above. **fidem meam**: not "my religious faith," but simply "my credence," as at 6.5.7.

¶¶10–13 take the narrative back to the point from which it diverged in ¶3: the moment of Faustus' arrival in Carthage, and the idea that rhetoric has no more relationship to truth than table service to food. The presentation of Faustus unfolds as a sequence of perceptions: the aura of authority created by Faustus' acolytes (but A. now reveals that he had been arguing with Manichean spokesmen long before Faustus came to town, as also at 7.2.3; for more on A.'s misgivings in this period, see Courcelle 1968: 71–8), Faustus' personal charm when engaging with his public, the quality of mind he displayed in private conversation, his inability to satisfy A.'s concerns, and the ultimate reversal by which he places himself under A.'s tutelage. A. comments on each stage before proceeding to the next, and each will have its counterpart in his narrative of the encounter with Ambrose at the end of the book (¶¶ 23–5). Though Faustus is found wanting, he remains an oddly appealing personality in these ¶¶, which are among several in *Confessions* that express A.'s attraction to something that he rejects. (See BeDuhn 2013: 323 on "the surprisingly positive characterizations of Faustus.")

5.6.10 annos ferme ipsos nouem: for *ipsos*, see ¶ 2 *ipsi conuertantur* (n.). In *Confessions* and elsewhere, A. regularly gives nine years as the duration of his Manichean phase. At 4.1.1, however, he wrote that it lasted from his 19th to his 28th year (from 372/373 to 381/382), whereas the present book dates A.'s meeting with Faustus to sometime in his 29th year (382/383), and has him still consorting with Manichees weeks or months later in Rome (¶¶ 18–19). It was no doubt easier for A. to identify a point at which he became a Manichee (a conversion that took place within a matter of days, he says in *On the two souls* 1.1) than a precise moment at which he stopped, and *ferme* here and at 3.11.20 suggests that he means "those nine years or so,"   **animo uagabundus**: *animo uagari* is classical (Lucretius 3.1052, Cicero *On the commonwealth* 2.7), but *uagabundus* occurs first and not infrequently in A.   **audiui**: a reference to A.'s status as a Manichean "Hearer" during these years, rather than as one of the Elect committed to the full discipline of the sect; see Lieu 1992: 27–9.   **nimis extento desiderio** "over-stretched desire," cf. *Expositions of the psalms* 39.3 *extenditur ... animus desiderio rei concupitae*. In ¶ 13 A. will say that the effect of his encounter with Faustus was to *relaxare* the Manichean snare.   **deficiebant** "proved inadequate," with the dative *quaestionibus* (*OLD* 9 b).   **illum ... promittebant**: the construction with a personal object is uncommon, and its repetition twice in quick succession underscores that Faustus is being presented in messianic terms (cf. *TLL* 1869.54–60 and 1870.9–20); the suggestion becomes explicit at *On the advantage of believing* 8.20 *[Fausti] nobis aduentus ... quasi de caelo promittebatur*.   **cuius aduentu conlatoque conloquio** "as a result of whose arrival and involvement in conversation." A. specifies the level of involvement he was seeking in the next ¶, *conferendo familiariter et accipiendo ac reddendo sermonem*.   **haec et si qua forte maiora quaererem** "these and any more important questions I might have." The neuter nominative and accusative plural of indefinite *quis* can be either *qua* or *quae* (G–L §107 n. 2), and with *si* it often functions as a generalizing relative (*OLD quis*² 1 a).   **enodatissime**: an adverb formed from a participle. Cicero had coined *enodate* (*On invention* 1.21); A. makes it superlative, which combines with the play on the image in *expedirentur* and the exaggeration in *si qua forte maiora quaererem* to express the boundless assurance of Faustus' promoters.   **garrientem** "blathering," almost always of ignorant, mindless, or pointless talk in A. The one negative term in his reaction to Faustus is made to be the climax of the sentence. **quid ad meam sitim**: sc. *pertinebat*, a variation on the expression *quid ad me* in which the verb is also omitted (e.g. Catullus 10.31, Cicero *Letters to Atticus* 12.17). **pretiosorum poculorum decentissimus ministrator**: the language hints at Ganymede, another servant of a false god (for A.'s familiarity with the myth, see *City of God* 18.13). Similarly discreet allusions are made to the myth of Sisyphus at 4.7.12 *si conabar eam [sarcinam] ibi ponere ... per inane labebatur et iterum ruebat super me* and of the Sirens at 4.15.27 *uocibus errori mei rapiebar foras.* **satiatae** continues the play on imagery of food and drink in this passage (*OLD* 1). **congruus** "befitting," sc. *sapienti animae.* **rerum existimatores**: a set phrase meaning roughly "objective judges" (*TLL existimator* 1517.63–7). **delectabat**: *delectabar* in the next ¶ acknowledges that A., too, felt Faustus' spell. **sensi autem aliud genus hominum etiam ueritatem habere suspectam ... promeretur**: perhaps A. is thinking in terms of a dispute he knew from Cicero's rhetorical works, and is here characterizing those who advocated for a plain style rather than a grand style. **promeretur** "were served up," like wine (*OLD* 1 c). **me autem iam docueras, deus meus**: *iam* here and following = "by that time" (*OLD* 3 a). A. does not elaborate on how he learned this lesson, but years of practice as a teacher of rhetoric in Carthage would have afforded him many opportunities. **miris et occultis modis**: *miris modis* "in wondrous wise" is a tag that occurs from Plautus (*Menaechmi* 1030, *Rudens* 593) onward and frequently in A., who occasionally expands it, as here and at 6.12.22. **et propterea credo quod tu me docueris, quoniam uerum est** "and what *you* have taught me I believe because it is true." *propterea* cues the *quoniam* clause, the emphatic *tu* identifies God as the only source of truth, and *quod* is the relative pronoun. **nec quisquam praeter te alius doctor est ueri, ubicumque et undecumque claruerit**: this is the argument of *On the teacher*, which A. was to develop within about two years after his conversion in the spring of 387. **iam ergo abs te didiceram**: *ergo* marks the closing of the parenthesis *et propterea ... claruerit* (*OLD* 5 a), as A. rephrases *me iam docueras* and continues his thought. **eo** = *ideo*, again cuing a *quia* clause. **signa labiorum** "signs on the lips." A. coins this expression for "spoken words" because throughout these three ¶¶ he has in mind the biblical opposition of lips and heart (e.g. Isaiah 29: 13, Matthew 15: 8). *cor* "heart" will turn up in the next ¶. **nec ... debere uideri aliquid uerum dici, quia eloquenter dicitur**: in later Latin, subordinate clauses in indirect statement do not consistently take the subjunctive (K–S II 544); so also in the *quia* and *sicut* clauses following. **perinde esse sapientiam et stultitiam sicut sunt cibi utiles et inutiles, uerbis autem ornatis et inornatis sicut uasis urbanis et rusticanis utrosque cibos posse ministrari** "that wisdom and folly are just like healthful and unhealthful foods are, and moreover, that they can be served up in plain and polished words, like either kind of food on elegant and rustic plates." A.'s simile alludes to the allegory of Wisdom and Folly expounded in Proverbs 9.

5.6.11 illum ... hominem: the disjunction throws *hominem* into relief, again hinting at the deluded messianism noted in the previous ¶.   **tanto tempore** "through so long a time." The distinction between ablative of time within which and the accusative of duration is often blurred (*NLS* §54, *OLS* 845–6).   **quidem**: prepares for a contrary statement that follows, not in *delectabar autem* (which extends the *quidem* statement), but in *sed moleste habebam*.   **motu affectuque disputantis** "the liveliness and feeling of his presentation." *disputantis*, like *in coetu audientium* following, implies that Faustus gave formal lectures to the Manichean community at Carthage. For another glimpse of his performance in such a venue, see *Against Faustus, a Manichean* 23.1.   **ad uestiendas sententias**: a variation on the food-versus-container image, but a metaphor well established in classical usage (*OLD uestio* 3).   **prae multis**: *prae* in the sense of "ahead of, in greater measure than" is rare in classical Latin, common in later Latin (*TLL* 375.70–376.14).   **ferebam** "bruited"; A. relies on the preceding verb *laudabam* to suggest the idiom *ferre laudibus* (*OLD fero* 11 c).   **quod ... non sinerer**: for the subjunctive after verbs expressing emotion, see G–L §542.   **ingerere illi** "to impose on him" (*OLD* 3).   **conferendo**: used without an object in the sense "conferring" (*OLD* 13).   **cum familiaribus meis**: another reminder of A.'s ever-present entourage (cf. 4.1.1 *sectabar ista atque faciebam cum amicis meis*, 6.6.10, and 6.14.24).   **potui**: in Latin of all periods, a complementary infinitive *facere* is often omitted (*OLD possum* 7).   **prius**: A.'s first realization was that, by his standards, Faustus was undereducated. The second discovery will come in the next ¶: Faustus had no answers for him.   **expertem liberalium disciplinarum nisi grammaticae atque eius ipsius usitato modo**: *expertem* is from *expers* (+ genitive), and not to be confused with the participle *expertus*, on which A. puns here. *atque eius ipsius usitato modo* means "and even that in commonplace fashion"; forms of *is* following a word for "and" introduce a further specification of something just mentioned (G–L §308 r. 2). Faustus' ignorance of the mathematical disciplines was bound to render him incapable of resolving discrepancies between Manichean and astronomical accounts of heavenly bodies, which was the problem that most troubled A., as he will explain in the next ¶.   **et quia legerat ... conscripta erant**: the point of this sentence is not to sum up what Faustus read at school or later, but to identify the currents that A. detected in his eloquence (A. surely does not mean, for example, that Faustus had read only those Manichean works which were *composite conscripta*). Some idea of Faustus' engaging style can be gained from A.'s *Against Faustus, a Manichean*, which quotes him extensively. **Tullianas orationes**: but apparently not any of Cicero's philosophical and rhetorical works, which A. himself knew well (Hagendahl 1967: II 486–569). **suae sectae**: "sect" is the term A. usually applies to Manicheism, sometimes "heresy" (e.g. in ¶19), but with no difference in meaning. **si qua uolumina** "whatever volumes." **acceptius** "more engaging." **seductorium**: the adjective is attested first in A., invariably with reference to the devil's wiles. **moderamine ingenii** "through controlling intelligence," which A. judged more important than either training or eloquence for preachers, according to *On Christian teaching* 4.3.4–4.5.7. He acknowledges Faustus' *acutum ingenium* in *Against Faustus, a Manichean* 1.1. **coram te cor meum et recordatio mea**: sc. *sunt*. The play of words and sound (*coram … cor … recordatio*) emphasizes that at the time of writing, A. is properly oriented to God, and so to the truth. The spatial metaphor in *coram* is kept up in *conuertebas* following. **abdito secreto prouidentiae tuae** "in the hidden mystery of your providence." A. is capable of substantivizing either of the participles, which are synonymous, cf. *in abdito prouidentiae tuae* in ¶13 and (to God) *tu … omni secreto interior* at 9.1.1. **errores meos iam conuertebas ante faciem meam**: for A.'s literal understanding of the idea of conversion, see ¶1 *os conuersum ad te* (n.). The intrusion of A.'s own *errores* into this meditation on Faustus suggests that he may have noticed similarities in their temperament or careers.

5.7.12 aperire: in *Confessions*, "the verb of opening books, doors, and mysteries" (O'Donnell). Faustus' failure to open a puzzle for A. will have its counterpart in Ambrose's success at 6.4.6. **quorum quidem ignarus posset ueritatem tenere pietatis, sed si manichaeus non esset**: A. repeats the point made earlier in ¶8, that, outside the Manichean system, knowledge of God does not require a knowledge of celestial mechanics. **longissimis fabulis de … luna**: the celestial luminaries are the only part of Manichean doctrine at issue here, where A. is concerned about their scientific status. **quae mihi eum … iam non arbitrabar**: *arbitrabar* governs the indirect statement *eum posse explicare*, which in turn governs the alternative indirect questions *utrum … ita essent … an …par … ratio redderetur*, *quae* is the subject of *essent* in the first question. **Manichaei** "of Mani," as again in the next ¶. **an certe uel par etiam inde ratio redderetur** "or whether at least an equivalent account is available from that source also." For *certe uel*, cf. *On agreement among the evangelists* 2.29 *etsi non est mentitus, certe uel oblitus … dixisse putabitur*, *Letters* 44.12 *ut exhiberemus ei plures collegas nostros certe uel decem*. **discutienda** acquires the sense "discuss" only toward the end of the second century (*TLL* 1374.60–8). **nec ausus**

est: *nec* = "not even" (*OLD* 2 b).   **ipsam sarcinam**: *ipsam* = *eam. sarcinam* continues the metaphor implicit in *ingerere* in the previous ¶.   **nouerat enim se ista non nosse**: in contrast to the impudence and vanity of Mani pilloried in ¶8.   **nec eum puduit confiteri** "nor was he ashamed to confess"; verbs of emotion like *pudet* are used impersonally with an accusative to indicate the person affected by the feeling and an infinitive or genitive noun to indicate the cause (*NLS* §208). Faustus "confessed" that he did not know the science of celestial motion, making what A. terms elsewhere a *confessio ignorantiae* (*Sermons* 117.5 and 301.3) rather than a confession of sin, faith, or praise of God, as everywhere else in *Confessions*. The word can have a secular application. But by using it with no qualification here, and by then lending it a Christian coloring in the phrase *temperantia confitentis animi* which follows, A. conveys that Faustus' demurral bore some semblance to a Christian act.   **cor habebat**: colloquial for "to have good sense" (*OLD cor* 3), but the following qualifier *rectum* "rightly disposed" shifts the expression into a biblical register (Psalms 77: 37, Acts 8: 21) that concerns relations with God.   **temperantia** "modesty," here referring not to restraint of physical appetites, as usually in A., but to Paul's admonition at Romans 12: 3, which A. regularly quotes in the form *non plus sapere quam oportet sapere, sed sapere ad temperantiam*.

5.7.13 A. brings out the reversal of his relationship with Faustus by reshuffling terms: *studio quod intenderam in Manichaei litteras ... studio eius ... in eas litteras quas... docebam*.   **Refracto ... studio**: *refracto* is "blunted," "foiled," a postclassical sense. The image of repulsion recurs through a series of intellectual frustrations that A. describes in *Confessions* (*repellebar* 4.15.26, *repercutiebatur* ¶20, *reuerberasti* 7.10.16, *repercussa* 7.17.23).   **intenderam** "I had focused."   **ille nominatus** "he with that [promising] name."   **pro studio eius** "adapting to his taste" (*OLD pro* 14 a).   **cum eo ... agere uitam** "to spend time with him" (*OLD ago* 31).   **quas ... rhetor Carthaginis adulescentes docebam**: *quas* and *adulescentes* are both objects of *docebam* (*NLS* §14). Since A. was only one among several teachers of rhetoric at Carthage, the genitive *Carthaginis* should probably be understood with *adulescentes* rather than *rhetor* (contrast *rhetor Carthaginiensis* at 4.16.28). A. is drawing attention to the incongruity of acquiring a guru among his pupils.   **quae ... audita desideraret** "(things) he had heard about and wanted (to know)" (*OLD audio* 9).   **ceterum conatus omnis ... esset eluceret**: there are two main clauses, "my effort collapsed ... but I had made up my mind."   **proficere** "to make progress" (*OLD* 4), as later at 5.10.18 *desperans in ea falsa doctrina me posse proficere*. The most obvious direction in which A. might have hoped to make progress as a Manichee was by advancing from the ranks of Hearers to the Elect: see 6.6.10 *audiui* (n.).   **non ut ...**

separarer: a result clause. A.'s association with Manichees will continue at least until the latter half of the year 384, when he relied on their help to gain a position in Milan: see ¶23 *ego ipse ambiui per eos ipsos manichaeis uanitatibus ebrios*.   **eo quo iam quoquo modo inrueram contentus**: *eo* is ablative with *contentus* (*OLD contentus*²), and *quo* is the adverb = *in quod*.   **nisi aliquid forte quod magis eligendum esset eluceret**: variations on this phrase will punctuate the story up to the point of A.'s conversion. The closing line of this book records another decision made *donec aliquid certi eluceret quo cursum dirigerem*; other echoes occur in ¶18, at 6.10.17, 6.11.18, and 8.7.18. *eluceret* (which is potential subjunctive in secondary sequence) is chosen partly for the sake of a sound play with *eligendum*, but more importantly for the image: to A., light is synonymous with the truth he is seeking.   **laqueus mortis**: the phrase is scriptural, Psalms 17: 6 and Proverbs 21: 6.   **meum**: i.e. *laqueum*.   **manus enim tuae**: the image is drawn from the Bible and especially the psalms (e.g. 143: 7 *emitte manum tuam de alto*), but in A.'s day, it carried a visual association as well. God's right hand reaching out from a cloud is an early convention of Judeo-Christian iconography, and familiar in church decoration by this time (see *RAC* "Hand" III 418–45).   **de sanguine cordis ... per lacrimas**: the conceit that tears are the heart's blood is evidently A.'s own, and repeated by him elsewhere, e.g. *Letters* 262.11 *sacrifica lacrimas tamquam uulnerati sanguinem cordis* and *Sermons* 77b.6 *lacrimae sanguis cordis est*. But there was a related image already current in classical literature that is discussed by McKeown 1989, at Ovid *Amores* 1.7.60.   **diebus et noctibus**: the ablative expression is more common than the accusative in A., but both constructions occur.   **sacrificabatur** "sacrifice was being offered."   **nam a domino gressus hominis diriguntur, et uiam eius uolet**: taken from Psalms 36: 23; *homo* is the subject of *uolet*. The metaphor is reliteralized in the next two ¶¶ in which A. narrates his departure from north Africa.   **reficientem quae fecisti**: recalling ¶2 *sed tu, domine, qui fecisti [homines], reficis ... eos*.

5.8.14 Egisti ergo mecum: links A.'s departure for Rome with his disappointment over Faustus (cf. *egisti ... egisti* at the close of ¶13) as further evidence of God's work.   **unde ... persuasum est**: A. uses the indicative in indirect questions in *Confessions* about a fifth of the time (*OLS* 635–6, Arts 1927: 94). Among his motives for leaving Carthage may have been one that he does not acknowledge in this account. Manicheism became the target of increasingly punitive measures by the government during the 370s and 380s. Since A. had made himself a visible and outspoken member of that sect at Carthage, he may have felt it prudent to depart before the authorities took notice of him, as they soon did of Faustus, who was prosecuted and imprisoned three years after A.'s departure (details in BeDuhn 2010: 135–44).   **praeteribo** + infinitive (*OLD* 7 b).   **et in his**: *et* meaning "even" (*OLD* 6) occurs more often in late Latin than in classical prose; so again with *et ista* in the next sentence.   **altissimi tui recessus et praesentissima in nos misericordia tua** "your unfathomable mysteriousness and [yet] your ever-present mercy toward us"; *recessus* is nominative plural, and in reference to God, *altissimi* may be a metaphor of either height or depth. A. means that although God's interventions are bafflingly indirect, they perfectly address our need, a point summed up in the epithets *secretissime et praesentissime* at 1.4.4 and 6.3.4.   **quaestus** "income," from student fees.   **dignitas** "prestige." Since A.'s friends were not in a position to guarantee an official appointment in Rome, they presumably meant the prestige of teaching in the first city of the empire. One of A.'s informants may have been his friend Alypius, established in Rome for the better part of a decade before A. arrived there (6.8.13).   **animum tunc meum** "my mind as it was then"; for adverbs modifying nouns, see *OLS* 1035–7.   **illa erat causa maxima et paene sola**: a locution typical of A.'s disputational style; cf. *ea maxima et prope sola causa erat* below in ¶19 and *On order* 2.3.10 *uel sola uel maxima causa*.   **ordinatiore disciplinae coercitione** "a more orderly restraint [consisting] of discipline"; the genitive defines the noun it modifies (G–L §361), as at *Letters* 155.15. This phrase combines three important words of the Augustinian lexicon. *ordinatus* always implies the order imposed on creation by God, the *ordinator omnium rerum* (1.10.16 and 10.35.57), *disciplina* in *Confessions* connotes chastisement as often as it refers to learning in the abstract, and *coercitio* (the usual postclassical form of *coercitio*) is the necessary remedy for human dissipation and deterioration (= *fluxus*, as at 2.2.4) that A. saw as the consequence of Adam's sin. It is unsurprising that A. would have valued discipline in the classroom. But his language here reflects the fact that, for him, school was also a symbol: 1.14.23 "by your laws, o God, constraint checks dissoluteness, beginning with the teacher's cane."   **ne ... irruant**: the present subjunctive is coordinated with the present-time reference point of the infinitive *sedari* rather than with the tense of the leading verb *audiebam*; *permiserit* following is similarly coordinated with *admitti* (*OLS* 587–8).   **scholam** "classroom."   **passim** "at random" (*OLD* 3).   **proterue** "brazenly," a word last met in A.'s account of the *euersores* at 3.3.6, who are recalled throughout this ¶. His reference below to behavior in which he had no part during his student days is a reminder of *semper factis [euersorum] abhorrebam* at 3.3.6, and the disruptions described in this ¶ are labeled *euersiones* in ¶22.   **nec eos admitti** is governed by *audiebam*.   **apud Carthaginem**: A. uses both this prepositional phrase and simple *Carthagini* (as a few lines later) to express location.   **scholasticorum**: students of rhetoric in particular (*OLD* 2).   **prope furiosa fronte**: *frons* is the brow or countenance, often as manifesting a sense of shame or its absence (*OLD* 3). A. means that the intruders went beyond impudence, "having almost a look of madness."   **multa iniuriosa faciunt ... peiora quam faciunt**: as the school symbolizes God's order, the intruders symbolize forces opposing it; the *euersores* of 3.3.6 were compared to demons.   **hebetudine** "dull-wittedness" is not certainly attested before A.'s lifetime (*TLL*).   **punienda** modifies *multa*. Thirteen years before A. left Carthage, the emperors had issued rules for the registration and control of students in Rome (*Theodosian Code* 14.9.1). But elsewhere the authorities took cognizance of student rowdiness only when it became a grave public nuisance (see Müller 1910: 314–17).   **nisi consuetudo patrona sit** "if custom did not plead in their defense," to be taken with earlier passages deploring human custom at 1.11.18 and 1.16.25.   **hoc miseriores ostendens quo iam ... faciunt** "showing [them to be] the more miserable for this, in that they now do"; see *OLD quo²*. In later Latin, in correlative clauses of the form "the more ... the more," one of the correlatives or one of the comparatives is sometimes dropped from one or the other clause (H–S 592, K–S II 484).   **uerum autem** occurs rarely before A., but 7 × in *Confessions*.   **spes mea et portio mea in terra uiuentium**: this quotation of Psalms 141: 6 begins a play on senses of *terra* that continues to the end of the ¶. Hope in the land of the living is hope in the afterlife, which is not a *locus terrarum* or physical place. Paradoxically, however, A.'s spiritual welfare (*salus animae meae*) entailed a change of physical location from Africa to Italy.   **stimulos ... illecebras**: goads and lures are metaphors of animal motivation, like our stick and carrot. The contrast recurs at 6.10.16.   **uitam mortuam**: an oxymoron for the unredeemed life.   **uana** means that they were promising him only the illusory goods of money and fame that he calls *falsa felicitas* below. But in fact, he was not to gain even the false goods at Rome, as he will relate in ¶22.   **terram sapiebant**: to "smack of earth" (*OLD sapio* 2) means to be earthly-minded; A. uses the expression several times, probably under the influence of *terrena sapiunt* at Philippians 3: 19.

5.8.15 To the antithetical periods of the previous ¶ A. now gives a dramatic focus, developing a single action that unfolds with movement and gesture over a limited time in a particular setting. But it is above all the conflict between characters that creates the drama (this may have required narrative simplification: where in the scene are we to locate A.'s concubine and his son, who must have taken passage with him?). Although A. does not excuse his own behavior, his scheme of interpretation required him to put Monnica in the wrong as well. Like the characters in the previous ¶, both he and his mother are shown to be acting in ignorance, at cross-purposes, and from perverse desires which God exploits while chastising their perversity. Most modern critics consider that A.'s narrative alludes to book 4 of the *Aeneid*, in which Aeneas abruptly abandons Dido and sails from Carthage toward Rome. Since A.'s consciousness of Virgil was always strong (MacCormack 1998), influence here is likely. But it operates more at a thematic level than in details: the two texts have only isolated words in common (Burton 2007: 50) and limited similarities in terms of plot. Moreover, the Dido story is just one of several intertexts on which A. draws in creating the figure of Monnica. At the end of the ¶, she is explicitly aligned with Eve in Genesis, and O'Donnell detects a resemblance to the mother of Euryalus at *Aeneid* 9.287–9 (see also Bennett 1988: 63–4). Other resemblances will be noted as they occur.

quare hinc abirem et illuc irem, tu sciebas, deus contrasts the wrongheaded thinking (*peruersitas*) described in the previous ¶ with the true reason for A.'s move that lay in the mind of God. *Hinc ab<u>irem</u> et illuc <u>irem</u>* is the first of several reciprocal pairs in this ¶ (*ab aquis ... ad aquam; ea nocte ... sed ea nocte; tunc petebat ... quod semper petebat; impleuit uela nostra ... implebat aures tuas; cupiditatibus meis raperes ad finiendas ipsas cupiditates; nesciebat ... nesciebat; cum gemitu quaerens quod cum gemitu pepererat*) which A. has contrived to suggest a consistency and rhythm in events that the characters failed to discern. The phrase *tu sciebas*, appropriated from Psalm 68: 6, becomes formulaic in *Confessions* in passages praising God's providence (Knauer 1955: 76–8). **uiolenter** "forcibly," a negative term which with *atrociter* positions Monnica for further criticism. **fefelli eam**: not only did A. conceal his plans from Monnica, but according to *Against the Academic skeptics* 2.2.3, he also left without giving notice to his students or confiding in his long-time benefactor Romanianus. **uento facto** "after a wind rose." **mentitus sum**: capping *fefelli* and *finxi*, with each verb heading an independent clause, the lie is rehearsed three times, like Peter's lie after the arrest of Christ (Matthew 26: 69–75). The rhetoric insists on the seriousness of the act. In *On lying*, written about two years before *Confessions*, A. took the position that lying can never be condoned under any circumstances (for recent analysis, see Griffiths 2004). **et illi matri** = *et tali matri* (*OLD ille* 8). **euasi** intransitive "escaped," from unpleasant consequences, *OLD* 5 a (the verb never occurs in A. with the sense "to elude a person"). Clarification follows: God rescued him "from the waters of the sea" in which he might have drowned with all his sins upon him. The idea is repeated in the next ¶. **dimisisti** "you forgave," an almost exclusively Christian sense (*TLL* 1215.23–54). **seruans me ab aquis maris ... usque ad aquam gratiae tuae** "the water of your grace" is the water of the baptismal rite. *gratia* first acquires its Christian sense of "grace" (for which, see *ODCC* "grace") with Latin translations of the Bible;

COMMENTARY: 5.8.15

in *Confessions*, it often refers specifically to the forgiveness of sin received in baptism, as here. As O'Donnell notes, A. often dwells on the perils of the sea (and will do so again at 6.1.1), and the embarkation he describes here at the age of 28 was his first sea voyage (his return five years later—the only other trip he made by sea—lies outside the narrative frame of *Confessions*). But like the pear tree episode in book 2, this moment is developed not only because it may have remained a vivid memory or because it carried a significant literary resonance. Throughout his works, A. interprets the sea in Scripture as a figure for the "great and formidable sea" (1.15.24) of sin (Rondet 1954–5). His reference to the water of baptism here shows that he has transferred that allegory to his own experience, and is treating his voyage as both literal and spiritual.   **qua me abluto siccarentur flumina maternorum oculorum** "in order that, after I had been washed clean by it, the streams from my mother's eyes might be stanched." *qua* is instrumental with the ablative absolute *me abluto*, and *siccarentur* is subjunctive in a relative clause expressing purpose.   **rigabat terram sub uultu suo**: cf. *rigarent terram sub oculis* at 3.11.19, also referring to Monnica's tears. *flumina* and *terram* suggest a mother as prodigious in tears for a child as Niobe. On weeping, here and elsewhere in *Confessions*, see Dulaey 2003 and Burton 2007: 151–64.   **recusanti**: sc. *matri*, dative with *persuasi*.   **memoria beati Cypriani**: after the close of persecutions in the early fourth century, *memoria* came to mean a shrine at the site of a martyr's death or burial (*TLL* 682.43–683.3). Cyprian, a bishop of Carthage who was martyred in 258 (*ODCC*), had both. His burial ground has been plausibly identified with the ruins of the so-called "basilica of Cyprian" on a plateau overlooking the waterfront just north of the lower city wall, and that is likely to be the place "very near the ship" where Monnica was persuaded to spend the night (see Ennabli 1997: 21–4 and 129–31, with the maps on pp. 6 and 9).   **maneret ... mansit**: often used without further qualification to mean "spend the night" (*TLL* 282.59).   **orando et flendo**: from classical to late Latin, the ablative gerund encroaches steadily on the present participle (*NLS* 160).   **tantis** "so many" (*OLD* 5).   **alte consulens** "attending deeply."   **cardinem desiderii eius** "the crux of her desire" (*OLD cardo* 6), meaning that in order for Monnica to have lasting enjoyment of A.'s company, he had to be saved from damnation.   **curasti** = *curauisti*.   **ut me faceres quod semper petebat**: i.e. *ut me faceres saluum*; A. has in mind the psalmic refrain *saluum me fac domine* (e.g. Psalm 3: 7, 11: 2).   **flauit uentus et impleuit uela nostra et litus subtraxit aspectibus nostris**: the moment of departure is drawn out into three parallel cola of increasing length, further embellished by alliterating pairs (*flauit uentus et impleuit uela*), a personification of the wind, and an echo of Aeneas' words to Dido at *Aeneid* 6.465 (*teque aspectu ne subtrahe nostro*, noted by Burton 2007: 50). Since the verb *rapere* following is regularly associated with the action of wind (e.g. Job 27: 21, Ovid *Metamorphoses* 8.471, and Lucan 3.46), A. implies here that the wind is doing God's work.   **contemnentis**: as often, the genitive agrees with a genitive pronoun *tui* implicit in the possessive adjective *tuas* (A–G §302 e).   **carnale** came into currency with the meaning "fleshly" as opposed to "spiritual" in Christian writing at the end of the second century, under the influence of Paul's σαρκικός (*TLL* 474.79).   **amabat enim secum praesentiam meam more matrum**: yet we never hear of Monnica's relations with her daughter (who may have been married by this time), and only once of her relations with A.'s brother Navigius, whose youthful behavior along with A.'s is described as having been a source of concern to her at 9.9.22.   **multis**: sc. *matribus*, an ablative of comparison.   **gaudiorum**: partitive genitive with *quid*, "what joys."   **facturus esses**: indirect questions about a time that is future in relation to a leading past verb take a future active periphrastic form of the subjunctive (*NLS* §180–1).   **reliquiarium** "the vestige," "heritage," a hapax which A. picked up from a Latin translation of the Septuagint's κατάλειμμα at Genesis 45: 7 and understood as a synonym of *reliquiae* (*Questions on the heptateuch* 1.148).   **cum gemitu pepererat**: A. recalls God's words to Eve at Genesis 3: 16, "in pain you shall bring forth children." His point is that Monnica's separation anxiety was another effect of Adam and Eve's sin.   **ad deprecandum te pro me**: *deprecor* means to pray to someone for the averting of some ill in that person's control (*OLD* 3 a); Monnica's prayer, therefore, was that God not punish A. despite his *fallaciae* and *crudelitas* toward her.   **abiit ad solita, et ego Romam**: coda form, like 8.7.18 *abiit ille, et ego ad me*.

¶¶16–23 Beyond what A. mentions in *Confessions*, little is known about his stay in Rome on this occasion or on his way back to north Africa five years later (see O'Donnell on ¶16 and Courcelle 1968: 76–7 and 227–33). Not even the chronology is firmly fixed, but a plausible estimate puts A. in Rome from some point in the middle of 383 to the second half of 384 (O'Donnell on *Romam pergere* in ¶14 and Perler 1969: 134–7).

5.9.16 flagello aegritudinis corporalis: since the word *aegritudo* can refer either to physical or to mental pain (*OLD*), it is often qualified, as by *corporalis* here, at 9.3.5, and elsewhere (e.g. Apuleius *On Plato* 2.14). *flagello* establishes the parallelism between A.'s bodily sickness and Monnica's mental anguish (*dolorum flagello*) described in the previous ¶.   **ad inferos** "to the underworld," which in A. is always distinguished from heaven as a place of torment. The substantive use of the masculine plural in this sense originates in the Latin Bible, in which it translates the Septuagint's "Hades" (e.g. Genesis 44: 29, Sirach 21: 11:

see *TLL* 1390.43). A.'s fear of death was first made explicit in the meditation in book 4 on the death of his hometown friend, at which "a most heavy fear of death had arisen in me ... I hated and feared it as a bitter enemy" (4.6.11). It subsequently surfaces at 6.11.19, 6.16.26, and 7.5.17. **super originalis peccati uinculum** "over and above the chain of original sin." *super* emphasizes that A.'s sinfulness was not limited to guilt passively inherited from Adam, but included many misdeeds for which he was solely responsible. The phrase contains the only instance of *peccatum originale* in *Confessions*, and only the second occurrence of it in Latin. The first appears a couple of years earlier, in A.'s *To Simplicianus* 1.1.10. The "original sin" was Adam's disobedience recounted in Genesis 3. From Paul's comments at Romans 5: 12–21 and 1 Corinthians 15: 22, A. and other Church Fathers inferred that both the sin and its consequences of weakened willpower, concupiscence, sickness, and death were transmitted through Adam to the entire human lineage. A.'s doctrine of original sin is not fully expounded until well after *Confessions* (see O'Donnell on *nemo mundus* at 1.7.11 and *A-L* "Peccatum originale" IV 599–615). But his image of it as a *uinculum* is already present here (as earlier at 2.2.2 *stridore catenae mortalitatis meae*). Original sin is a "chain" both in the sense that its consequences link up every descendant of Adam and that it places all in bondage to sin and death. For an argument that A.'s concept of original sin is central to *Confessions*, see Rigby 1987. **omnes in Adam morimur ... in Christo**: in accord with 1 Corinthians 15: 22 *sicut in Adam omnes moriuntur ita et in Christo omnes uiuificabuntur*. Paul's premise is that the human race is identified with, or "in," Adam through lineal descent and so shares in his sin against God. But Christ gave Adam's descendants the opportunity to escape their legacy when he took human identity and accepted the punishment of death, even though he had no part in Adam's guilt. That innocent self-sacrifice "atoned" to God for human sin. In order to be free of their guilt, however, human beings had to identify with, or be "in," Christ through baptism, which Paul understood as spiritual incorporation into the body of Christ (see *ODCC* "Atonement"). A.'s point in this passage is not only that he was in peril because he was not yet baptized, but that he did not even grasp the significance of baptism. **donaueras** "you had forgiven" (*OLD* 5). **nec soluerat inimicitias ... peccatis meis**: *contrahere inimicitias* belongs to the standard lexicon of Roman social relations (cf. Seneca *Controuersiae* exc. 5.2, Quintilian 7.1.53), but otherwise the language evokes Ephesians 2: 14–16, in which Christ is said to have ended the alienation between humanity and God, *soluens inimicitiam in carne sua ... et ... per crucem interficiens inimicitiam in semet ipso*. **quomodo enim eas solueret ... credideram?** "For how was he to undo that [enmity] on the cross of that delusion which I believed about him?" *solueret* is deliberative or potential subjunctive in past time

(*OLS* 489–90).   **phantasmatis**: this loan word enters Latin with church writers of the third century and after, and is particularly common in A. In *Confessions*, it usually refers to some aspect of Manichean doctrine, and generally to errors that A. thought arose from conceiving the divine in material or bodily terms. Here it refers to the doctrine that "the suffering, death and resurrection of ... Jesus were in appearance only" (Lieu 1992: 162): in that case, being only a false appearance, Jesus on the cross did nothing to redeem humanity. But A. also means that, from his later Christian perspective, the Manichean doctrine was itself a delusion, as he explains.   **quam ergo falsa mihi uidebatur mors carnis eius, tam uera erat animae meae** "the death of my soul was as real as the death of his flesh seemed to me false"; *quam* is a relative adverb modifying *falsa*, as *tam* is an adverb modifying *uera*. The meaning of A.'s statement turns on a sharp distinction between death of the body and death of the soul. For him, the soul dies as the result of sin during a person's life on earth, by what he terms the "first death." A "second death" follows at the end of the world, when sinners are condemned to everlasting punishment in the Last Judgment (see *City of God* 20.6). Both these moments are of greater consequence than the death of the body, a temporary phase that does not mark extinction of the person.   **id**: the death of Christ in the flesh.   **ibam et peribam**: a word play of which A. is fond (cf. 4.12.18 *irent et perirent* and *Sermons* 13.3 and 159.8), though it predates him (already at Cicero *Philippics* 13.35).   **in ueritate ordinis tui** completes a contrast with Manichean doctrine that began with *phantasmatis* (*ueritas* and Manichean *phantasma* are similarly opposed at *Against Faustus, a Manichee* 20.11). A. is concerned with two related points. First, whereas for Mani the Jesus of history was not a redeemer, "the truth of God's order" is that he redeemed human beings by dying as one of them. And second, whereas for Mani wrongdoing is the effect of an evil outside human control, "the truth" is that the sins from which human beings need redemption include freely chosen acts for which they deserve punishment (this is the point of *tormenta digna factis meis*).   **miserebaris mei**: *misereor* + genitive (*OLD* 1).   **insanus**: as a victim of Manichean "madness" (cf. *demens* following), but the antithesis with *salutem corporis* activates also the literal meaning "unhealthy."   **melior eram puer, quo illum ... flagitaui** "I was better as a child, in that I pleaded for it." For abbreviated correlative constructions, see ¶14 *hoc miseriores ostendens quo iam ... faciunt* (n.); *illum* = *baptismum*.   **sicut ... confessus sum**: at 1.11.17.   **in dedecus meum creueram**: the reverse process of the growing-up of Christ described at Luke 2: 40 *puer ... crescebat et confortabatur plenus sapientia*; cf. 2: 52. More echoes of this chapter of Luke follow in the next ¶.   **qui**: the antecedent is implicit in the possessive *tuae*.   **siuisti**: from *sino*.   **talem bis mori** alludes to the doctrine of the "second death." Since A. had already experienced the first death of the soul, drowning would not merely have brought about his physical death, but would also have guaranteed condemnation to the second death at the Last Judgment.   **si feriretur ... sanaretur**: in later Latin, the imperfect subjunctive sometimes occurs in place of the pluperfect in past unreal conditions (H–S 321–2, 662).   **quid erga me habebat animi**: for the indicative, see ¶14 *unde ... persuasum est* (n.). *animi* is partitive genitive with *quid*, "what disposition."   **maiore sollicitudine me parturiebat spiritu quam carne peperat**: the metaphor *parturiebat spiritu* is borrowed from Galatians 4: 19. That Monnica gave A. life both in a fleshly sense and in a spiritual sense is an idea he repeats elsewhere (1.11.17, 9.8.17, 9.9.22).

5.9.17 sanaretur: past potential in an indirect question (*NLS* §176–7).   **transuerberasset uiscera dilectionis eius** "had pierced the body of her affection"; *dilectionis* renders metaphorical a phrase used literally in A.'s *Tractates on the first letter of John* 8.7. Monnica is likened to Mary receiving the prophecy of her son's death at Luke 2: 35.   **ubi essent tantae preces** "where could those many prayers have been?"; *essent* is past potential, like *sperneres, contemneres*, and *repelleres* following. The question is not what would have become of Monnica's prayers if A. had drowned, but what happened to them during the interval when they seemed without effect. A.'s answer is given below: God kept them until the time reserved for their fulfillment.   **sperneres cor contritum et humiliatum** "could you have spurned the broken and humbled heart?" For A., the question answers itself, because he is echoing the assurance of Psalm 50: 19 that *cor contritum et humiliatum deus non spernet*.   **uiduae castae ... ad ecclesiam tuam sine ulla intermissione uenientis**: A. adapts to Monnica's situation Paul's encomium of the pious widow at 1 Timothy 5: 5–10.   **frequentantis elemosynas** "constantly giving alms." ἐλεημοσύνη "mercy" became specialized in the sense of "alms" (which derives from it) and was naturalized as a Latin word in early Bible translations (*TLL elemosina* 350.78).   **sanctis tuis**: here probably in its expansive sense of "your faithful people," as in the Timothy passage.   **oblationem**: the offering or sacrifice of the eucharist; *oblatio* became current in the latter half of the second century, mainly in ecclesiastical writing (*TLL* 74.2–3).   **bis die ... uenientis**: morning and evening prayer services are distinguished from the eucharistic celebration, which did not yet take place every day in all churches (Van der Meer 1961: 169–71, Callam 1984).   **uanas fabulas et aniles loquacitates**: the conventional reproach against old women throughout antiquity (Otto 1890: 28 *anus* 2).   **sermonibus**: not the "sermons" preached in church, but Scriptures read there.   **orationibus**: often has the sense "prayers" in Christian writers (*TLL* 888.8–9).   **aurum et argentum**: a frequent expression in the Bible for "worldly wealth" (e.g. Sirach 2:

5, *in igne probatur aurum et argentum, homines uero receptibiles in camino humiliationis*) and often borrowed by A. in turn. **nutabile** "shaky" is first attested in Apuleius (*On the god of Socrates* 4) and only 3 × thereafter. **talis erat:** the subject is Monnica. **aderas et exaudiebas:** the phrase recapitulates and concludes the meditation on God's response to Monnica's prayers that began with *ubique praesens ... exaudiebas* in the previous ¶. **praedestinaueras** varies the point that A. has been developing throughout ¶¶ 14–17 about the consistency of God's purpose for him. Occurring only here and at 13.34.49 in *Confessions*, the word is not yet laden with the doctrine about God's "predestination" of the elect and the damned that it will signify by the end of A.'s career (for that, see TeSelle 1970: 319–38, Bonner 1986: 386–9, and Rist 1994: 266–83). **absit ut tu falleres eam** "far be it that you could have deceived her." *absit ut* + subjunctive, a favorite expression in A., regularly expresses a wish that some possibility not be realized. Usually the possibility envisioned lies in the present or future and the *ut* clause takes a present subjunctive, but if the possibility envisioned is in the past, as here, the subjunctive is imperfect. **quae iam commemoraui:** at 3.12.21; for more about Monnica's dreams, see 6.1.1 *hoc ei tu per uisum pollicitus eras* (n.). **fideli pectore tenebat:** another assimilation of Monnica to Luke's description of Mary (2: 51). **quae ... tamquam chirographa tua ingerebat tibi** "for which she dunned you as your debts." A *chirographum* is a written, legal instrument, especially a bond (*OLD* 2 b). Though in A.'s usage the word usually alludes to Paul's declaration (Colossians 2: 14) that Christ by his sacrificial death canceled the *chirographum* which the devil held against humankind after Adam's sin—a passage quoted later at 7.21.27 and 9.13.36—here it is applied to the assurances that Monnica received from God about her son. A. is varying a conceit which he develops elsewhere, that alongside the contract which the devil held, God issued a counter-contract in the form of the Bible which promised salvation to believers (see *Expositions of the psalms* 144.17). **omnia debita dimittis:** the language of the "Our Father" (Matthew 6: 12). **dignaris:** with *debitor fieri,* "you deign to make yourself a debtor," implying that it might be thought beneath God's dignity to be in debt to anyone else. **in saeculum misericordia tua:** from Psalms 117: 1 (which also omits the verb *est*).

¶¶ 18–21 At 3.7.12, A. had identified three issues over which he abandoned orthodox Christianity for Manicheism at the age of 18: the origin of evil, the nature of God, and the prophetic value of the Old Testament. Now at age 28, and nearing the end of his Manichean phase, he returns to them. The narrative justification for a reprise at this point is that he has attached himself to a new Manichean community in Rome. At the same time, he refocuses the issues. All his problems with them are now shown to arise from an assumption that matter or "body" is the only reality—"the greatest and almost sole cause of my error," as he says in ¶19. Apart from putting his Manicheism into a fresh perspective, this segment of narrative sets up the next two books, in which A. discovers a spiritual dimension, beginning with Ambrose's lesson on the text "the letter kills, but the spirit gives life" at 6.4.6.

5.10.18 Recreasti = *recreauisti*.   **saluum fecisti filium ancillae tuae**: from Psalm 85: 16; A. repeats this description of himself at 2.3.7 and 9.1.1.   **corpore**: ablative of respect with *saluum* (G–L §397).   **ut esset cui ... dares** "in order that there might exist [someone] to whom you might give." In Latin, relative clauses which are indefinite or general are often not associated with antecedents, but English usually requires an antecedent to be supplied in translation (G–L §621).   **iungebar**: the unusual sense "join, associate with" prepares for the biblical Latinism *combinabo* in the psalm quote which will sum up the ¶.   **falsis ... atque fallentibus**: a word play repeated from 4.1.1, describing the beginning of A.'s association with the Manichees.   **non enim tantum auditoribus eorum**: sc. *iungebar*, for a verb understood after *non enim*, cf. 4.14.22 *amabam homines ex hominum iudicio; non enim ex tuo, deus meus* and *Expositions of the psalms* 61.13 *gloriosus ero in deo; non enim tantum saluus, sed et gloriosus*. *enim* draws attention to the ironical reference to Manichean *sancti*: their Elect were so described (4.1.1); for the distinction between Manichean Hearers and Elect, see on *audiui* in ¶10.   **is in cuius domo aegrotaueram**: unknown, but unlikely to be the Constantius who organized a commune of Manichean ascetics in Rome at about this time (*Against Faustus, a Manichee* 5.5 and 5.7), given the slackening of A.'s commitment to the sect.   **eis etiam**: governed by *iungebar*.   **mihi uidebatur non esse nos ... peccare naturam** "it seemed to me that we are not the ones who sin, but that some other nature within us sins." *nos* is the subject of *esse*, and the infinitive phrase is the subject of *uidebatur*, so again with *peccare naturam*. The "other nature" is the power of Darkness as opposed to the power of Light; for the Manichean understanding of sin, see Lieu 1992: 23–6, 187–90. A. misrepresents the Manichean system of ethical discipline insofar as he implies that it countenanced an abdication of personal responsibility for sin (BeDuhn 2010: 85–7, 2013: 108–11).   **qui peccamus**: for the indicative, see ¶10 *nec ... debere uideri aliquid uerum dici* (n.).   **delectabat** has two infinitive subjects, *extra culpam esse* and *non confiteri me fecisse*. *excusare* and *accusare* are complementary to *amabam*.   **ut sanares animam meam, quoniam peccabat tibi** adapts the wording of Psalm 40: 5. *tibi* is dative of interest or judgement, "in your eyes" (G–L §350). Under the influence of the Septuagint and the Pauline epistles, this use of the dative becomes frequent in A. and in Christian Latin generally, especially when the dative refers to God (see BDF §188.2). **uerum autem**: see ¶14 *uerum autem* (n.). **totum ego eram** "I was a single whole." **impietas mea** "my blasphemousness," referring to his Manichean belief that the divine element in him was overpowered by evil. **id erat peccatum insanabilius, quo me peccatorem non esse arbitrabar, et execrabilis iniquitas, te … in me ad perniciem meam, quam me a te ad salutem malle superari** "that was a sin the more incurable in that I did not think I was a sinner, and an abominable wickedness, [namely,] to prefer for you to be overcome within me, leading to my ruination, rather than for me to be overcome by you, leading to my salvation." For the sense of *iniquitas*, see ¶2 *inquieti iniqui* (n.); *te in me* refers to A.'s Manichean conception of God as elements of Light within him. **nondum ergo posueras … combinabam cum electis eorum**: here and elsewhere, A. quotes Psalm 140: 3–4 in a non-Vulgate translation of the Septuagint that can be approximately reconstructed as *pone domine custodiam ori meo et ostium continentiae labiis meis. non declines cor meum in verba mala ad excusandas excusationes in peccatis cum hominibus operantibus iniquitatem et non combinabo cum electis eorum.* The words *combinabo* and *electis* resonated with A.'s situation in Rome, and the themes of wordiness and self-exculpation further contributed to his anti-Manichean reading of the passage. His explication of this text at *Expositions of the psalms* 140.10–12 is again developed in relation to the Manichees. **eaque ipsa quibus**: *ea ipsa* is the object of *retinebam*, *-que* connects the clause *ea … retinebam* to *combinabam cum electis eorum*, and *quibus* modifies *contentus*.

5.10.19 quos academicos appellant: although the Academic philosophers traced their descent from Plato's Academy (see *BNP* "Academy" I 41–6), the reference here is not to Plato, but to later scholarchs (Arcesilaus, Carneades, and Philo in particular) who taught that the truth about anything could not be apprehended with certainty. A. knew this strain of philosophical skepticism from Cicero's presentation of it in the *Academics*, on which he draws in his own treatise *Against the Academic skeptics*. But contrary to Cicero, and under the influence of Neoplatonist philosophers to whom his reading was about to lead him next, he came to believe that the skepticism of the later Academics was merely a front contrived to shield Plato's original teaching from attacks by other philosophic schools (Glucker 1978: 296–322 and Brittain 2011: 84–91). **et mihi** "also to me," as well as to people generally (*uulgo*). **liquido**: adverbial with *uidebantur*. **etiam … nondum** "still not yet," as later at 9.13.34 and 10.21.30. **nec dissimulaui … reprimere** "nor did I neglect … to discourage," a postclassical sense of *dissimulo* (see *TLL* 1483.72 for the meaning and 1484.70 for the construction). **eundem**: *idem* in late Latin becomes interchangeable with *is* (H-S 188). **qui … non**

fuissent: the subjunctive generalizes the relative clause (*NLS* §156, H–S 562).   **pristina animositate**: first attested in Christian writing of the third century, *animositas* is a favorite word of A., who regularly applies it to brash self-assertion in public argument. He recalls his youthful prowess as a Manichean debater at *On the two souls* 11.   **occultat** "harbors," a reminder that the Manichees had been an outlawed sect since before Constantine.   **domine caeli et terrae, creator omnium uisibilium et inuisibilium**: this formula, adapted from the Nicene Creed (for which, see the *ODCC*), complements the mention of *ecclesia tua*. A. implies that, so far from being devoid of truth, the Christian church was the one repository in which truth about God had been adequately codified.   **unde** = *a quo* (i.e. *uero*).   **multum ... turpe** "very gross" (*OLD multum*² 2).   **credere figuram te habere humanae carnis**: a belief that Manichees ascribed to orthodox Christians on the basis of Genesis 1: 27 *creauit deus hominem ad imaginem suam*. A. will describe how he became disabused of this misconception at 6.3.4.   **membrorum nostrorum liniamentis corporalibus terminari** "are bounded by the physical contours of human limbs."   **cogitare nisi moles corporum non noueram** "I did not know how to conceptualize anything except massive bodies." *cogitare* is complementary to *noueram* (*OLD nosco* 9 b) and can take a direct object when used in the sense of "imagine" or "conceive" (*OLD cogito* 9); that construction is frequent in later Latin (H–S 828). *nisi* often has the sense of "except," "besides," or "only" in negative sentences (*OLD nisi* 9; G–L §591 r. 2); and the "massive bodies" are the Manichean realms of Light and Darkness, as explained in the next ¶. *moles*, 4 × in what follows, is a key word. It not only describes the Manichean concept of divine and evil elements at work in the universe, but also suggests how oppressive A. found the materiality of that conception to his own thinking about the divine.   **ea maxima et prope sola causa erat**: see ¶14 *illa erat causa maxima et paene sola* (n.).

5.10.20 Hinc enim et mali substantiam quandam credebam esse talem

"For as a result of this [thinking in terms of bodies], I believed that the substance of evil, too, so to speak [as well as the Light] was of that sort [i.e. a body]." A. is mainly concerned here with the error of materialist thinking, but *quandam*, implying that *substantiam* is being used loosely, hints at a second, related error on which he had touched at 3.7.12 and which he will address again at 7.12.18: "evil is not a substance," because it is a nullity, only the absence of good. For the region of evil as imagined by Mani and its relation to the region of Light, see Lieu 1992: 12–14.   **creasse** = *creauisse*.   **qualiscumque ... pietas** "my religious sense, such as it was." The apologetic qualification is explained in what follows: A. aspired to a worthy conception of the divine, only to succumb to crude misconceptions. **angustius ... grandius**: the adjectives are substantivized ("I posited the evil mass *as a more compact thing*"), G–L §211 r. 4. **recurrere in catholicam fidem**: this surprising comment should be understood in light of A.'s declaration at the start of his religious quest that nothing without the name of Christ would satisfy him (3.4.7); so again in ¶25. Although he begins by discussing the nature of God, what preoccupies him by the end of this ¶ is the status of Christ in the Manichean system. *catholicus* is taken into Latin from καθολικός "universal" toward the end of the second century, but becomes common only in Christian writers, for whom it usually means "taught or practiced by the mainstream Christian church," or "orthodox" as opposed to "heretical" (*TLL* 614.81–2). **repercutiebatur**: see ¶13 *refracto ... studio* (n.). **magis pius mihi uidebar ... opinarer finiri**: the core of this long sentence is the condition *magis pius mihi uidebar, si te ... infinitum crederem . . . quam si . . te opinarer finiri*, but *crederem* and *opinarer* are past potential rather than contrafactual. **non erat ... quam esse arbitrabar** "was not what I thought it was." **cui confitentur ex me miserationes tuae** "to whom your acts of compassion make declaration through me," adapted from the quadruple refrain of Psalm 106 which A. knew in the form *confiteantur domino miserationes eius*. A. means that he now bears witness to his escape from Manicheism thanks only to God's merciful action within him; the verse is used similarly at 6.7.12. **ex ceteris partibus ... ex una, qua tibi moles mali opponebatur**: Mani imagined the Light as extending infinitely to north, east, and west, and the Dark as pressing into it like a wedge from the south beneath. **melius mihi uidebar credere** "I seemed to *do better to* believe"; adverbs like *bene* and *male* often evaluate the simple fact of something being done (i.e. that it was good or bad to do) rather than the way it is done (*OLS* 928–9). **quia et mentem cogitare non noueram**: compression has obscured the thought. When A. says that he could think only in terms of corporeal realities because he thought that even (*et*) the human mind was corporeal, he assumes that readers will see the absurdity of the latter view. He takes the phenomenon of mind to be the one obvious spiritual reality of which any human has direct experience. **subtile ... quod tamen per loci spatia diffunderetur** "rarefied, but still extended in space"; the *tamen* clause is a comment on *subtile*, and another way of saying "but still corporeal." **qualem putabam naturam mali** "an evil being such as I imagined." **ipsumque saluatorem nostrum, unigenitum tuum, tamquam de massa lucidissimae molis tuae porrectum ad nostram salutem ita putabam, ut aliud de illo non crederem nisi quod possem uanitate imaginari** "And I thought that our savior himself, your only begotten [son], proceeded, as it were, from the vastness of your most luminous substance, [thinking] in such a way that I believed no more about him but what I could imagine in my vanity." *saluatorem* and *unigenitum* are scriptural appellations for Christ, but otherwise, A. is describing Mani's teaching about Jesus the Luminous, who is a spirit sent from the Light to Adam, and one of three distinct identities of Jesus in Mani's system (see Lieu 1992: 21–7 and 161 and Solignac XIII 674–6). The juxtaposition of two unmistakably Christian words with Mani's heterodox image brings out the eclecticism of A.'s belief. The point of *aliud de illo non crederem... imaginari* is that Manicheism left A. with no grounds for believing the gospel accounts of Jesus' life.   **talem ... naturam eius**: i.e. Jesus conceived as a being of the Light.   **Maria uirgine**: named only here in *Confessions*. Although Mary's role in Christian theology is already important, she plays little part in Christian piety in this period.   **carni concerneretur**: the verb *concerno* "commingle with" rarely occurs before A.'s time, and is chosen here partly for the sake of an extended word play (*carni concerneretur ... in carne natum ... ex carne inquinatum*) that mimics the process described. For a Manichee, the entrapment of the Light in flesh was the greatest possible wrong.   **concerni autem et non inquinari non uidebam, quod mihi tale figurabam** "I did not see [Christ] in the form I imagined him as being 'commingled' without also being contaminated."   **spiritales tui** "those filled with your Spirit." *spiritalis* (the spelling *spiritualis* becomes current later) enters Latin through translations of Paul's epistles, where it is opposed to *carnalis* (Romans 7: 14, 1 Corinthians 3: 1), as here and often in A. For the meaning of *homo spiritalis* in *Confessions*, see Teske 1992.   **ridebunt me**: A.'s sensitivity about the critical scrutiny of others often surfaces in *Confessions*: see 4.1.1, 5.10.20, 9.2.3, 9.12.33, 10.12.19, and O'Donnell's note on *irrisor* at 1.6.7.   **confessiones**: so most MSS and editors, but the oldest MS reads *confusiones*.

5.11.21 quae illi in scripturis tuis reprehenderant defendi posse non existimabam: yet at 3.7.12–3.10.18, A. had stepped out of his story into his present in order to present a lengthy defense against the Manichean critique.   **aliquando** "at long last" (*OLD* 5). In *On the advantage of believing* 13, A. says that as a young man he embraced the Manichean view of the Old Testament without consulting Christian interpreters or even reading the books himself. He describes an unsuccessful effort by his mother to set up a consultation at *Confessions* 3.12.21.   **doctissimo** + genitive (*OLD doctus* 1 a).   **inde** = *de eis* "about them."   **iam ... etiam apud Carthaginem** "already still back in Carthage."   **Elpidii cuiusdam**: known only from this passage.   **resisti non ... posset**: impersonal passive with the dative.   **scripturas noui testamenti falsatas**: the Manichees relied on inconsistencies between the gospels especially to build a case for interpolation in the New Testament (Lieu 1992: 154–8); they were unconcerned with the textual integrity of the Old Testament, which they largely rejected.   **atque ... proferrent** continues *cum dicerent*.   **sed**

me maxime ... respirare non poteram "But when I was caught and choking on thoughts of bodies, what most of all was pushing me under, so to speak, were those masses [of Light and Dark] under whose weight I gasped, and could not breathe the limpid, pure air of your truth." *in auram* goes with *respirare* (cf. *in auram catholicam respirabis* at *Against Julian* 6.25), *liquidam* is a conventional epithet of air (*OLD* 2 c), and *auram ... simplicem* is borrowed from Virgil's description of the purified soul at *Aeneid* 6.747. Rhetorically, this image-laden sentence works as an epiphonema (Lausberg 1998: §879) or graphic recapitulation of A.'s troubles with the materialist cosmology of the Manichees. But the imagery is not merely ornamental. The series of words related to breathing (*offocatum, anhelans, auram*, and *respirare*) and the metaphor of drowning in *deprimebant* invite the reader to connect both senses of the word *spiritus*: ignorance of the spiritual is like being deprived of the breath of life. A. again applies the asphyxiation metaphor to materialism at 6.6.9 (*anhelaret*).

5.12.22 This ¶ explicitly connects the behavior of students in Rome with the behavior of students in Carthage in ¶14, but a strong undercurrent also connects it with themes developed in the narrative of the pear theft at 2.4.9–2.10.18.

agere coeperam, propter quod ueneram, ut docerem "I began to set about teaching, for which I had come"; *agere* governs the noun clause *ut docerem* (*OLD ago* 19), which is the referent of *quod*.   **prius domi congregare aliquos quibus et per quos innotescere coeperam**: as at Carthage, A. had to do his own recruiting in Rome; nothing indicates that he enjoyed a salaried appointment as later in Milan: see 6.7.11 *publica schola uterer* (n.). *prius* indicates a first step; prestigious schools were located in and around the Roman fora, not in private lodgings (Bonner 1977: 115–16). A. did not remain in Rome long enough to have taught for much more than one school year.   **illas euersiones a perditis adulescentibus**: as described in ¶14; *euersiones* connects that episode with the *euersores* of 3.3.6.   **ne mercedem magistro reddant**: evasion was possible because school fees were paid retroactively, at the end of the month or year (Bonner 1977: 146–8).   **prae pecuniae caritate iustitia uilis est**: *prae* means "in comparison with" (*OLD* 4). The words *carus* and *uilis* are applied to commodities that are "costly" and "cheap" respectively, but writers of all periods play on the discrepancy between monetary and moral value in using them (cf. *TLL carus* 507.37–49).   **oderat etiam istos cor meum, quamuis non perfecto odio**: scriptural language is used to evaluate A.'s reaction by scriptural standards. *cor meum* is a frequent biblical periphrasis for "I" (e.g. Psalm 15: 9 *laetatum est cor meum*, Job 27: 6 *reprehendit me cor meum*), while *perfecto odio* is taken from from Psalm 138: 22 *perfecto odio oderam illos* and means (according to *Expositions of the psalms* 138.28) hating evil but loving sinners as God's creatures. *etiam istos* lumps Roman students together with the Carthaginian rowdies of ¶14.   **quod enim ab eis ... illicita faciebant**: A. means that he hated the prospect of victimhood more than he hated the objective viciousness of the victimizers. The *quod* clauses are "fact that" or causal clauses, and *eo + quod* means "because of this, that." A. often combines a causal ablative of *id* with the conjunction, as at 3.12.21 *respondit ... me adhuc esse indocilem eo quod inflatus essem nouitate haeresis*; see H–S 572.   **fornicantur abs te**: the phrase is borrowed from Psalm 72: 27 *perdidisti omnem qui fornicatur abs te*. *fornicor* "go whoring" comes into Latin from translations of (ἐκ)πορνεύω in the Bible, where it usually means turning from the God of Israel to the worship of other gods. A. applies it to a much wider range of human behavior than idolatry. In his meditation on the pear theft, he wrote that "the soul goes whoring whenever it turns away from you, and seeks outside you what it does not find pure and clear until it returns to you" (2.6.14). The prostitution metaphor is carried through the sentence in *amando, lucrum, amplectendo*, and *meretrici*.   **uolatica ludibria temporum** "fleeting streaks of foolery." A. always uses *ludibrium* of harmful fun (his prime example being the theater from which people seek amusement even as it degrades them, to the delight of demons who preside there, e.g. *City of God* 2.4). The fun here consisted of suddenly ganging up with others to trick a teacher, a situation parallel to the theft of fruit in book 2, where the narrative similarly focuses on peer pressure and *ex ludo et ioco nocendi auiditas* (2.9.17).   **lucrum luteum**: this alliterative image is A.'s invention, perhaps influenced by Titus 1: 7 *turpilucri* (the King James rendering of which is the source of our expression "filthy lucre"). But Plautus had already made the association *multos iam lucrum lutulentos homines reddidit* (*Captives* 326).   **et nunc tales odi prauos et distortos, quamuis eos corrigendos diligam** "even now [that I am charged with the care of souls], I hate such people as being crooked and twisted, though I love them as needing straightening out." The adjectives and the participle are predicative, and *corrigendos* (*OLD* 2) picks up metaphors in *prauos* and *distortos*.   **pecuniae ... ei**: the datives are governed by *praeferant*; *ei = doctrinae*.   **ueritatem et ubertatem**: word play identifies the two ideas, as later at 9.10.24 *regionem <u>ubertatis</u> indeficientis unde pascis Israel ... <u>ueritate</u>*.

5.13.23 missum est a Mediolanio Romam: although emperors in the West now resided chiefly in Milan and rarely came to Rome, Rome remained the cultural capital, in a position to supply educational resources that Milan lacked. Major cities throughout the empire sought official professors of rhetoric and grammar to set up schools alongside those that operated privately. In addition to fees collected from students, the holders of these appointments received a salary, which was paid in some cases by the town council and in others by the imperial treasury (on the schools of late antiquity, see Jones 1964: 997–1002). A. does not indicate whether the salary in this case was to be paid by the town or by the treasury. The language of his letter of resignation three years later (9.5.13 *renuntiaui ... ut scholasticis suis Mediolanenses uenditorem uerborum alium prouiderent*) suggests that he may have been hired by the town. On the other hand, the fact that the request for a new teacher was directed to the emperor's representative in Rome and was accompanied by a permit to use the imperial post (see *euectio* below), and the fact that A. was soon engaged in delivering a panegyric of the emperor (6.6.9) suggest that the initiative may have come from the palace. The source of the salary may have made little difference to the duties of the position.   **ad praefectum urbis**: in the more or less permanent absence of emperors and consuls from Rome through late antiquity, the Urban Prefect was effectively the city's chief executive. He was appointed by and reported to the emperor, and held responsibility for policing the city and for judicial administration (*BNP* "praefectus urbi" XI 760). He had recently acquired a supervisory role over schools of higher education in Rome as well (*Theodosian Code* 14.9.1), which would have given him a unique knowledge of candidates for the position in Milan. The current incumbent, moreover, happened to be a distinguished orator in his own right.   **euectione publica** "a permit to travel by government transport," on which, see Jones 1964: 830–1.   **ambiui** "I strove" governs *ut ... mitteret*. Since elsewhere in *Confessions*, *ambire* and *ambitio* denote worldly ambition in the abstract (2.6.13, 6.6.9 (twice), 8.6.15, 9.1.1, 10.30.41, and 10.36.59), A. is probably not alluding here to details of the selection process for the Milan appointment.   **eos ... uanitatibus ebrios (quibus ut carerem ibam, ...)**: the antecedent of *quibus* is *uanitatibus*, not *eos* (cf. *Letter* 36.19 *bibi cum tali iucunditate, quae careat ebrietate*), *carerem* has the sense "to be free from, rid of" (*OLD* 3), and the purpose of the clause lies not with A. but with God; see ¶2 *uexarentur* (n.).   **utrique nesciebamus**: just as on the occasion of A.'s journey from Carthage to Rome in ¶15, the principals act in ignorance of God's plan.   **dictione**: a speech, especially an extemporized display piece (*OLD* 4).   **praefectus tunc Symmachus**: Quintus Aurelius Symmachus, the scion of a wealthy, aristocratic, and not yet Christian senatorial family, was also a leading orator of the period (*PLRE* "Q. Aurelius Symmachus 4" I: 865–70 and Barnes 1992). The most famous event of his brief prefecture (which began after mid-June of 384 and had ended by late February of the next year) was a clash with Ambrose over the elimination of vestiges of Roman cult from the senate house. But it is not known whether that episode preceded or followed the sending of A. to Milan.   **et ueni Mediolanium ad Ambrosium episcopum**: this sentence echoes ¶3 *iam uenerat Carthaginem … episcopus Faustus* and begins a series of explicit and implicit contrasts with Faustus. Ambrose had been elected bishop of Milan ten years before A.'s arrival; for his career, see *ODCC*; for his relations with A., see *A-L* "Ambrosius" I 270–85. In *Against the Letters of Petilian* 3.25.30, A. says that he arrived in Milan before the consul of 385 took office on the first of January.   **in optimis notum orbi terrae**: the latter half of the phrase alludes to Ambrose's political and intellectual influence far beyond his own diocese, and *in optimis* "among the best sort of people" perhaps hints that he made enemies too; Possidius paraphrases the passage at *Life of Augustine* 1.3, *tunc episcopatum administrabat … in optimis uiris praeclarissimus sacerdos Ambrosius*.   **eloquia strenue ministrabant adipem frumenti tui et laetitiam olei et sobriam uini ebrietatem**: this pastiche of biblical language conveys both the flavor and the content of Ambrose's sermons. More simply put, it means that he preached on Christ in the Scriptures. The plural of *eloquium* is peculiar to Bible translations, where it usually refers to the words of God. A. can suggest an approximation between the words of Ambrose and the words of God because Ambrose's sermons (like his own) were heavily Scripture-based. *ministrare* means to administer the word of God through preaching as well as to administer sacraments (e.g. *To Cresconius, a Donatist grammarian* 2.11.13 *uerbum et sacramentum dominicum ministramus*). *frumentum et uinum et oleum* is a scriptural formula that expresses God's bounty (Psalm 4: 7–8 *dedisti laetitiam in corde meo a fructu frumenti et uini et olei sui multiplicati sunt*, cf. Joel 2: 19 and Osee 2: 8). But since Ambrose (again like A) interpreted these material goods spiritually (see *Explanation of twelve psalms* 36.19), each term is reenforced with further hints of the deeper meaning. *adipem frumenti* "fatness of grain" is borrowed from Psalm 147: 14 and *laetitiam olei* recalls the "oil of gladness" of Psalm 44: 8. The oxymoron *sobriam uini ebrietatem* originated in Judeo-Christian commentary on Psalm 22: 5 *calix meus inebrians quam praeclarus est*, and often occurs in Ambrose's writings (e.g. *On Joseph* 11. 60 and *Hymns* 2.23–4); see also the note in Courcelle 1968: 266–7. Christian interpreters held that the grain, the oil, and the wine all pointed to Christ (cf. *Expositions of the psalms* 4.9 *[Christus] est enim et frumentum dei … est et uinum dei … est et oleum dei*), an interpretation to which A. returns at 9.4.10. For fuller background on this passage, see O'Donnell's note.

peregrinationem meam satis episcopaliter dilexit "He welcomed [this stage of] my journey in a manner quite befitting a bishop." A *peregrinatio* is literally a stay in some place that is not home (*OLD* 2), and sometimes in A., and possibly in the context of this move to Milan, it means no more than that. But in the vast majority of its 246 occurrences in A.'s works, the word is a metaphor for an earthly journey (or "pilgrimage," which derives from the Latin word) toward a home in heaven, a sense relevant here as well. When recounting his departure from Carthage, A. had suggested that the voyage was both literal and spiritual (see ¶15 *seruans me ab aquis maris* (n.)), and here as there he stresses a divine purpose behind the journey. *episcopaliter* is a neologism (and a hapax in A.'s works), created to balance *paterne*; *satis* adds that Ambrose's action was appropriate to the situation (*OLD* 9). On one level, A. means that Ambrose's comportment was appropriate to a relationship between the church leader in Milan and a ranking member of its educational establishment (see O'Donnell's note on episcopal hospitality and openness). On another, he means that Ambrose reacted to his spiritual progress not only as a father but as a pastor who took some responsibility for guiding it, unlike the Carthaginian bishop of 3.12.21 who declined to get involved with A.   **quod ... desperabam**: as already remarked in ¶19.   **disputantem in populo**: although the language suggests a setting like that of Faustus' lectures, it is clear from 6.3.4 and from Possidius' paraphrase (*Life of Augustine* 1) *frequentissimis in ecclesia disputationibus* that A. is referring to sermons which Ambrose preached in church on Sundays.   **quod attinet** "so far as concerns," a *quod* restrictive clause in apposition with the statement about the inferiority of Ambrose's speaking style (G–L §627 r. 2).   **ille ... ille**: Faustus and Ambrose respectively; a sound effect (*aberrabat ... saluberrime docebat*) reenforces the antithesis.   **longe est a peccatoribus salus**: the point of this quotation from Psalm 118: 155 is to underscore the following *propinquabam*.

5.14.24 Cum enim non satagerem discere quae dicebat, sed tantum quemadmodum dicebat audire: the verb *satago* is rare but classical in the sense "be busy, bothered"; it becomes frequent in A.'s works (8 × in *Confessions*), where it often has a sense akin to *curo* and governs an infinitive or noun clause. *discere/dicebat* is an antithetical word play repeated at 6.3.4 *quae debebam quaerendo discere, accusando dixeram* (also *Against Julian* 5.17 *libentius disco quam dico*). *quemadmodum = quomodo*; for the indicative *dicebat*, see ¶14 *unde .... persuasum est* (n.).   **ea (mihi)** modifies *cura*. A. introduces his last lingering interest only to dismiss it as *inanis*, but it took him in a direction he did not expect.   **desperanti ad te uiam patere homini**: "despairing that a way to you stands open for any human being"; the generalization *homini* intimates that A.'s quandary was a consequence of the philosophical position he took up in ¶19.   **diligebam ... neglegebam**: another recurrent word play in A. (cf. *To Cresconius, a Donatist grammarian* 4.22.27 *nec diligens ... sed potius salutis suae neglegens* and *On the Christian struggle* 1 *neglegunt aeternum deum et diligunt instabilia et mutabilia*).   **quam diserte diceret ... quam uere diceret**: indirect questions depending on *excipiendum* and *intrabat* respectively.   **gradatim**:

the stages are punctuated by *primo* = "at first" in the next sentence and *tum uero* at the beginning of ¶25. **ipsa** "the things themselves," meaning content as opposed to words, like *res* above. **iam (coeperunt)**: the five-fold repetition of *iam* in this ¶ tracks the duration of the first stage. **fidem**: subject of *adseri*. **maxime audito uno atque altero et saepius aenigmate soluto** "especially after hearing one, and another, and several times conundrums solved"; the series conflates two numeral adjectives with a frequentative adverb. The two participles are not grammatically coordinate, but *audito* functions as the participle of the ablative absolute, while *soluto* forms a noun phrase with *aenigmate* ("the solving of a conundrum"): for the combination of participles, see *OLS* 995, K–S I 772 Anm. 5. When A. uses the word *aenigma*, he almost invariably has in mind Paul's use of it at 1 Corinthians 13: 12 *uidemus nunc per speculum in enigmate*. **scriptis ueteribus**: the Old Testament. **cum ad litteram acciperem** "when I interpreted [the Old Testament] according to the letter." A. anticipates here the lesson he will learn from Ambrose at 6.4.6, that Scripture contains a spiritual sense which is more significant than the literal one. **legem et prophetas**: a biblical alternative (e.g. Matthew 22: 40) to the term "Old Testament." The nouns are direct objects of the following participles, which are governed by *resisti*, an impersonal passive. **ideo (mihi)** cues the *quia*-clause, as the following *ideo* cues the next one. **et ipsa** "it as well [as the Manichean faith]"; *ipsa* = *illa*. **ita enim catholica ... appareret** "For the Catholic church seemed to me undefeated without yet appearing triumphant"; the result clause sets a limiting condition on the main statement, as described at G–L §552 r. 4 and *NLS* §167. Christian writers often use *catholica* without a substantive to mean *catholica ecclesia* (*TLL* 617.30–62).

5.14.25 Tum uero fortiter intendi animum: up to this point, A.'s stance has paralleled his response to earlier situations in which he faced objections to something he believed in: he suspended judgment (cf. 4.3.6 and ¶9 above). This final ¶ of the book, however, shows him exerting himself to reach a decision about *something*. He does not describe the process that led to it, but given the fixation on books that he describes in 6.11.18, he probably plunged into another bout of reading. **si quo modo** "whether in some way," an indirect question after an expression meaning "to try" or "test" (G–L §460 1 b). **documentis** "proofs," a predominant sense in later Latin, and often implying textual proof (*TLL* 1807.13–15 and 1808.62). *certa documenta* is a frequent collocation in A., as in a similar context at 4.3.6. **falsitatis**: genitive of the charge with *conuincere* (G–L §378). **quod si possem spiritalem ... abicerentur**: for *spiritalem substantiam cogitare*, see the parallel context, ¶19 *cogitare nisi moles corporum non noueram* (n.). *possem, soluerentur,* and *abicerentur* are imperfect subjunctives in a *past* contrafactual condition: see ¶16 *si feriretur ... sanaretur* (n.).   **machinamenta** "machinations," referring not to the elaborate cosmology of the Manichees, but to the criticisms by which they sought to discredit the Old Testament; cf. *calumniae* and *figmenta* at 6.3.4. In A.'s parlance, the word usually connotes something that is artificial and often something baleful. Other passages in which it coincides with mention of Manichees suggest that it may have been chosen partly for the play of sound (cf. *On the advantage of believing* 18.36, *On continence* 5.14).   **de ipso mundi huius corpore omnique natura**: this phrase stands first in the sentence because it is understood both with the main clause *considerans ... iudicabam* and with the indirect statement *probabiliora sensisse philosophos. natura* means "creation" (*TLL* 186.59–73).   **probabiliora** perhaps signals A.'s current allegiance to the Academics, for whom the probable provided an adequate criterion for action in the absence of human access to truth or certainty.   **magis magisque**: doubling of adverbial expressions is a common means of emphasis in all periods of Latin (H–S 809).   **sicut existimantur** "according to the accepted view of them," alluding to A.'s belief that the true doctrine of the Academics differed from their public teaching: see ¶19 *quos academicos appellant* (n.).   **manichaeos quidem ... decreui**: *quidem* "at any rate" emphasizes the definiteness of A.'s decision about the Manichees despite his general uncertainty (*OLD* 3 c).   **eo ipso tempore dubitationis meae** "even in that period of doubt," again drawing a contrast with his one firm decision.   **quod sine salutari nomine Christi essent**: a criterion by which A. habitually assessed the philosophy he read, cf. 3.4.8 and 7.8.14.   **curationem languoris animae meae**: this phrase, echoing a description of Christ *curans omnem languorem et omnem infirmitatem* at Matthew 9: 35, implicitly explains why A. was looking for philosophy with a Christological dimension. At the same time, it corrects any impression arising from his repeated references to "philosophers" that he has been describing an intellectual problem: his malaise was spiritual.   **statui ... esse catechumenus in catholica ecclesia**: in A.'s time, the decision to be a catechumen did not necessarily entail beginning a course of instruction or even committing to a definite timetable for baptism. But it did have public consequences. A. would have been seen regularly attending Sunday services at Ambrose's cathedral in the center of Milan, and been seen leaving in the company of the unbaptized after the sermon. On the place of catechumens in the church, see *A-L* "catechumenus" I 788–94 and Van der Meer 1961: 353–7.   **donec aliquid certi eluceret**: see ¶13 *nisi aliquid forte quod magis eligendum esset eluceret* (n.); *aliquid certi* is a partitive genitive phrase, "something certain."

BOOK VI

Chronology: book 6 picks up the narrative at some point in the spring of 385, with the arrival of A.'s mother in Milan (¶1), and covers the remaining months of his life at the age of 30 (¶18). But midway through, A. diverges from his own story to relate a series of earlier episodes from the life of his friend Alypius which take up a quarter of the book.

6.1.1 Spes mea a iuuentute mea quotes Psalm 70: 5, while the following *quo recesseras?* is adapted from Psalm 9: 22 *utquid domine recessisti longe?* **ubi mihi eras**: for the scripturally influenced use of the dative, see 5.10.18 *ut sanares animam meam, quoniam peccabat tibi* (n.). The opening questions announce the theme of book 6, which chronicles the frustrations that A. experienced in his misguided quest for *sapientia* and happiness. **an uero non tu feceras**: for the use of emphatic *tu* in a verifying question, see *OLS* 740. **discreueras me a quadrupedibus et a uolatilibus caeli sapientiorem me feceras**: taken from Job 35: 11 in the non-Vulgate version which A. knew; *a uolatilibus* is part of the comparative construction, following the Hebrew use of prepositions in comparisons (see Löfstedt 1942: I 329). According to *Comments on Job* 35, the point of that passage is that God made human beings capable of apprehending spiritual realities beyond the material world. **per tenebras et lubricum**: at Psalm 34: 6 these words were part of the psalmist's prayer that the ways of his persecutors might bring about their downfall; A. applies them to the spiritual peril into which he himself has fallen. *lubricum* initiates a series of words for danger that run through the ¶. **foris a**: in classical usage, *foris* is adverbial, meaning "outside"; in Christian writers, combined with *a*, it often works as a preposition (*TLL* 1046.57–75). **deum cordis mei**: a phrase from Psalm 72: 26, but here opposed to *foris*: God was to be found within A.'s heart, where he did not look; see 7.7.11 *intus enim erat, ego autem foris, nec in loco illud* (n.). **in profundum maris**: this phrase from a non-Vulgate version of Psalm 67: 23 is interpreted by A. as symbolizing sin: see 5.8.15 *seruans me ab aquis maris* (n.). **diffidebam**: not "I lacked confidence" but "I was unbelieving," as often in Christian writers (*TLL* 1101.42–3).

Iam uenerat ad me mater: for *iam uenerat*, cf. 5.3.3 *iam uenerat Carthaginem ... Faustus* (n.). While A. remains spiritually at sea, Monnica makes a successful crossing: literal and allegorical are fused, as at 5.8.15 *seruans me ab aquis maris ... ad aquam gratiae tuae*. Monnica would probably not have set out for Milan before the sailing season opened in March of 385, some months after A.'s arrival there. Although she surely made the voyage accompanied by an entourage including A.'s brother Navigius (see O'Donnell's note on this ¶ and the reference to her party (*sui*) in ¶2), A. chooses to depict her as traveling alone, as he depicted himself at

5.8.15. pietate fortis "doughty in faith," in contrast with A.'s *diffidebam*. A. continues to develop Monnica's faith as the foil to his lack of it throughout the ¶: *secura, secura, certa, fiduciae, certa*. **terra marique me sequens**: *terra marique* is a conventional hyperbole equivalent to "all over the world." But A. may have in mind the mother of Euryalus at Virgil *Aeneid* 9.492 who likewise attached herself to her son, *terraque marique secuta*. Years later, at *On the care of the dead* 13.16, he again recalled how Monnica *terra marique secuta est ut mecum uiueret*. Given the lag of over a year between A.'s departure from Carthage and Monnica's arrival in Milan, Monnica should probably not be viewed as "pursuing" her son, but as taking up an invitation to join him, once he had settled into his prestigious new post. **ipsos nautas consolabatur, a quibus rudes abyssi uiatores ... consolari solent, pollicens eis peruentionem cum salute**: Monnica plays a part like Paul at Acts 27: 13-44, who similarly received a vision promising safe passage during a storm at sea. But association of ideas may also have put A. in mind of Juvenal's sketch of the adulteress who braves the sea at *Satire* 6.92-102 (he knew the poem: *Letters* 138.16). *consolari* is normally deponent in classical Latin, but begins to be used passively in the second century (*TLL* 481.21); *rudes* means "inexperienced" (*OLD* 5 c); *abyssus* is exclusively biblical and Christian Latin for "the sea" (*TLL* 243.75-6); and the noun *peruentio* is first attested in A., who uses it often. **hoc ei tu per uisum pollicitus eras**: *uisus* means "a dream" (*OLD* 2). For Monnica's prophetic dreams, see 3.11.19, 5.9.17, ¶23 below, Ferrari 1979, and Dulaey 1973: 158-65. **indicassem** = *indicauissem*. **non quasi inopinatum ... traderes illum matri suae** "she did not spring up with joy as though she had heard something startling, although she was now relieved of concern over that portion of my plight in which she used to weep for me as one dead but meant to be restored by you, and [in which] she used to display me on the funeral couch of her imagination in order that you might say to the widow's son, 'Young man, I say to you, arise,' and he might come back to life and begin to speak, and you might restore him to his mother." In yet another shift of role, the widow Monnica is likened to the grieving widow of Nain whose son Christ brought back to life at Luke 7: 11-15, a story evoked earlier by A. at 3.11.19. O'Donnell punctuates with a comma after *audierit*, making *non* modify *quasi audierit* but not *exiliuit*, so that Monnica is characterized as not surprised, but still "delighted." But *nulla exultatione* in the next sentence (from the same root as *exiliuit*, for which see *OLD ex(s)ilio*), again insists that Monnica's response to A.'s news was restrained. Here and elsewhere, A. depicts her spiritual growth as occurring in tandem with his own. The emotionalism for which he had criticized her on her last appearance (5.8.15) now yields to a deeper trust in God. That characterization carries over into the next ¶, describing Monnica's reaction to Ambrose. A *feretrum* (from *fero*) is not a coffin but a portable couch or platform on which the body of the deceased was laid out and carried to burial, like the widow's son in Luke's story. **nulla ergo turbulenta exultatione trepidauit cor eius** "her heart, then, trembled with no unruly exultation." Although *trepidare* can be applied to an access of joy, A. usually applies it to sensations which are negative and unsettling, and *turbulentus* is always pejorative in his lexicon. He is at pains to dissociate the deeper joy that Monnica experienced from mere surface excitement. *ergo* marks the resumption of the sentence begun before the paraphrase of the Lukan story (*OLD* 5), but A. does not finally come to the point until *immo uero ... respondit.* **cum audisset ex tanta parte iam factum quod tibi cotidie plangebat ut fieret, ueritatem me nondum adeptum sed falsitati iam ereptum** "after she had heard that the thing which she was daily imploring to be done had been done to so great an extent— [namely,] that I had not yet reached the truth but that I had been rescued from falsehood." *audisset* (= *audiuisset* by syncopation) governs the indirect statement *factum* (*esse*), of which the subject is *quod plangebat ut fieret.* The relative pronoun *quod* is not the object of *plangebat*, but the subject of *ut fieret*, an indirect command subordinate to *plangebat*. Relative constructions which are interlaced in this way on two or more grammatical levels cannot be transferred literally into English, because English grammar generally resists letting relative pronouns be governed by subordinate verbal elements (clauses or participles) within the relative clause (H–S §307). For the meaning ("pray mournfully") and construction of *plango*, which are not classical, see *TLL plango* 2313.45–51; the primary sense of the verb is "to mourn over someone who has died," which continues the comparison between Monnica and the widow of Nain. *me nondum adeptum* [*esse*] *sed ... ereptum* [*esse*] recapitulates the indirect statement "(heard) that the thing had been done." **et quod restabat** "*also* that which remained." **credere in Christo**: A. has Monnica appropriate a characteristically Pauline expression which here means, not that Christ is the object of her belief, but that he is the ground of her belief about something else (expressed in the following *quod* clause). For this use of the expression "in Christ," see BDAG ἐν 4 c. **quod ... me uisura esset fidelem catholicum**: for indirect statements with *quod*, see 5.2.2 *nesciunt quod* (n.). The verb of such statements may be either indicative or subjunctive, but if a subjunctive is used and if the time is specified as future, a future active periphrastic form is required, as in indirect questions (G–L §515, *NLS* §180–1); cf. *facturus esses* 5.8.15 (n.). Notice that A. here alternates between the accusative + infinitive construction *se credere* and a *quod* clause in successive indirect statements. The expression *emigrare ex/de/ab hac uita* is frequent in A. (again in 9.3.5) and implies that death means moving to a new abode. **et hoc quidem mihi**: sc. *respondit*, and *effudit* or the like must be understood with *preces et lacrimas* following. (But the syntax of this sentence would be clearer if *lacrimae* were read in place of *lacrimas*, and if *hoc*, *preces*, and *lacrimae* were taken as subjects of an understood *erat/erant*, along with *currere* and *suspendi* following.) In contrast with the elaborately composed sentences relating Monnica's conversation with her son, the description of her recourse to God imitates the broken speech in which it unfolded; there is a similar ellipse at *inde ad suspiria et gemitus et gressus* in ¶24.   **ut accelerares adiutorium tuum et illuminares tenebras meas**: the two prayers are borrowed from Psalms 69: 2 and 17: 29 respectively; the subjunctives are indirect commands depending on *preces*.   **currere ... suspendi**: the infinitives must be noun subjects of an expression for "to be" or "to happen" (*OLS* 746–7); A. does not use the historical infinitive in *Confessions*. A. had described himself as "hanging upon" Ambrose's words at 5.13.23.   **fontem salientis aquae in uitam aeternam**: the words of Christ's promise to the Samaritan woman at the well (John 4: 14): as at 5.13.23, Christ is the theme of Ambrose's preaching. An association between *os* and *fons* was facilitated by the fact that in antiquity as today, fountains often took the form of water spouting from the mouth of a human or animal sculpture.   **autem** "and in fact" (*OLD* 4): on top of Ambrose's preaching, Monnica had a personal motive for cherishing him.   **sicut angelum dei**: borrowed from Paul's account of the reception he received among the Galatians (Galatians 4: 14).   **quod per illum cognouerat me interim ad illam ancipitem fluctuationem iam esse perductum per quam transiturum me ab aegritudine ad sanitatem, intercurrente artiore periculo quasi per accessionem quam criticam medici uocant, certa praesumebat** "because she knew that in the meantime, thanks to him, I had now been led to that doubtful wavering through which she felt assured that I would move from sickness to health, with an interval of acute peril resembling what doctors call a 'critical spike'." *fluctuationem* is the skepticism that A. adopted as principle at 5.14.25; the word recalls both his self-description there as *dubitans de omnibus atque inter omnia fluctuans* and the sea image with which the present ¶ opened. *accessionem* and *criticam* are terms borrowed from ancient medical discourse about fevers, of which there was an elaborate classification (e.g. Celsus *On medicine* 3.3). An *accessio* is an onset of high fever (*OLD* 2), and *critica* refers to symptoms that indicated whether the patient would recover or not (*TLL* 1211.59–71). A. implies that his skepticism about the possibility of knowing the truth put him at even graver risk than his Manicheism.

6.2.2 memorias sanctorum: for *memoria* = "shrine," see 5.8.15 *memoria beati Cypriani* (n.). During the fourth century it became customary for commemorative meals to be held at and even inside the chapels and churches of martyrs, especially in north Africa, where such sites were numerous and dispersed (for a list, see *A-L* "Festa sanctorum et martyrum" II 1281–305). These celebrations were individual initiatives on the part of the laity, however, and distinct from liturgies organized by church authorities (see Van der Meer 1961: 498–526 and Kotila 1992: 62–72).   **pultes** is from *puls*, a porridge of boiled grain like polenta (see *BNP* "polenta" XI 462). A. is stressing the simplicity of the food and drink Monnica took to the shrines, by contrast with the lavish picnics that brought the custom into disfavor with bishops.   **ostiario**: in an ecclesiastical context, the doorman is not just a servant, as in a private home, but a minor official within the hierarchy (see *ODCC* "doorkeeper" and "Minor Orders").   **pie** "dutifully."   **disceptatrix** "a disputer," used once by Cicero and once by A.   **non enim obsidebat spiritum eius uinulentia ... eamque stimulabat** "she was not addicted to drink, and love of wine did [not] impel her ..."; the force of *non* extends to the following clause; cf. 5.3.4 *et ... occidunt se tibi* (n.). A. will later recount Monnica's brush with *uinulentia* as a girl (9.8.18).   **mares et feminas** "male and female" emphasizes more than "men and women" would that both sexes were prone to the vice.   **qui ad canticum sobrietatis sicut ad potionem aquatam madidi nausiant** "who gag on a song expressing sobriety as topers gag on watery drink." *canticum sobrietatis* is implicitly contrasted with the drink-fueled singing of others; for the genitive, cf. *Expositions of the psalms* 136.17 *canticum dilectionis saeculi huius*.   **sollemnibus epulis praegustandis atque largiendis** "the traditional foods to be tasted [by her] and passed around [to others]."   **pocillum** is the diminutive of *poculum*: Monnica used a small cup.   **pro suo palato ... sumeret** further notes that the wine was diluted, and that Monnica took only a sip (a tiny sip, he adds below). An apologetic strain has been detected here. *sobrio* = "abstemious"; *dignationem* apparently means "a courtesy sip," but the sense is unique (*TLL* 1132.21).   **non ponebat** "did not serve" (*OLD* 5).   **si multae essent ... memoriae**: group martyrdoms were commemorated at several places in north Africa. The subjunctive *essent* is generalizing ("if ever ...") rather than contrafactual (*NLS* §196).   **idem ipsum unum** "that selfsame single [cup]."   **quod ... poneret**: relative clause of purpose.   **quo ... tepidissimo**: unless A. has made a misstart and put an ablative instead of the accusative that *partiretur* requires, *quo ... aquatissimo sed etiam tepidissimo* must be an ablative absolute.   **cum suis praesentibus** "with her party in attendance," including at least servants.   **antistite**: in classical usage, the word designates a priest or minister of sacred rites, but in A. it refers almost exclusively to Christian bishops.   **pietatis** is understood with both *praedicatore* and *antistite*: Ambrose not only preached on true religious spirit, he made it an episcopal program.   **praeceptum esse ista non fieri** "that instructions had been given that those things not be done." In later Latin, either the accusative + infinitive or *ut* with the subjunctive is used for indirect commands after *praecipio* (K–S I 716).   **nec ab eis** "not even by those" (*OLD neque* 2 b).   **se ingurgitandi** "of getting drunk" (*OLD* 2 b).   **illa quasi parentalia** "that equivalent of the Parentalia," an annual Roman festival in February honoring deceased relatives, on the last day of which food and other offerings were brought to the burial place (see *BNP* "Parentalia" XI 760 and Dolansky 2011).   **gentilium** "of the pagans." In the Latin Bible, *gentilis* translated ἐθνικός or Ἕλλην as used to distinguish a non-Jew from a Jew; Christian writers reapplied it to non-Christians (*TLL gentilis* 1869.35–1872.21). The term is therefore a Bible-based synonym for the derogatory *paganus*, which A. never uses in *Confessions*, though he uses it freely in other works.   **abstinuit se**: in the sense "refrain from," the verb can be either reflexive (*OLD* 5) or intransitive (*OLD* 8).   **terrenis fructibus ... purgatioribus uotis**: a variation on A.'s habitual contrast of material versus spiritual.   **didicerat**: the pluperfect, like *uenerat* above, indicates that A. is still filling in background to the main storyline of book 6.   **ut et quod posset daret egentibus et** "so that in consequence she both gave what she could to the needy, and ..."; Monnica converted the contents of her food basket or the cost of them to almsgiving.   **sic**: i.e. *purgatioribus uotis*.   **communicatio dominici corporis** refers to the celebration of the eucharist: evidently Monnica was persuaded to give up the custom of private devotions at the martyr chapels, but 9.13.36 seems to imply that she had always attended daily Mass.   **coronati**: in an image deriving from Paul's *incorrupta corona* at 1 Corinthians 9: 25, the martyrs were habitually characterized as athletes who had triumphed in a contest for which the prize was the crown of immortality.   **fuisse cessuram**: the future participle + *fuisse* replaces a pluperfect subjunctive when the main clause of a past contrafactual condition is put into indirect statement (G–L §597.4).   **conuersationem**: the noun occurs sporadically with the meaning "way of living" in classical Latin (*OLD* 3), but much more often in later Latin; see O'Donnell's note.   **in bonis operibus tam feruens spiritu**: A. has combined two attributes imported from a list of desiderata for widows at 1 Timothy 5: 10 and from a catalog of Christian virtues at Romans 12: 11 respectively.   **erumperet ... in eius praedicationem** "he burst out into praise of her" (*TLL erumpo* 840.64–83).   **nesciens qualem illa me filium**: sc. *haberet*.   **uiam uitae**: except for one passage in Cicero (*In defense of Flaccus* 105), this phrase occurs only in Christian authors, invariably with reference to scriptural passages (e.g. Jeremiah 21: 8, Psalms 15: 11, Proverbs 6: 23, and 10:17) declaring that God alone makes known the way of life. It thus points ahead to the opening sentence of the next ¶.

6.3.3 Against Monnica's docile response to Ambrose as a man of God, A. now sets his own secular and uncomprehending perception of him as a magnate. On the role and status of a bishop in late antique society, see Jones 1964: 873–937 and Rapp 2005. The element of this ¶ that has drawn the most copious discussion, however, is the description of Ambrose reading silently to himself in the second part, which runs counter to many indications that the ancients, unlike ourselves, usually read aloud even in private (for a review of the controversy, see Johnson 2010: 3–9). While the passage does indicate that at least one of the ancients was as proficient at silent reading as any modern, Ambrose's practice is hardly to be taken as representative. A. is more concerned to suggest a contrast between his own egocentric approach to books and Ambrose's reading in cooperation with a voice within. "Ambrose is portrayed here as a model of episcopal conduct against which A. later measures himself" (O'Donnell).

Nec iam "not yet" (*OLD iam* 3 d).   **ad quaerendum intentus et ad disserendum inquietus erat animus meus**: rather than resort to prayer, A. persists in a wrong approach to his problems, as *inquietus* signals: see 5.2.2 *inquieti iniqui* (n.). At 5.14.25 he said that he had plunged anew into philosophical inquiry, and this doubtless yielded topics that he was hoping to "discuss" when he approached Ambrose below.   **felicem quendam hominem**: *quidam* often follows an adjective whose force is qualified in some way (*OLS* 1110), the qualification in this case arising from Ambrose's celibacy.   **secundum saeculum** "in wordly terms"; *secundum* is the preposition.   **sic** "so much" (*OLD* 12).   **tantae potestates honorarent**: A. has not yet illustrated the respect in which Ambrose was held or by whom. But at about the time of A.'s arrival in Milan, Ambrose had deterred the young emperor Valentinian II from allowing an altar to the goddess of Victory to be returned to the Senate house in Rome, and not long afterwards he engaged in another contest with the emperor and his mother, one phase of which A. will narrate at 9.7.15–16 (details in McLynn 1994). For *potestas* meaning the office-holder rather the office, see *OLD* 4.   **caelibatus tantum** "only his celibacy." In A.'s time, it was possible in both East and West for married men to be ordained bishops, priests, or deacons, but only on condition that they gave up sexual relations with their wives, and no one was allowed to marry after ordination; Ambrose was among those pressing for strict observance of the rules (details in Heid 2000: 201–82).   **quid autem ille spei gereret**: this indirect question and the three which follow (*quid luctaminis haberet, quidue solaminis [haberet]*, and *quam sapida ... ruminaret*) are governed by *conicere* and *expertus eram*; *spei, luctaminis*, and *solaminis* are partitive genitives with *quid. luctamen* and *solamen* are rare and poetic in classical Latin, more commonplace in later Latin.   **ipsius excellentiae** = "of *that* preeminence":

see 5.7.12 *ipsam sarcinam* (n.). **et occultum os eius, quod erat in corde eius, quam sapida gaudia de pane tuo ruminaret** "and what savory delights [provided] from your bread his unseen mouth—the mouth which was in his heart—chewed over." Although the use of *rumino* to mean "meditate" or "ponder" was current in classical Latin (*OLD*), A. was indebted here and elsewhere to an allegorical interpretation of Leviticus 11: 3 that he took over from Ambrose. That passage made rumination, or chewing the cud, a criterion by which "clean" animals acceptable for eating were distinguished from animals which were not. In *Explanation of Psalm 118* (7.25), Ambrose applied it to human beings: "we should not pass cursorily over what we read, so as to seem to recall it only in the moment of reading, but also when the book is out of our hands, just as those animals approved as clean under the law are accustomed to chew the cud even when they are not grazing, bringing up from within them the nutrients they have stored up. So let us, too, bring forth spiritual food to ruminate upon from within us, from the storehouse of our memory." (Ambrose in turn had borrowed the interpretation from Origen: see Rufinus' translation of his *Homilies on Leviticus* 4.9.) The bread is the bread of Scripture: *Sermons* 59.6 "the word of God which is preached every day is bread." **aestus** can be a metaphor either of feverish heat (*OLD* 3) or of a roiling sea (*OLD* 7), but *aestus ... mei otiosum eum ualde cui refunderentur requirebant* in ¶4 shows that A. has the latter in mind here. **foueam**: falling into a pit was an image long current in Latin (Otto 1890: 146) and is common in A., but his use of it often resonates with biblical passages (e.g. Psalms 7: 16, Proverbs 26: 27) declaring that the pit is of one's own making. The image will recur in ¶12. **non enim quaerere ab eo poteram quod uolebam**: parallels the situation with Faustus at 5.6.11. **sicut uolebam**: presumably in the form of a discussion, as A. says at the beginning of the ¶, and as he specified in the case of Faustus (5.6.11 *accipiendo ac reddendo sermonem*). **cateruis negotiosorum hominum, quorum infirmitatibus seruiebat**: in A.'s lexicon, *infirmitates* can denote physical, intellectual, or moral weaknesses, but its scriptural associations take precedence over a specific meaning. The word occurs regularly in connection with Christ's healing activity, and most importantly in the comment at Matthew 8: 17 that "this was to fulfill what had been spoken through the prophet Isaiah, 'He took our infirmities and bore our diseases'." The phrase *infirmitatibus seruiebat* implies that Ambrose's work is an extension of Christ's (for its occurrence apropos of episcopal activity elsewhere, see *On the work of monks* 29 *infirmitates ... ecclesiarum quibus seruimus* and *Sermons Dolbeau* 2.11). However, *negotiosorum* here and *causarum* below suggest that Ambrose's callers had business or legal concerns or both. Bishops in major centers like Milan controlled large church holdings in land and shops that could be leased to entrepreneurs, and they also offered a process of arbitrating legal disputes that operated in parallel to civil courts. Writing later from his own experience in *Expositions of the psalms* 118.24, A. complained of being distracted from the study of Scripture by persons who "insist that we get involved in promoting their venal business ambitions," or who cause him to be involved in judging disputes.   **quod perexiguum temporis erat** "which was a very small amount of time"; the antecedent of *quod* is the whole *quando* clause.   **corpus reficiebat necessariis sustentaculis aut lectione animum** to "refresh the body" (Columella 12.33) and "refresh the mind" (Seneca *Moral Epistles* 58.25) are classical locutions, but *sustentacula* "means of sustenance" first enters Latin in A.'s lifetime, usually in reference to food.   **cor intellectum rimabatur** "his mind probed the meaning." *intellectum* is a noun (*OLD* 5); A. often applies *rimor* to the process of penetrating the meaning of Scripture, especially by the allegorical method that both he and Ambrose practiced.   **cum adessemus**: context does not establish whether the first-person plural is an "editorial we" meaning A. alone, whether it includes Monnica, the other party so far featured in the narrative, or whether it refers to A.'s entourage of *familiares*, as in the visit to Faustus at 5.6.11.   **quis enim tam intento esse oneri auderet?** a "double dative" construction, in which *oneri* is a dative of purpose ("[cause] for nuisance") and *tam intento* refers to the person affected ("to [someone] so engaged") (G–L §356); *auderet* is past potential.   **coniectabamus eum ... poterat esse iustior tacite legendi** "we surmised that in that short time he took for reinvigorating his mind, after having gained respite from the din of other people's suits, he was unwilling to be diverted to something else. And [we surmised that] perhaps he was taking care lest, with a listener hovering there and paying attention, it might be necessary for him also to explicate [the text] or lecture on the thornier problems if the author he was reading had expressed some things too obscurely, and [lest] he get through fewer volumes than he wished because of the time devoted to this activity [of commenting]—though in addition, an explanation in terms of conserving his voice, which grew hoarse very easily, might have been the more accurate [explanation] of his reading silently."   **si qua** "whatever": see 5.6.10 *et si qua forte maiora quaererem* (n.). A.'s surmise that Ambrose sought respite from his duties was in part an inference from his own experience as a teacher: see ¶18 *quando reparamus nos ipsos relaxando animo ab intentione curarum?*   **quolibet tamen animo id agere**t: the subjunctive is used with some frequency in generalizing relative clauses from the first century on (*NLS* §196) .   **bono ... agebat**: sc. *animo*.

6.3.4 certe "at any rate" (*OLD* 2), marking a return to the point from which A. had digressed at *non enim quaerere ab eo poteram quod uolebam* in ¶3.   **copia** "opportunity" (*OLD* 7).   **sciscitandi**: frequentative, "of making inquiries," often of oracles (Cicero *On Divination* 1.76, Livy 45.27.8).   **oraculo tuo**: the metaphor is often applied by A. to words of Scripture but very rarely to a human being; elsewhere only *Letters* 54.2.3 (again in reference to Ambrose) and 31.8 (also with *pectus*).   **pectore**: in apposition with *oraculo*.   **nisi cum ... audiendum**: as on one occasion when A. took to Ambrose a question that Monnica had raised about the practice of fasting (*Letters* 36.14.32 and 54.2.3).   **otiosum eum ualde cui refunderentur requirebant** "needed him really free in order to be cast back upon him"; the relative clause expresses purpose.   **nec umquam inueniebant**: though A. never managed to claim Ambrose's time, he will later describe his success in casting his *aestus* upon the priest Simplicianus at 8.1.1.   **uerbum ueritatis recte tractantem**: A. compliments Ambrose with words used to describe Timothy's pastoral role at 2 Timothy 2: 15.   **die dominico**: Sunday, attested as the Lord's Day in Christian Latin texts from the late second century on (*TLL dominicus* 1891.7).   **magis magisque**: cf. 5.14.25 *magis magisque* (n.).   **illi deceptores nostri**: the Manicheans again.   **ad imaginem tuam hominem a te factum** "man made by you in your image," as recounted at Genesis 1: 26; see 5.10.19 *credere figuram te habere humanae carnis* (n.). *factum* here is not the infinitive *factum* (*esse*) but forms a noun phrase with *hominem*, which is the subject of *intellegi*. Throughout ¶¶ 4–8 A. is at pains to stress the limited progress he was making in his quest. In the first place, Ambrose's preaching only partly clarified his understanding of the Genesis text. While it eliminated the interpretation that God was a being with arms and legs, it evidently left A. with no positive idea of what the passage meant—because, as he will explain at 7.1.1, he had as yet no conception of a spiritual reality. In the second place, he portrays himself as handicapped by a rigorous skepticism (see 5.10.19 and 5.14.25) that gave him no basis for embracing any truth as certain.   **quos de matre catholica per gratiam regenerasti**: this qualification hints at the point developed in the following ¶¶, that for a correct understanding of the Bible A. needed faith as well as reason. The *mater catholica* is the Catholic church, as often in A. (cf. *On the Catholic and Manichean ways of life* 1.62 *ecclesia catholica, mater christianorum uerissima*). But *catholica* can also be used by itself to mean the Catholic church, as at 5.14.24 and in ¶5 below. *regenerasti* = *regenerauisti* "caused to be reborn" through the grace of baptism.   **quomodo se haberet spiritalis substantia** "what a spiritual substance would be like."   **ne quidem tenuiter**: the word order (rather than *ne tenuiter quidem*) is postclassical and infrequent (*OLD ne*¹ 6 a), here prompted probably by the length of the phrase A. wishes to emphasize.   **in aenigmate**: see 5.14.24 *maxime audito uno atque altero et saepius aenigmate soluto* (n.).   **erubui** introduces an indirect statement (*OLD* 1 e), "I felt embarrassment that."   **latrasse** = *latrauisse*. In describing advocates of heterodoxy, A. often evokes the image of a mad dog barking, whether himself in *Confessions* (4.16.31, 9.4.11) or heretics in his polemical writings (e.g. *Against adversaries of the law and the prophets* 1.45). **eo** "for that reason" cues the *quod* clause following; cf. 5.12.22 *quod enim ab eis ... illicita faciebant* (n.). **discere ... dixeram**: for the play on words, see 5.14.24 *discere ... dicebat* (n.). **altissime ... praesentissime**: see 5.8.14 *altissimi tui recessus et praesentissima in nos misericordia tua* (n.). **cui membra ... minora** "[you] who do not have some limbs [which are] larger and others smaller"; *cui* is the dative of possession, for which see G–L §349; for the translation of *alia ... alia* see *OLD* 2. **nusquam locorum** "nowhere"; for the genitive with adverbs of place, see G–L §372 n. 3. **non es utique forma ista corporea ... usque ad pedes in loco est**: A. sums up his dilemma: God does not have human shape, and yet a creature said to be made in God's image has a physical body firmly planted in physical space. Hence the unanswered question in the next sentence: what could be the basis of God's image in human creation? *ipse* = *ille* (i.e. *homo*).

6.4.5 pulsans proponerem ... non insultans opponerem: recapitulates *ea quae debebam quaerendo discere accusando dixeram* above. *pulsans*, "knocking at the door" (*OLD* 2), alludes in all but one of its fifteen occurrences in *Confessions* to Christ's counsel *quaerite et inuenietis, pulsate et aperietur uobis* (Matthew 7: 7, Luke 11: 9). *proponerem* is a past potential shading into a jussive, like *opponerem* following: "I might/should have posed the question" (*NLS* §110, *OLS* 503–4), with the meaning of the verb as at 1.13.22 and 7.2.3. *insultans* "taunting," "mocking," is chosen for the sake of the antithesis with *pulsare* (as at *Against Faustus, a Manichee* 15.8). **quasi ita creditum esset**: i.e. as if Christian orthodoxy held that God had human form. **rodebat**: often of psychological torment in A., as again at 8.7.18 *rodebar intus et confundebar*. **quid certi** "what certainty." The repetition *certorum ... incerta ... certa ... certum ... incerta ... certis* shows A. laboriously applying the skeptical criteria he adopted at 5.14.25. **me ... pudebat ... garrisse** "it embarrassed me to have blathered"; *garrisse* is syncopated *garriuisse*. For the construction of *pudet*, see *NLS* §208. **quod enim falsa essent ... quod incerta essent**: for the fluctuation between indicative and subjunctive in "fact that" clauses in later Latin, see *OLS* 626–7. **promissione certorum** refers to the Manichean claim to teach a religion commended by reason rather than authority (Lieu 1992: 152–3); so again at *temeraria pollicitatione scientiae* in ¶7. **puerili errore et animositate**: see 5.10.19 *pristina animositate* (n.); the ablatives modify *garrisse* and express cause (G–L §408). **cum catholicam tuam ... grauiter accusabam** "when with blind dogmatism I assailed your Catholic church, [which was] not teaching those things that I sternly assailed, even if [it was] not yet recognized [by me] as teaching the truth." The participles *compertam, docentem,* and *docentem* qualify *catholicam*; *etsi* modifies *compertam* (G–L §609 n. 1), to which in turn the first *docentem* is subordinated (for the dependence of participles on other participles, see K–S I 772 Anm. 5).   **confundebar et conuertebar**: reverses the words of the psalmist at 6: 11, who in the non-Vulgate version A. knew prayed that his enemies might be turned round into confusion (*conuertantur et confundantur*); A. by contrast was experiencing confusion that would bring a turn for the better.   **unici tui** "your one and only," sc. *filii*; the noun is often omitted (cf. *unici sanguinem* at *Expositions of the psalms* 143.10 and *Sermons* 57.5).   **mihi nomen Christi infanti est inditum**: although A. was not yet baptized, he had experienced rites associated with the catechumenate, which included the tracing of the sign of the cross on his forehead: see *signabar iam signo crucis* at 1.11.17 with O'Donnell's note, *A-L* "catechumenus" I 791, and Saxer 1988: 390.   **non saperet infantiles nugas** "did not think childish nonsense."   **quod te ... contruderet** "that it [the church] crammed you, the creator of all things, into a physical space [which], however exalted and vast, [was] nevertheless bounded in every direction by the shape of a human body."   **spatium loci** is used, like *terrarum locus* at 5.8.14, to emphasize place as a material category.

6.4.6 quod ... non illo oculo mihi legenda proponerentur quo antea uidebantur absurda "that they were not being presented [in Ambrose's sermons] for me to read in that optic in which they used to seem nonsense." In later Latin, the gerundive complements an increasingly wide number of verbs (G–L §430, H–S 372).   **arguebam** "I criticized" (*OLD* 6).   **tamquam ita sentientes sanctos tuos**: i.e. as though they held the view which A. found absurd. *sanctos* means Christians generally, as at 5.9.17 and 9.10.23, following the regular use of ἅγιοι in the Pauline epistles (BDAG 2 d β).   **tamquam regulam ... commendaret** "as if he were recommending a rule," with the subjunctive; *tamquam* and *tamquam si* are used interchangeably (*OLD tamquam* 4, G–L §602).   **littera occidit, spiritus autem uiuificat**: Ambrose was quoting 2 Corinthians 3: 6 in which Paul summed up an argument about the relation between the law of Moses and the "new covenant" of Christ. Because the written tablets that Moses brought from Mount Sinai did not have the power to save humanity from sin, they further contributed to the guilt and death that originated with Adam: thus, "the letter kills." Christ's self-sacrifice removed that guilt, however, and so enabled human beings to enjoy a new relationship with God through the grace of the Holy Spirit, which "gives life." Ambrose, following in the steps of Greek interpreters, transformed this theological doctrine into a principle of biblical exegesis. For him, it meant that the books of the Old Testament contained a literal sense that could sometimes be fatally misleading and also, under the form of allegory, a spiritual meaning that was always beneficial. See O'Donnell's note for the changing implications of the maxim in A.'s own exegetical practice.   **ad litteram** "[taken] literally," as at 5.14.24.   **remoto mystico uelamento** alludes to the continuation of Paul's argument in 2 Corinthians 3: 7–18, concerning a passage of Exodus (34: 33–5) in which it is said that Moses wore a veil over his face when he promulgated the law brought down from Mount Sinai. For Paul, the veil signified that the Israelites did not understand the full meaning of the covenant God made with them. For Ambrose, the "mystic veil" was the literal sense of a scriptural text which had to be set aside in order for the true meaning to be perceived.   **aperiret** "explained" (*OLD* 12), but also echoing Christ's "knock, and the door will be opened": see ¶5 *pulsans proponerem* (n.).   **praecipitium ... suspendio**: *praecipitium* is literally a deathly fall, and *suspendium* is death by hanging (contrasted also at *Sermons Morin* 28.4 = 313E.4), but here they are metaphors regarding the life of the soul. A. means that when he feared to "take the plunge" of assent, his "suspension" of judgment amounted to intellectual or moral suicide.   **uolebam enim eorum ... me certum fieri**: *uolo* occasionally takes the accusative + infinitive construction where a complementary infinitive would be more normal (G–L §532 r. 2); *eorum* modifies *certum* (*OLD certus* 11).   **ita ... ut certus essem**: "just as I was certain"; a subjunctive replaces the normal indicative in a comparative *ut* clause because the clause is subordinate to the infinitive *fieri* (G–L §663.1), but it must be translated as an indicative in English.   **quod septem et tria decem sint**: see 5.2.2 *nesciunt quod* (n.) for the construction.   **siue corporalia, quae coram sensibus meis non adessent**: A. is thinking ahead to the point he will make explicit in ¶7, that not only spiritual truths but many facts of ordinary life are in practice taken on faith.   **cogitare nisi corporaliter nesciebam**: for a negative with *nisi* meaning "only," "except," see 5.10.19 *cogitare nisi moles corporum non noueram* (n.).   **ut purgatior acies mentis meae dirigeretur** "so that the eye of my mind might be directed in purer form." For *acies* = "eye," see *OLD* 4; the phrase is paralleled by *purgata mentis acies* at *Sermons* 143.3. A. often contrasts the "eye of the mind" with the "fleshly" or "bodily eye" (e.g. in the passage just cited), and as that opposition implies, "purification" means ridding the mind of all bodily or material taint; he describes the process at *On Christian teaching* 2.7.11.   **aliquo modo**: acknowledges that, properly speaking, a human being cannot be said to apprehend God.   **ueritatem ... ex nullo deficientem** "truth lacking in no respect" (cf. *City of God* 12.8 *scio naturam Dei ... nulla ex parte posse deficere*), by implicit contrast with the Academic criterion of truth which A. was discovering to be unsatisfactory.   **expertus** "a person who has experienced." In later Latin, the singular of the perfect participle functions as a substantive ("someone who ...") more often than in classical Latin

(*NLS* §101, *OLS* 958–60).   **ualetudo** "*ill* health" (*OLD* 3).   **medicamenta fidei**: i.e. the books of the Bible.   **confecisti**: used both of making books (*OLD* 3) and preparing medicines (*TLL* 198.68).   **sparsisti** "dispersed" throughout the world as books (*OLD spargo* 6), but the word is used also of sprinkling medicinal remedies (Grattius *On hunting* 395, Columella *On agriculture* 6.13, Pliny *Natural history* 33.84).   **tantam illis auctoritatem tribuisti**: in A.'s view, the divine authority of Scripture was manifested by its circulation in many languages throughout the world and by its burgeoning influence long after the authors of the sacred books had died. The idea is prominent in *Confessions* (e.g. ¶7 *libr[i] tu[i], quos tanta in omnibus fere gentibus auctoritate fundasti*, 13.15.16 *sublimioris ... auctoritatis est tua diuina scriptura cum iam obierunt ... illi mortales per quos eam dispensasti nobis*) and throughout A.'s oeuvre: see *A-L* "Auctoritas" I 507.

6.5.7 Ex hoc "in consequence" (i.e. of the Ambrosian approach to the Old Testament)—the consistent meaning of the phrase *ex hoc* in *Confessions* (2.3.6, 10.16.24, 10.35.55, 13.24.35).   **tamen** directs the reader past the digression about A.'s difficulties with belief and back to the enthusiasm he described for Ambrose's interpretive method at the beginning of the previous ¶.   **quoque** makes the point that A.'s respect for the Catholic approach to Scripture made him more sympathetic toward the rest of Catholic orthodoxy (*doctrina*) as well.   **iam praeponens**: marks a shift from the situation at 5.14.24–5, where A. thought that the arguments for Manicheism and Christianity were roughly on a par, and described himself as preferring (*praeponens*) Academic skepticism. Now he begins to step away from skepticism as well as Manicheism.   **modestius ibi minimeque fallaciter sentiebam iuberi ut crederetur quod non demonstrabatur (siue esset quid, sed cui forte non esset, siue nec quid esset)** "I felt that there [in Catholic teaching] one was told more reasonably, and by no means misleadingly, to believe that which was not demonstrable—no matter whether there *was* something [which was demonstrable], but perhaps it was not [demonstrable] *to* some particular person, or whether something was actually not [demonstrable] at all." *modestius* and *fallaciter* modify *iuberi*, not *sentiebam*. *ibi* is opposed to *illic* following (= in Manicheism). *sentiebam* governs *iuberi*, *credulitatem irrideri*, and *tam multa imperari*. The construction of *iubere* with an *ut* clause rather than an infinitive occurs sporadically in classical and more often in later Latin (*NLS* §141, H–S 646).   **credulitatem** "belief"; in ecclesiastical writers the word is often used of Christian faith with no pejorative implication (*TLL* 1151.41).   **credenda imperari**: for the gerundive construction, see ¶6 *quod ... non illo oculo mihi legenda proponerentur* (n.).   **tu**: subject of *persuasisti* below.   **consideranti**, which modifies (*persuasisti*) *mihi* below, introduces three situations of ordinary life in which something is taken on faith. The first consists of those things within one's experience of current events that one does not actually witness. A. presents these as questions (*quam innumerabilia ... adfuissem*) for consideration because they are so closely bound up with details that one does experience directly. The second situation consists of things outside personal experience that are accepted on the authority of others (*tam multa ... hominibus aliis atque aliis*). Since no one would claim to know these for certain, A. makes them the obvious model for things believed ("just as so many things ...") rather than questions to ponder. The third situation is again presented as a question (*quam inconcusse ... ortus essem*): it is the paradox that although A. had first-hand experience of his own birth, he does not "know" anything about the circumstances.   **neque cum gererentur adfuissem**: often in Latin, when a second relative clause is added to a first, the relative pronoun is not repeated even when a case change would be required: see 5.4.7 *omnia possidet* (n.); English grammar would require "things which I did not see and *at which* I was not present."   **sicut tam multa**: the clause needs a verb, but A. leaves it open whether we are to understand a personal *credebam* to match *adfuissem* preceding, or a generalizing *credimus* to match *ageremus* following.   **historia gentium** "world history."   **hominibus aliis atque aliis** "these people or those": see *OLD alius* 4.   **quam inconcusse fixum** "how unshakably anchored." The neuter participle is used predicatively to modify the indirect question *de quibus parentibus ortus essem*; the adverb is attested first and often in A.   **persuasisti mihi** "From here forward, everything A. does and hears and says in the rest of Bks. 6–8 are the acts of a man who accepts the authority of scripture" (O'Donnell). *persuasisti* introduces two indirect statements, *non [eos] qui crederent ... sed [eos] qui non crederent esse culpandos* and *nec [eos] audiendos esse*.   **fundasti** = *fundauisti*.   **si qui** = "whoever."   **unde scis illos libros unius ueri et ueracissimi dei spiritu esse humano generi ministratos**: both A. and the imagined interlocutors *know* that the books of the Bible have been distributed to the human race, because their worldwide circulation is an obvious fact. The question is whether or not God is responsible for their distribution. A.'s response (*id ipsum enim ...*) is that he is bound to *believe* that, because it follows from his unshakable prior convictions that God exists, and that God looks after the human race. He proceeds to trace the consequences of linking up these beliefs in ¶8. *ueri et ueracissimi*, "true and most truthful," is a combination repeated at *Against Faustus, a Manichee* 22.64 and *Sermons Dolbeau* 26.61.   **extorquere mihi potuit ut aliquando non crederem te esse quidquid esses, quod ego nescirem** "could wrest from me [assent] to ever disbelieve that you were whatever you were—[though] what, I did not know." *extorquere* governs the noun clause *ut ... crederem* (*OLD* 2 b); for the dative *mihi*, see 5.2.2 *lenitati* (n.).

6.5.8 id credebam: i.e. that the authority of God lay behind the Bible.   **curam nostri**: *nostri* is the genitive *pronoun* (G–L §364 n. 2).   **quid sentiendum esset de substantia tua uel quae uia duceret aut reduceret ad te**: the questions forecast an intellectual agenda that will take up much of books 7–8. *reduceret* points simultaneously to the Christian belief that every human soul originates from God and to the Neoplatonic belief that all being emanates in downward progression from the One.   **essemus**: by the plural A. means "we humans."   **opus esset** governs the ablative *auctoritate* (*OLD opus* 12).   **fuisse tributurum**: see ¶2 *fuisse cessuram* (n.).   **credi ... quaeri**: impersonal passives, equivalent to "(you wanted) people to believe and seek."   **absurditatem**: the noun is first attested in A., who uses it often; it is the object of *referebam* below.   **audissem** = *audiuissem*.   **sacramentorum altitudinem** "the profundity of the sacred." *sacramentum* in A. can mean any manifestation of the sacred, whether in the form of Scripture (as here), prophecies, miracles, symbols, or the rites which the church identifies as "sacraments." Use of the word was influenced by associations with the Pauline epistles, where it translated μυστήριον at 1 Corinthians 13: 2, Ephesians 1: 9, 3: 3, 5: 32, and 1 Timothy 3: 16. See Hrdlicka 1931: 95–7.   **referebam** "I ascribed."   **eoque mihi illa ... dignior apparebat auctoritas, quo ... esset**: for the abbreviated correlative construction, see 5.8.14 *hoc miseriores ostendens quo iam ... faciunt* (n.). By *illa auctoritas* A. seems to mean "that authoritatively established text." The remainder of the sentence develops two contrasting ideas: that the Bible is meant for all to know—whereas "the contents of Manichaean canonical scriptures were known probably only to the Elect" (Lieu 1992: 154)—but that it reveals its meaning to different persons in different measure. A. shuttles between the one idea and the other four times (*omnibus ... in promptu* vs. *in intellectu profundiore, se cunctis praebens* vs. *exercens intentionem eorum*; *exciperet omnes* vs. *paucos ... traiceret*; and *plures* vs. *turbas*).   **in promptu** "in the open," "accessible" (*OLD promptus*² 1 b).   **secreti sui dignitatem in intellectu profundiore seruaret** "stored away the greatness of its hidden [meaning] inside a deeper comprehension [of the text]."   **exercens intentionem** "calling forth an effort of mind" (*OLD intentio* 4).   **leues corde** "lightminded," echoing Sirach 19: 4 "the lightminded man who is quick to believe (*qui credit cito*) will be diminished," which in this context lent itself to the suggestion that faith should be reflective.   **ut exciperet omnes populari sinu et per angusta foramina paucos ad te traiceret** "so that it welcomes all in its expansive embrace and passes a few [of them] along through narrow openings to you." The image of Scripture as a towering (*tanto apice* *auctoritatis emineret*) female figure endowed with both conventional (*sinu, gremio*) and enigmatic (*angusta foramina*) attributes who swallows up (*hauriret*) multitudes does not conform to any exemplar in the real world, but does share features with another perplexing image of Scripture at 3.5.9 (*ecce rem non compertam superbis ... inclinare ceruicem ad eius gressus*). The *angusta foramina* derive from two sayings of Christ that A. often quotes and here seems to conflate: "enter by the narrow (*angustam*) gate; for the gate is wide and the way is easy that leads to destruction, and those who enter by it are many. For the gate is narrow and the way is hard that leads to life, and those who find it are few" (Matthew 7: 13–14), and "it is easier for a camel to go through (*transire*) the eye (*foramen*) of a needle than for a rich man to enter the kingdom of God" (Matthew 19: 24; both translations from the RSV). The connecting thread for A. would be the need for purification from worldly influences in order to reach God.   **cogitabam haec et aderas mihi, suspirabam et audiebas me, fluctuabam et gubernabas me, ibam per uiam saeculi latam nec deserebas**: the succession of four short reciprocal cola forms a coda before the topic shift in the next ¶, and also leads into its theme. The expression *uiam saeculi latam* is based on the first of the Matthaean passages quoted above, and will recur in a like context at the end of this book (¶24 *latas et tritas uias saeculi*). But although "the way of the world" has become a cliché in English, the phrase *uia saeculi* occurs outside this book only at 7.6.8 in *Confessions*, and very rarely elsewhere in A.'s works.

6.6.9 Inhiabam "coveted" (literally, "went for with open mouth") + dative (*OLD* 2).   **coniugio**: A. had confessed his desire for honors and income at 5.8.14, but ambition for a proper marriage (which he distinguishes from the union with his concubine at 4.2.2) is new, the result of his advancement in his career. Monnica's arrival evidently accelerated planning for a match that she negotiates in ¶23.   **te propitio ... quod non eras tu** "although you were showing more mercy, the less you permitted that which was not you to taste sweet to me." *te propitio* is ablative absolute. The lesson regularly punctuates A.'s narrative, e.g. at 2.2.4 *tu semper aderas misericorditer saeuiens et amarissimis aspargens offensionibus omnes illicitas iucunditates meas* and at 3.1.1.   **hoc**: the bitterness that accompanied his desires.   **inhaereat**: jussive; the word is chosen to fit the following image.   **uisco**: from *uiscum* (not *uiscus, uisceris*), a sticky substance smeared on surfaces to catch birds, but in A.'s works applied almost exclusively to temptations of the flesh. For discussion of the image, including its background in Manichean sources, see Mikkelsen 2011.   **sensum uulneris tu pungebas** "you pricked the nerve ends of the wound."   **relictis omnibus**: an echo of the first apostles' response to Christ's call at Luke 5: 11 and 28.   **qui es super omnia**: quoted from Romans 9: 5.   **nulla essent omnia** "all things would be nonexistent"; *essent* is contrafactual.   **conuerteretur et sanaretur**: recapitulates and resumes after a tangent, but the phrasing is scriptural, from Isaiah 6: 10.   **egisti ut sentirem** "you caused me to feel" (*OLD ago* 19).   **die illo quo, cum pararem recitare imperatori**: the verb of the *quo* clause is *animaduerti*. The date and circumstances of A.'s oration are unknown, but it would have been one of the responsibilities of an official rhetor in the imperial capital. In January of 385, not long after his arrival in Milan, he had already delivered one panegyric on the incoming consul of the year (*Against the letters of Petilian* 3.30); a possible occasion for the present oration might have been the festivities honoring the tenth anniversary of the accession of Valentinian II on 22 November, 385 (Courcelle 1968: 80–2). Examples of what would have been expected in an address to the emperor may be found in the collection of encomia known as the *Panegyrici Latini* (see *BNP* "Panegyrici Latini" X 438).   **laudes, quibus plura mentirer et mentienti faueretur ab scientibus** "praises in which I would be telling lies for the most part, and while telling them, would be applauded by people who knew [that I was lying]." *faueretur*, which governs the dative *mentienti* (sc. *mihi*), is impersonal passive; the word often denotes applause for a public performance (*TLL* 377.22). A.'s aside owes less to conventional denunciations of rhetoric than to his own strict condemnation of lying: see 5.8.15 *mentitus sum* (n.).   **easque curas anhelaret cor meum** "and my heart was aflutter with those concerns [about my upcoming performance]." *anhelare* is literally to take rapid breaths in a state of excitement or exhaustion, or to talk about or do something with panting breath. It is frequent as a metaphor in *Confessions* (again at *inopiam anhelare* in ¶17).   **iam, credo, saturum**: an inference from *iocantem atque laetantem*. *satur* ordinarily denotes someone who has had his fill of food rather than drink. But according to the next ¶ the beggar had also been drinking, and *saturatos* at *Sermons Denis* 13.4 = *Sermons* 305 a.4 occurs in a context of drinking: *uidetis multos currere ad memorias martyrum, benedicere calices suos de memoriis martyrum, redire saturatos de memoriis martyrum*.   **locutus sum cum amicis qui mecum erant**: balanced by the closural line *dixi tunc multa in hac sententia caris meis* in the next ¶. It is characteristic of A. that his street encounter triggers a monolog rather than dialog with either friends or the beggar. For his entourage, see 5.6.11 *cum familiaribus meis* (n.).   **dolores**: direct object of *locutus sum* (*OLD loquor* 4).   **conatibus nostris** "by our efforts," modifying *nihil uellemus*.   **trahens infelicitatis meae sarcinam**: as often in *Confessions*, the unhappy burden that A. drags around is his enslavement to flesh/the body/the world; for the metaphor, see O'Donnell's note on *sarcina* at 4.7.12.   **exagerans** "aggravating" it by becoming more bound up in it.   **quo nos mendicus ... fortasse uenturos** "at which that beggar had already arrived

COMMENTARY: 6.6.10

ahead of us, [who were] perhaps destined never to get there." *quo* is the relative adverb, equivalent to *ad quam (laetitiam)*. **adeptus erat** is contrasted with *ambiebam*: "what he *had already achieved*, I *was still striving after*." **aerumnosis anfractibus et circuitibus ambiebam**: A. reliteralizes the meaning of *ambitio* before using the word two lines later. **non enim uerum gaudium habebat** "Of course, he [the beggar] did not have true joy." *enim* does not have causal force, but forestalls the reader's objection that A. has chosen a poor model of *laetitia* (for *non enim*, see Kroon 1995: 197). **falsius**: sc. *gaudium*. **percontaretur**: past potential, "were to have asked." **confectum** "*even though* worn out." **sed peruersitate—numquid ueritate?** "but out of wrongheadedness—surely not on an objective basis?" The sense of *ueritas* is stretched slightly for the sake of the word play *peru̱ersitate ... ueritate*. **eo ... quo doctior eram**: an abbreviated correlative construction. **non inde gaudebam**: *inde = de eo*, the fact of being more learned; *gaudere* can combine with either *de* + ablative or the simple ablative (*OLD*). **baculo disciplinae tuae confringebas ossa mea**: A. marks the shift out of his own and into the divine perspective by invoking scriptural language (from Psalm 22: 4 and 41: 11).

6.6.10 Recedant ergo ab anima mea: Scripture-tinged (e.g. Jeremiah 6: 8, 32: 40), but not a quotation. **interest unde quis gaudeat** "it matters what one enjoys"; for the construction of *interest*, see G–L §382. *unde = de quo*, and *quis* is here indefinite. **uinulentia** "intoxication." **sicut uerum gaudium non erat, ita nec illa uera gloria** "just as it [intoxication] was not true joy, so also that [glory] was not true glory"; for *nec* = "also not," "not either," see *OLD neque* 2. **uertebat mentem** "it turned my head," an expression appropriate to the effect of either alcohol or vanity. **digesturus erat** "he was going to purge, eliminate" (*TLL* 1116.59–63). **uanitate**: see 5.5.8 *uanitate* (n.). **cum mea**: sc. *ebrietate*. **spei fidelis** "of Christian hope." **hilaritate perfundebatur** "he was awash in good cheer." **bene optando**: as in English, the Latin formulas used for greeting or taking leave of another (*salue, uale*, and related expressions) consist literally of good wishes. **euiscerarer**: a rare (3 ×) and strong word in A. for "torture"; it means literally to disembowel. **adquisiuerat ... quaerebam**: varies *adeptus erat ... ambiebam* above in ¶9. **typhum**: this loan word from τῦφος = "conceit," "self-importance" comes into Latin at the turn of the third century, but is more often met in A's works (47 ×) than anywhere else. **in hac sententia** "in this vein." **saepe aduertebam in his ... male mihi esse** "often in these [situations] I used to note how it was with me, and found that it was ill with me." Along with *saepe* and the five-times-repeated use of the imperfect tense, *in his* generalizes the encounter with the beggar to include experiences like it (so again in the next sentence). For the colloquial expression *male mihi esse*, see

OLD male 1 b.   **conduplicabam ipsum male**: by his sins, as noted in ¶25 *interea mea peccata multiplicabantur. ipsum = illud*; the pronoun effectively turns the adverb into a substantive = "that 'ill'" (*OLS* 964–5).   **arrisisset**: not contrafactual but potential; the subjunctive increasingly takes the place of the indicative in generalizing conditions (*NLS* §195–6, K–S II 206–7).   **auolabat**: the metaphor is already implicit in *apprehendere*.

¶¶11–16 The next six ¶¶ feature four stories about Alypius, a younger friend from Thagaste who will play a supporting role in books 6–9 and for the rest of A.'s life (details in *A-L* "Alypius" I 245–67); a fifth narrative about him that is not quite a story will follow in ¶¶21–2. Ostensibly, Alypius is introduced along with Nebridius at this point in order to illustrate the frustration that A.'s circle encountered in their quest for happiness and wisdom. But only the account of Alypius' vacillation over celibacy in ¶¶21–2 connects with topics in the surrounding narrative, and only one of the preceding four stories arises out of events in A.'s own life. A.'s treatment of the material is distinctive as well. Each of the stories forms a mini-narrative complete in itself, and with little of the scriptural language that permeates *Confessions* elsewhere. No other stories, apart from those told about Monnica in book 9, seem as tenuously integrated into the work. The Alypius stories may in fact have had a separate origin from the rest of the text. In the mid-390s, Paulinus of Nola, a wealthy senatorial convert to Christianity who became a priest in south Italy, began corresponding with Alypius, who was by then back in Africa, and also ordained. Although they had not met, they shared a tie to the bishop Ambrose, which prompted Paulinus to ask Alypius for a write-up of his personal "history" (Paulinus *Letters* 3.4). Alypius demurred, but at his suggestion A. agreed to compose a sketch of his friend, and to send it to Paulinus (*Letters* 27.5). Nothing more is heard about the project. But whether it was ultimately realized or not, the stories in *Confessions* may have been first conceived for a biography of Alypius. Courcelle 1963: 559–72 conjectured not only that A produced it, but that it led Paulinus to request a companion narrative which became the *Confessions*. For a skeptical response, see O'Donnell.

6.7.11 Congemescebamus "we lamented, condoled"; this form of *congemo* is first attested in a non-Vulgate translation of Romans 8: 22 *omnis creatura congemescit*.   **amice**: the adverb is classical, but rare (3 ×) in A.   **Nebridio**: introduced at 4.3.6 as a friend from A.'s days in Carthage who tried unsuccessfully to dissuade him from belief in astrology. He, too, will play a part throughout books 6–9, but he dies shortly after A.'s return from Italy to Africa (see *A-L* "Nebridius" IV 191–4 and *PCBE Afrique* 774–6). Like A., neither Alypius nor Nebridius was a baptized Christian at this point.   **ex eodem**: sc. *ortus*.   **parentibus primatibus**: either ablative of origin with *eram ortus* or ablative absolute. *primatibus* is from *primas* "noble, preeminent," first attested in the second century (*TLL*). **cum in nostro oppido docere coepi**: about ten years earlier, as described at 4.4.7. Possidius' *Life of Augustine* 1.2 records that A. began by teaching grammar at Thagaste before relocating to Carthage to teach rhetoric. **et postea Carthagini**: taken together with Possidius' information and with *nondum me audiebat ut magistrum* below, the phrase would seem to imply that A. continued to teach grammar for a time even after his move to Carthage. **diligebat**: sc. *me*. **ego**: sc. *diligebam.* **indolem** "natural endowment." **gurges ... morum Carthaginiensium** "the maelstrom of Carthaginian morals." *gurges* is a recurrent metaphor in *Confessions* (2.2.2, ¶26, 13.21.30) and elsewhere in A., perhaps deriving from the myth of Scylla and Charybdis, which he knew (e.g. *Tractates on the gospel of John* 36.9). The whirlpool image carries over into *feruent* (vacuous shows "bubble and seethe" in the swirl, *OLD* 3 a), *absorbuerat*, and *uolueretur*. **circensium**: sc. *ludorum.* Circus games consisted of chariot and horse races (see *BNP* "Circus" III 353–63), as opposed to the grimmer entertainment to which Alypius will succumb in ¶13. **(ego) autem** "and [when] I, moreover." The particle focuses on A.'s situation as the second of two pieces of information relevant to understanding the clause that follows (*OLD* 3). **professus**: the standard term for pursuing something as a profession (*OLD profiteor* 5). **publica schola uterer** "I was managing a school open to the public." *publica* does not mean that A. held an official teaching post, as later in Milan, but that he gave instruction in a public locale (the *auditorium* mentioned below) rather than privately at home, as in Rome (5.12.22). Apart from the improbability of A.'s being able to obtain an official chair in a major city on his debut as a rhetor, *schola publica* clearly means a school open to all at *Letters* 138.10: not to return evil for evil is a maxim which is preached in churches to *congregationibus populorum tamquam publicis utriusque sexus atque omnium aetatum et dignitatum scholis*. For fuller discussion, see Vössing 1997: 325–35. That A.'s school was open to the public explains why at the end of the ¶ Alypius was able to drop in on it casually. **quod circum exitiabiliter amaret**: for the construction, see 5.2.2 *nesciunt quod* (n.). *exitiabiliter* is a neologism repeated 4 × in A.'s works. **coercitione**: for *coerc-*. **uel amicitiae beniuolentia uel iure magisterii** "either by the kind office of a friend or the right of a teacher." **postposita in hac re patris uoluntate** "in this matter setting aside his father's wishes"; *in hac re* intimates that it was not something Alypius did often, cf. ¶15 *senatoris ad quem salutandum uentitabat* (n.). **ueniens in auditorium meum**: Alypius avails himself of the Carthaginian student custom (5.8.14) of entering classrooms unannounced and uninvited.

6.7.12 A.'s account of how Alypius was cured of his circus addiction partly resembles a story in Valerius Maximus (*Memorable Doings and Sayings* 6.9 ext. 1) which A. mentions elsewhere (*Against Julian* 1.12 and 35 and *Letters* 144.2) and may have had in mind here: on the way home after an all-night party, the inebriated Athenian playboy Polemo broke in on a class being taught by the philosopher Xenocrates. Xenocrates deftly changed the subject of his lecture to modesty and temperance but continued speaking, and as Polemo listened, he became so conscience-stricken that from that moment he reformed his life and embraced philosophy.

agere cum illo, ne ... interimeret "to urge on him that he not ruin" (*OLD ago* 27, K–S II 215).   **praecipiti studio** "with headlong passion"; the literal sense of "falling head first" in *praecipiti* foreshadows *fouea alta* below.   **praesides gubernaculis**: the pilot of a ship was long established in Greco-Roman literature as an exemplar of supreme rule: see *OLD gubernaculum*.   **creasti** = *creauisti*.   **non eum oblitus eras futurum inter filios tuos antistitem sacramenti tui** "you had not forgotten that among your sons, he was going to be a minister of your holy mystery." *filios tuos* means baptized Christians, and *antistitem sacramenti* parallels the expressions *dispensator / minister sacramenti* by which A. often denotes a preacher of the gospel (e.g. *Against the letters of Petilian* 3.67 *dispensator uerbi et sacramenti euangelici* and *Letters* 259.2). But the range of meaning for *sacramentum* is broad: see ¶8 *sacramentorum altitudinem* (n.). In any case, A. is here looking ahead to a point in the late 390s when Alypius was to become bishop of Thagaste: see ¶2 *antistite* (n.). A.'s next two stories about Alypius also contain explicit anticipations of his Christian future.   **illam ... operatus es**: sc. *correctionem*. The construction of *operor* with a direct object is postclassical and occurs mainly in Bible translations and Christian writers (*TLL* 693.53–83).   **cum sederem loco solito**: the teacher sat in an elevated high-backed chair (*cathedra*) at the front of the class (see Bonner 1977: 126, with the images on pages 43, 50, and 56).   **lectio in manibus erat, quam dum exponerem ... uideretur similitudo circensium** "I had a reading in hand [and] as I was explaining it, I thought that an analogy with shows in the circus would be brought in appropriately." *quam* functions (as direct object) only within the *dum* clause, not within the *uideretur* clause to which *dum exponerem* is subordinate. For interlaced relative clauses, see ¶1 *cum audisset ex tanta parte iam factum quod tibi cotidie plangebat ut fieret* (n.). *uideretur* marks the relative clause as characterizing, and *exponerem* is subjunctive by attraction to it.   **insinuabam** "I was trying to convey" (*OLD* 5).   **irrisione mordaci**: a trait which was to remain constant in A.'s polemical writings throughout his life. O'Donnell surveys the theme of mockery in *Confessions* in his note on *irrisor* at 1.6.7.   **captiuasset** = *captiuauisset*; the verb *captiuo* enters Latin through Bible translations and is used almost exclusively by Christian writers (*TLL* 369.48–9).   **scis tu**: see 5.8.15 *quare hinc abirem et illuc irem, tu sciebas, deus* (n.).   **quod ... cogitauerim**: indirect statement.   **rapuit**: sc. *illud*, from the clause following.   **non nisi** "solely."   **acciperet**: past potential.   **ad suscensendum ... ad suscensendum ... ad me ... diligendum**: note that A. shifts from two *gerunds* expressing purpose to a *gerundive* phrase.   **iam olim** "a long time ago now," "long since" (*OLD olim* 2).   **corripe sapientem, et amabit te**: a non-Vulgate version of Proverbs 9: 8, which A. quotes in this form also at *Letters* 210.2 and *Sermons* 392.5.   **ordine quo nosti**: "The Accusative of the Relative is occasionally attracted into the Ablative of the antecedent, rarely into any other case" (G–L §617).   **de corde et lingua mea carbones ardentes operatus es** "from my mind and my tongue you devised burning coals." A. alludes to Romans 12: 20, urging that injuries by an enemy be met with kindness "for by so doing you will heap burning coals upon his head," which A. interpreted to mean pangs of repentance (*On Christian teaching* 3.56).   **mentem spei bonae** "a promising mind"; cf. 1.16.26 *bonae spei puer appellabar*.   **adureres**: cautery was among the prime methods of ancient medical treatment, along with surgery, medication, and diet.   **taceat laudes ... confitentur**: A. again draws on language of the psalms (cf. *laudare, tacere, confiteri* in Psalm 29: 13 and Psalm 106 throughout) without exactly quoting them; *taceat* is here transitive (*OLD* 4), governing *laudes*. For the meaning of *miserationes ... confitentur*, see 5.10.20 *cui confitentur ex me miserationes tuae* (n.).   **proripuit se ex fouea tam alta ... et excussit animum ... et resiluerunt omnes circensium sordes ab eo**: as though Alypius were tossing his mane, like one of the horses he loved watching. For the pit, see ¶3 *foueam* (n.).   **illuc**: to the circus.   **cessit ... atque concessit** "he yielded and gave permission." A. pairs the verbs again at *Tractates on the Gospel of John* 16.5 *hic cessum est elationi; illic concessum est humilitati* and *Sermons Dolbeau* 12.8.   **inuolutus est** "he was engulfed in," from the same root verb that had described Alypius in the maelstrom of ¶11 (*uolueretur*).   **continentiae, quam ueram et germanam putabat**: A.'s insinuation that Manichean continence was illusory (cf. *On the catholic and Manichean ways of life* 2.68–75) is tendentious and ill-founded according to BeDuhn 2010: 51–2 and 2013: 81–4 and 124.   **uecors** often means "foolish, witless" in late Latin, rather than "demented, crazy."   **seductoria**: see 5.6.11 *seductorium* (n.).   **superficie**: the semantic opposition of *altitudinem* and *superficie* facilitates understanding *uirtutis* with both.   **decipi faciles**: for the construction of the adjective with an infinitive, see *NLS* §26.   **sed tamen adumbratae simulataeque uirtutis**: the emphatic repetition of *uirtutis* in final position gives the Manicheans their due: they did at least pretend to a genuine virtue.

6.8.13 The vivid narrative of this ¶, discussed by Auerbach 1953: 66–73 as a masterly example of A.'s style, recreates an event in Alypius' life which A. himself could not have witnessed, unlike that reported in ¶12.

incantatam sibi a parentibus terrenam uiam "the earthly road on which his parents had descanted." A. uses *cantare* and related words not only of songs and chants, but of any utterance that gets repeated, such as parental counsel (2.3.7) or school lessons (1.13.22 and 1.14.23). The compound *incantare* occurs only here in *Confessions*, but in A.'s other works and elsewhere in Latin it is predominantly associated with charms and spells. The word choice may therefore imply a view of the influence that Alypius' parents exerted over him, which is highlighted in these stories. **Romam praecesserat ut ius disceret**: Rome was the main and perhaps the only center of legal schooling in the western half of the empire. When A. met up with him again there, Alypius had completed his studies (see ¶16 *assederat* (n.))—which, if he followed a standard curriculum, would have taken at least four years (*BNP* "Law schools" VII 324–6)—and he had embarked on a career as a legal counselor. **gladiatorii spectaculi**: despite fitful efforts by Christian emperors to curtail gladiatorial shows, they continued to be celebrated in Rome until the early fifth century (Wiedemann 1992: 156–61). **hiatu**: here, "desire" (*OLD* 4), but the literal sense of an "opening up" sets the theme for the story which follows; cf. ¶9 *inhiabam* (n.). **auersaretur et detestaretur**: i.e. Alypius reacted both physically and morally. **cum forte de prandio redeuntibus peruium esset** "when they could gain entrance on their way back from lunch"; O'Donnell suggests that *peruium* should be understood with *amphitheatrum* following. The point may be that Alypius and his friends were able to find seats because some of the crowd had cleared out during the intermission after the morning games, as *sedibus quibus potuerunt locati* below suggests, but there are no clear parallels for the expression. **familiari uiolentia** "friendly force," an oxymoron. **amphitheatrum**: i.e. the Colosseum (a designation unknown until medieval times). **crudelium ... diebus**: events staged in amphitheaters were not limited to gladiatorial fights but included also wild animal combats of various kinds. **numquid ... potestis intendere?** "surely you cannot point my mind and my eyes toward those shows, can you?" **adero ... absens**: an oxymoron. Word plays opposing the two verbs are common in classical literature: see Virgil *Aeneid* 4.384–6 *sequar atris ignibus absens | et ... | omnibus umbra locis adero*, Ovid *Letters from Pontus* 2.10.49, and other passages gathered by Hardie 2002: 25 n. 53. **nihilo setius** "none the less" (*OLD setius* 2). **id ipsum** is the object of *efficere* and means "that very feat of keeping his eyes closed." **quo ubi uentum est** "when they arrived there"; for use of the impersonal passive of intransitive verbs, see *NLS* §60, and for *uentum est* especially, *OLS* 269.   **utinam ... obturauisset**: a wish expressing regret for something that did not happen (A–G §§441–2).   **pulsasset** = *pulsauisset*.   **curiositate**: for the negative connotation, see 5.3.3 *nec si illi curiosa peritia* (n.).   **quam ille in corpore**: sc. *percussus est*.   **quam ille quo cadente factus est clamor** "than that man at whose falling a shout went up."   **ut esset qua feriretur ... animus** "that there might be [some point] at which his mind could be dealt a blow"; *qua* is the relative adverb (*OLD* B 4). Throughout these sentences, Alypius' situation is likened to that of the gladiators he is watching.   **audax** "brash" (*OLD* 2).   **eo infirmior quo de se praesumpserat**: the abbreviated correlative construction.   **debuit**: sc. *praesumere*.   **immanitatem** "savagery."   **hauriebat furias**: the noun is rare in A.'s works (9 ×), and the closest parallel for the phrase is Virgil *Aeneid* 4.474 *concepit furias*.   **et nesciebat**: a scriptural tag (e.g. Job 9: 5, Proverbs 7: 23, Sirach 11: 20) deploring the sinner's incomprehension of his plight, which A. borrows again at 1.4.4 *in uetustatem perducens superbos et nesciunt* and 2.2.2.   **quid plura?** sc. *dicam*, "need I say more?"   **et inde ... eruisti eum tu** "and you rescued him from that [addiction]"; *eruo* in the sense of "rescue" is new in Bible translations and Christian writers (*TLL* 846.7–43).   **non sui habere sed tui fiduciam** "trust not in himself but in you"; with verbal nouns, a genitive often represents the object of the action implied (G–L §363).

6.9.14 (iam) hoc: the experience of being tripped up by over-confidence just narrated.   **ad medicinam futuram** "to serve as a future antidote."   **et illud quod ... siuisti eum comprehendi ... non arbitror aliam ob causam te permisisse ... nisi ut ... inciperet discere** "also, the fact that you let him be arrested, I think you permitted for no other reason except in order that he might begin to learn." Object clauses, like "fact that" clauses in English, tend to be loosely integrated into the thought and structure of a sentence, which here contributes to a redundancy between *siuisti* (from *sino*) and *permisisse*.   **cogitaret in foro quod recitaturus erat**: Alypius had been assigned a theme for a speech which he was to work up (hence the writing tablets and stylus mentioned below), and then perform (*recitare*) in class that afternoon or the next morning. *foro* is the civic forum in Carthage, an esplanade on top of the Byrsa hill in the center of town, where Alypius was presumably walking because his school was located there (Bonner 1977: 115–20).   **aeditimis** "custodians."   **quam non facile**: *quam* is an adverb modifying *facile*, which is an adverb modifying *damnandus esset*; "how un-hastily" = "how slowly."   **in cognoscendis causis** "in trying/hearing cases" (*OLD cognosco* 4). After Alypius became a bishop, his legal expertise gained him a major role in ecclesiastical court and council proceedings (*A–L* "Alypius" I 253–65), cf. ¶ 15 *multarum in ecclesia tua causarum examinator*.   **quippe** "at any rate" introduces a restatement of facts provided early (*cum ... cogitaret in foro*) in the circuitous sentence which precedes. **tribunal**: a platform or dais from which a Roman official dispensed justice. Here, it appears to be a permanent structure in the forum of Carthage, perhaps incorporated into a large basilica or court hall of which traces have been found. The terracing required to level the forum area raised parts of it above the level of the adjacent streets, one of which was the "street of the silversmiths' shops" (as in Rome, luxury goods were sold on streets around the city center). Hence in the sequel the shopowners must climb up (by a stairway) in order to enter the forum themselves. How the area which the thief entered communicated with the shops, or what he was hoping to steal, is unspecified. But since it was midday, the shops would have been closed and, he may have thought, empty. The topography implied in the narrative is discussed by the excavator of the site, Gros 1982: 646–58 and by Vössing 1997: 356–8. **securim**: from the noun *securis*, not *securus*. **cancellos plumbeos qui uico argentario desuper preeminent**: apparently, "a leaden grate that overlooked the street of the silversmiths' shops." **miserunt qui apprehenderent** "they sent [some] who were to apprehend"; the subjunctive expresses purpose. Cf. *siuisti eum comprehendi ab aeditimis fori* above. **quem forte inuenissent** "whomever they should have found"; for the subjunctive, see ¶3 *quolibet tamen animo id ageret* (n.). **celeriter** modifies *abeuntem*, not *uidit*. **causam scire cupiens**: A. here refrains from explicitly taxing Alypius with *curiositas*, as he will later do in ¶22. **inquilinis**: the "regulars," shopkeepers and service providers in the forum, as opposed to more transient visitors. **tamquam furem manifestum**: because he was holding the hatchet. **offerendus iudiciis ducebatur**: see ¶6 *quod ... non illo oculo mihi legenda proponerentur* (n.).

6.9.15 hactenus "to this degree but no more" (*OLD* 3). **ad custodiam uel ad supplicium**: according to A., Alypius was either going to be jailed pending trial or subjected to summary punishment. *supplicium* is an abstract term that denotes no specific penalty, but in A. and in Latin generally, it most often refers to extreme punishment and usually death. Even though Alypius was not actually in possession of stolen property, he was young, not part of the city's elite, and at the mercy of Roman criminal justice in the provinces. **fit ... obuiam**: a locution meaning "to encounter" that occurs in all periods of Latin (*TLL obuiam* 316.22–30). **fabricarum**: the sense "buildings," "works" is common in later Latin (*TLL* 14.64–15.43). **gaudent** governs the accusative and infinitive (*OLD* 1 d). **eum potissimum** "he in particular," "he rather than someone else"; *potissimum* is adverbial (*OLD*). **ablatarum rerum** "of having pilfered things," an *ab urbe condita* construction (*NLS* §95).

ut quasi: A. sometimes uses this pleonasm for simple *ut* in purpose and result clauses, e.g. *On Christian teaching* 2.13.20 *locutio ... in ambiguitatem cadit, ut quasi hominum stultum uel hominum infirmum sapientius uel fortius uideatur esse quam dei*; *Summary of the meeting with the Donatists* 3.41.13 *hoc ... praeceptum ideo donatistae se recitare dicebant ut quasi ostenderent caeciliani causam adhuc fuisse suspensam*; cf. Servius Auctus on *Aeneid* 6.808 *mira autem utitur phantasia, ut quasi ostendat se non agnoscere eum qui de gente Romana non fuerat*. **senatoris ad quem salutandum uentitabat**: regular attendance at the open house of a local grandee shows the young Alypius acting on his parents' desire that he pursue advancement in the world (cf. ¶13 *incantatam sibi a parentibus terrenam uiam*). At this period, the number of those who enjoyed purely honorary membership in the senatorial order far exceeded the number of those actually resident and exercising senatorial functions in Rome or Constantinople (Jones 1964: 552–4). **puer** "slave boy." **paruus** "young" (*OLD* 2). **eum ... recoluit** "he remembered him," a predominantly postclassical meaning of *recolo*, as at 1.7.12 *omitto illud tempus ... cuius nulla uestigia recolo*. **intimauit**: also postclassical, here in the sense "to make known" (*TLL* 17.62–6). **experientior instructiorque discessit**: the anecdote about Alypius' arrest is unusual among stories told in *Confessions* in not focusing on a state of mind or soul, but here at the end A. recovers an interior dimension.

6.10.16 aliquid ageret: this expression often functions in implicit contrast to *nihil agere* and means "not to let something go to waste," "to accomplish something" (*TLL ago* 1381.73–87). **assederat** "he had served as a legal adviser." Since Roman magistrates generally held office for short terms and did not themselves possess legal expertise, they regularly drew on the advice of one or more counselors in making their decisions. By this period, it was customary for an official with judicial responsibilities to be assisted by at least one salaried *assessor* or *consiliarius* with legal training, who might eventually be promoted to office in his own right (Jones 1964: 500–1). Not only had Alypius completed his legal studies by the time A. arrived in Rome, he had also climbed the first three rungs of a career ladder. An assessor's term of service coincided with that of the official who appointed him—typically, a year or two. **mirabili continentia ceteris** "with a self-restraint astounding to the other [assessors]." **illecebra cupiditatis ... stimulo timoris**: see 5.8.14 *stimulos ... illecebras* (n.). The example which follows is developed as a four-fold variation on the tension between temptation and intimidation: *beneficiis obstricti... terrori subditi, praemium ... minae, praestandi nocendique, optaret ... formidaret*. **comiti largitionum Italicianarum**: the fourth-century "count of Italian expenditures" was one of several regional officials serving the emperor's central treasury office. "These officials, in addition to their administrative functions, all had judicial powers in fiscal cases, and possessed their *officia* and judicial assessors and bars of advocates" (Jones 1964: 428). Alypius' service with the count was evidently the third and last of his assessorships (see 8.6.13 *mecum erat Alypius ... post assessionem tertiam*). **cuius et beneficiis obstricti multi et terrori subditi erant** "to whose favors many were beholden and to whose intimidation [many were] subject." **sibi licere nescio quid**: the expression accentuates the antithesis with *quod esset per leges illicitum*. **irrisit animo** "he sneered [at it] in his mind," but perhaps not aloud. **quae hominem tantum ... uel amicum non optaret uel non formidaret inimicum** "which did not either desire so great a person as a friend nor fear him as an enemy"; *amicum* and *inimicum* are predicate accusatives agreeing with the direct object *hominem* (A–G §392–3). **causam**: here, not the case in question, but the reason for denying the senator's request. **in istum**: onto Alypius. **si ipse faceret, iste discederet**: a condition with past potential subjunctives is embedded in the *quia* clause. **hoc solo autem paene iam illectus erat studio litterario**: *hoc* does not modify *studio* but is an ablative of means that cues the *ut* noun clause ("tempted by this alone, namely that ..."); *studio* is an ablative of cause (G–L §408). *illectus erat* is from *illicio*. **pretiis praetorianis**: the phrase is unique, and *praetorianus* is a hapax in A. But at this period the word almost invariably has to do with the praetorian prefecture (*TLL* 1067.26–38), a bureau divided into several branches of which one was located in Italy. Praetorian prefects no longer commanded troops, but were in charge of procuring and distributing matériel for government operations (Jones 1964: 448–62). Since Republican times, the duplication of documents had been let out to professional *librarii*, and "praetorian prices" probably means the favorable rate that the prefecture could command for that work. Alypius evidently considered claiming status as a government employee in order to obtain personal copies of books at the same rate. **codices ... conficiendos curaret**: for the gerundive construction, see ¶6 *quod ... non illo oculo mihi legenda proponerentur quo antea uidebantur absurda* (n.). *codices*—bound blocks of pages between covers, like modern books—had become a regular book format by this time, though papyrus rolls (*uolumina*) still existed alongside them; for the transition, see Reynolds and Wilson 1991: 34–6 and Gamble 1995: 49–66. **aequitatem qua prohibebatur**: A. suggests that Alypius would not have been prohibited *by law* from obtaining copies at the government rate. **qui in paruo fidelis est et in magno fidelis est**: words in which Christ draws the moral from the parable of the unjust steward at Luke 16: 10, but A. has substituted *paruo* for *minimo* in order to harmonize the passage with his lead-in *paruum est hoc*. **tuae ueritatis ore**: i.e. the mouth of Christ; see 5.3.5 *uiam* (n.). **si in iniusto mammona ... uestrum quis dabit uobis?** the continuation of Christ's words at Luke 16:

11–12. *mammona* is a transliteration of the Semitic word used in the original, meaning "wealth"; it is understood again with the following *uerum*. A. means that Alypius' integrity in the face of an opportunity for dubious worldly gain ("unjust mammon") qualified him to receive true spiritual wealth.   **inhaerebat mihi mecumque nutabat in consilio, quisnam esset tenendus uitae modus**: *nutabat* introduces an indirect question (*OLD* 6 a). A. brings the Alypius stories to an end with loops that connect them to what precedes. *inhaerebat mihi* recapitulates *adhaesit mihi* at the beginning of this ¶. *mecum nutabat in consilio* recalls *congemescebamus qui simul amice uiuebamus*, where Alypius was introduced in ¶11, and the wavering described in the opening chapter (¶1 *fluctuationem* (n.)); A. uses *nutare* synonymously with *fluctuare*, e.g. *On the happy life* 5 *quid enim solidum tenui, cui adhuc de anima quaestio nutat et fluctuat*? The following *tenendus* recalls the description of happiness which *priusquam teneretur auolabat* in ¶10.

6.10.17 relicta: the three-fold repetition of the word marks the tightening of focus on attachments that Nebridius renounces for the pursuit of wisdom, from "Carthage" down to "mother." But it also anticipates the closing line of the ¶, in which it is said that none of the three friends was yet renouncing what was most important.   **patria** "home town" rather than "country" or "nation," as often (*TLL* 763.64–8).   **rure** "country estate" (*OLD* 2). Such an estate near Carthage is depicted in a mosaic, Blanchard-Lemée 1996: 170, fig. 121.   **non secutura matre**: *relicta* is still understood: "a mother who could not/would not follow him having been left behind."   **pariter suspirabat pariterque fluctuabat**: picks up A.'s self-description *cogitabam haec ... suspirabam ... fluctuabam ... ibam per uiam saeculi latam* in ¶8.   **quaestionum difficillimarum scrutator acerrimus**: always the salient trait of Nebridius, both in the surviving correspondence between him and A. (*Letters* 3–14) and in *Confessions*: cf. 4.3.6 and 7.6.8 (his critique of astrology), ¶26 (his debates with A. about good and evil), 7.2.3 (his confutation of the Manichees), and 9.3.6 (his passionate quest for truth).   **ora trium egentium**: the three hungry mouths—A. has substituted *ora* for *oculi* in the following psalm quotation—are a variation on his more common image of Christians as chicks being nourished in the nest of the church, e.g. 4.16.31 *in nido ecclesiae ... alas caritatis alimento sanae fidei nutrirent*, *Sermons* 51.6 *paruuli estis in nido fidei, et spiritualem escam accipitis*.   **inopiam suam sibimet inuicem anhelantium**: "venting their neediness to one another." For *anhelantium*, see 5.11.21 *sed me maxime ... respirare non poteram* (n.) and ¶9 *easque curas anhelaret cor meum* (n.); *inuicem* is widely used in late Latin to mark reciprocal expressions (H–S 177, *OLS* 276–7).   **ad te expectantium, ut dares eis escam in tempore opportuno**: a conflation of Psalm 144: 15 with the very similar passage 103: 27; grace notes from the psalms, though not quotations, continue in the next sentence. **amaritudine quae nostros saeculares actus de misericordia tua sequebatur**: see ¶9 *te propitio ... quod non eras tu* (n.). *actus* = "doings" (*OLD* 7). **nobis ... occurrebant tenebrae** "darkness confronted us" (cf. Psalm 81: 4 on walking in darkness). **gementes**: cf. Psalm 30: 11, "my years are spent in groaning." **quamdiu haec?** cf. Psalm 12: 1, "how long, Lord, will you turn your face from me?" **dicebamus ... crebro dicebamus ... dicentes**: repetition underscores the point. **non elucebat certum aliquid**: for the refrain, see 5.7.13 *nisi aliquid forte quod magis eligendum esset eluceret* (n.).

¶¶18–19 This remarkable soliloquy does not recreate a particular moment of A.'s inner life, but synthesizes the succession of moods described in books 5 and 6, which are the high water mark of his "secular" mentality in *Confessions*. The egoism, the absence of prayerful or scriptural language, the offhand tone of voice, and the alternation of crass and idealistic sentiments give it a self-satirizing quality that exposes better than moralizing could the falseness of A.'s position at the time.

6.11.18 satagens "worrying [about the fruitlessness of my quest]." **undeuicensimo anno ... quo feruere coeperam studio sapientiae**: as related at 3.4.7. **disponens**: the sense "decide, plan" with a complementary infinitive is postclassical (*TLL* 1428.58–1429.7). **ea (inuenta)**: i.e. *sapientia*. **omnes uanarum cupiditatum spes inanes et insanias mendaces**: A. has in mind the affirmation of Psalm 39: 5 (in a non-Vulgate version) *beatus uir ... non respexit in uanitates et insanias mendaces*. The *uanae cupiditates* will make a gaudy final appearance at A.'s conversion moment (8.11.26); *insaniae mendaces* refers broadly to the false values that he embraced (cf. 5.3.5 *mendacia* (n.)), but it is also language that he applies to his practice as a rhetorician in particular (cf. 4.2.2, 9.2.2). **tricenariam aetatem gerebam** means not the 30th year of A.'s life, when he was 29, but "the age of 30," from 13 November, 384 to 12 November, 385. **in eodem luto haesitans**: a phrase from Terence *Phormio* 780 which became a byword (Otto 1890: 201–2 *lutum* 3). **dissipantibus me**: a reminder of the psychic fragmentation which A. had described as a central feature of his story at 2.1.1 *[dispersio] in qua frustatim discissus sum*. **cras**: this and the following particles (*ecce, ecce, immo, ecce*) express the spasmodic nature of A.'s progress, as does the agglomeration of positions he has taken in books 5 and 6. In ¶20 he sums up these ¶¶ as describing "the shifting winds that drove my heart this way and that." **inueniam**: *studio sapientiae* three lines above might suggest *sapientiam* as the object understood, or since that does not suit with the neuter *manifestum* which follows, one might consider *aliquid certum* at the end of the previous ¶. A.'s omission of an object may be deliberate, however. The following *tenebit* and *quaeramus* also lack objects, and the context offers *beata uita* and *ueritas* as further alternatives (though so far, not God or Christ: cf. ¶20 *tardabam conuerti ad dominum*). The ellipse hints that A. did not yet know *what* he was looking for.   **certi**: partitive genitive with *nihil*.   **honeste** "respectably."   **quaeramus**: A. resorts to the "editorial we" more frequently on average in this interior monolog than in the narrative overall, which contributes to the self-importance of the voice.   **eo gradu in quo puer a parentibus positus eram**: i.e. the catechumenate, referring to the decision that A. took at the end of book 5 (5.14.25). *gradus* "step" brings out that A. is willing to commit himself only partly.   **non uacat Ambrosio, non uacat legere**: *non uacat* is impersonal (*OLD* 5 b), and the first phrase is generally understood to mean "there is no time for Ambrose [to talk to me]." But a shift of reference point in the parallel phrase to "there is no time [for me] to read" would then be awkward. Since the focus of this monolog is the situation of A. rather than anyone else, and since other problems that he lists of managing time are his own, understand instead "there is no time for Ambrose, there is no time for reading." But the expression is unusual on either interpretation.   **ubi ipsos codices quaerimus?** voices the perennial hope of researchers that we will find the answers if only we find the right book.   **comparamus ... sumimus**: of buying and borrowing respectively.   **deputentur tempora, distribuantur horae pro salute animae**: from a Christian perspective, A. would think it absurd to speak of setting aside a few hours "for the welfare of his soul," on a par with time for reading or for meeting students. *deputentur* and *distribuantur* are jussive subjunctives.   **quod ... uani accusabamus** "what we, vain as we were, charged [it with believing]"; for the predicative translation of *uani*, see 5.2.2 *inquieti iniqui* (n.).   **dubitamus pulsare, quo aperiantur cetera?** see ¶5 *pulsans proponerem ... non insultans opponerem* (n.). In classical Latin, *quo* introduces purpose clauses that contain a comparative word; in later Latin, it increasingly serves to introduce any purpose clause (H–S 679–80).   **occupant**: sc. *me*.   **salutamus amicos maiores**: Latin writers of all periods prefer to characterize as "friends" the sort of persons who in English are usually termed "patrons" (the expression recurs in the next ¶). Like Alypius in Carthage (see ¶15), A. in Milan was seeking connections that could help advance his career. He does not identify them, but one was evidently Flavius Mallius Theodorus (*PLRE* I 900–2, *PCBE Italie* II 2167–8), a writer and future consul to whom he would soon dedicate *On the happy life*.   **suffragiis opus habemus**: *opus habere* "to have need" entered Latin as an alternative to the normal *opus est alicui* through Bible translations, where it translated χρείαν ἔχειν (e.g. Matthew 21: 3). It becomes common in Christian authors, but like the standard expression still governs an ablative.   **ceteris quid facimus?** the meaning is just as in

English, "what do we do with/about the rest?," but in Latin the expression is colloquial (*OLD facio* 22 b). **quod emant scholastici**: i.e. the instruction in rhetoric for which they were paying.

6.11.19 Pereant omnia "to hell with it all." The subjunctive of *pereo* is used as a mild curse formula (*TLL* 1340.47–62). **incerta** as regards *when* it will come, not *that* it will come. **obrepat**: paratactic use of a jussive subjunctive in place of *si* clause is colloquial (A–G §521 b, Hofmann 1951: 109–10). **hinc**: i.e. from life; cf. *hic* in the next sentence. **quid si**: as in English, a colloquial transition formula (Hofmann 1951: 67 and 191). **absit ut**: see 5.9.17 *absit ut tu falleres eam* (n.). **non uacat, non est inane, quod tam eminens culmen auctoritatis christianae fidei toto orbe diffunditur** "It is no idle fact, it is not meaningless that the high-towering authority of the Christian faith is spread all over the world." *uacat* is impersonal as in ¶18, but has here a different sense (*OLD* 6 c), as again at 13.24.36 *dicam ... quia uacat hoc, quia inaniter dictum est?* The metaphor *culmen auctoritatis fidei diffunditur* is nearly as dissonant as A.'s image of the *auctoritas* of Scripture in ¶8. The phrase *culmen auctoritatis* occurs repeatedly in A. in references to Scripture, as later at 12.16.23, 12.26.36, and 12.31.42. **quid cunctamur** "why do we procrastinate?" **ista** = the things of this world. **non facile ab eis praecidenda est intentio** "one should not sever involvement with them hastily." A. will apply the metaphor *praecisio* to ending relations with his concubine in ¶25. **quantum est ut impetretur aliquis honor** "how big a thing is the gaining of some office?," meaning "it's a small enough thing to ask for." *quantus* means "how big" or "how little" according to context (*OLD* 2 a), and the construction *quantum est ut* + subjunctive is classical: see Ovid *Metamorphoses* 4.74 *quantum erat ut sineres toto nos corpore iungi* with Bömer's note ad loc. 1969–80 explaining and illustrating it. **ut nihil aliud et multum festinemus** "to say no more, and supposing that we hustle a lot." *ut* with the subjunctive introduces an aside (*OLD ut* 29), which here consists of two parts. By *ut nihil aliud* (sc. *dicamus*—ellipsis of this verb is colloquial, e.g. Cicero *Letters to Atticus* 11.14.1 and 15.12.2), A. means that a minor province is the least of the offices he might anticipate. The second part is a limiting clause of the sort illustrated at *OLD ut* 31, and *multum* is adverbial. **uel praesidatus** "a governorship, for instance." In the late antique period, a *praesidatus* was the lowest-ranking category of province, usually administered by a governor of equestrian rather than senatorial rank (*BNP* "Praeses" XI 768–9). For the sense of *uel*, see *OLD* 4 and 5. **ne sumptum nostrum grauet**: probably "lest she be a burden on our budget." At *Soliloquies* 1.17, where A. considers the possibility of marrying a wife who would "bring enough of a dowry to keep her from being a burden on [my] leisure," he is clearly thinking of the extra expense of having to support a wife on a respectable scale. It is less likely but not impossible, however, that the subject of *grauet* refers back to *praesidatus*. Gaining and holding official appointments also entailed expenses, on which see Jones 1964: 543.   **ille erit modus cupiditatis**: the preceding *quid amplius in his desiderandum?* and *ut nihil aliud* show that this is a self-deluding remark.   **multi magni uiri et imitatione dignissimi sapientiae studio cum coniugibus dediti fuerunt**: the pretentiousness of the closing words stands out against the slang that precedes them, and the failure to name examples (Socrates? Seneca?) undermines the claim; on the subject of philosophers and marriage, see Clark 2010. A. will shortly report (in ¶24) that he and a group of friends tried but failed to organize a philosophical community because the women involved with them would have none of it.

6.11.20 tardabam conuerti ad dominum, et differebam de die in diem uiuere: in other words, A. was acting contrary to the counsel of Sirach 5: 8 *non tardes conuerti ad deum et ne differas de die in diem*. When *differo* means to postpone *doing* something, the action postponed may be expressed by an infinitive, occasionally in classical Latin (*OLD* 4 a), often in later Latin (*TLL* 1074.65).   **de die in diem** "day after day" (*OLD* 3 b).   **memet**: a strengthened form of *me* (G–L §102 n. 2).   **in sede sua** "in its proper location," i.e. in God.   **nimis**: with *miserum*, "exceedingly."   **amplexibus**: with *priuarer*, "(deprived) of the embraces," ablative of separation (G–L §390.2).   **eandem**: for the interchangeability of this pronoun with *is*, see 5.10.19 *eundem* (n.).   **medicinam ... cogitabam**: for the accusative, see 5.10.19 *cogitare nisi moles corporum non noueram* (n.).   **expertus non eram**: sc. *medicinam misericordiae*.   **propriarum uirium credebam esse continentiam** "I believed that continence was within one's own power"; literally, "that continence was of one's own powers." The genitive is used as a predicate after the verb *est* in a great variety of expressions that rarely convert into close English equivalents; the construction has no uniform name in standard grammars, but see the examples at G–L §366 and *OLS* 775–7.   **mihi ... conscius**: in Latin of all periods, *conscius* is regularly supplemented by a reflexive pronoun in the dative (*OLD* 3), unlike "conscious of" in English; *quarum* depends on *conscius*.   **sicut scriptum est**: at Wisdom 8: 21. O'Donnell's note traces the development of the idea of continence as God's gift in A.'s works.   **utique dares si ... pulsarem aures tuas** "surely you would have been offering [it] if I had been knocking on your ears." For the use of the imperfect subjunctive instead of a pluperfect in past unreal conditions, see 5.9.16 *si feriretur ... sanaretur* (n.). The jarring metaphor *pulsarem* again recalls Christ's counsel at Matthew 7: 7 *pulsate et aperietur uobis*.   **fide solida** alludes to a problem that A. had described at 4.7.12 and 5.9.16: he believed in Christ, but a Christ as understood in Manichean theology, who did not truly live and die to redeem humanity. Consequently Christ was not something "solid and firm" that could support him in his distress.   **in te iactarem curam meam**: following the prescription of Psalm 54: 23 *iacta super dominum curam tuam.*

6.12.21 Prohibebat me "was warning me off" (*OLD prohibeo* 4 a).   **cantans**: see ¶13 *incantatam sibi a parentibus terrenam uiam* (n.).   **securo** "free of cares."   **simul** modifies *uiuere*: "to live together."   **amore sapientiae**: an appeal to the literal meaning of the word "philosophia."   **sicut iam diu desideraremus**: for the subjunctive, see ¶6 *ita ... ut certus essem* (n.).   **si id fecissem**: pluperfect subjunctives represent future perfect indicatives in subordinate clauses within indirect statements in secondary sequence (A–G §484 c, *NLS* §272.3 d).   **etiam tunc** "still then," in his mid to late twenties.   **mirum**: the surprise is that, in Alypius' case, an initial experiment did not lead to others.   **quia uel experientiam concubitus ceperat** "because he had even had an experience of sex," which might have entrapped him. For *uel* see *OLD* 5 a; *concubitus* is the most ordinary Latin word for having sexual relations.   **haeserat**: evokes the metaphor of entrapment in birdlime: see ¶9 *uisco* (n.) and cf. *haerere uisco illius uoluptatis* in the following ¶.   **exemplis**: as in ¶19, A. noticeably offers none.   **deligatus morbo carnis mortifera suauitate** "bound to the sickness of the flesh by its death-dealing sweetness"; the "sickness of the flesh" is the unruly concupiscence that resulted from Adam's sin.   **catenam** concretizes an image implicit in *deligatus* and in the very first lines of *Confessions* (1.1.1 *homo ... circumferens testimonium peccati sui*) and at many points in between, cf. 5.9.16 *super originalis peccati uinculum* (n.). It becomes explicit here, at 2.2.2, and at 8.5.10.   **quasi concusso uulnere repellens uerba bene suadentis tamquam manum soluentis** "pushing away words of good advice like the hand of a rescuer, as though at the jostling of a wound." *quasi concusso uulnere* is ablative absolute; participial constructions can be accompanied by comparative particles that limit their sense (G–L §666 n., H–S 385).   **serpens**: the devil, to whom A. refers rather infrequently in *Confessions*. Usually named the *diabolus* (3.6.10, 5.3.3, 7.3.5, 8.4.9, 10.42.67), he also appears under various sobriquets as the *inimicus* or *hostis* (2.3.8, 8.4.9, 8.5.10, 9.13.36, 10.35.56), the *aduersarius* (10.36.59), the *antiquus peccator* (7.21.27), and under scriptural labels as the *princeps huius mundi* (7.21.27) and the *leo et draco* (7.21.27, 9.13.36); for his identity elsewhere in A.'s works, see *A-L* "diabolus" I 383–4. Here he is evoked as a serpent because A. links the tempting of Alypius with the Genesis story (3: 1–7) in which the serpent tempts Eve to eat the forbidden fruit (A.'s only other characterization of the devil as serpent, at 13.13.14, occurs explicitly in reference to Eve).

This is A.'s second temptation of Alypius: according to ¶12, he had earlier led him into Manicheism.   **dulces laqueos ... quibus illi honesti et expediti pedes implicarentur** "sweet snares in which to entangle those virtuous and untrammeled feet." The subjunctive (in a relative clause of purpose) is not to be translated as an indicative: it is clearly implied at the close of the next ¶ that Alypius ultimately escaped entrapment.

6.12.22 Cum enim me ille miraretur ... sed curiositatis: the main clause of this sentence comes at the end of it (*coeperat et ipse desiderare ... sed curiositatis*). The preceding *cum* clause contains a tangle of subordinate constructions, including four levels of indirect discourse (indicated by superscripts): "since he was amazed that[1] I, whom he regarded as of no small worth, was so caught in the stickiness of that pleasure that I was insisting, whenever we were inquiring about it together, that[2a] I was in no way able to lead a celibate life and [I was so caught in the trap that] I was defending myself, when I saw his amazement, in such a way as to say that[2b] there was a great difference between the thing which he had experienced hastily and on the sly—which he almost didn't even remember and therefore easily brushed aside without a qualm—and the delights of my arrangement—[and] if the respectable name of marriage were attached to them, [I said that[3]] he should not wonder why[4] I was unable to spurn that life." Although the thought here is not complicated, the grammatical expression of it is: clauses are repeatedly interrupted by other clauses, sometimes only to add unnecessary details (*quotienscumque ... quaereremus; cum ... uiderem*), and the whole ends in an apparent non-sequitur (*ad quas si ... nequirem spernere*). The syntax represents a state of mind which Alypius is meant to find incomprehensible, hence the emphasis *miraretur, mirantem, mirari*, and further on, *stupebat, stupendo*, and *stupebat*.   **non parui penderet:** *parui* is genitive of value (G–L §380) with the verb *penderet* (*OLD* 6 b).   **quotienscumque inde ... quaereremus:** since *quotienscumque* normally takes an indicative in A. and elsewhere, the subjunctive here may be due to attraction to the preceding *ut affirmarem* clause (G–L §629, *OLS* 666–7). *inde* = *de eo*, "about that [subject]."   **consuetudinis** is often used of a long-term sexual relationship that is not a marriage (*OLD* 5 b).   **nequaquam uictus libidine talis uoluptatis sed curiositatis:** *nequaquam* "by no means" is not to be confused with *nequiquam*. *uoluptas* and *curiositas* are again paired as equally pernicious impulses at 10.35.55 and 13.21.30. A. can categorize *curiositas* as a form of sensual desire (*libido*) because he identifies it with the *concupiscentia oculorum* decried at 1 John 2: 16; see 5.3.4 *exaltationes ... curiositates ... et luxurias* (n.)   **sponsionem uolebat facere cum morte:** the language echoes Wisdom 1: 16 (the ungodly have made a *sponsio* with death) and Isaiah 28: 18 (referring to a *foedus* and a *pactum* with death). Alypius was contemplating a wager in the sense of an experiment with another mode of life; it was a wager with death in that it involved a "carnal" life, which in A.'s view would inevitably lead away from true life.   **qui amat periculum incidet in illud**: a caution that conflates Sirach 3: 27 *qui amat periculum in illo peribit* with Proverbs 26: 27 *qui fodit foueam incidet in illam*.   **neutrum enim nostrum**: *neutrum* is accusative masculine singular, direct object of *ducebat*, and *nostrum* is a genitive *pronoun* ("of us") used partitively with it.   **si quod est coniugale decus in officio regendi matrimonii et suscipiendorum liberorum** "whatever conjugal ideal there is in the responsibility of managing a marriage and raising children"; for *si quod*, see 5.5.9 *si quid* (n.). Since *regere* in A. usually implies the exercise of authority, and since he takes for granted that a husband must exercise authority over his wife (e.g. at *On Genesis against the Manichees* 2.15, *On eighty-three varied questions* 64.7), *regendi matrimonii* here probably refers to the husband's role as head of the household.   **magna autem ex parte atque uehementer**: in strong contrast to *tenuiter*.   **consuetudo satiandae insatiabilis concupiscentiae me captum … capiendum**: a pattern of sound (*-suet-, sat-, -sat-, -cupiscent-, capt-, capiend-*) helps to form a coda for the last of the Alypius narratives. *satiandae insatiabilis concupiscentiae* is repeated from *ad satiandas insatiabiles cupiditates* at 1.12.19.   **admiratio** "wonderment [at A.]."   **illum … capiendum trahebat** "was luring him to be captured [later on]." For the gerundive, see ¶6 *quod … non illo oculo mihi legenda proponerentur* (n.); *capiendum* is contrasted with *captum* "already captured."   **tu, altissime, non deserens humum nostram**: the two attributes are joined to make a paradox, as often in A.'s invocations of God: "you, most high, while not abandoning the earth that we are." *humum nostram* alludes to God's creation of Adam *de limo terrae* (Genesis 1: 7), but A. has chosen the word *humum* to suggest *humilis* in contrast to *altissimus*.   **miris et occultis modis**: see the note on this formula at 5.6.10. How Alypius and A. were rescued will be told at the end of book 8.

6.13.23 Et instabatur impigre ut ducerem uxorem "And relentless pressure was being put on me to marry." *ducere uxorem* is the ordinary expression for the act of a man in getting married (*OLD duco* 5 a); for the construction, see *OLD insto* 7 c. Use of the passive voice, which stands out here and at the end of the ¶, is probably not meant to imply that A. was an unwilling actor: that would be inconsistent with *placebat* in this ¶ and *nos habere uolebamus* in the next. Rather, it shows that initiative rests not with humans but with God, in accord with the observation in the next ¶ that God "was making mock of our plans and preparing his own for us."   **petebam** is the ordinary word for making a proposal of marriage (*OLD* 10 c).   **promittebatur** might suggest that a formal betrothal took place. But the tense of this and other verbs relating to the marriage negotiation is imperfect rather than perfect, A. describes himself as still a suitor (*petebatur, petebam*) rather than a fiancé at the end of this ¶ and later in ¶25, and when he finally commits to celibacy in book 8, he says nothing about having to break off an engagement. What resulted from Monnica's efforts may therefore have been an understanding rather than a betrothal.   **quo me iam coniugatum baptismus salutaris ablueret**: for purpose clauses introduced by *quo*, see ¶18 *dubitamus pulsare, quo aperiantur cetera?* (n.) The point of *iam coniugatum* is that baptism would be administered only after A.'s sexual activity was rendered sinless by being channeled into marriage. Monnica's attitude here is of a piece with her attitude at 1.11.17, where she chose not to have A. baptized as a child out of a concern that it would be more serious for him to go on sinning after baptism than before. In Christian theology, baptism is *salutaris* in the sense that it saves a person both from the inherited guilt of original sin and from the guilt of all sins for which that person has been individually responsible before baptism (see *ODCC* "Baptism").   **quo me in dies gaudebat aptari**: *quo* = *ad quem* (sc. *baptismum*), *in dies* means "day by day" (*OLD* 3 b), and *gaudebat* governs an accusative + infinitive as in ¶15.   **et ... animaduertebat**: in Latin of all periods, if a relative clause is continued by *et* and another clause, the second clause sometimes becomes independent of the relative construction (G–L §636, K–S II 325, and cf. 5.4.7 *omnia possidet* (n.)).   **uota sua ... in mea fide compleri**: this affirmation goes well beyond anything A. has yet reported from his own perspective.   **cum ... et rogatu meo et desiderio suo forti clamore cordis abs te deprecaretur** "when at my request and her own eager volition, she was praying to you with a loud outcry of the heart." *et ... et* mark *rogatu* and *desiderio* as forming a phrase distinct from *clamore*. They are ablatives of cause, while *clamore* is an ablative of manner (G–L §399). For the construction and sense of *deprecaretur*, see *OLD* 3 c.   **per uisum ostenderes**: for Monnica's dreams, see ¶1 *hoc ei tu per uisum pollicitus eras* (n.).   **uidebat**: it is normal in Latin to speak of "seeing" something in a dream (as in the narrative of Monnica's dream at 3.11.19–20), rather than "dreaming" it.   **quo (cogebat)** = *ad quae*.   **nescio quo sapore**: A. consistently applies *sapor* to what is experienced through taste rather than smell, which means that Monnica cannot have been invoking the "odor of sanctity" conventionally attached to manifestations of the divine. What she did mean is unclear, and was evidently unclear to A.: *uerbis explicare non poterat*. But A. himself sometimes speaks of *tasting* the word of God, as apropos of Ambrose in ¶3 *quam sapida gaudia de pane tuo ruminaret*.   **biennio minus quam nubilis erat**: according to Roman law, a girl could not be married until she reached the age of 12 (*BNP* "Marriage, age at" VIII 393–5). *biennio* is ablative of measure of difference with *minus*, "less by two years" (G–L §403).   **exspectabatur** "she entailed a wait."

The girl rather than A. himself is made the subject in part because he could not candidly say that *he* waited. In ¶25 he will describe how he was compelled to break off relations with his concubine and then, "impatient of delay," recruited another woman to tide him through the interval.

6.14.24 multi amici agitaueramus et ... paene iam firmaueramus ... otiose uiuere "several of us friends had planned and ... nearly resolved to live at leisure." The infinitive is complementary to both *agitaueramus* and *firmaueramus*: with *agitaueramus* the construction is classical (*OLD* 16 b), with *firmaueramus* it is late Latin (*TLL* 812.6–7). **id otium sic moliti** "having engineered that leisure in such a way." *moliti*, from *molior*, which describes an enterprise carried out with exertion and difficulty, creates a deliberate dissonance with the sense of *otium*, and A. launches a train of subordinate clauses to illustrate the trouble he and his friends took. *ut ... conferremus [et] ... conflaremus* is a double result clause cued by *sic* and followed by a double purpose clause (*ut ... non esset ... sed ... esset*), and each of the *ut* clauses generates further sub-clauses. Yet much of this elaborate structure serves only to repeat ideas: e.g. *conferremus in medium = unam rem familiarem conflaremus*, and *non esset aliud huius et aliud illius = uniuersum singulorum esset et omnia omnium*. Redundancy in describing the project is matched by redundancy in describing the outcome: *totum illud placitum ... dissiluit in manibus atque confractum et abiectum est*. The language is meant both to imitate the trouble taken over the project and to expose its flimsiness in comparison with God's purpose, which is presented in scriptural language at the end of the ¶. **conferremus in medium** "we would pool." **rem familiarem** "household fund" (*OLD familiaris* 1 c). **per amicitiae sinceritatem** "in the straightforwardness of friendship," a phrase that recurs at *Letters* 82.33 and 202A.4. In Roman writing about friendship, *sinceritas* is the antithesis of the pretense and manipulativeness that mar other relationships, e.g. Cicero *On friendship* 95 *secerni ... blandus amicus a uero et internosci tam potest ... quam omnia fucata et simulata a sinceris atque ueris*. **aliud ... aliud** "one thing ... another thing" (A–G §315 a). **quod ex cunctis fieret unum et uniuersum singulorum esset** "[so that] what was procured from all might be, in its undivided entirety, the property of each." **cum uideremur nobis esse posse decem ferme homines in eadem societate** explains the source of the resources implied by *omnia omnium*: "since we thought we could count about ten people in that community." See O'Donnell's note for likely candidates. **praediuites**: apart from Romanianus, A. has indicated that his friends Alypius (¶11) and Nebridius (¶17) enjoyed resources superior at least to his own. **Romanianus**: the only mention in *Confessions* of a compatriot who had been significantly involved in A.'s life long before this point.

Romanianus was a leading citizen of Thagaste who provided financial and other support during A.'s student years and later helped him set up as a teacher in Carthage, where his son became A.'s student. Romanianus himself was one of A.'s converts to Manicheism. A. would pay tribute to their relationship in the dedication of *Against the skeptics*, written a year or so after the failure of the project recounted here, when A. organized a Christian-themed retreat that he will describe at 9.4.7. For details, see *PCBE Afrique* 994–7.   **graues aestus negotiorum suorum** "serious turmoil in his domestic business," in the form of a suit (mentioned at *Against the skeptics* 2.2.4) that he had to defend.   **comitatum:** "the group of ministries which were attached to the emperor's person and formed the central government" (Jones 1964: 366); Romanianus would presumably have been involved with one of the finance ministries. The circumstances of the suit are unknown, but cf. Jones 1964: 483: "disputes often arose on alleged usurpation of crown property by private persons. Such cases were normally promoted by private persons who had successfully petitioned the crown for the grant of the disputed property if the fiscus won its case."   **ab ineunte aetate:** "from early in life," a fixed expression of vague reference from Cicero onwards.   **anteibat** here governs the dative (*OLD* 5).   **ceteris quietis** is probably ablative absolute, "with the others [left] in peace," rather than dative with *curarent*.   **mulierculae:** as with *auctoritates muliercularum* at 1.6.10, the diminutive is familiar and condescending and has nothing to do with size.   **(alii) nostrum:** the genitive *pronoun*.   **placitum:** this neuter participle often serves as a substantive meaning "opinion, agreement" (*OLD*), but here A. is likely to be echoing *placebat* in ¶23 and *placuerat* in this ¶, and embroidering his theme that man proposes, but God disposes.   **inde ad suspiria ... et gressus:** for ellipse of the verb (presumably something like "we returned"), signaling a state of inarticulateness on the part of the actors, see ¶1 *et hoc quidem mihi* (n.).   **latas ... uias saeculi** picks up ¶8 *ibam per uiam saeculi latam*.   **multae cogitationes ... manet in aeternum:** an adaptation of Proverbs 19: 21, which A. regularly quotes in the non-Vulgate form *multae cogitationes sunt in corde uiri, consilium autem domini manet in aeternum*.   **daturus escam in opportunitate et aperturus manum atque impleturus animas nostras benedictione:** after a short bridge comment in his own voice that sharpens the contrast between human and divine purposes, A. turns to psalmic language for hints about the latter. His text is Psalm 144: 15–16 *tu das escam illorum in tempore opportuno, aperis tu manum tuam et imples omnem animam benedictione,* invoked earlier in ¶17, and here borrowed in a version which read *omnem animam* in place of the Vulgate's *omne animal*. As with the forecast at the end of ¶22, God's purpose is not to be realized until the end of book 8.

6.15.25 mea peccata multiplicabantur: an echo of Sirach 23: 3 *multiplicentur delicta mea et peccata mea abundent.*   **auulsa ... tamquam impedimento coniugii cum qua cubare solitus eram** "[she] with whom I had been accustomed to sleep having been torn away from me as an impediment to marriage." *auulsa* forms an ablative absolute with the understood reference to A.'s concubine (*NLS* §93 n. 1).   **cor, ubi adhaerebat**: *cor* is contrasted with *latere* as *adhaerebat* is with *auulsa*: although physically torn away, emotionally she remained part of him. The antithesis is one of the touches of overwriting in this ¶ that bear comparison with A.'s account of his anguish over the death of a friend at 4.6.11, which he later criticized in part for resembling a "frivolous set-piece" (*Reconsiderations* 2.6.2). Nowhere but here does A. speak of his concubine in terms that indicate affection. Shanzer 2002 discusses traces of the Genesis account of Adam and Eve that A. has planted in this passage.   **trahebat sanguinem** "left a trail of blood" (*OLD traho* 14 a); although the English equivalent is a commonplace expression, the Latin phrase appears to be unique in this sense; see also 5.7.13 *de sanguine cordis ... per lacrimas* (n.).   **nescituram**: sc. *esse*. *cognosco* is often used of "knowing" in a sexual sense (*OLD* 5 b, *TLL* 1503.83–1504.36; *Confessions* 4.2.2), but *scio* and *nescio* rarely have that sense, although some Latin versions of Luke 1: 34 have Mary, the mother-to-be of Christ, declare *uirum nescio* instead of *uirum non cognosco*.   **relicto apud me naturali ... filio**: in Latin, a "natural" child is usually so described in contradistinction either to an adoptive one, or (as here) to one born in wedlock; the term occurs most often in legal contexts, e.g. throughout *Theodosian Code* 4.6.7. Since the new woman who is about to step into the place of A.'s long-time partner could hardly have been expected to assume maternal responsibility for the now 13- or 14-year old Adeodatus (see 9.5.14 *annorum erat ferme quindecim* (n.)), A.'s custody of him surely required some degree of household reorganization to which Monnica is likely to have contributed.   **tamquam post biennium accepturus** "on the grounds that I was going to obtain after a two-year wait"; for the sense of *tamquam*, see *OLD* 7. The future participle with *tamquam* can substitute for a subordinate clause in later Latin (*NLS* §92). *post biennium* refers back to ¶23 *biennio minus quam nubilis erat*.   **procuraui**: the sense "obtain, procure" is late Latin (*TLL* 1583.71–1584.8); so again at 7.6.8.   **quo tamquam sustentaretur et perduceretur uel integer uel auctior morbus animae meae satellitio perdurantis consuetudinis in regnum uxorium** "so that the sickness of my soul might be nurtured, as it were, and preserved intact or even stronger through the connivance of a sexual habit that would last until the enthronement of a wife." The "sickness" is again concupiscence, identical with the *morbo carnis* mentioned in ¶21. *quo* introduces a purpose clause in lieu of *ut*, while *tamquam* draws attention to the strangeness of *sustentaretur* and *perduceretur*, and the perversity of nurturing a sickness rather than trying to cure it. The noun *satellitium*, from *satelles* "bodyguard, henchman," is first attested in the fourth century; A. uses it of service in a bad cause (e.g. *On Christian teaching* 3.26, *Letters* 118.1). In context, *regnum uxorium* is evidently a negative idea, but the sense is unclear. The adjective *uxorius* occurs rarely in A.'s works (8 ×), and the phrase has no parallel there or elsewhere (though conceivably his memory of Mercury's words to Aeneas at Virgil *Aeneid* 4.266–7 was relevant: *pulchram... uxorius urbem | exstruis? heu, regni rerumque oblite tuarum!*). A. may have had in mind the hackneyed satirical theme of wives tyrannizing over husbands (e.g. Juvenal *Satire* 6.208–25). But the relation he sees between a liaison on his own terms (*consuetudo*) and the *regnum uxorium* suggests that the latter can be understood on a more personal basis. A "wifely regime" would be a change for the worse in that it would be a more constraining institution, and would turn sex into a husbandly duty, following Paul's charge *uxori uir debitum reddat* (1 Corinthians 7: 3, often quoted by A.). In the same chapter, Paul points out another sense in which a wife could be thought to represent a distinctive regime: a married man "is concerned with the things of the world, how he may please his wife" (1 Corinthians 7: 33). For A., such an orientation could not help but compromise his quest for wisdom. **nec sanabatur uulnus illud meum quod prioris praecisione factum erat, sed post feruorem doloremque acerrimum putrescebat, et quasi frigidius sed desperatius dolebat**: medical terminology is used to develop the wound metaphor throughout the sentence. *praecisione* = "amputation" (*OLD* 1); *feruorem* = "inflammation" (*OLD* 2); *dolorem* = "physical pain" (*OLD* 1); *putrescebat* = "it festered" (*OLD* 1 b); *frigidius* = "more cold and clammy" (*OLD* 4); *desperatius* = "with a worse prognosis" (*TLL despero* 742.29–31, 39–41). The noun understood with *prioris* (*feminae*) was omitted because it would have clashed with the metaphor.

6.16.26 Tibi laus: sc. *sit.* **iam iamque ... raptura** "about to snatch up at any moment." *iam iamque* often implies, as here, that what is on the verge of happening does not actually happen (*OLD* 5). **nec ... nisi metus mortis** "only the fear of death": for *nec nisi*, see 5.10.19 *cogitare nisi moles corporum non noueram* (n.), and for A.'s fear of death, see 5.9.16 *ad inferos* (n.). **futuri iudicii tui**: Christians inferred from various passages in Scripture that God would call human beings to judgment on two occasions, individually at the time of their death, and later in a universal judgment at the end of the world (see *ODCC* "General Judgment" and "Particular Judgment"). This is one of a number of passages in which A. testifies to the influence that fragments of the orthodoxy he assimilated in childhood continued to exert even after he left the church. Other doctrines that he says stuck with him concerned Christ's role as savior (3.4.8,

5.14.25, 7.5.7), God's care for humanity (¶7, 7.7.11), and the promise of eternal life (1.11.17).   **uarias quidem**: the particle balances *tandem*, affirming fluctuations in what he believed about the afterlife despite the continuity of the belief.   **et disputabam cum amicis meis Alypio et Nebridio**: another one-way discussion, cf. ¶10 *dixi tunc multa in hac sententia caris meis*. Mention of this conversation with Alypius and Nebridius brings to an end the series of reminiscences that began with ¶11, *maxime ac familiarissime cum Alypio et Nebridio ista colloquebar*.   **de finibus bonorum et malorum** "about the endpoints [i.e. the ultimate nature] of good and evil" (*OLD finis* 15 b). The subject of the discussion was also the title of a treatise by Cicero on that subject.   **Epicurum**: mentioned only here in *Confessions* as an Athenian philosopher who taught that happiness was to be sought in the maximization of pleasure and the minimization of pain. For his life (342/1–271/0 BC), see *BNP* "Epicurus" IV 1075–84. What A. knew about him would have been derived largely from the negative portrayal in Cicero's works, especially the one to which he has just alluded.   **accepturum fuisse palmam**: for the verb form, see 6.2.2 *fuisse cessuram* (n.). *accipere palmam* "to take the palm" refers to the prize of victory awarded in a contest of any sort, and is a common metaphor for preeminence in a field (*OLD palma* 4–7).   **tractus meritorum** "the consequences of good and bad actions." *tractus* can mean the train or trail left by something (*OLD* 5), but this use of it in a moral sense is difficult to parallel.   **quod Epicurus credere noluit**: the antecedent of *quod* is the whole proposition *restare animae uitam et tractus meritorum*. Epicurus held that the gods were unconcerned with the actions of human beings, and that the soul, consisting of matter, disintegrated along with the body at death.   **si ... in perpetua corporis uoluptate sine ullo amissionis terrore uiueremus**: a distorted version of Epicurean happiness. Epicurus valued psychological pleasures such as friendship more than physical pleasures, and he did not aspire to immortality. *amissionis* refers proximately to the loss of pleasure, but *terrore* and *metus mortis* earlier suggest that A. may be thinking more particularly about death itself. One of Epicurus' avowed purposes as a philosopher was to dispel the widespread fear of death among his fellow men.   **id ipsum** cues the object clause *quod ... cogitare non possem* "the fact that I could not imagine."   **demersus** "immersed" in the deep whirlpool of fleshly pleasures mentioned above.   **lumen honestatis et gratis amplectendae pulchritudinis** "the radiance of nobleness and beauty that are to be embraced for their own sake." For the sense of *gratis*, see *OLD gratia* 8; it occurs again in *gratis diligebam* below. *honestas* and *pulchritudo* are closely akin according to A.'s definition at *On eighty-three varied questions* 30, "I call *honestas* intelligible beauty, which we properly term spiritual beauty." Both words figure often in his discourse about human attraction (discussions of marriage or sex are the context of half the occurrences of *honestas* in his works). He is pointing to an element in love relationships which transcends physical attraction and can lead the soul to a spiritual good, and his language so far is philosophical rather than specifically Christian. In the nearly contemporary *Against the skeptics*, for example, he quotes as a Stoic position the view that "human beings are born for nothing else but *honestas*: by its own splendor alone it draws their minds to itself without the addition of any external good" (3.7.16, quoted from Cicero's *Academics*). But the Judeo-Christian belief that human beings were directly created by God in God's own image meant that this innate *lumen honestatis* would inevitably be understood as expressing attributes of God.   **oculus carnis**: see ¶6 *ut purgatior acies mentis meae dirigeretur* (n.).   **et uidetur ex intimo**: for omission of the relative pronoun in a second relative clause, see 5.4.7 *omnia possidet* (n.).   **ex qua uena mihi manaret quod ista ipsa foeda tamen cum amicis dulciter conferebam** "through what channel flowed [down] to me the fact that, repellent though those things were, it was nevertheless sweet for me to be discussing them with friends." *quod* is not a relative pronoun ("[that thing] which I was discussing"): the object of *conferebam* is *ista ipsa foeda*, and it was obviously not the topic of conversation that A. traced to a higher source, but the fact of conversing about it with friends. For the sense of *conferebam*, see *OLD* 13. *uena* is one of the distinctive images of *Confessions*, having previously appeared at 1.6.10, 3.1.1, and 3.2.3. A. does not explicate it, but *qua* metaphor, it implies something of value (lifeblood, in the most common application of the word) which derives from a source, which is hidden, and which is relatively exiguous in relation to what contains or surrounds it. At 1.6.10 A. refers to the channel by which "life and being" flow from God to human beings, and in both passages from book 3 he speaks of a channel of *amicitia*, which, as here, he clearly equates with *amor*. All passages have in common the idea that human beings retain a current of the vitality received from God, but severely attenuated as the result of original sin.   **etiam secundum sensum ... carnalium uoluptatum**: i.e. even though A.'s instinct for spiritual love had been coarsened by his cultivation of carnal pleasure, it still manifested itself in his feelings for friends.   **o tortuosas uias!** accusative of exclamation (G–L §343).   **recessisset**: for the pluperfect, see ¶21 *si id fecissem* (n.).   **uersa et reuersa in tergum et in latera et in uentrem, et dura sunt omnia**: the soul is anthropomorphized as a restless insomniac, perhaps with a recollection of Homer's description of Achilles at *Iliad* 24.10–11, or Juvenal's adaptation of it at *Satire* 3.279–81.   **tu solus requies**: echoes the opening (1.1.1 *inquietum est cor nostrum donec requiescat in te*) and closing (13.38.53 *nos requieturos in tua grandi sanctificatione speramus*) theme of *Confessions*.   **erroribus** "strayings," in terms of the *uia* metaphor.   **"currite, ego feram et ego perducam et ibi ego feram"**:

"The book ends extraordinarily, with the divine voice speaking, but not in an explicit, obvious, or direct biblical quotation" (O'Donnell). The preceding *constituis nos in uia tua* establishes that the speaker is Christ and that he is referring to his declaration *ego sum uia* at John 14: 6. A. often emphasizes the paradoxical implication that Christ is simultaneously the roadway and the destination, e.g. *Expositions of the psalms* 70.1.9 *adesto, o domine Iesu, qui mihi dicas ... ego sum ipsa uia, ego duco, in me duco, ad me perduco*; *ibi* refers to the idea of destination present in *perducam*.

BOOK VII

Chronology: although book 7 is internally devoid of chronological bearings, it together with book 8 continues the narrative from the middle of A.'s 31st year in 385 (6.11.18 *tricenariam aetatem*) to early August of the following year (9.2.2 and 4), with brief flashbacks to the period of A.'s twenties in ¶¶3 and 8. The book recaptures a period of eclectic thinking—and it will be recounted as a period much more of thinking than of doing—which was generally anti-Manichean but not yet orthodox Christian. As A. notes in ¶7, "on many points my faith was still shapeless and drifting beyond the norm of orthodoxy."

¶¶1–7 describe A.'s effort to transcend the Manichean ideas he had now abandoned about God and evil as opposing cosmic powers, and trace the materialist preconceptions that hindered him from making progress.

7.1.1 Iam mortua erat adulescentia mea ... et ibam in iuuentutem: the language recalls 1.6.9 *ecce infantia mea olim mortua est ... dic mihi, utrum alicui iam aetati meae mortuae successerit infantia mea?* As A. makes explicit there, he is thinking of the contrast between God's eternal present and the experience of human beings, who pass steadily toward death and non-existence unless they gain an anchorage in God. *adulescentia ... iuuentutem*: there were many ancient schemes for periodizing the span of a human life (surveyed in Eyben 1973), and A. adheres to no one of them consistently. But here he appears to be following Varro's definition of *adulescentia* as lasting from age 15 up to the age of 30 and *iuuentus* as lasting from 30 to 45 (as reported by Censorinus 14.2 and Servius on *Aeneid* 5.295). See, however, O'Donnell's note on *pueritia* at 1.8.13.   **uanitate**: for the objective and subjective sense of the word in A., see 5.5.8 *uanitate* (n.).   **cogitare aliquid substantiae**: for the accusative with *cogitare*, see 5.10.19 *cogitare nisi moles corporum non noueram* (n.). *aliquid substantiae* is "any substance": for the partitive genitive construction, see 5.3.3 *quam ego iam tametsi laudabam ... quid mihi scientiae comedendum apponeret ... Faustus intuebar* (n.).   **hos oculos**: i.e. the bodily eyes one can point to, as opposed to the "eye of my mind" below.   **ex quo audire aliquid de sapientia coepi**: with *ex quo* understand *tempore* (*OLD qui*[1] 15 c); the occasion meant is A.'s encounter with Cicero's *Hortensius* at the age of 18, related at 3.4.7.   **hoc fugi—et gaudebam me hoc repperisse**: the first *hoc* refers to an anthropomorphic conception of God, the second to rejection of that conception; unless a *non* has disappeared from the text before *repperisse*, A. has written carelessly. The punctuation of *ex quo audire ... semper hoc fugi* as an aside (from Gabillon 1987: 440–1) is an effort to palliate the difficulty.   **catholicae** "the Catholic church"; see 5.10.20 *recurrere in catholicam fidem* (n.) and 5.14.24 *ita enim catholica... appareret* (n.).   **occurrebat**: impersonal (*OLD* 9), introducing the indirect question *quid ... cogitarem.*   **et conabar cogitare te ... uerum deum**: the double antithesis *homo ~ deum* and *talis ~ summum et solum et uerum* emphasizes the presumption of A.'s effort to fathom God.   **homo et talis homo**: cf. 5.8.15 *matri et illi matri.*   **te incorruptibilem et inuiolabilem et incommutabilem totis medullis credebam**: *inuiolabilis* and *incommutabilis* are classical (though the latter is rare), but *incorruptibilis* comes into Latin only in the third century with church writers; the three terms are developed in the *quia* clauses that follow. See O'Donnell's note and *A-L* "incommutabilitas" III 568–70 for the background of immutability in philosophical thought. A.'s present conviction that God is immutable is a shift from the position he had held only four or five years previously, when he "preferred to think that you were mutable rather than that I was not that which you are" (4.15.26). *totis medullis* "with the whole marrow [of my being]" is an Ovidian expression (*Metamorphoses* 9.484 and 14.351) repeated by A. at *Sermons Mai* 15.1.   **quia nesciens unde et quomodo, plane tamen uidebam ... melius esse quam id quod mutari potest**: although the three clauses introduced by *quia* are parallel in thought, they are discordant in form. *uidebam et certus eram* governs a pair of indirect statements, in the first of which the positive clause *quod corrumpi potest* is judged to be "worse" against the negative *quod non potest*, versus another in which the negative clause *quod nullam patitur mutationem* is judged to be "better" against the positive *quod mutari potest*. In between is sandwiched *praeponebam*, not subordinate to *uidebam* but coordinate with it, which balances a negative relative clause *quod uiolari non potest*, not against another relative clause, but against the positive adjective *uiolabili*. The unevenness of the syntax mirrors A.'s struggle to work out the ideas it expresses (cf. ¶6 *sic enim nitebar*). *nesciens unde et quomodo* "though without knowing whence or how [I was certain]" hints at what A. will say in ¶23, that the knowledge came from divine illumination. In *On free will* 2.10.113–13.143, which he began writing two or three years after the time recalled here, he argues at length that propositions like "what is corruptible is better than what is incorruptible" are self-evident, manifested to the soul by Christ who is Truth. **incunctanter** "unhesitatingly" occurs first in Apuleius and becomes frequent from the third century on. **omnia phantasmata mea**: specifically, the Manichean misconceptions that led A. to imagine the divine in bodily terms; see 5.9.16 *phantasmatis* (n.). **hoc uno ictu** "by this one stroke [of vision]," referring to *plane uidebam* above. *ictus* in Latin is often associated with vision because according to one ancient theory, rays from the eye "struck" what it perceived (see *BNP* "Perception, theories of" X 742–5 and O'Donnell's note on *radios oculorum meorum* at 10.6.9). **circumuolantem turbam immunditiae**: *immundus* is the standing epithet of evil spirits in the gospels (e.g. Matthew 12: 43, Mark 1: 26, Luke 11: 24), and the image of a flying pack driven off (*dimota*) only to return (*ecce … rursus aderat*) recalls the gospel story (Matthew 12: 43–5, Luke 11: 24–6) of an evil spirit which returns in force after being driven out of a man. A. thus equates the materialistic *phantasmata* of the Manichees with troublesome demons, via the link in thought provided by *immunditia*. Whatever consists of body or matter is impure in relation to spirit, and "fleshly" thoughts are a barrier to grasping the divine. But the link with demons betrays the intensity of A.'s antipathy toward the body. **acie mentis meae**: see 6.4.6 *ut purgatior acies mentis meae dirigeretur* (n.); the phrase will recur shortly in ¶5. **in ictu oculi**: a favorite expression of A. borrowed from 1 Corinthians 15: 52; at *Sermons* 277.11, he explains that Paul's expression does not mean a "blink" or "wink of the eye," but a "glance of the eye." **obnubilabat eum, ut quamuis non forma humani corporis … sed tamen sit locus inanis tamquam spatiosum nihil** "it clouded that [gaze], so that I was compelled to think in terms of something physical—yet not in the shape of a human body—extended in space, either permeating the world or even diffused through an infinity beyond the world. But still [I thought in terms of] that incorruptible, inviolable, unchangeable [something] which I preferred to [anything] corruptible, violable, and changeable. The reason [I thought in such terms] was that anything from which I stripped away space of that kind seemed to me nothing—but really and truly nothing, not just not a void, in the way a body might be removed from a space, but its space would remain, emptied of all earthy, fluid, airy, or empyrean matter, but still, there would be an empty space, a sort of nothing consisting of space." For the philosophical affinities of the ultimately rejected view that A. describes here, see O'Daly 1987: 66. **per spatia locorum**: see 6.4.5 *spatium loci* (n.). **corpore … et terreno et humido et aerio et caelesti**: matter as defined in terms of the four elements earth, water, air, and fire. *caelesti* refers to the highest sphere of the heavens, conceived as a region of fire, cf. Cicero *On the nature of the gods* 2.64 *caelestem enim altissimam aetheriamque naturam, id est igneam.*

7.1.2 incrassatus corde: the phrase is borrowed from the words of Christ at Matthew 13: 15 and of Paul at Acts 28: 27 *incrassatum est ... cor huius populi*, both explicitly quoting Isaiah 6: 10 (in the Septuagint version); *incrassatus* first comes into Latin through these Bible translations. The biblical passages all make "thick-mindedness" a divine punishment for willful unbelief, a judgment which A. sees as relevant to his own situation. But the word *incrassatus* also lends itself to the body imagery that he is developing here. For the meaning of *cor* in A., see 5.3.5 *obscuratum est insipiens cor eorum* (n.). **nec mihimet ipsi uel ipse conspicuus** "and not even transparent to my own self." *mihimet* is *mihi* with an emphatic suffix. For the sense of *uel*, see *OLD* 5; *conspicuus* contrasts with *incrassatus*. A. means that if he looked inside himself, he should have been able to see an example of something not material and not extended in space, since his own thinking exhibited those characteristics. See 5.10.20 *quia et mentem cogitare non noueram* (n.). **quidquid non ... aut capere posset**: A. imagines four modes by which a body might occupy a space, followed by an idea of space as distinct from any body. **per quales enim formas ire solent oculi mei, per tales imagines ibat cor meum** "my mind operated with the same sort of concepts as the likenesses with which my eyes are accustomed to operate." *forma* here is the sensory likeness of an external object actually perceived, while *imago* refers to an image composed by the imagination (O'Daly 1987: 95–6, 107–13). **intentionem** is the act of willed attention by which the mind processes either sensory impressions or (as here) objects of imagination or thought; for its role in Augustinian psychology, see O'Daly 1987: 84–92 and 108–11. **tale aliquid**: i.e. something extended, diffused, compressed, or expanded in space, or a corresponding space. **magnum aliquid**: a frequent expression in A. for "something important" (e.g. *Sermons* 22.9 *ipse [deus] aliquid magnum fecit, cum hominem ad imaginem et similitudinem suam creauit*; *On Christian teaching* 2.17). In this context describing the materialistic preconceptions that led A. to equate greatness with size, he may be playing on the double sense of *magnus* as meaning either "great in size" or "great in importance." **ita etiam te**: *te* is the subject of *penetrare*. **uita uitae meae**: the form of the invocation connects with A.'s theme about the preposterousness of conceiving God as something physical: for him, body derives life from the soul, and soul derives life from God (e.g. *Sermons* 161.6 *uita corporis anima est, uita animae deus est*). **quaquauersum** "in every direction"; the word occurs first and frequently in A. **tu autem nusquam**: sc. *finireris*. **sicut autem luci solis non obsisteret aeris corpus ... quominus per eum traiceretur** "just as the substance of air does not block sunlight from passing through it." *obsisteret* is subjunctive because the *sicut* clause is subordinate to the indirect statement governed by *putabam*; for the construction with *quominus*, see G–L §549. *eum* ...

eum ... eum all refer to *aer*. **aeris huius qui supra terram est** distinguishes earth's atmosphere through which sunlight passes from *caelum*, the fiery heaven where the sun is located: see ¶1 *corpore ... et terreno et humido et aerio et caelesti* (n.). **peruium et ex omnibus maximis minimisque partibus penetrabile** "permeable and porous in all its parts, from largest to smallest." **occulta inspiratione**: although A. often refers to God's "covert influence" in affairs (e.g. *On baptism* 5.6, *On admonition and grace* 9, *Expositions of the psalms* 77.24), in this account of his pre-orthodox understanding, the idea appears to be conflated with that of a world-soul (on which, see O'Daly 1987: 64–6). **creasti** = *creauisti*. **nam falsum erat** "now, it was a mistake"; *nam* is not causal but picks up and comments on *ita suspicabar* (for the force of *nam*, see Kroon 1995: 168–9), as A. prepares to explain why his idea was mistaken. **haberet**: contrafactual, like *essent* and *faceres* following. **ita te plena essent omnia ... occuparet locum** "all things would be filled with you in such a way that the body of an elephant would contain more of you than [the body] of a sparrow, insofar as [the elephant's body] was bigger and occupied more space than that [sparrow]." *plena* can govern either the ablative or genitive (*OLD*). **frustatim ... partes tuas praesentes faceres** "you would make parts of yourself present piecemeal." **nondum illuminaueras tenebras meas** is borrowed from Psalm 17: 29 *deus meus illuminas tenebras meas*. A. is suggesting that his sunlight model breaks down where nature takes spiritual rather than bodily form.

7.2.3 reverts to an occasion when as a young Manichee in Carthage, A. heard a logical objection to Mani's teaching about a cosmic battle between God and the kingdom of evil: if God were inviolable, he had no need to be drawn into such a contest in the first place. A. returns to that problem at this point in his narrative for two reasons. The first is that, although he still maintains a materialist conception of the divine, he has by this time come round to a belief that God must be immutable and inviolable (¶1). The second reason is that rejection of a cosmic struggle between good and evil eliminates one solution to the problem of evil, and so compels A. to strike out in search of another one, as he will shortly explain (¶4). His selective presentation of Manichean doctrine here (which overlaps with that at 5.10.20) covers the following points: good and evil realms existed independently from the beginning, but a wedge extended into the Kingdom of Light from the Kingdom of Darkness (*gens tenebrarum ... quam ex aduersa mole solent opponere*), and so enabled an invasion by demons from the latter. To deal with it, the Father of Greatness, ruler of the Kingdom of Light, produced a series of emanations of himself beginning with "Primal Man" (*quaedam portio tua et membrum tuum uel proles de ipsa substantia tua*), who descended to the Kingdom of Darkness and did battle with its denizens. But Primal Man was vanquished and cast into a coma, and his endowment of Light was gobbled up by the opposing demons (*ut misceretur aduersis potestatibus ... non a te creatis naturis*). But after long imprisonment in the depths of the Kingdom of Darkness (*ut a beatitudine in miseriam uerteretur*), he awoke and cried out for rescue (*indigeret auxilio*), which came to him in another series of emanations from the Father of Greatness. That experience of rescue is subsequently replicated in the experience of every soul, which must be rescued from contamination with evil elements by Jesus the Splendor and other agents of the Light (for the background, see Lieu 1992: 10–17, BeDuhn 2010: 77–91, 2013: 445 n. 28, Feldmann 1987: 26–33, and Drecoll 1999: 278–9). A.'s aim, however, is not so much to summarize Mani's teaching as to draw attention to repeated moments of divine mutation and degradation.

Sat erat mihi, repeated later in the sentence and again at the close of the ¶, emphasizes the qualified gain A. has achieved in his thinking about God. Though not yet free of materialist preconceptions, he has at least rid himself of the Manichean idea of a vulnerable God. The formula *sat est* often occurs in argumentative contexts where A. rests on some point that can be accepted without prejudice to wider considerations that may be relevant.   **illos deceptos deceptores**: the Manicheans, previously described as *falsis illis atque fallentibus sanctis* at 5.10.18, cf. *falsi atque fallentes* of A. himself in his Manichean phase at 4.1.1.   **mutos** is explained by the *quoniam* clause: for all their wordiness, the Manicheans were mute because they uttered no words of substance (see O'Donnell's note on the parallel *quoniam loquaces muti sunt* at 1.4.4).   **illud quod iam diu ab usque Carthagine a Nebridio proponi solebat**: the prepositional phrase *ab usque* ("as far back as Carthage") occurs first at Virgil *Aeneid* 7.289, but gains currency only in fourth-century writers (*TLL abusque*). On A.'s sharp-witted friend Nebridius, now present with him in Milan, see 6.7.11 *Nebridio* (n.).   **et omnes ... concussi sumus**: for the loose integration of the second relative clause, see 5.4.7 *omnia possidet* (n.).   **erat tibi factura**: "the participle in –*urus* with *eram* or *fui* may take the place of the Imperfect or Pluperfect Subjunctive in the apodosis of a condition contrary-to-fact," A–G §517 d.   **ex aduersa mole** "on the side of the opposing mass," which pressed into the Kingdom of Light from the south, as A. described at 5.10.20 *constituebam ex aduerso sibi duas moles, utramque infinitam, sed malam angustius, bonam grandius*.   **fuisse nocituram**: "would have harmed"; see 6.2.2 *fuisse cessuram* (n.). The subject is *gentem tenebrarum*.   **fores** = *esses*.   **ea**: sc. *gens*, subject of *diceretur*.   **membrum tuum uel proles**: refers to Primal Man, which as an emanation of the Light could be imagined either as an organic component (*membrum*) or the offspring (*proles*) of it.   **potestatibus et ... naturis**: datives with *misceretur. naturis* "beings" (as at 5.10.20 and 5.14.25) refers to the demons of the Kingdom of Darkness, who incorporated the Light by ingesting it.   **et hanc esse animam cui tuus sermo seruienti liber et contaminatae purus et corruptae integer subueniret** "and [they would say] that this was the soul, to which, when [it was] enslaved, defiled, and degraded, your free, pure, and perfect word brought rescue." *esse* depends on the frame of speaking established by the imagined altercation which precedes. In Manichean terms, *sermo* here refers to a force known as the Mind of Light, as manifested in Jesus the Splendor and other prophet figures; O'Donnell suggests that A. avoids the term *uerbum* when speaking of the Manichean Jesus and avoids *sermo* when speaking of the Christian Son of God.   **et ipse corruptibilis, quia ex una eademque substantia**: in Manichean theology, salvific agents all have their origin in the Father of Greatness.   **substantiam tuam qua es** "the substance by which you exist" is in Manichean terms the Light.   **falsa esse illa omnia**: understand again *dicerent*. If the Manichees admitted that the Light is inviolable, they would be implicitly contradicting their own account of Primal Man.   **si autem corruptibilem**: sc. *te dicerent*. A. has reduced the clause to the "word one" (*prima uoce*) which, for him, stamps the Manichean position as an abominable falsehood.   **abominandum**: sc. *est*, not *esse*; A. here draws his own conclusion, rather than wresting an admission from the Manichees.   **istuc**: Nebridius' dilemma.   **euomendos a pressura pectoris** "[those Manichees] whom I needed to vomit up from the congestion in my innards"; for the sense of *pectus*, see *OLD* 2 a. The language is clinical (see *TLL pressura* 1198.39–52), and the metaphor recurs at 9.4.9 and at *Against Julian, an unfinished book* 6.27. When A. first introduced the Manichees at 3.6.10, he described them as serving intellectual bad food, and so this passage provides a fitting image in which to speak of breaking with them.   **non habebant qua exirent** "they had no way to escape." *qua* is the relative adverb "where, whereby" (*OLD qua* 3–4), and the subjunctive *exirent* expresses result.   **sacrilegio** is regularly opposed in A. to *pietas* "religious spirit."   **sentiendo ... et loquendo**: see 5.8.15 *orando et flendo* (n.).

7.3.4 Sed et ego adhuc ... non tenebam "but I also still did not have"; *sed et ego* balances the gain of *sat erat mihi* described in the preceding ¶ against a problem which remains; cf. 6.6.9 *sed et ego ... multo falsius quaerebam*.   **incontaminabilem et inconuertibilem**: these synonyms for *inuiolabilis* and *incommutabilis* are first attested in Latin of the third century.   **dicerem firmeque sentirem**: in contrast to the "sacrilegious" *sentiendo ... et loquendo* of the Manichees above.   **deum nostrum**: who has nothing to do with bodies, in contrast to the Manichean god.   **omnes et omnia**: sc. *animas* and *corpora* respectively.   **sic eam quaerendam**

uidebam, ut non per illam constringerer deum incommutabilem mutabilem credere: the *ut* clause sets a limitation on the main clause, "in such a way that I was not constrained"; for the construction, see 5.14.24 *ita enim catholica … appareret* (n.).   **ne ipse fierem quod quaerebam**: i.e. *causa mali*. A. illustrates the danger with the example of the Manichees in the next sentence, who he says were filled with *malitia* as a result of misconceiving the nature of evil. Cf. 8.10.22 (also referring to the Manichees) *ipsi mali sint cum ista mala sentiunt.*   **securus** "relieved," "with mind at ease," because the recognition that God is immutable rules out one approach to the problem of evil as logically impossible.   **certus non esse uerum quod illi dicerent**: another indication that A. has by now transcended the principled skepticism that he embraced at 5.10.19; cf. 6.5.7 *iam praeponens* (n.).   **quia uidebam quaerendo unde malum repletos malitia**: sc. *quia uidebam quaerendo unde [esset] malum [illos] repletos [esse] malitia. repletos malitia* is borrowed from Romans 1: 29, describing those who have in common with the Manichees that their *malitia* is a consequence of misjudgment about God.   **qua opinarentur tuam potius substantiam male pati quam suam male facere**: A. often characterizes the Manichean doctrine of evil as a stratagem for evading personal responsibility; see 5.10.18 *mihi uidebatur non esse nos … peccare naturam* (n.).

7.3.5 intendebam: the full expression is *intendebam animum* (as at 3.5.9, 5.14.25, 6.7.12); for the meaning, see ¶2 *intentionem* (n.).   **cernerem** "discern," a word chosen for its applicability to seeing with either eye or mind (*OLD* 5).   **quod audiebam**: since recent references to what A. was hearing have all been to what he was hearing in sermons of Ambrose (5.13.23, 6.3.4, 6.4.6), and since sermons of Ambrose that touch on the relationship between sin and choice are extant from this period (Courcelle 1968: 99–103), A. may be alluding to Ambrose's preaching here as well.   **liberum uoluntatis arbitrium**: "free choice" or "the free choice of the will" is the usual equivalent in A. of our expression "free will," which has owed much to the influence of A. (for his terminology and its variations, see *A-L* "liberum arbitrium" III 974 and Kahn 1988: 250; for his place in the evolution of the concept, see in addition to Kahn, Dihle 1982, Rist 1994: 173–88, and Frede 2011: 153–74, who argues for A.'s indebtedness to Stoic thought). *liberum arbitrium* appears first in *Confessions* here; *uoluntas* figured prominently in the infancy narrative of book 1 (6 × in ¶¶8–13), then almost disappears until this book and the next, in which it will appear 41 ×. In A., the will is conceived less as a psychological faculty that effects particular decisions than as a mindset, "an overall attitude of obedience or disobedience to the will of God on the part of the whole person" (Kahn 1988: 258).   **ut male faceremus**: a noun clause after the equivalent of a verb of causation (G–L

§553.1). **eam**: sc. *causam*. "What Augustine says he failed to grasp here was the sense in which free choice of the will could be such a cause" (Harrison 2006: 74, who helpfully discusses the whole ¶). **aciem mentis de profundo educere conatus mergebar iterum**: the images of depth here (together with *deprimebar, suffocabat,* and *subducebar* at the end of the ¶) are a nod to the Platonic view that matter and body occupy the lowest and least intelligible level of reality, where A. has trapped himself by thinking in materialist terms; cf. 5.11.21 *sed me maxime ... respirare non poteram* (n.). **subleuabat enim me in lucem tuam quod tam sciebam me habere uoluntatem quam me uiuere** "For the fact that I knew that I had a will as much as that I was alive was lifting me up towards your light." This sentence explains only *de profundo educere conatus* in what precedes; the explanation for *mergebar* is given later in the ¶, in *his cogitationibus deprimebar*. Both here and at *On free will* 3.1.12, A. takes consciousness of will as a given of personal experience. **iam iamque**: implies that A. did not quite reach the conclusion; see 6.16.26 *iam iamque ... raptura* (n.). **quod autem inuitus facerem ... id non culpam sed poenam esse iudicabam**: *autem* marks a transition from the orthodox position that "no one except I willed or willed not" to a mistaken view which continued to hamper A.'s thinking about free will. After his conversion, he will disavow both the separation of punishment from guilt and the claim that one can "act" unwillingly (for him, one "suffers" rather than "does" that which is truly against one's will: see *On the two souls* 14, *On the spirit and the letter* 53, and Rist 1969: 422). The psychological experience he is describing here is probably that which in his Manichean phase he explained with a theory that each person contains a good soul made up of the Light and an evil force made up of the Dark (see BeDuhn 2010: 85 and 2013: 103–21, and A.'s own account of himself at 5.10.18). A. has now abandoned the hypothesis of the Dark, but still lacks an alternate hypothesis to explain evil-doing. **cito** emphasizes the cogency of the logic: on the premise that God is just, A. had no choice but to conclude that his own punishment could not be unjust, just as he earlier works out the implications of divine immutability. Both steps lead him away from Manichean theology. **unde**: sc. *est* or *uenit*, which must be understood in the two *unde* clauses which follow as well. **uelle et ... nolle** are infinitive subjects of the understood verb (*OLS* 746–7). **ut esset cur** "in order that there might be a reason why." **plantarium amaritudinis**: *plantarium* can mean either a nursery for plants or an individual plant; Carena 1964 shows that scriptural and patristic parallels support the latter meaning here, and that A. has reversed a phrase from Ezechiel 34: 29 (in a non-Vulgate translation) *suscitabo eis plantarium pacis* by crossing it with *radix amaritudinis* from Hebrews 12: 15. **dulcissimo**: chosen to contrast with *amaritudinis*; cf. 2.1.1 *recolens uias meas nequissimas in amaritudine recogitationis meae* *ut tu dulcescas mihi.*   **si ... ex bono angelo diabolus factus est**: the early Christian tradition that the devil was an angel cast out of heaven after leading a revolt against God rests principally on Revelation 12: 7–9 (for details, see *ODCC* "devil").   **unde et in ipso uoluntas mala qua diabolus fieret**: A. does not return to this question in *Confessions*, but does later address it at *On the literal interpretation of Genesis* 11.13.17.   **conditore**: synonymous with the more common *creator,* and predominantly Christian in this sense (but see *TLL* 146.83–4).   **illum infernum ... erroris ubi nemo tibi confitetur** echoes Psalm 6: 6 *in inferno quis confitebitur tibi?* A. exploits the ambiguity of *confiteri* to link the psalm verse, where it means "to declare your praise," with his argument that human beings need to acknowledge their own responsibility for evil. *infernum,* which for the psalmist meant simply the realm of the dead, is similarly adapted. A. here applies it to a state of error because he implicitly equates error with death: see ¶8 *a morte omnis erroris* (n.).   **pati**: sc. *putaris*.

7.4.6 iam inueneram: in other words, A. had worked out that if God is the highest good, and if what is incorruptible is a higher good than what is corruptible, then God is incorruptible.   **quidquid esses**: the hedged expression acknowledges that, despite A.'s dawning clarity about God's attributes, he still imagined God to be some sort of material being.   **confitebar**: in the recollection of his past life to this point, "this is the first *confessio* A. records" (O'Donnell), thereby bearing out his claim at the end of the preceding ¶ that his misconceptions were not yet so desperate as to preclude the possibility of a proper response to God.   **iam ... praeponebam**: the adverb signals that A.'s concept of God's immutability is a recent acquisition; see ¶1 *te incorruptibilem et inuiolabilem et incommutabilem totis medullis credebam* (n.).   **poteram** "I would have been able." The imperfect indicative is normal in the main clause of contrafactual conditions with verbs expressing possibility (G–L §597 r. 3).   **ubi igitur uidebam incorruptibile corruptibili esse praeferendum, ibi te quaerere debebam atque inde aduertere ubi sit malum** "And so when I saw that the incorruptible is preferable to the corruptible, I should have looked for you there [= in that insight] and as a result of that, I should have noticed where evil lies"; *inde = ex eo.* A. means that his metaphysical insight that incorruptibility was a corollary of immutability should have clarified the moral issue that troubled him: evil had to originate somewhere else than with God. A. is fond of using paired *ubi ... ibi* clauses to make the case that one fact or situation is virtually equivalent to another (cf. *Confessions* 10.24.35 *ubi enim inueni ueritatem, ibi inueni deum meum; On the greatness of the soul* 44 *ubi uident, ibi sentiunt: ipsum enim uidere sentire est*). *debebam* marks a jump in temporal perspective, as A. begins to explain what he did not understand circa 385 in light of what he understands at the time of writing. Hence in place of the limited and groping insights of the past (*nitebar inuenire, inueneram, praeponebam, uidebam*) he introduces a more sophisticated set of concepts about the nature, will, and power of God. **deum nostrum**: again by contrast with the Manichean god. **uoluntate ... necessitate ... casu**: a version of the three-fold classification of possible causes that A. would have encountered in his philosophical reading, cf. Cicero *On the nature of the gods* 2.88 *casu ... necessitate ... ratione ac mente diuina*, together with Pease's note on *naturam* at 2.43, citing parallels from Plato, Aristotle, Epicurus, and the Stoics. Each possibility is dealt with in turn. **quoniam ipse est deus ... corrumpi autem non est bonum** argues that God's *uoluntas* cannot cause corruption internally, since God wills only the good. **nec cogeris inuitus ... uoluntas enim et potentia dei deus ipse est** eliminates *necessitas* as a cause of corruption: if the will of God does not outrun the power of God, there can be no external force to frustrate that will. **quid improuisum tibi, qui nosti omnia?** eliminates *improuisus casus* as a cause. *nosti* = *nouisti*. **et nulla natura est nisi quia nosti eam**: the rephrasing of the preceding thought and the use of *nisi quia* in place of simple *nisi* (cf. Psalm 93: 17, 123: 2) give this line a slightly psalmic flavor. **ut quid**: sc. *fiat*. This alternative for the interrogative adverb *cur?* occurs frequently in later Latin (H–S 460); the question here is rhetorical. **multa dicimus** refers to the immediately preceding argument, which A. now drops in order to return to the perspective of 385, as indicated by the imperfects *quaerebam, uidebam,* and *constituebam* at the start of the next ¶. For indirect discourse following *multa dicere* = "talk at length," cf. 9.2.3 *ut ora cunctorum multa dicerent quod quasi appetissem magnus uideri*. **hoc**: i.e. *corruptibilis*.

7.5.7 quaerebam unde malum, et male quaerebam, et in ipsa inquisitione mea non uidebam malum: the tricolon develops a two-fold polyptoton (Lausberg 1998: §§647–8), and the meaning of "bad" shifts with each variation. It first refers to the abstraction "evil," and then to the poor job A. did of inquiring into it. In the final clause, there is a pun: A. did not locate evil in his inquiry, nor see the fault that vitiated his search. **constituebam in conspectu spiritus mei uniuersam creaturam**: for A.'s Christian readers, the high-flown phrase *in conspectu spiritus mei* (cf. *in conspectu cordis mei* at 8.12.28) would have had some resonance with the Bible, where *in conspectu* most often refers to the "sight of the Lord," and "my spirit" is often an utterance in the mouth of God (see Knauer 1955: 75 n. 3). *constituebam ... uniuersam creaturam* likewise strikes a portentous note, as do the verbs *ordinauit, feci, finxeram,* and *feci* following. The phrase *omnes angeli* figures often when A. is enumerating the elements of creation (e.g. *Confessions* 7.13.19 *in excelsis omnes angeli tui, omnes uirtutes tuae, sol et luna, omnes stellae et lumen, Sermons Lambot* 16), for which he draws on the praise catalog of Psalm 148 (cf. verse 2 *laudate eum omnes angeli eius*). He is here describing his imaginative recreation of the universe as if it were a creation literally, though a botched one, as the opening sentence of the ¶ forewarns; the false picture sketched here contrasts with the divinely inspired vision of the universe he will achieve in ¶¶16–22. That A. now thinks in terms of creation at all, however, is a sign of his having moved beyond Manicheism in the direction of Christian orthodoxy: the Manichees held that the Light and the Dark existed independently from all time. **firmamentum caeli**: "the firmament of heaven" is the region where God is said (Genesis 1: 14–17) to have placed the sun, moon, and stars at the creation. In his Christian phase, A. understood it as a border between God's material creation and the realm of purely intelligible being (cf. 12.8.8). But here where he is describing a pre-orthodox understanding, he may have in mind a simpler distinction between embodied creatures and spirits invisible to human eyes. **angelos**: "the first direct reference to angels in *Conf.*" (O'Donnell). **cuncta spiritalia eius** "all his spiritual creations," including such beings as the "thrones, dominions, principalities, and authorities" of Colossians 1: 16, as A. explains at 12.22.31. **ipsa** = *ea*, cf. 5.7.12 *ipsam sarcinam* (n.). **corpora** and **locis et locis** (= "in separate places") bring out A.'s continuing inability to escape material categories in thinking about creation. **unam massam grandem distinctam generibus corporum** "one vast mass varied [only] by types of body." *massa* regularly denotes a large, undifferentiated amount of some material, like molten metal or a heap of grain (e.g. *Expositions of the psalms* 67.39 *in arte argentaria exclusores uocantur, qui de confusione massae nouerunt formam uasis exprimere*; cf. *OLD* 1–2). In combination with *distinctam*, however, it becomes an oxymoron, since a *massa* does not normally consist of distinguishable components. A. is characterizing the crudeness of his universe in comparison with God's. Whereas God created a plenitude of beings of every ontological status, A. himself has produced an exclusively material creation whose components ("bodies") are all of a kind. **et eam feci grandem, non quantum erat**: the repetition of *grandem* marks a turn from the category of body to the category of space. *quantum* is not here adjectival but an adverbial accusative modifying *grandis* (i.e. understand *eam non finxeram [tantum] grandem quantum erat [grandis]*). **undiqueuersum** "from every direction" is classical, but a hapax in A. **te autem ... infinitum**: sc. *feci*. **ex omni parte** "in every respect" (*OLD pars* 14 d). **tamquam si mare esset ... ex immenso mari**: the *si* clause can be understood as comprising three parts (*si mare esset ubique, si undique esset infinitum solum mare, si mare haberet intra se spongiam*) followed by an apodosis (*plena esset utique spongia illa ... ex immenso mari*). A. often uses the confirmatory particle *utique* ("certainly," "undoubtedly") to set off the main clause of a condition (e.g. 3.1.1 *si non haberent* *animam, non utique amarentur,* 3.2.2 *etsi approbatur ... qui dolet miserum, mallet tamen utique non esse quod doleret*). The sponge-in-water image recurs later at *On the literal interpretation of Genesis* 8.21.42, where it is criticized as an incorrect model of the relationship between soul and body; its materialism makes it equally inapplicable to the relationship between God and the cosmos. **ecce ... ecce ... ecce**: pointing to the picture of creation that A. has just sketched. **his ualidissime longissimeque praestantior**: *his* is ablative of comparison; the use of a superlative adverb to intensify a comparative adjective is late Latin (H–S 167). **timemus et cauemus**: the note of fear and anxiety that creeps in here points ahead to the revelation at the close of the ¶ that the one evil most troubling A. was the fear of death. **uel timor ipse** "even fear itself" (*OLD uel* 5). **et tanto grauius malum, quanto non est, quod timeamus, et timemus** "and an evil so much the more serious, inasmuch as the thing which we fear does not exist, and [yet] we fear it." **quia timemus** "the fact that we fear." **an unde fecit ea, materies aliqua mala erat**: *unde = ex qua*, referring ahead to the antecedent *materies*; *ea* is neuter plural, referring back to *bona*. The question reveals that A.'s understanding of creation at the time did not quite correspond to Christian belief, according to which God created out of nothing rather than from a preexisting material. **nihil mali** "no evil." **cum sit omnipotens** "although he is all-powerful." **cur inde aliquid facere uoluit ac non potius eadem omnipotentia fecit, ut nulla esset omnino?** "why did he wish to make something with it, and not rather cause, through that same omnipotence, that it not exist at all?" *inde = ex ea*, referring to *materies mala*, which continues as the subject both of the *ut* clause and the two clauses following. **tanto post** "so long afterward." **aut iam, si aliquid subito uoluit agere, hoc potius ageret omnipotens, ut illa non esset** "or, now, if he wanted to do something all of a sudden, omnipotent [as he was], he might have caused this instead, [namely] that that [evil material] not exist"; for the meaning of *ageret*, see *OLD ago* 19. Editors punctuate this sentence (like the following) with a question mark, but then have to invent both a negative and an interrogative in order to translate *ageret* (e.g. "why would he not have done?," "couldn't he have done?"). It is simpler to punctuate both sentences with a period and to understand the imperfect subjunctives as past potential, like the use discussed at 5.5.8 *ille ignorare posset* (n.) and 6.4.5 *pulsans proponerem ... non insultans opponerem* (n.). **ut ... ipse solus esset totum uerum et summum et infinitum bonum**: i.e. in this scenario, after annihilating evil, God need not have proceeded to create anything new at all. *totum uerum* = "the totality of the real." **aut si non erat bene, ut non aliquid boni etiam fabricaretur et conderet qui bonus erat** "or if it was not good that he who was good not also create and fashion something good"; *fabricaretur* is deponent.

COMMENTARY: 7.6.8   179

A. is dealing with the possible objection that God had no choice but to create, since the goodness of God must necessarily express itself in the bounty of God.   **bonam ipse institueret unde omnia crearet** "he might himself have established a good [material] out of which to create all things"; A. still assumes that God would have had to create out of *something*.   **nisi ea quam non ipse condiderat adiuuaretur materia** "unless he were aided by that material which he himself had not created."   **ingrauidato** "weighed down"; this rare verb is first attested in A.'s lifetime. The participle is modified by an ablative of means *curis* and an ablative phrase *non inuenta ueritate* "the failure to discover truth."   **timore mortis**: for this theme in *Confessions*, see 5.9.16 *ad inferos* (n.).   **stabiliter tamen haerebat in corde meo in catholica ecclesia fides Christi tui** "Yet the faith in your Christ [that was found] in the Catholic church stayed firmly in my heart." For the persistence in A. of elements of his orthodox upbringing, see 6.16.26 *futuri iudicii tui* (n.). *in catholica ecclesia* distinguishes orthodox from Manichean teaching about Christ, but for the vagaries of what A. actually believed at this time, see Solignac XIII 150–1.   **eam ... in dies magis magisque imbibebat**: in part, presumably, through listening to Ambrose's Sunday sermons (6.3.4); for *magis magisque*, cf. 5.14.5 *magis magisque* (n.).

¶¶8–10 A. now turns to a second front on which a shift in his thinking about the problem of evil took place. Through his late twenties, he had held fast to a belief that the causes of human behavior lay in the stars and that astrology provided a science by which to interpret them, despite objections from critics whom he respected (4.3.4–6). But then he gained information about a case in real life which he found impossible to reconcile with the claims of astrology. (For A.'s knowledge about and involvement with astrology, see Ferrari 1977 and *A-L* "Astrologia, astronomia" I 486–9.)

7.6.8 Iam etiam ... reieceram: for resumptive *iam* + pluperfect, see 5.3.3 *iam uenerat Carthaginem ... episcopus Faustus* (n.); *etiam* recalls that A. described ridding himself of the idea of God's mutability in ¶1.   **mathematicorum fallaces diuinationes et impia deliramenta**: *mathematici* are astrologers, adepts of astronomy who applied their lore to the elucidation of celestial influence on human affairs (*BNP* "Astrology" II 196–9); for A., they are to be distinguished from astronomers proper (who figure as "philosophers" at 5.3.4–6). Since astrology was used to predict the future, A. treats it as a form of divination, and regularly lumps astrologers with *sortilegi*, augurs, *haruspices*, and the like (e.g. *Expositions of the psalms* 91.7, 93.20, 140.18, *Sermons* 9.17, 88.25). In Christian hindsight, he judges their activity "ungodly" because it pried into knowledge that was reserved to God and because it courted the power of the demonic forces associated with the stars and planets (see especially *On Christian teaching* 2.21.32–2.24.37). Though in about 385, as he relates here, he concluded that most astrological pronouncements were little more than unreliable "ravings," he came to think that even so, they opened a channel by which demons could manipulate human beings. **confiteantur etiam hinc ... miserationes tuae**: for A.'s use of this phrase from Psalm 106, see 5.10.20 *cui confitentur ex me miserationes tuae* (n.). *hinc = de hoc*. **intimis uisceribus animae meae**: the oxymoron, repeated at 11.29.39, is consistent with A.'s ascription of other bodily features to his *anima* (*oculus* in ¶16, *caput* at 10.7.11), as often to his *cor*. **usque ad arborum uolatica folia**: wind-blown leaves illustrate that God's control over the universe extends far beyond anything astrologers can imagine. **tu omnino ... procurasti ... hominem amicum** "without question, it was you who supplied the friend"; *omnino* qualifies the entire sentence rather than any one word (*OLD* 5). The emphasis presents A.'s rejection of astrology in a different light from his rejection of Manichean theology. Whereas according to ¶¶1–7 he managed to arrive at an idea of God's incorruptibility on his own, the obstinacy (*peruicacia*, a hapax in *Confessions*) of his attachment to astrology was overcome thanks only to a providential anecdote heard from a friend. The repeated *procurasti* (= *procurauisti*) is the same word A. had used apropos of his encounter with Vindicianus at 4.3.6. **a morte omnis erroris** "from the death [that consists] of any error," with the noun defined by its genitive modifier (G–L §361); *mors erroris* recurs in the same sense at *On the instruction of beginners* 17. The fear of death and want of truth that A. lamented at the close of the previous section reappear here in combined form, which is the inverse of his constant equation of life, truth, and Christ throughout *Confessions*. **obluctatus sum Vindiciano ... et Nebridio**: Helvius Vindicianus was a distinguished physician who had befriended A. at Carthage while serving there as proconsul of Africa about two or three years before A.'s departure (*PLRE* I 967 and Barnes 1985: 151); for Nebridius, see ¶3 above. **mirabilis animae**: genitive of description or quality with *adulescenti* (G–L §365). **uehementer affirmanti ... crebro dicenti**: what follows recapitulates the conversations that A. reports earlier having had with both men at 4.3.5–6. **non esse illam artem futura praeuidendi** "that there was no such thing as that technique of foreseeing the future" (for the expression, cf. *On the literal interpretation of Genesis* 12.2.3 *persuadere conabar non esse illa corpora, quae uidebamus, sed esse imagines somniantium*; *On Christian teaching* 2.32.50 *dicebant non esse resurrectionem mortuorum*). The emphasis here is on *artem*: the point is not that astrologers never make true predictions about future events, but that such predictions are not the result of knowledge which would qualify as true skill.   **coniecturas**: a technical term for forecasts of the future, cf. *conicere* below and *TLL coniectura* 326.26.   **habere saepe uim sortis**: the force that A. has in mind (which at *On eighty-three varied questions* 45.2 he calls *quaedam obscura rerum sors*) is a little more fully described in the explanation he puts in the mouth of Vindicianus at 4.3.5: "the cause [of true predictions] is a *uis sortis* diffused everywhere throughout nature ... it is no wonder if, thanks to some higher impulse (*instinctus*), and not by art but by [that] *sors*, with the human soul not knowing what is happening within it, it utters something that suits the circumstances of the inquirer." *sors* is thus evidently a susceptibility of (some) things to be foreseen through occult influence.   **multa dicendo dici pleraque uentura** "very many things that will come to pass get said in the course of saying many things."   **in ea**: i.e. the *pleraque uentura*.   **non quidem segnem consultorem ... nec eas litteras bene callentem**: A. is trying to explain how his friend could have missed the implications of his father's story for the value of astrology despite a long acquaintance with astrologers.   **quod quantum ualeret ad illius artis opinionem euertendam ignorabat**: *quod ignorabat* is the relative clause, but the pronoun *quod* functions grammatically not within it, but as the subject of the indirect question subordinate to it; for the difficulty of translating relative clauses interlaced in this way, see 6.1.1 *cum audisset ex tanta parte iam factum quod tibi cotidie plangebat ut fieret* (n.).   **Firminus** is attested as the recipient of a letter from A. no longer extant (Wilmart 1931: 182), but is otherwise known only from what is said about him here, unless he is the Firminus on record as an imperial finance official later in the century (*PLRE* "Firminus 1" II 470).   **cum me ... de quibusdam suis rebus, in quas saecularis spes eius intumuerat, consuleret, quid mihi secundum suas quas constellationes appellant uideretur** "when... apropos of certain interests to which his worldly ambition had aspired, he asked me what I thought [of those interests] in relation to his so-called *constellationes*." The *cum* clause consists of three parts, *cum consuleret, [cum] autem non abnuerem* and *[cum] tamen subicerem*; the main clause follows in *tum ille mihi narrauit*. For the sense of *intumesco*, cf. *TLL* 100.65–76. *constellationes* means (according to *On Christian teaching* 2.22.33) "the notation of how the stars are aligned when a person is born." As O'Laughlin 1992: 117–18 points out, this passage shows that A. was being asked to cast and interpret Firminus' horoscope, which implies that he was believed by those around him to possess considerable expertise in astrology.   **ego ... prope iam esse mihi persuasum ridicula illa esse et inania**: A.'s attitude here recalls the dismissive tone he took with the Manichee with whom he lodged in Rome (5.10.19 "I was not slow to discourage the overconfidence I felt my host had in the fabulous things that Manichean books are full of").   **collatione** "exchange of information" (*OLD* 4 c).   **flatabant** "they fanned"; the frequentative of *flare* is first attested in the fourth century (*TLL*).   **unde illius quasi artis experimenta colligerent** "from which [data] they might gather proofs of that so-called art." *unde* = *de quibus*, and the relative clause expresses purpose.   **dicebat audisse se ... quod ... famula quaedam pariter utero grandescebat ... atque ita factum esse, ut ... enixae essent ambae simul**: *dicebat* introduces an indirect statement in the accusative + infinitive; the infinitive *audisse* (= *audiuisse*) in turn introduces two further indirect statements, one with *quod* + indicative and one with the infinitive *factum esse* and an *ut* noun clause as its subject, which extends to *enixae essent ambae simul*.   **eundem Firminum praegnans mater**: the construction of *praegna(n)s* with an accusative is postclassical (*TLL* 661.47–57).   **examinatissima diligentia** "with the most exacting precision"; *examinatissima* is a superlative adjective formed from a participle, and a hapax in Latin.   **nosse** = *nouisse*.   **iste ... ille**: Firminus' father and the father's friend respectively.   **minutiores ... horarum articulos**: these fractions of an hour are closer to our "seconds" than our "minutes." At *On eighty-three varied questions* 45.2 A. says that astrologers reckon an hour as comprising 15 degrees or parts, each of which is subdivided into 60 fractions (*minuta*), which would make one of them equal to four of our seconds.   **indicauerunt sibi ambo** "they both indicated to each other"; reflexive pronouns function as reciprocals ("each other, one another") in an increasing variety of expressions in later Latin (G–L §221, *OLS* 276–7).   **sua cuiusque domo**: place where can be expressed either by the locative *domi* or by the ablative *domo* (*OLD*).   **simul ut natum quod parturiebatur esset cuique nuntiatum**: the *ut* clause expresses result; construe *ut cuique simul nuntiatum esset [id] natum [esse] quod parturiebatur*.   **quod tamen ut continuo nuntiaretur, tamquam in regno suo facile effecerant** "which thing they had easily arranged to have announced immediately, as [something] within their own domain." The antecedent of *quod* is not a particular word but the message *[id] natum [esse] quod parturiebatur*, *ut nuntiaretur* is a noun clause governed by *effecerant*; and *tamquam* with or without a verb often introduces "circumstances alleged or felt to be the grounds on which an act is based" (*OLD* 7).   **sibi (obuiam)**: reciprocal sense.   **Firminus amplo apud suos loco natus dealbatiores uias saeculi cursitabat, augebatur diuitiis, sublimabatur honoribus, seruus autem ille conditionis iugo nullatenus relaxato dominis seruiebat**: this fine sentence serves as a coda to the story. Both halves foreground social position at the outset (*amplo loco* versus *conditionis iugo*). But the expansive prospects before Firminus are then developed in three parallel cola, each of which ends on a new detail (his advance was rapid, he became wealthy, he gained high office), while the boundedness of the slave's life is mirrored in the words that bracket him (*seruus ... seruiebat*). *dealbatiores uias saeculi cursitabat* "he coursed down the whiter highways of the world" is a metaphor conveying that Firminus' career was smooth, conspicuous, and swift, but any connection to the actual appearance of Roman roads is doubtful. They were not "whitewashed," which is the literal meaning of *dealbare*, though depending on the way they were surfaced, they may have stood out more or less sharply from the surrounding landscape (for construction technique, see Chevallier 1976: 86–93). Elsewhere, however, A.'s use of the word usually resonates with biblical passages (especially Matthew 23: 27 and Acts 23: 3) denouncing surface appearances, and given the presence of the always pejorative *saeculi*, that is a likely undertone here as well. For *uias saeculi*, see also 6.5.8 *ibam per uiam saeculi latam* (n.). *nullatenus* "in no way" is first attested in A.'s lifetime.

7.6.9 talis: i.e. such a knowledgeable informant.   **illa reluctatio** picks up *obluctatus sum* in ¶8.   **primo** points by anticipation to a second reaction A. had to Firminus' story, which he will relate in the next ¶.   **curiositate**: see 5.5.3 *nec si illi curiosa peritia numerent stellas* (n.).   **cum dicerem, constellationibus eius inspectis ut uera pronuntiarem, debuisse me utique uidere ibi parentes inter suos esse primarios, nobilem familiam propriae ciuitatis ... liberalesque doctrinas** "inasmuch as I said that, after inspecting his nativity so as to make a true prediction, I surely was bound to have seen there that his parents were prominent among his people, [to have seen there] a noble family of their own city ... and a liberal education." The tense of *debuisse* and the parallelism with the clearly contrafactual statement about the slave (*at si me ille seruus ... debuisse me rursus ibi uidere*) show that the statement about Firminus is also past contrafactual, with *constellationibus inspectis* equivalent to *si constellationes inspectae essent*. The verb *debeo* regularly takes the indicative rather than the subjunctive in the apodosis of contrafactual conditions, and, as a consequence, a present or perfect infinitive if such a condition is put into indirect statement (A–G §§517 c and 589 b 4; cf. *Against Julian, an unfinished work* 4.11 *hoc enim dicis fieri debuisse, si malum esset*). The contrafactual frame implies that A. did not actually cast Firminus' horoscope. Once he heard his story, he must have realized that there was no point to the exercise (and of course he had no need of a horoscope in order to know the details of his friend's background). *uidere* first introduces a statement of fact about Firminus' life, then a string of nouns in fortune-telling style, as in the following sentence about the slave.   **ipsae** = *eae (constellationes)*.   **rursus** "on the other hand" (*OLD* 6).   **prioribus**: such as *honesta educatio* and *liberales doctrinae*.   **unde autem fieret ut eadem inspiciens diuersa dicerem, si uera dicerem, si autem eadem dicerem, falsa dicerem, inde certissime colligi ea quae uera consideratis constellationibus dicerentur non arte**

dici sed sorte, quae autem falsa, non artis imperitia sed sortis mendacio "from the circumstance by which it would happen that, if I were to make a true prediction, I would predict opposite [fortunes] while looking at identical [nativities], but if I were to predict identical [fortunes], I would make false predictions, [I said that] it was a very certain conclusion that true predictions [made] after the study of nativities are not predicted through art but through occult influence, but that false [predictions are predicted] not through defect of art but through the dishonesty of the occult." The present passive infinitive *colligi* should be preferred to the reading *collegi* because the sentence is a continuation of the reported speech to Firminus. *inde certissime colligi* marks the beginning of the main statement, and *inde* = *ex eo* refers back to *unde* = *ex quo*. *colligi* in turn introduces parallel indirect statements, in the second of which the verbs must be understood from the first (i.e. *quae autem falsa [dicerentur], non artis imperitia [dici] sed sortis mendacio*). The suggestion of willful agency in *sortis mendacio* is explained by A.'s belief that demons manipulate all forms of divination to deceive humanity (*On Christian teaching* 2.23.35).

7.6.10 Hinc autem accepto aditu "taking my approach from this"; *aditus* is the criterion for testing the reliability of astrology afforded by Firminus' story, and *hinc* = *ab hoc*.   **ruminando**: for the gerund, see 5.18.5 *orando et flendo* (n.).   **quaestum**: the characterization of astrology as a money-making occupation (rather than as a *professio*, the term used at 4.3.5) is derogatory.   **quos iam iamque inuadere atque irrisos refellere cupiebam**: this outburst of hostility and scorn has a parallel in what A. writes about the Manichees at 9.4.8, his scorn being always most intense for those creeds and influences by which he felt he had been victimized himself. For *iam iamque*, see 6.16.26 *iam iamque ... raptura* (n.).   **quasi aut Firminus mihi aut illi pater falsa narrauerit**: *quasi* and *tamquam* with the subjunctive often introduce clauses with causal force ("on the grounds that") in later Latin (G–L §602 r. 4, K–S II 456).   **post inuicem**: "after each other"; for *inuicem* in reciprocal expressions, see 6.10.17 *inopiam suam sibimet inuicem anhelantium* (n.).   **quantamlibet uim in rerum natura habere contendant** "however much importance they may claim it has in the natural order"; the subject of *habere* is *temporis interuallum*.   **litterisque signari omnino non ualeat quas mathematicus inspecturus est** "and certainly is not capable of being registered in the books which an astrologer is going to consult," referring to the *libri genethliacorum* or nativity charts which A. mentions at 4.3.5.   **easdem litteras inspiciens eadem debuit dicere de Esau et de Iacob**: a latent contrafactual condition, like *constellationibus eius inspectis ... debuisse me utique uidere* in the preceding ¶. The subjunctives normal in contrafactual statements emerge as A. develops his hypothetical situation in the following sentences (*diceret ... diceret*

... *diceret* ... *inspiceret* ... *diceret*). Esau and Jacob are instanced because according to Genesis 25: 24–6 they were twins born within moments of each other. **occulto instinctu agis ut ... audiat** "by covert instigation you bring it about that he hears." For the construction, see *OLD ago* 19; *instinctus* was the word that the secular Vindicianus had used in a similar context (4.3.5). What A. means is more explicit in his denunciation of astrology at *On Christian teaching* 2.23.35: "by a covert divine judgment, human beings desirous of evil things are handed over to the rebel angels to be mocked and deceived, as by their choices they have deserved"; for an exposition of his views on divination, see Markus 1994: 375–88. **occultis meritis animarum, ex abysso iusti iudicii tui** "from the depth of your just judgment, given the hidden deserts of souls." Both phrases depend on *oportet audire*, but A. has reserved the *iudicium* phrase for last place as a lead-in to the following sentence. *abysso iudicii* is borrowed from Psalm 35: 7 *iudicium tuum [est] abyssus multa*, which A. in turn associates with Romans 11: 33 *o altitudo diuitiarum sapientiae et scientiae dei, quam inscrutabilia sunt iudicia eius et inuestigabiles uiae eius*; cf. *quam inuestigabilis abyssus iudiciorum tuorum* earlier at 4.4.8. **cui non dicat homo "quid est hoc?" "ut quid hoc?" non dicat, non dicat; homo est enim**: *cui* refers to God's judgment, personified as a manifestation of God. *non* instead of *ne* with the jussive subjunctive is widespread in late Latin (H–S 337, *OLS* 683), and for the emphatic repetition, cf. *Against the Donatists* 22 *ite nunc, Donatistae, et clamate "non fiat, non fiat"*; *Against Julian* 1.22 *absit, absit hoc malum. ut quid?* = *cur?*, see ¶6 *ut quid* (n.). The questions *quid est hoc?* and *ut quid hoc?* are similarly characterized as impertinent responses to the mystery of God's wisdom at *On free will* 3.16; in both passages A. is likely to have been thinking of Sirach 39: 25–6 *nihil est mirabile in conspectu eius. non est dicere: quid est hoc? aut quid est illud? omnia enim in tempore suo quaerentur*. The repetition and ring-like form of this sentence create an effect of closure; cf. 3.6.10 *cibus in somnis simillimus est cibis uigilantium, quo tamen dormientes non aluntur; dormiunt enim*, 3.7.13 *sed tempora ... non pariter eunt; tempora enim sunt*, 4.10.15 *tardus est enim sensus carnis, quoniam sensus carnis est.*

7.7.11 Iam itaque me, adiutor meus, illis uinculis solueras: *itaque* sums up the argument thus far (notice again *iam* + pluperfect indicative), the *uincula* being belief in the Manichean idea of God (¶¶1–7) and belief in the value of astrology (¶¶8–10). *adiutor meus* is psalmic (e.g. 17: 3, 18: 15, 27: 7). **et non erat exitus**: not having or not finding an exit is a recurrent expression in A.'s argumentative writings for being intellectually stymied (e.g. *Against the "foundation letter" of the Manichees* 25.27, *City of God* 1.10). **credebam**: the mini-creed sketched here pulls together convictions that A. has professed earlier in *Confessions* about God's existence (6.5.8), immutability (¶4), care for humanity (6.5.8), and future judgment (6.16.26), about Christ (¶7) and Scripture (6.5.8) as the path to salvation, and about life after death (6.16.26).   **in Christo ... atque scripturis sanctis**: to be taken not with *credebam*, but with the following *uiam te posuisse*.   **quas ecclesiae tuae catholicae commendaret auctoritas**: the qualification distinguishes the orthodox canon not only from apocrypha in circulation, but also from Manichean rejection of the Old Testament. Scripture will become a central focus for A. by the end of this book.   **hanc mortem**: in A.'s view, earthly existence is so marred by sin, loss, and alienation from God that it hardly deserves the name of life, cf. 1.6.7 *nescio unde uenerim huc, in istam dico uitam mortalem an mortem uitalem*, 4.9.14 *mors uiuentium*, 5.8.14 *uita mortua*. But here he is also influenced by Paul's expression "the body of this death" at Romans 7: 24.   **saluis** "intact" (*OLD* 7–8).   **inconcusse roboratis**: see 6.5.7 *quam inconcusse fixum* (n.). The point of emphasizing the beliefs which A. holds at this point is that in one way or another, they will set the terms in which he seeks a solution to the problem of evil.   **tormenta parturientis**: beyond giving concrete expression to an agonizing process, birth metaphors in *Confessions* usually resonate with scriptural passages (most notably John 3: 3–8) on the necessity of a second birth "in the Spirit" for one to be saved (so at 1.11.17, 5.9.16, 8.6.15, 9.8.17, and 9.9.22). A.'s pangs are therefore a positive sign.   **magnae uoces ... tacitae contritiones**: predicate nominative and subject respectively. *contritiones* "tribulations" is a word confined almost entirely to Christian writers.   **quid patiebar**: for the indicative, see 5.8.14 *unde ... persuasum est* (n.).   **nullus hominum**: *nullus* increasingly takes over the role of *nemo* as a pronoun in postclassical Latin (*OLS* 710).   **quantum** "how little" (*OLD* 2 a).   **inde** = *ex eo* or *de eo*.   **digerebatur** "was recounted, told in detail" (*TLL* 1119.45–6).   **familiarissimorum meorum**: although A.'s companions are rarely far afield, they reappear here partly because the psalmist from whom he is about to quote also brought friends into the context of his lament (37: 12).   **cui nec tempora nec os meum sufficiebat** "to which neither time nor voice of mine could do justice."   **totum tamen ibat in auditum tuum ... et lumen oculorum meorum non erat mecum**: adapted from Psalm 37: 9–11, *afflictus sum et humiliatus sum nimis; rugiebam a gemitu cordis mei. domine, ante te omne desiderium meum, et gemitus meus a te non est absconditus. cor meum conturbatum est, dereliquit me uirtus mea et lumen oculorum meorum, et ipsum non est mecum*. A. takes *lumen oculorum* as referring not to physical sight, but to the inward perception of the "eye of the mind," and to God as the source of the mind's light, as at 11.19.25 "I will be able [to understand] when you grant it, sweet light of my clouded eyes."   **intus enim erat, ego autem foris, nec in loco illud**: *illud* = *lumen*, which is the subject both of *intus erat* and *nec in loco [erat]*. *enim* passes judgment in light of concepts that A. will work out only later in this narrative. The contrast of "within" (*intus*) and "without" (*foris*), which is both Plotinian (e.g. *Enneads* 1.6.3, 1.6.8, 5.8.2) and Pauline (2 Corinthians 4: 16), is the simplest form of a contrast between the realm of the spirit and the realm of physical reality that runs throughout *Confessions* (e.g. 3.6.11, 6.1.1, 9.4.10). For A., spirit lies "within" in the sense that it can be apprehended only through the mind or soul, which is itself spirit, whereas objects of sense are external to the self (see *A-L* "Foris–intus" III 37–45).   **intendebam**: see ¶5 *intendebam* (n.).   **locum ad requiescendum**: rest has been identified as a focus of human longing since the opening prayer of *Confessions*, "you made us for yourself, and our heart is restless until it rests in you" (1.1.1).   **sat est et bene est** "things are nice and fine," colloquial in Latin of all periods; for the familiar tone of *bene est*, see the examples in *OLD bene* 8–9.   **dimittebant redire**: *dimittere* in the sense "allow, permit" followed by an infinitive is postclassical (*TLL* 1215.55–73). As A. explains a few lines later, material things did not allow him to return to the realm of the spirit because, although they were intrinsically inferior, he had granted them control over him by preferring them.   **superior enim eram**: the *enim* sentence explains why A. could not find satisfaction in material things: there was less to them than there was to him.   **istis, te**: ablatives of comparison.   **tu gaudium uerum mihi subdito tibi et tu mihi subieceras quae infra me creasti** "you [were] my true joy when I was subject to you, and you had subjected to me the things that you created below me"; *creasti* = *creauisti*.   **hoc erat rectum temperamentum et media regio salutis meae, ut manerem ad imaginem tuam** "this was the right balance and middle state of my well-being, [namely,] that I remain according to your image." *hoc* cues the noun clause which follows, and the phrase *ad imaginem*, as in almost all its more than 300 occurrences in A.'s work, echoes God's words at Genesis 1: 26, "let us make man according to our image and likeness." Orthodox Christians inferred from them that human nature was a unique combination of a god-like part which is the soul with a perishable body; A. here draws the further inference that in order to work properly together, the two parts had to be hierarchically aligned, with the god-like part rather than the material part in charge.   **tibi seruiens dominarer corpori**: chiastic word order supports a double antithesis; both verbs govern a dative.   **cum superbe contra te surgerem et currerem aduersus dominum in ceruice crassa scuti mei**: borrowed from a non-Vulgate version of Job 15: 26 based on the Septuagint, *et cucurrit contra eum contumeliose in crassa ceruice scuti sui*, comparing the defiant sinner to a man who challenges a more powerful king. A. interpreted "the thick neck [i.e. stubbornness] that was his shield" as referring to human beings over-confident of their strength (*Expositions of the psalms* 45.13). For the theme of *superbia* in *Confessions*, see Testard 1987. **etiam ista infima supra me facta sunt** "even those lowliest things were put above me." **ipsa occurrebant undique aceruatim et conglobatim cernenti, cogitanti autem imagines corporum ipsae opponebantur**: *ipsa* refers to *ista infima* and the participles *cernenti* and *cogitanti* agree with *mihi* understood; *conglobatim* is a hapax. Materialist concepts first crowded out other ideas from A.'s mind, and then when he tried to organize his thoughts, actively blocked him. **imagines corporum ipsae** "those material images." **redeunti**: i.e. trying to lift himself back up from the materialism into which he had descended. **indigne et sordide**: vocatives. **humilasti tamquam uulneratum superbum** = Psalm 88: 11; for the form *humilare* rather than *humiliare*, see Knauer 1955: 95 n. 2. **nimis inflata facies**: simultaneously an image for an inflated ego ("a big head") and a face so swollen that the eyes are almost hidden.

7.8.12 Tu uero, domine, in aeternum ... terram et cinerem: a line woven together from Psalms 32: 11 *consilium autem domini in aeternum manet*, 84: 6 *numquid in aeternum irasceris nobis*, and a Septuagint-based version of Job 42: 6 *aestimaui me terram et cinerem*. The sudden infusion of scriptural language and the succession of verbs ascribing agency to God mark a transition from the focus on self-directed efforts that A. has described in previous ¶¶. **deformia mea**: in the immediate context, the swelling of pride that obscured his spiritual vision. **stimulis internis agitabas me ut impatiens essem donec mihi per interiorem aspectum certus esses**: points to a series of experiences soon to be described in which A. begins to achieve a non-material intuition of God. The *stimuli* are not further specified, but the qualification *interni* is important: A. is distinguishing divine promptings within him from his own efforts to work out the truth by reading and reason alone. *interior aspectus* is identical with *acies ... mentis meae* following; cf. *interior cordis aspectus* at *Tractates on the first letter of John* 8.1. **contenebrata** "clouded"; the word occurs first in the Latin Bible and is used exclusively by Christian writers (*TLL*); for A., it had the advantage of alliterating with *conturbata*. **acri collyrio** "stinging ointment." A *collyrium* is a medicine for topical application, an eye salve being the sort most often mentioned (see *BNP* "Kollyrion" VII 84–5). A. thus picks up *inflata facies claudebat oculos meos* in the previous ¶, and prepares for the exercise in spiritual vision that will be described in ¶16. *collyrium* was already a metaphor for spiritual medicine at Revelation 3: 18, but A. regularly identifies the medicine with Christ: see O'Donnell's note. **de die in diem** "day after day," a scriptural phrase (e.g. Psalms 95: 2; Sirach 5: 8) which becomes common in Christian writers.

¶¶13–26 After dispensing with Manicheism and astrology, A. takes up a third source in which he sought wisdom and places it at the center of book 7 and of *Confessions* overall (so O'Donnell II 413 n. 1: "using different editions and different methods of counting and measuring, the centre of the book regularly falls somewhere within ten words of the quotation [in ¶13] of the first words of the gospel of John," but he suggests another midpoint in his introduction to 9.4.8). The prominence given to A.'s discovery of Neoplatonism confirms its importance for him. Citations and possible borrowings scattered through his works suggest that he eventually became familiar with a dozen or more of Plotinus' essays as well as with certain works of Porphyry. But although the fact of his indebtedness is beyond question, the details of it cannot be reconstructed with confidence. A. does not always quote the sources on which he draws, most of which are in any case not known to us in the form in which he knew them. He freely modifies ideas that he borrows to fit the framework of his own thinking. It is difficult to pinpoint what he read at what moment in his life, and some of his knowledge of Neoplatonism may have come to him not through reading, but indirectly through Ambrose and others. Continuing argument about his sources has therefore produced fluctuations of opinion but relatively little consensus. Insofar as the debate has contributed directly to understanding the following ¶¶ of *Confessions*, however, the most valuable studies apart from O'Donnell's commentary are Henry 1934: 63–119, Solignac XIII 103–12 and 682–9, DuRoy 1966: 61–72, Courcelle 1968: 157–67, and Drecoll 1999: 284–94, and the Plotinian works most consistently identified as sources are *Enneads* 1.6 *On beauty*, 1.8 *On what are and whence come evils*, and 5.1 *On the three primary hypostases*. (Wallis 1972 is a good general introduction to the thought of Plotinus and Porphyry.)

7.9.13 primo marks a contrast between the narrative of A.'s encounter with Neoplatonism and the final ¶ of the book, in which he takes up the Bible. **uolens ostendere mihi quam resistas superbis, humilibus autem des gratiam**: A. borrows a non-Vulgate translation of Proverbs 3: 34 in the Septuagint version (quoted in turn at 1 Peter 5: 5 and James 4: 6), *deus superbis resistit, humilibus autem dat gratiam*. *quam* is the adverb "how much?," introducing an indirect question (*OLD* A 1); for the meaning of "grace," to which A. will come back 11 more times in books 7–9, see 5.1.1 *excitasti* (n.). *superbis* picks up the images of inflation in the previous ¶, as *gratiam* glances at *stimulis internis*. **quanta misericordia tua demonstrata sit ... uia humilitatis**: a second indirect question governed by *ostendere*, *uia* is the subject and *misericordia* is ablative of means. **quod uerbum tuum ... inter homines** "in that your word was made flesh and dwelt among men," a quotation from the first chapter of John's gospel (1:

14), which will supply the majority of A.'s text in this ¶. The *quod* clause is explanatory (see H–S 580, K–S II 271). According to Christian theology, God's "word" is God's son, the second person of the Trinity, who out of compassion humbled himself by becoming human in order to redeem humanity from sin (cf. 10.43.68: out of mercy, God "sent Christ as a mediator to human beings in order that they might learn humility through his example"). The issue of humility bears on A.'s presentation of Neoplatonism in two ways. In the first place, he knew from his own psychology as well as from the Bible that pride was a chronic side effect of philosophical striving, and that the pride was aggravated if a philosophical inquiry actually attained to truth, as he thought Neoplatonism did. Hence criticism and appreciation of it are braided together in the following discussion, as in the treatment of astronomy in book 5: see 5.3.3 *multa philosophorum legeram memoriaeque mandata retinebam* (n.). The more important significance of humility, however, is that throughout *Confessions* it is virtually a code word for following the example of Christ. A. came to believe that Christ was the way not only to salvation, but also to knowledge, since he was the "word" by which God created the world, as this ¶ will soon say. In order to reach the truth, therefore, a human inquirer had to submit intellectually to Christ, just as Christ humbled himself by accepting life as a human being.   **procurasti**: see ¶8 *tu omnino ... procurasti ... hominem amicum* (n.).   **quendam hominem immanissimo typho turgidum**: the harshness of A.'s censure makes this the most tantalizing identity riddle in *Confessions*. The context seems to point to someone familiar with Neoplatonic philosophy, living in the vicinity of Milan in 385/6 and acquainted with A., but of whom he took an unfavorable view. The only contemporary known to combine those attributes is Mallius Theodorus, to whom A. dedicated his essay *On the happy life* and whom he mentioned at *On order* 1.31 a year or so after the period of which he is speaking here (see *PCBE Italie* "Flavius Mallius Theodorus 3" II 2167–8). Courcelle 1968: 153–6 accordingly argued for identification of the two. The main reason for doubt is that nothing A. says about Theodorus matches the censure passed on the anonymous of *Confessions*. Remarks about Theodorus in the early essays are complimentary and fulsome; the only criticism of him is voiced many years later in A.'s bio-bibliography, in an entry regarding *On the happy life* which says no more than "I regret that I credited Mallius Theodorus with more than I should have, for all that he was a learned and a Christian man" (*Reconsiderations* 2.2). See O'Donnell's judicious but finally non-committal note. For *typho*, see 6.6.10 *typhum* (n.) and O'Donnell's note here.   **quosdam platonicorum libros**: according to *City of God* 8.12, the term *platonici* is not a reference to Plato and the Old Academy, but a name that more recent followers of Plato like Plotinus, Iamblichus, and Porphyry conferred upon themselves. As for the *libri* which A. read at this time, they are the subject of continuing controversy. But he says at *On the happy life* 1.4 that they consisted of a very few books of Plotinus, the philosopher of the third century AD whose writings were organized as the *Enneads* by his disciple and biographer Porphyry (*BNP* "Plotinus" XI 395–403). *Against the skeptics* 3.41, *Soliloquies* 1.2, and *Letter* 1.1 also allude to A.'s reading of Plotinus in this period.   **ex graeca lingua in latinam uersos**: at 8.2.3 A. identifies the translations as the work of Marius Victorinus, who a generation earlier had held the chair of rhetoric at Rome, and the story of whose conversion to Christianity A. will relate in 8.2.3–5 (for more about him, see there). Victorinus' translations of Plotinus are not extant, or indeed attested apart from these passages.   **ibi legi, non quidem his uerbis sed hoc idem omnino multis et multiplicibus suaderi rationibus, quod in principio erat uerbum et uerbum erat apud deum et deus erat uerbum** "there I read—not indeed in so many words, [but I read] that this same idea was commended with many and manifold arguments—that in the beginning was the word, and the word was with God, and the word was God." A. first qualifies *legi* with a parenthesis containing an indirect statement in the accusative and infinitive before coming to the precise words on which he wants to focus. His switch at that point to statements with *quod* and *quia*—which in late Latin can introduce either indirect statements or direct quotations (H–S 576–8)—allows the following string of quotations from Scripture to be incorporated without the need of syntactic adjustments. The opening of John's gospel (1: 1–5) is here quoted verbatim, though in a variant phrasing (*quod factum est* is usually taken with *sine ipso factum est nihil*, and a new sentence understood to begin with *in eo uita est*). With *legi*, A. contends that—up to a point, as he acknowledges—what he read in Plotinus conformed to John's gospel account of the world's origin. Plotinus posited three descending principles of reality: a transcendent One (which he also calls the Good, God, or Father) gives rise to Intellect, which brings into being the forms of everything that exists by thinking them. From Intellect is generated Soul, which in turn produces human beings and all other animate and inanimate material bodies (*Enneads* 5.1, 2, 3, and 9). A. takes Plotinus' One as equivalent to *deus* in John's gospel, and Intellect as the counterpart of the *uerbum* by which God made all things. Again like John's *uerbum*, Plotinus' Intellect is a source of life and light for human beings (*Enneads* 5.3.8–9), whose souls, however, are so far sunk in the darkness of matter that most are oblivious of their origin (*Enneads* 1.8.14, 5.1.1, 5.8.2, 5.9.1).   **et quia hominis anima, quamuis testimonium perhibeat de lumine, non est tamen ipsa lumen, sed uerbum deus est lumen uerum, quod illuminat omnem hominem uenientem in hunc mundum**: *legi* is still understood as the quotation continues, but this time with a major alteration that serves two purposes. John 1: 6–9 reads:

fuit homo missus a deo cui nomen erat Johannes. hic uenit in testimonium ut testimonium perhiberet de lumine ut omnes crederent per illum. non erat ille lux sed ut testimonium perhiberet de lumine. erat lux uera quae illuminat omnem hominem uenientem in hunc mundum. The witnessing role here ascribed to John the Baptist is transferred by A. to "the human soul" in order to establish a connection with Plotinus' doctrine that the individual soul is capable of being directly enlightened by Intellect (*Enneads* 4.8.1 and 8, 5.3.8). *homo* in the gospel verse serves as pretext for this paraphrase: at *City of God* 10.2, where A. invokes John 1: 6–9 to the same purpose as here, he implies that the Baptist is cited simply as a representative *homo*. Incidentally, the rewriting of the text allows A. to score a tacit point against the Manichees. *hominis anima ... non est tamen ipsa lumen, sed uerbum deus est lumen uerum* brings (quasi) scriptural authority to bear against the Manichean doctrine that the elements of Light in human souls are of the same substance as the divine Light. **et quia in hoc mundo erat, et mundus per eum factus est, et mundus eum non cognouit**: in the gospel narrative, this line (1: 10) describes the world's indifference to the incarnation of the divine Word in the person of Christ. The role of Christ has no place in Plotinus' thought, but A. may rather be thinking of his view that most human beings neglect their capacity to reach an intuition of the Intellect and the One (e.g. *Enneads* 5.1.12). **quia uero in sua propria uenit et sui eum non receperunt, quotquot autem receperunt eum, dedit eis potestatem filios dei fieri credentibus in nomine eius, non ibi legi**: the adversative *uero* (*OLD* 7) prepares for the emphatically positioned *non ibi legi* at the end of the sentence, on which the three *quia* clauses depend. The continuation of John's text (1: 11–12) describes the spread of Christ's message among the gentiles after its failure among the Jews, but A.'s focus is on the statement that Christ gave believers the opportunity to become children of God. This is the first piece of divinely revealed truth that he finds wanting in Neoplatonism, and like others to come, it concerns Christ's earthly activity on behalf of humanity. In A.'s view, human beings are incapable of reaching God except through the mediation of Christ, as he will say below in ¶24. Though Plotinus, too, sometimes spoke of the possibility of the human soul becoming a god or godlike (e.g. *Enneads* 1.2.6, 5.1.3 and 5), A. will insist in this book that Neoplatonism offered no practical way of achieving that possibility.

7.9.14 is again a tissue of extracts from Scripture, but as A. pursues the comparison of Christian and Neoplatonic wisdom, the balance shifts. The previous ¶ presented three cases of convergence against one in which Neoplatonism comes up short; this ¶ sets three against three, and then abandons the *synkrisis* altogether.

Item legi ibi quia uerbum, deus, non ex carne, non ex sanguine non ex uoluntate uiri neque ex uoluntate carnis, sed ex deo natus est: a cut-and-paste approach has resulted in a discrepant version of John 1: 12–13 (which in the Vulgate reads *dedit eis potestatem filios dei fieri ... qui non ex sanguinibus neque ex uoluntate carnis neque ex uoluntate uiri sed ex deo nati sunt*). Two changes are noteworthy. A. adds *non ex carne* to *non ex sanguine*, as on some other occasions when quoting this verse. Given that "flesh and blood" was a set expression in Scripture—see 5.2.2 *caro et sanguis* (n.)—his expansion may have been half automatic. The other difference is that in A.'s version the subject of the verb *nasci* is not those who believe in Christ, as in the Vulgate, but Christ himself, a reading for which A. could claim some support in the manuscript tradition. Nevertheless, both changes help to conjure up in this verse of John a counterpart of Plotinus' divine and wholly incorporeal Intellect (for more on A.'s treatment of this verse, see Houghton 2008: 191–2). **sed quia uerbum caro factum est et habitauit in nobis, non ibi legi**: John 1: 14 again. **indagaui quippe in illis litteris ... dictum ... quod sit filius in forma patris, non rapinam arbitratus esse aequalis deo, quia naturaliter id ipsum est** "I did indeed find it said in those [Neoplatonic] works ... that the son is in the form of the father, not thinking it robbery to be equal to God, because he is that by nature." A. turns from the gospel to chapter 2 of the Epistle to the Philippians, in which Paul exhorts his readers to avoid self-aggrandizement and to model their behavior on the humility of Christ. That context fits well with A.'s own message about the pride of philosophers, but adjustment has once more been needed in order to wrest a plausibly Neoplatonic thought from a scriptural text. A. reverses Paul's emphasis in 2: 6, turning a subordinate clause into the focus of the statement (the Vulgate reads *[Christus] cum in forma dei esset non rapinam arbitratus est esse se aequalem deo*). The point of *rapina*, Paul's ἁρπαγμός, which is a hapax in the Bible, has long been controversial: see BDAG ἁρπαγμός and Bruce 1989: 76–7. But A. always understands the verse to mean that Christ was fully entitled to be God's equal, though he freely laid aside that status by becoming human. ("Because he was that by nature" is A.'s explanatory gloss.) **sed quia semet ipsum exinaniuit formam serui accipiens, in similitudinem hominum factus et habitu inuentus ut homo ... non habent illi libri**: A. quotes Philippians 2: 7–11 on the self-abasement and ultimate glorification of Christ with no significant variation from the original. *semet* is *se* + the emphatic particle *-met*. *habitu inuentus ut homo* varies the thought of the preceding phrase: "being found in human form" (RSV). **quod enim ante omnia tempora et supra omnia tempora incommutabiliter manet unigenitus filius tuus coaeternus tibi, et quia de plenitudine eius accipiunt animae ut beatae sint, et quia participatione manentis in se sapientiae renouantur ut sapientes sint, est ibi**: uniquely, this last evocation of

Neoplatonic wisdom is not conveyed through a passage of Scripture, even though most of the language in the sentence (*ante tempora, manet* and *manentis, unigenitus filius, de plenitudine eius, beatae, participatione, sapientiae* and *sapientes, renouantur*) is at home in the New Testament. But by not tying himself to a specific text, A. gains greater freedom to choose words that are compatible with Neoplatonic themes. His focus in this sentence is not on the earthly Christ, but once again on the second person of the Trinity, whom he likens to Plotinus' Intellect, as in ¶13. Like God the Son, Intellect issues from the One as a son from a father (*Enneads* 5.8.12–13); it is eternal, outside time, and unchanging (*Enneads* 5.1.4 and 6, 5.9.5 and 10), and the source of happiness for individual souls (*Enneads* 1.6.7), which gain wisdom by their participation—a quintessentially Plotinian idea—in it (*Enneads* 1.2.1–2, 1.4.4, 5.3.4, 5.9.1–2 and 7). The introductory *enim* acknowledges that A. had touched on this topic earlier (cf. Kroon 1995: 185 "an *enim*-unit often contains information that counts as already-shared knowledge of the speaker and addressee ... because it refers to something that has already been dealt with"). *de plenitudine eius accipiunt animae ut beatae sint* is an echo of John 1: 16 *de plenitudine eius nos omnes accepimus*. Since *accipere* rarely takes an *ut* noun clause as its complement, and since the two *quia* statements display parallel word order and structure, *ut beatae sint* and *ut sapientes sint* should both be understood as result clauses.   **quod autem secundum tempus ... non est ibi**: the truth unknown to the philosophers is here found in a combination of Romans 5: 6 *secundum tempus pro impiis mortuus est* and 8: 32 *deus ... filio suo non pepercit sed pro nobis omnibus tradidit illum*, and as before, it concerns Christ's human role as opposed to his trinitarian identity. *secundum tempus* "in time," "in due course" translates Paul's κατὰ καιρόν; *secundum* is the preposition (*OLD secundum²* 3).   **abscondisti enim haec a sapientibus et reuelasti ea paruulis, ut uenirent ad eum laborantes et onerati et reficeret eos, quoniam mitis est et humilis corde**: abridged and adapted from the words spoken by Christ at Matthew 11: 25 and 28–9. After having cited John's gospel and Paul's epistle on the purpose of Christ's life and death, A. concludes with Christ's testimony about himself, and again it concerns the model of humility he offers for human beings to imitate. Both in the original and in A.'s adaptation, *haec* refers to Christ's activity as a savior sent by God. *reuelasti = reuelauisti*, a word which carries significant weight in this context (and which occurs again in the verses of Matthew that A. skips). The argument of ¶¶13–26 is that the way to God cannot be known by human reason even at its best, but only through God's revelation (in Christ and the Bible). *paruulis* "the little ones" typically refers to children in Matthew's gospel, but for A. they are also a figure of humility (cf. 3.5.9 *ego dedignabar esse paruulus et turgidus fastu mihi grandis uidebar* and 1.19.30 *humilitatis ... signum in statura pueritiae, rex noster, probasti*). *reficeret* is usually translated "give rest or refreshment," but the occurrence of *renouantur* a couple of lines earlier suggests that A. may have in mind the literal meaning of "make or create anew": see 5.1.1 *refectio* (n.).   **et dirigit mites in iudicio et docet mansuetos uias suas, uidens humilitatem nostram et laborem nostrum et dimittens omnia peccata nostra**: A. switches from the gospel to Psalm 24 (a blend of verses 9 and 18, in a non-Vulgate version) for language describing the humility with which human beings are to reciprocate the humility of Christ. Despite the shift of text, he would regard the language here as still issuing from the mouth of Christ, since he held that this psalm is spoken in the voice of Christ (cf. *Expositions of the psalms* 24.1 *Christus, sed in persona ecclesiae, loquitur*). *in iudicio* "with judgment" translates ἐν κρίσει of the Septuagint, where ἐν + dative often expresses means or instrument (see BDAG ἐν 4 C). *docet* takes a double accusative (*mansuetos* and *uias*) as in classical Latin (*OLD* 4). For *dimittens*, see 5.8.15 *dimisisti* (n.).   **qui autem cothurno tamquam doctrinae sublimioris elati non audiunt**: an elaborate relative clause identifies the subject of the main clause *non glorificant* etc. below. A *cothurnus* is literally the high-heeled boot or buskin worn by actors in tragedy to increase their stature (see *BNP* "cothurnus" III 875–6), and metaphorically anything elevated in style or content like tragedy. The genitive *doctrinae sublimioris* specifies what is meant by the metaphor here, and *tamquam* qualifies *doctrina* as not genuine but pretended. With the supporting terms *sublimioris* and *elati* (= "raised up," *OLD effero* 11), the phrase might go approximately into English idiom as "riding tall on the high horse of their supposed superior learning." Apart from the gloss above, *quia naturaliter id ipsum est*, this image is the only contribution A. makes in his own voice to the content of this ¶.   **discite a me quoniam mitis sum ... requiem animabus uestris**: a fuller reprise of the utterance of Christ at Matthew 11: 29 on which A. drew a little earlier. In the context of the present argument, the *quoniam* clause is an indirect statement rather than a causal clause, as in its recurrence in ¶27 and often elsewhere.   **etsi cognoscunt deum ... sapientes stulti facti sunt**: A. passes judgment on the Neoplatonists in words borrowed from Paul (Romans 1: 21–2, recast in the present tense)—the same passage invoked at 5.3.5 where A. criticized astronomers for their pride; for interpretation, see there.

7.9.15: for the last time, A. returns to Neoplatonic thought as filtered through Scripture, and now discerns there not a convergence with Christianity nor a simple deficit, but the gross error of idolatry. What makes it so serious in his eyes is that it not only contravenes a fundamental biblical imperative, but also subverts the achievement of Neoplatonism in discerning a spiritual reality beyond the material world. A.'s train of thought, however, is harder to follow here than perhaps anywhere else in *Confessions*. He relies on allegorical interpretation of some half dozen disparate passages from Scripture in order to develop an argument about gentiles (as represented initially by Neoplatonists), Jews, and Christians that turns on an opposition between "flesh" and "spirit," yet those terms never surface in his text. A further problem is that A. does not make clear in what sense he is ascribing idolatry to the Neoplatonists, nor to which of them. While Plotinus sometimes invoked comparisons with the Greek gods to explain metaphysical entities like Intellect and the One, there is little if anything in his work that suggests a commitment to pagan cult. It is therefore likely that A. has in view not him, but successors like Iamblichus who advocated a set of practices for interacting with the divine that ranged from contemplation to manipulative, quasi-magical rites. Collectively these practices went by the name of "theurgy" (see *BNP* "Theurgie" XIV 583–5 and Finamore 1999), the lower forms of which are unmistakably the sort of idolatry that A. later associates with Neoplatonists at *City of God* 10.9–11 and *On the Trinity* 13.24.

Et ideo legebam ibi etiam immutatam gloriam incorruptionis tuae in idola et uaria simulacra, in similitudinem imaginis corruptibilis hominis et uolucrum et quadrupedum et serpentium "And so I read there also [of] the transforming of the glory of your imperishability into idols and various images—into the likeness of the image of a perishable human being, and of birds and four-footed animals and snakes," adapted from Romans 1: 23. *immutatam*, emphatically positioned as the keynote of the following interpretation, is better understood as part of an *ab urbe condita* construction with a direct object *gloriam* than as *immutatam esse* in an indirect statement. *incorruptio* first enters Latin through Bible translations (e.g. of ἀφθαρσία at 1 Corinthians 15: 42), although A. has slightly rephrased the original here, using the noun where Paul used the adjective.   **uidelicet Aegyptium cibum quo Esau perdidit primogenita sua** "none other than the Egyptian food for which Esau forfeited his birthright," alluding to the story in Genesis 25: 27–34 in which Isaac's son Jacob persuades his older brother Esau to surrender his "birthright" in exchange for a dish of lentil stew, and so supplants him as the progenitor of God's chosen people. A. here makes Esau's exchange of his spiritual birthright for the proverbial "mess of pottage" analogous to the Neoplatonists' exchange of a spiritual conception of God for a form of idolatry. *Aegyptium cibum*, which stands in apposition with the whole phrase *immutatam gloriam ... in idola*, is a detail introduced by A. Commenting on the Esau and Jacob story at *Expositions of the psalms* 46.6, he declares that lentils were such a distinctively Egyptian food that Egyptian lentils remain a prized import even in his own day. The association of idolatry with food parallels the terms in which Manichean religion was described at 3.6.10. That it is characterized as a specifically

Egyptian food prepares for the interpretation A. will develop in the following *quoniam* clause. The word *primogenitus* enters Latin through Bible translations, and the neuter plural designates the privileges or status of being the first-born son (*TLL* 1264.69). **quoniam caput quadrupedis pro te honorauit populus primogenitus, conuersus corde in Aegyptum et curuans imaginem tuam, animam suam, ante imaginem uituli manducantis faenum** "since [your] first-born people honored the head of a four-footed animal instead of you, having turned in mind toward Egypt, and bowing down your image [which was] their soul before the image of a hay-eating calf," a reference to Exodus 32: 1–6 in which the Hebrews set up an idol in the form of a golden calf during the flight out of Egypt. A. quotes details from scriptural retellings of the story rather than from the original, however. The phrase *conuersus corde in Aegyptum*, taken from Acts 7: 39, allows him to suggest that Egypt, the most ancient land of which he and his contemporaries knew, was the fountainhead and symbol of idolatrous worship. The words which follow, *curuans imaginem ... manducantis faenum*, are an expansion on Psalm 105: 20, "they changed their glory to the likeness of a hay-eating calf," and contain the nexus of soul, food, and idolatry on which his interpretation of the Exodus story depends (see also Knauer 1955: 114–15). *quoniam* does not imply that, as a matter of biblical history, worship of the calf caused Esau's surrender of his birthright, since the calf episode occurred long afterward. Rather, it explains the basis for the parallel A. has just drawn between Esau and the Hebrews: both forfeited the privilege of being spiritually "first-born" because both chose some form of flesh over spirit. What A. is thinking emerges clearly in the passage from *Expositions of the psalms* cited above, where the opposition of flesh and spirit is made explicit, and where he adds "thus also [like Esau] the people of the Jews in a certain sense craved lentils and lost their primacy." *caput quadrupedis* draws attention to an irony in their choice of deity: in classical literature, the fact that cattle do not hold their heads erect but face the ground is emblematic of their remoteness from the divine (e.g. Sallust *Catiline* 1.1). **non manducaui**: by contrast with his reaction to the Manichean "food" he was served earlier, of which he says "I ate" (*manducabam*, 3.6.10); he is marking a spiritual advance, as similarly at 8.1.2 *ego iam non eram in illa uanitate*. A.'s refusal to partake of false food prepares him for an encounter with true food in the following ¶. **placuit enim tibi, domine, auferre opprobrium diminutionis ab Iacob, ut maior seruiret minori** "For it pleased you, Lord, to remove the reproach of inferiority from Jacob, so that the elder became subject to the younger." A. has improvised a line in scriptural style to convey what he takes to be the deeper meaning of the Jacob and Esau story, namely, that to the once marginal but now Christianized gentiles (= Jacob, the *minor*) God has granted primacy over the original chosen people (= Esau, the *maior*). *placuit deo* is a scriptural tag (e.g. Job 1: 21, 1 Corinthians 1: 21), as is the expression *auferre opprobrium* (e.g. Genesis 30: 23, Psalm 118: 22), and *ut maior seruiret minori* echoes God's forecast of Jacob's primacy in the Genesis story (25: 23). Though A. was well aware that Genesis identifies Jacob and not Esau with the Jewish people, he considered that to be an overly literal or "carnal" reading of the story, as he says at *City of God* 16.42. What proved the Christian interpretation is that he found it already sketched in Paul's Epistle to the Romans. Apropos of Abraham's lineage, Paul argues there that "it is not the children of the flesh who are the children of God, but the children of the promise are counted as descendants" (9: 8), and it is Paul who first relates the prophecy *maior seruiet minori* to the supersession of the Jews (9: 12). Even A.'s word *diminutio* derives from Paul. What it means in the present context is the status of being younger or lesser: it is the substantive corresponding to *minor* in the Genesis prophecy. But A. has chosen it because it was the word Paul used to describe the current status of the Jews vis-à-vis the gentiles at Romans 11: 12, *deminutio eorum [sunt] diuitiae gentium.* **uocasti** = *uocauisti.* **gentes** "the gentiles." **intendi**: sc. *animum.* **aurum quod ab Aegypto uoluisti ut auferret populus tuus**: according to Exodus 3: 22 and 12: 35, God commanded the children of Israel to collect gold and silver vessels and garments from the Egyptians as they set out on their journey. Following a line of interpretation that went back to Origen (see Holte 1962: 121–3), A. treats "Egyptian gold" as a figure for the nuggets of truth to be found in gentile philosophy (an idea which he develops at greater length in *On Christian teaching* 2.40.60–1). **et dixisti Atheniensibus per apostolum tuum quod in te uiuimus et mouemur et sumus**: a quote from Paul's speech on the Areopagus at Acts 17: 28. What makes the words relevant to the topic of idolatry is their context in Acts: Paul immediately goes on to say that because human beings are themselves akin to the divine, they should have no need of gold and silver images to represent God. But the quote also serves as a bridge to lead A. back from his dizzying allegory of Egypt to his immediate subject of the wisdom to be found in Neoplatonic philosophy. **sicut et quidam secundum eos dixerunt**: a slight but consequential distortion of the next part of Acts 17: 28. In the original, Paul illustrates his point by quoting a half-line of Greek poetry, which he introduces with the words "as some according to you have said" (in Paul's Greek, the phrase καθ' ὑμᾶς "according to you" may have meant no more than "of you," "your": see BDAG κατά B 7 b–c). A. has eliminated the snippet of verse, with the result that *dixerunt* refers back to the words *in te ... sumus*, which are thus said to coincide with what "some" have said. The linkage is important, because it makes God confirm, through the mouth of Paul, that the "some" have discerned a basic truth about the relationship between God and humanity. The "some" are associated with Athens, since *eos* refers specifically to *Atheniensibus*. Against the background of argument in these ¶¶, unnamed parties associated with Athens who have said something comparable to "in you we live and move and are" are likely to be *platonici*. A. is certainly thinking of philosophers of some sort, since at *Against Gaudentius* 2.11, he glosses *quidam* here as meaning *quidam gentilium philosophi*. Two parallels have in fact been adduced from Plotinus: *Enneads* 1.6.7 "[God] from whom all depends and to which all look and are and live and think," and 6.9.9 "we are not cut off from [God] or separate ... but we breathe and are preserved because that Good has not given its gifts and then gone away but is always bestowing them"; cf. 1.8.2 "[the Good] giving from itself intellect and real being and soul and life and intellectual activity" (translations by Armstrong in the Loeb). The skewing of the text of Acts 17: 28 cannot be the result of a momentary lapse on A.'s part because elsewhere too, as Châtillon 1945 pointed out, he quotes the verse similarly, with the half-line of poetry omitted and the *sicut* clause reoriented toward the words *in te ... sumus*. The modified text so closely supports A.'s thesis about Neoplatonic wisdom that Châtillon argued the alteration had to have been deliberate. For other views, see the notes of O'Donnell and Madec 1970 ad loc. and Courcelle 1968: 130–2.   **et utique inde erant illi libri** "and to be sure, those books were from that source." Like *illis litteris* and *illi libri* in ¶14, *illi libri* refers to the *platonicorum libri* of ¶13. *inde* has been interpreted as meaning either "from Egypt" or "from Athens." In favor of the first is that *ab Aegypto* occurs just a couple of lines earlier in the text, and *idola Aegyptiorum* right after, and that Egypt figures throughout the passage as the symbolic seat of pagan wisdom; A. may also have known that Plotinus was of Egyptian origin (for these and other arguments, see O'Donnell's note). In favor of the latter alternative is that Athens is the place referred to immediately before *inde*, and that A. regarded Athens as the capital of ancient philosophy (cf. *Sermons Dolbeau* 26.29 "the peak of philosophy was at Athens: in that place sprang up the wise and learned of this world"). On that interpretation, A.'s words would mean that Neoplatonism derives from Plato of Athens. The choice comes down to deciding whether he is now speaking metaphorically or literally.   **de auro tuo ministrabant**: insofar as A. is speaking literally about the biblical Egyptians, they ministered by casting gold into statues and vessels and temple furnishings; insofar as he is speaking metaphorically about Neoplatonists, they ministered by applying philosophy to perversities such as theurgy. *de* + ablative becomes a common instrumental construction in later Latin (*OLS* 88o).   **transmutauerunt ueritatem dei in mendacium, et coluerunt et seruierunt creaturae potius quam creatori** = Romans 1: 25; the ¶ ends by returning to the Pauline passage with which it opened. In A.'s view, "worshiping and serving creation rather than the creator" is the essence of every form of idolatry. For the sense of *creatura*, see 5.1.1 *non cessat nec tacet laudes tuas uniuersa tua creatura* (n.).

¶¶ **16–26** A. reports an experience of the divine that he describes as triggered by his Neoplatonic reading, but realized through God's direct action upon him. The language he employs is the language of vision, of a radiant God outside the realm of sensory reality who sustains the created universe in being. Courcelle 1963: 43–52 and 1968: 159–67 argued that the narrative describes three occasions, corresponding to ¶¶ 16, 23, and 26, on which A. tried unsuccessfully to imitate a process described by Plotinus (cf. *Enneads* 1.6, 5.1.1, and 6.9) of raising the mind from material categories to an intuition of God as spirit. Subsequent critics (see Solignac XIII 698–703 and van Fleteren 1974) have largely agreed that A. is describing a repeated experiment, though they point to details that imply he enjoyed some degree of success. But whatever experience(s) A. actually had at the time, what he describes here seems not to be a succession of episodes, but rather an enlightenment that he breaks down into stages, periodically summing up and backtracking as he turns to different aspects of it (as Drecoll 1999: 286–8 argues).

7.10.16 inde admonitus redire ad memet ipsum, intraui in intima mea: A. could have found such encouragement at *Enneads* 1.6.9, 5.3.6, or 6.9.7, among other places. *inde* means either "by those books" with *admonitus* or "from those books" with *redire* (cf. ¶26 *lectis platonicorum illis libris, posteaquam inde admonitus quaerere incorpoream ueritatem*). *memet* is *me* + an emphatic suffix.   **duce te**: ablative absolute, "under your guidance."   **factus es adiutor meus**: psalmic language (see ¶11 *Iam itaque me, adiutor meus* (n.)) confirms the source of the help received.   **qualicumque oculo animae** "with some such thing as the eye of my soul." *qualicumque* deprecates *oculo*, not simply because it is metaphorical, as *quodam* would indicate, but because it is a poor metaphor, inadequate to the spiritual phenomenon A. is trying to represent (for the body metaphor, cf. ¶8 *uisceribus animae meae*). Plotinus also speaks of an inner eye at *Enneads* 1.6.9 and 5.1.1.   **eundem**: in late Latin, interchangeable with *is* (*OLS* 1150).   **omni carni**: i.e. any bodily creature.   **quasi … tamquam si**: the conjunctions are equivalent, and usually introduce conditional clauses of comparison in the subjunctive; the indicative is rare (G–L §602 and n. 1, H–S 596).   **multo multoque**: ablative of degree of difference with *clarius*; cf. 5.14.25 *magis magisque* (n.).   **illa**: sc. *lux*.   **aliud ualde ab istis omnibus**: *ab* + ablative in the sense of "than" becomes common in later Latin after *alius* and other comparative expressions (H–S 111). *istis omnibus*: i.e. the sun, or a body bigger and brighter than the sun, or anything of that sort. Plotinus, who invokes comparison with the sun to explain the soul's illumination by Intellect at *Enneads* 5.3.9, similarly takes pains to distinguish incorporeal light from the sun.   **nec ita erat supra ... sed superior**: cautions that language about height must be understood not in a physical or spatial sense, but ontologically.   **ipsa fecit ... factus**: A. diverges from Plotinus in adopting the Judeo-Christian view that God directly created the human race, both body and soul; Plotinus speaks rather of the soul "being from" God (e.g., *Enneads* 5.3.7). For *ipsa*, see 5.7.12 *ipsam sarcinam* (n.).   **qui nouit ueritatem, nouit eam, et qui nouit eam, nouit aeternitatem; caritas nouit eam**: *ueritas, aeternitas,* and *caritas* are A.'s standing triad of qualities represented by the persons of the Trinity (Son, Father, and Holy Spirit respectively), as for example at *City of God* 11.28, "we are created according to the image of our creator, whose eternity is true, and his truth eternal, and his love eternal and true, and he is himself the eternal, true, and beloved Trinity". A. introduces the Trinity not simply as a further point of difference between Christianity and Neoplatonism, but also as enabling a different experience of God. It is because the Trinity shares its being with humans that truth, eternity, and love are within their grasp (cf. *On the Trinity* 12.21 "when we live according to God, our mind ... should be formed progressively through his eternity, truth, and love"). The point of A.'s sentence is that, unlike the intellectual who struggles to reach a vision of God in the way just described, a responsive Christian knows God through experiencing God's qualities throughout life; he argues to similar effect at *Letters* 169.4.   **o aeterna ueritas et uera caritas et cara aeternitas**: as often in A.'s references to the Trinity, the fusing of attributes conveys that the persons of the Trinity do not act independently but only in unison.   **tu es deus meus, tibi suspiro die ac nocte**: written in scriptural style (e.g. Psalms 43: 5 *tu es ipse rex meus et deus meus*, 41: 4 *fuerunt mihi lacrimae meae panes die ac nocte*), but not a quote.   **cum te primum cognoui**: i.e. in the glimpse just described, which A. presents as his first true apprehension of God, in contrast to mistaken notions he had entertained earlier.   **assumpsisti** "you raised me up," so that A. could see what was "above" the material world. In the following narrative, the state of mystical elevation continues until A. sinks downward again in ¶23 (*mox diripiebar abs te pondere meo*).   **ut uiderem esse quod uiderem, et nondum me esse qui uiderem**: depending on the force given to *esse* and to the subjunctives in the relative clauses, the words can be translated either "in order that I might see that the thing which I saw existed [in the true sense of the word], and that I who saw [it] did not yet [truly] exist," or "in order that I might see that there was something for me to see, and that I was not yet the sort of person to see [it]." But the second alternative seems favored by the parallel at ¶23 *neque ullo modo dubitabam esse cui cohaererem, sed nondum me esse qui cohaererem*, and by *Tractates on the gospel of John* 18.11 *si ... ipsius luce* *reuerberati ad solita recidistis, rogate medicum ut adhibeat collyria mordacia ... est quod uideas, sed non est unde uideas ... scis certe esse quod uideas, sed idoneum non te esse qui uideas.* **reuerberasti** = *reuerberauisti* "you repulsed." The word is usually associated with light in A., and refers to rays so strong (note *radians uehementer* below) that the eye cannot sustain its gaze (cf. *Against Faustus, a Manichee* 15.8, *Sermons Dolbeau* 22.6 (= 341), 26.27–8 (= 198)). **infirmitatem**: A. is not implying that no human can look at the light of God, just that he himself could not, because his spiritual vision was not yet sufficiently purified. In principle, such infirmity is curable: cf. *Sermons Dolbeau* 26.27 on those who have attained a vision of God only to be repulsed (*reuerberati*) by its brightness, and who realize that "what is needed is a purgation of soul so that it may be cleansed of all fleshly desires"; for further references, see O'Donnell on *reuerberasti*. Plotinus too emphasizes the need of purification before the soul's inner sight can function effectively (*Enneads* 1.6.9, 1.8.4). **contremui amore et horrore**: love and shock are among the reactions that Plotinus says the soul experiences when it comes in contact with incorporeal beauty (*Enneads* 1.6.4 and 7). **in regione dissimilitudinis**: the phrase is taken from Plotinus *Enneads* 1.8.13 ἐν τῷ τῆς ἀνομοιότητος τόπῳ (which is in turn borrowed or adapted from Plato *Statesman* 273 D), where it describes the soul's immersion in materiality that overwhelms its divine nature. A. on the other hand makes the experience of dissimilarity a part of his soul's awakening to God (for this modification of Plotinus, see Solignac XIII 689–93). On the long history of this expression in philosophical thought, see the references in O'Donnell, and for a survey of the *regio* metaphor in A., see his note on *regionem* at 4.16.30. **tamquam audirem** "as if I were hearing"; cf. 6.4.6 *tamquam regulam ... commendaret* (n.). **cibus sum grandium ... tu mutaberis in me**: although God is here made to speak the language of A. rather than words of Scripture, the background of this utterance is a chapter of John's gospel (6: 32–5, 47–59) in which Christ declares that he is the bread of life sent down from heaven, and promises eternal life to those who eat his flesh and drink his blood. That idea was institutionalized in Christian practice as the sacrament of the eucharist, a rite at which A. officiated as bishop, and which he may have had partly in mind here, though he regarded Scripture as an equally important form of Christian food (cf. *Sermons* 58.5 "the word of God ... is daily bread"). But the metaphor of growth in *cibus grandium* = "food of grown-ups" and *cresce* shows that he also has in mind Paul's use of milk and solid food to symbolize the knowledge appropriate to children in faith and to grown-ups respectively (1 Corinthians 3: 1–2, often referenced in A.). At *Tractates on the gospel of John* 18.7 and elsewhere, A. applies Paul's figure of food for grown-ups not to the eucharist per se or to lessons from Scripture—in his view, they are rather "milk"—but to the deeper truths about God which they prepare the believer eventually to understand. Such understanding, however, is attained only on an individual basis through maturation in virtue and wisdom. That is the process which he interprets God as here calling him to undertake.   **et cognoui quoniam pro iniquitate erudisti hominem, et tabescere fecisti sicut araneam animam meam** "and I understood that you have instructed humanity in accordance with its iniquity, and that you made my soul as frail as a spider," incorporating a non-Vulgate version of Psalm 38: 12. For *iniquitate*, see 5.2.2 *inquieti iniqui* (n.). At *Expositions of the psalms* 38.18, A. interprets *aranea* as meaning the spider rather than its web, and argues that the instruction meant is the soul's salutary experience of its weakness apart from God.   **numquid nihil est ueritas, quoniam neque per finita neque per infinita locorum spatia diffusa est?** "Surely it is not so, is it, that truth is nothing [just] because it is not extended in a finite or infinite physical space?"; *numquid* is an interrogative particle that presumes a "no" answer (*OLD*). This rhetorical question marks the end of the frustrations that A. has reported in his quest for truth (6.1.1, 6.5.8, 6.10.17, 6.11.18, ¶7), and his final renunciation of the Academic position that truth lies beyond the reach of human beings. The intellectual breakthrough is a consequence of his vision, because his Neoplatonic reading has primed him to find that in the realm of the incorporeal, God, being, and truth coincide. As he writes within about a year of the time he is describing here, "Plato held that there are two worlds, one [which is] intelligible in which truth dwells, and this one [which is] sensible which we obviously perceive through sight and touch. That [world] is the true one, [while] this one is similar to the true one, and made in its image. From that one, truth shines bright and clear in the soul which knows itself" (*Against the Academic skeptics* 3.37). Having now had a direct, personal encounter with the incorporeal, A. speaks of both God and truth because he recognizes them to be the same thing.   **clamasti** = *clamauisti*.   **immo uero ego sum qui sum**: God is now made to speak to A. in the same words that Moses heard during his vision of the burning bush (Exodus 3: 14). As usual, *immo uero* corrects a previous statement: so far from being nothing, *ueritas* as manifest in God is the only true form of being. The following ¶ shows that A. interprets the words to mean "I am the ultimate reality."   **non erat prorsus unde dubitarem** "it was certainly not [something] about which I could doubt"; *unde* = *de quo*.   **quae per ea quae facta sunt intellecta conspicitur**: slightly adapted from Romans 1: 20.

7.11.17 inspexi cetera infra te: although A. has been rebuffed from rising higher toward God, *inspexi* shows that his vision is not yet at an end.   **nec omnino esse nec omnino non esse** "that they are neither altogether existent nor altogether non-existent"; the existential sense of *esse* = "to exist" carries over into the next sentence. **mihi autem inhaerere deo bonum est**: with *autem*, A. shifts from language expressing what he has seen in Neoplatonic terms to a scriptural maxim (= Psalm 72: 28) that tells him the conclusion to be drawn from what he has seen: it behooves him to cling to God, if God is the only source of being. **nec in me potero**: sc. *manere*. For A., this insight is related to the sense of fragmented identity he often describes (e.g. 4.8.13 *fuderam in harenam animam meam*, and *dissipare* at 6.11.1, 8.5.10, 8.10.22). **ille autem in se manens ... bonorum meorum non eges** "persisting in himself, he renews all things, and you are my God because you have no need of any good that is mine." A. has combined Wisdom 7: 27 *permanens in se omnia innouat* with Psalm 15: 2 *dominus meus es, quoniam bonorum meorum non eges. bonorum* is neuter plural, governed by *eges*, which takes the genitive.

7.12.18 Et manifestatum est mihi ... corrumpi possent "And it was revealed to me that things which are corrupted are good, [since] neither if they were the highest goods, nor if they were not goods, would they be able to be corrupted." *manifestatum* in *Confessions* "is always of truth and usually of divine indication" (O'Donnell). *quae ... corrumpi possent* is a relative clause of cause or characteristic (*NLS* §156). A.'s account of his vision continues (as he repeats in *uidi et manifestatum est mihi* below), but his focus now shifts to the problem of evil, which was left pending in ¶11. The ratiocinative quality of the prose that follows (*quia, enim, igitur, enim, quia, ergo, ergo, ergo* ...) may seem more redolent of logical proof than mystical vision, but for A. the plane of the divine is also the plane of abstract truth. **si summa bona essent, incorruptibilia essent**: because immunity to corruption is part of the definition of a perfect good. **si autem nulla bona essent, quid in eis corrumperetur non esset** "on the other hand, if they were not goods, what might be corrupted in them would not exist." For colloquial *nulla* in place of *non*, see *OLS* 710 and Hofmann 1951: 80; for the anomalous substitution of interrogative *quid* for relative *quod*, see K–S II 500, H–S 554. **nocet enim ... non noceret**: applies only to A.'s second category, the case of less than perfect goods: their susceptibility to corruption presupposes something good to be corrupted. **priuantur bono**: the verb takes an ablative of separation (G–L §405). **si enim erunt ... incorruptibiliter permanebunt**: i.e. it would be a paradox if they continue to exist after being completely corrupted, because then they would have achieved incorruptibility—by definition the highest good—by being deprived of good entirely. **malumque illud quod quaerebam unde esset**: an interlaced relative clause in which *quod* is not the object of *quaerebam*, but subject of the indirect question *unde esset* governed by *quaerebam*. **aut substantia corruptibilis esset, quae nisi bona esset, corrumpi non posset**: i.e. on the principle that corruptibility presupposes the presence of good, evil cannot be a corruptible substance because then it would have to be (at least partly) a good. A. had anticipated this argument about evil at 4.15.24 and 5.10.20. He could have encountered the view that evil is not a thing in itself but only the negation or privation of good in Plotinus *Enneads* 1.8 and 3.2.5, though Plotinus was not the first to take that position.   **manifestatum est mihi quia omnia bona tu fecisti**: presumably on the principle just stated that "all things, so long as they exist, are good." *bona* is predicative ("you made all things good," not "you made all good things").   **quoniam non aequalia omnia fecisti, ideo sunt omnia, quia singula bona sunt, et simul omnia ualde bona, quoniam fecit deus noster omnia bona ualde** "Since you did not make all things uniform, all things exist for the reason that one by one they are good, and [that] all together [they are] exceedingly good, since our God made all things exceedingly good." *quoniam ... fecisti* does not explain why all things exist, but why A. makes a statement about things existing both separately and in combination (because things are not all alike). The sentence is transitional. A. restates that nothing in creation can be evil in itself, and moves to the topic of the following ¶, which is that nothing can properly be termed evil by relation to anything else. That all things were not created equal he took to be a corollary of the proposition that God *fecit omnia*: at *On eighty-three varied questions* 41 and *Against the adversary of the law and the prophets* 1.6 he argues that if everything were of the same kind and quality, God could not truly be said to have created "all things." Plotinus argues similarly at *Enneads* 3.2.12 and 3.3.3. *ideo* cues the *quia* clause, which is here translated as including also *et simul omnia ualde bona*, following Tréhorel and Bouissou. Others understand *ideo sunt omnia [bona]* and translate accordingly. That God made the totality of things exceedingly good is attested by Genesis 1: 31 *uidit deus cuncta quae fecit et erant ualde bona*.

7.13.19 tibi omnino non est malum "for you evil does not exist at all."   **non solum ... sed nec**: common in A. for classical *non modo non ... sed ne ... quidem* (again at 12.15.21; cf. H–S 519).   **extra non est aliquid quod inrumpat et corrumpat ordinem quem imposuisti ei**: by contrast with the Manichean hypothesis about the cosmos, which envisioned precisely such an invasion of the Kingdom of Light by the Dark.   **imposuisti ei**: the pronoun, like *eius* following, refers to *creatura tua*.   **quibusdam** belongs only to the *quia* clause, but has been coupled with *quaedam* as a reciprocal: "because certain things are at odds with certain [others]."   **mala putantur**: erroneously, as A. will make clear in ¶22. At *Enneads* 3.2.17, Plotinus posits that in a universe consisting of different levels of goodness, each element is appropriate to its location and in that sense good.   **eadem ipsa** "those same things."   **sibimet inuicem**

"with one another"; cf. ¶8 *indicauerunt sibi ambo* (n.).   **absit ... ut dicerem** "far be it that I would have said." For the formula *absit ut*, see 5.9.17 *absit ut tu falleres eam* (n.).   **non essent ista** "would that those things did not exist!" *essent* is another optative subjunctive, in the imperfect to mark the wish as unfulfilled. For *non* in place of *ne*, see ¶10 *non dicat, non dicat; homo est enim* (n.).   **etsi sola ista cernerem, desiderarem quidem meliora, sed iam etiam de solis istis laudare te deberem** "even if I saw only them, I would of course have desired better things, yet I would be bound to praise you already for those [earthly] things alone." *cernerem* is contrafactual because A. is in the midst of reporting from a mystical vantage point where he actually sees more than the earthly realm, but he assures us that even without that privileged vision, he would have aspired to more than material goods.   **quoniam laudandum te ostendunt**: from this point until the last sentence of the ¶, the text consists of the short Psalm 148, quoted at length and with minimal adjustments to the original (A.'s text of which is given by O'Donnell). The psalm, however, begins with the praises of God in heaven and then describes the praises of God on earth. A. rearranges that order so as to move more tidily upwards from inanimate things to humanity to the heavenly hosts. The transition from analytic prose to the exuberance of psalmic poetry at this point realizes the praise of God which he says is due (Knauer 1955: 99–100).   **laudandum te ostendunt de terra dracones ... seniores cum iunioribus laudent nomen tuum** reproduces verses 7–12, while **cum uero etiam de caelis te laudent ... aquae quae super caelos sunt laudent nomen tuum** reproduces verses 1–4. *laudandum te ostendunt* distinguishes inanimate and voiceless parts of creation, which can only show by their goodness that God is to be praised, from the humans and heavenly beings who are commanded to utter praise in the following sentences.   **quae faciunt uerbum tuum** "which do your bidding" translates the Septuagint's ποιοῦντα τὸν λόγον αὐτοῦ.   **uirtutes tuae**: as at Psalm 102: 21 and elsewhere in the Bible, *uirtutes* translates δυνάμεις of the Septuagint and refers to angels or other supernatural "powers" (see BDAG δύναμις 5).   **non iam desiderabam meliora**: in contrast to the earlier outlook described above, when A. "would of course have desired better things." *iam* synchronizes *desiderabam, cogitabam,* and *pendebam* with the time of his vision.   **omnia cogitabam** "I was considering all things together." A. is aware of the etymology of *cogito/cogo* (< *cum* + *ago*) and counts on the connotation "bringing together" to be heard, as he notes at 10.11.18; see also O'Donnell's comment on ¶1.

7.14.20 Non est sanitas eis: echoes Psalm 37: 4 *non est sanitas carni meae a facie irae tuae*. With the advantage of the *iudicium sanius* achieved at the close of the preceding ¶, A. looks back on the folly of his earlier beliefs.   **non audebat ... ut ei displiceret deus** "my soul did not venture that my God be displeasing to it." Apparently *audere* is combined with an *ut* noun clause by analogy with *uelle ut*, but the construction is not readily paralleled; for the extension of *ut* constructions in late Latin, see H–S 646-7.   **nolebat esse tuum quidquid ei displicebat**: the main thing that A. wanted to dissociate from God was responsibility for evil, as he says at 5.10.20.   **ierat**: this and the following pluperfects (*fecerat, putauerat, collocauerat, facta erat*) continue A.'s retrospect on the period prior to his Neoplatonic vision; the perfect tenses at the end of the ¶ return the narrative to the point from which he had digressed.   **in opinionem duarum substantiarum**: i.e. the primordial Manichean powers of Light and Dark.   **non requiescebat** "it was restless." The personification of his *anima* as a restless, roving spirit suggests that A. has in mind Psalm 77: 39 *spiritus uadens et non rediens*, which he quotes in the course of a similar criticism of his Manichean self at 4.15.26.   **aliena loquebatur**: an idiom meaning "to talk crazy" (*TLL alienus* 1580.36–40).   **per infinita spatia locorum omnium** "through boundless expanses of all regions"; the plurals and the redundancy underline the physicality of the misconception.   **collocauerat in corde suo ... templum idoli sui**: an echo of Ezechiel 14: 7 *homo ... posuerit idola sua in corde suo*.   **facta erat**: the subject is still *anima mea*.   **rursus** "in turn": A.'s effort to remove God from any connection with evil only resulted in the setting up of a false god.   **fouisti caput**: a treatment for madness to which A. refers again at *Sermons* 21.4, and which Celsus describes at *On medicine* 3.18; A. compares the Manichees to *phrenetici* at *On the advantage of believing* 36.   **nescientis** agrees with an implicit "of me."   **clausisti oculos meos, ne uiderent uanitatem** alludes to Psalm 118: 37 *auerte oculos meos ne uideant uanitatem*. But keeping patients in the dark was also a form of treatment for the insane; medical and scriptural therapies are thus combined.   **cessaui de me**: this expression has no parallel in A. or elsewhere in Latin. But since A. describes himself as effectively tranquilized by God, perhaps he means "I ceased acting on my own," "I calmed down."   **euigilaui in te** "I woke up *to* you," as at *On the Trinity* 4.1 *euigilare in deum*; A. does not use the verb with *in* + ablative. The waking up to God is the vision which A. has been recounting since ¶ 16, and which is there described as the occasion "when I first knew you." The image of eyes closed and wakened to a different way of seeing has a parallel in Plotinus *Enneads* 1.6.8.   **infinitum aliter** "limitless in a different way," than spatially unlimited as imagined above. The next ¶ elaborates on what he means.   **uisus iste non a carne trahebatur**: since A.'s vision was not communicated through his bodily senses but directly to his soul, it was not tainted by materialistic associations.

7.15.21 Et respexi alia, et uidi tibi debere quia sunt et in te cuncta finita "and I looked again at other things [than you], and I saw that they owe to you the fact that they exist and that they are all limited in you." The sentence recapitulates and refines *inspexi cetera ... et uidi nec omnino esse nec omnino non esse* in ¶17: A. now saw that things derive not only their existence from God, but also their limits (since existence is scaled).   **sed aliter, non quasi in loco**: in contrast to the sponge-in-water image by which A. had tried to imagine a finite universe in relation to an infinite God in ¶7. He means "ontologically" limited, but does not have a handy Latin term for that.   **quia tu es omnitenens manu ueritate** "that you are all-upholding by your hand [which is] truth." *omnitenens* occurs first in Latin in A. and his Christian contemporaries. At *Tractates on the gospel of John* 106.5, he maintains that it is a better translation of παντοκράτωρ than the conventional *omnipotens*, but what is at issue for him here is the nuance of "holding in being" that is conveyed by the root *tenere*. He reenforces the metaphor with *manu*, which he then promptly explicates as signifying "truth," or the power of the ultimately real. For the apposition, cf. 9.10.24 *pascis Israhel ... ueritate pabulo.*   **in quantum sunt** "insofar as they exist."   **nec quicquam est falsitas, nisi cum putatur esse quod non est**: the initial strangeness of the statement "nor is any*thing* a falsehood" is calculated. Whereas for A. all that makes up reality can be termed "truth," "falsehood" cannot be located in things, but only in the mind (*putatur* is emphatic); the distinction is argued at length in *Soliloquies* 2.3–5. It is exactly parallel to the point he will make in the next ¶, that unlike good, evil does not exist in created things, but only in the mind and will of those who use them.   **non solum locis sua quaeque suis conueniunt**: refers to the hierarchical layering of the universe that A. had discerned in ¶19.   **tu ... non post innumerabilia spatia temporum coepisti operari**: as A. will explain in book 11, the concept of time is inseparable from the existence of transient created things, and therefore it is nonsensical to talk about a "before" which precedes them.   **quia omnia spatia temporum ... nec abirent nec uenirent nisi te operante et manente** "because all lengths of time ... would neither pass away nor come [to be] unless through your acting and abiding"; the causal clause subsumes a present contrafactual condition in which *nisi* + an ablative absolute represents the protasis (G–L §593.2).

7.16.22 sensi expertus "I have perceived by direct experience." The shift of verb from *uidi* to *sensi* and the appeal to ordinary sensory experience show that this sentence cannot be part of the account of A.'s vision. His train of thought here is more than usually elliptical. From God who is beyond place and time and absolutely good, he returns to created things, the goodness of which depends partly on their place and function—their "fit" (*conueniunt, apta*)—within the order of the universe. But human perception of that goodness adds a complication, in that it may be distorted in some way. For A., any evil in creation can reside only in a distorted judgment and orientation toward it.   **quod palato non sano poena est et panis** "that to an unhealthy palate even bread is an ordeal."   **puris** "clear," coupled with *sanus* as a quality of healthy eyes at *On order* 2.10 and *On Christian teaching* 1.12.11.   **nedum uipera et uermiculus** "to say nothing of the asp and the worm"; *nedum* can introduce either clauses or single words (A–G §532 n. 1).   **non inueni substantiam, sed a summa substantia, te deo, detortae in infima uoluntatis peruersitatem, proicientis intima sua et tumescentis foras** "I found, not a being in itself, but a perversity of the will [that was] misdirected from the highest being— [namely,] you, God—toward the lowest things, [and that was] letting go its inwardness and swelling up outside." The phrase *proicientis intima sua* is taken from Sirach 10: 10 *animam suam uenalem habet quoniam in uita sua proiecit intima sua*, but it also accords with the Neoplatonist distinction between an inner realm of the intelligible and an outer realm of sensory experience. At *Tractates on the gospel of John* 25.15, A. interprets the expression as meaning "to go out of oneself."   **et tumescentis foras**: compare *Expositions of the psalms* 139.15 *si autem hoc te delectat quod foris agis, uide ne tumescas foris, et non possis redire per angustam.*

7.17.23 A. brings the account of his vision to an end, then realizes that it offers a model of the process by which the mind can penetrate to truth beyond the senses.

mirabar quod: the *quod* clause comprises both *te amabam* and *non stabam*: what astonished A. was not that he now loved God, but that he did not persist in enjoyment of that love.   **non stabam frui** "I did not stick to enjoying"; for the sense and construction of *stabam*, compare *Expositions of the psalms* 85.7 *cor ... fugit a se, nec inuenit ... obices quosdam quibus retineat auolationes suas et uagos quosdam motus, et stet iucundari a deo suo.*   **rapiebar ad te decore tuo ... diripiebar abs te pondere meo**: two nearly isosyllabic clauses are arranged in a four-point antithesis (*rapiebar ~ diripiebar, ad te ~ abs te, decore ~ pondere, tuo ~ meo*); as often, rhetorical ornamentation signals closure.   **ruebam** "I sank down," recalling *tu assumpsisti me* in ¶16. The verb marks an abrupt termination of the vision narrative.   **in ista**: to the *infima* mentioned at the end of the preceding ¶.   **consuetudo carnalis** refers less to a habituation to sex than to a habit of thinking in materialistic terms (as argued by van Fleteren 1974: 49–52), though A. regarded the two as linked.   **esse cui cohaererem, sed nondum me esse qui cohaererem** "that there existed [such a] one to whom I might cling, but that I was not yet [such a] one as to cling"; *esse* has its existential meaning in the first clause, but is merely copulative in the second. The words *esse cui cohaererem* imply two related points. One is that for the first time in his life, A.'s vision has brought him in contact with a God who is real (as opposed to the illusory god of the Manichees). The second point is that only union with such a God could enable A. to achieve the *sapientia* he has long sought, as he indicates in *On eighty-three varied questions* 46.2 "insofar as the rational soul has clung (*cohaeserit*) to [God] in love, being in some sense showered and illuminated by him with that intelligible light ... it discerns those reasons ... or Ideas or Forms [of which Plato spoke]." **corpus quod corrumpitur aggrauat animam et deprimit terrena inhabitatio sensum multa cogitantem** = Wisdom 9: 15. **inuisibilia tua a constitutione mundi per ea quae facta sunt intellecta conspiciuntur, sempiterna quoque uirtus et diuinitas tua**: slightly adapted from Romans 1: 20, which A. often quotes with *constitutione* in place of the Vulgate's *creatura*; *uirtus* and *diuinitas* are subjects of *conspiciuntur*. **quaerens enim unde approbarem pulchritudinem corporum**: that A. illustrates the mind's grasp of abstract concepts with the example of beauty (rather than by appealing to the idea of number, as often elsewhere) suggests that he is here remembering Plotinus *Enneads* 1.6. **quid mihi praesto esset integre ... iudicanti** "what help came to me when I judged soundly." A. answers his question in the words *inueneram ... ueritatis aeternitatem supra mentem meam*; the argument is developed in *On free will* 2.12.33–13.35. **atque ita gradatim a corporibus ad sentientem per corpus animam**: understand *perueni* "I arrived" with each step of the following progression. A. loses track of the unfolding of his sentence, but the understood verb finally surfaces in the relative clause (*ratiocinans potentia*) *quae ... peruenit ad id quod est*. Plotinus similarly describes a process of ascent in stages at *Enneads* 1.6.8–9 and 6.9.3–4. **ad eius interiorem uim**: for A.'s "inner power" and its possible antecedents in Neoplatonic thought, see O'Daly 1987: 91–2 and 102–5. **et quousque possunt bestiae**: this clause serves as a paraphrase of *ad eius interiorem uim*: "[I arrived] at the inner power ... and as far as animals can [attain]." **ad quam refertur iudicandum**: for the gerundive construction, see 6.4.6 *quod ... non illo oculo mihi legenda proponerentur* (n.). **quae se quoque in me comperiens mutabilem erexit se ad intellegentiam suam et abduxit cogitationem a consuetudine, subtrahens se contradicentibus turbis phantasmatum, ut inueniret quo lumine aspergeretur, cum sine ulla dubitatione clamaret incommutabile praeferendum esse mutabili unde nosset ipsum incommutabile (quod nisi aliquo modo nosset, nullo modo illud mutabili certa praeponeret), et peruenit ad id quod est in ictu trepidantis aspectus** "Finding [that] within me it, too, [was] mutable, it raised itself to [the level of] its proper understanding and diverted its thought from the ordinary, withdrawing itself from conflicting crowds of images, in order that it might discover by what light it was splashed when it cried out without any hesitation that the thing [which is] immutable is preferable to that mutable thing through which it knows the immutable—[and] unless it *did* know the immutable in some way, in no way would it prefer that [immutable thing] to the mutable—and it arrived at that which [truly] exists with the stroke of a halting glance." *quae se ... comperiens mutabilem* refers back to *ratiocinantem potentiam*; according to *On free will* 2.6.14 and 2.12.34, human reason is mutable in the sense that it sometimes sees more and sometimes less of the truth. *ad intellegentiam suam:* for A., reason operating at its highest level recognizes that its understanding does not depend solely on sensory input, but that it can attain to some truths (such as an idea of beauty, or mathematical or logical concepts) which belong to the changeless realm of the purely intelligible. He develops the argument at *On free will* 2.8.20–13.35. The phrase *abduxit cogitationem a consuetudine* is borrowed from a passage in Cicero's *Tusculan Disputations* (1.16.38) arguing similarly that not all human phenomena can be understood in bodily terms. *phantasmatum* are here not just illusions, but all images derived directly or indirectly through the senses (see O'Daly 1987: 92–102, 106–14). *cum sine ulla dubitatione clamaret incommutabile praeferendum esse mutabili* recalls A.'s affirmation in ¶1, *nesciens unde et quomodo, plane tamen uidebam et certus eram id quod corrumpi potest deterius esse quam id quod non potest*. But now as the result of his vision he realizes that the source of his certainty is the illumination of his mind by transcendent truth = God. *nosset = nouisset. certa* is nominative singular feminine, agreeing with the subject *ratiocinans potentia. ad id quod est: est* again has its existential sense, as in God's declaration in ¶16 *ego sum qui sum* (= Exodus 3: 14). For *in ictu trepidantis aspectus*, see ¶1 *in ictu oculi* (n.).   **tunc uero ... conspexi** recapitulates the vision narrative related in ¶¶16–23, as the following *ferebam memoriam* recapitulates *mecum erat memoria* at the beginning of this ¶.   **inuisibilia tua per ea quae facta sunt intellecta conspexi** once more evokes Romans 1: 20, with God's *inuisibilia* having now been identified as the realm of the purely intelligible.   **aciem figere** "fix my gaze [on them]" (*OLD figo* 9).   **repercussa infirmitate** "the weakness [of my gaze] having been repulsed," cf. ¶16 *reuerberasti infirmitatem aspectus mei.*   **solitis**: dative plural neuter with *redditus*, referring to his worldly ambitions and his *consuetudo carnalis.*   **non mecum ferebam nisi amantem memoriam et quasi olefacta desiderantem** "I carried away only a loving remembrance [that was] yearning for things of which it had caught some scent." *non ... nisi* = "only": see 5.10.19 *cogitare nisi moles corporum non noueram* (n.). *quasi olefacta* anticipates the reference to food in *comedere*, which in turn sets up the introduction of Christ as *cibus* in the next ¶.

7.18.24 quaerebam "I kept seeking."   **ad fruendum te**: *te* is ablative with the verb *frui* (cf. *City of God* 19.13 *ad fruendum deo*).   **nec inueniebam donec amplecterer mediatorem dei et hominum, hominem Christum Iesum** "and was not finding [it] until I should embrace the mediator between God and humanity, [namely,] the human being Christ Jesus." The subjunctive in *donec amplecterer* anticipates a future that is not specified, and that comes into view only in the very last ¶ of this book. In the meantime, A. turns aside to describe his ongoing misconceptions about Christ. *mediatorem dei et hominum, hominem Christum Iesum* is quoted from 1 Timothy 2: 5: the resort to Scripture implicitly conveys where A. would have to look in order to discover such a *mediator* (for the predominantly Christian use of the word, see O'Donnell's note and *A-L* "Mediator (mediatio)" III 1223–30). Paul's repetition of the word *hominem* makes the point that Christ could act as mediator because he was himself human.   **qui est super omnia deus benedictus in saecula**: quoted from Romans 9: 5; A. again draws on Scripture for proof that Christ possessed the other prerequisite of a mediator, in that he was also God.   **ego sum uia et ueritas et uita**: Christ's words at John 14: 6, implicit throughout *Confessions*, but fully quoted only here.   **et cibum, cui capiendo inualidus eram, miscentem carni, quoniam uerbum caro factum est ut infantiae nostrae lactesceret sapientia tua, per quam creasti omnia** "and incorporating in his flesh the food which I was [too] weak for consuming, since 'the word was made flesh' in order that your wisdom, through which you created all things, might give milk to [us in] our infancy." A. means that the knowledge of God which human beings cannot attain by their own unaided effort they can begin to attain through Christ, who incarnates God's wisdom. But the thought is expressed through a dense web of scriptural allusions. It is based on Christ's declaration in John's gospel (6: 56) that his flesh is food, and on Paul's distinction (1 Corinthians 3: 1–2) between the solid food of adults and milk for children, as above: see ¶ 16 *cibus sum grandium ... tu mutaberis in me* (n.). A. understands food here as meaning spiritual food, the divine wisdom that the second person of the Trinity possessed as the Word through which all things were created (according to John 1: 1–3, Proverbs 8: 22, and 1 Corinthians 1: 24). When the Word was made flesh in the person of Christ (*uerbum caro factum est,* John 1: 14), that nourishing wisdom was made available to humanity through Christ's earthly activity in the body, just as a mother's milk is made available to infants through her body (the comparison between Christ's wisdom and mother's milk is developed at *Tractates on the gospel of John* 98.6 and *Expositions of the psalms* 30.2.1.9). *creasti* = *creauisti*.   **non enim tenebam deum meum Iesum, humilis humilem** "For I did not hold fast humbly to my God Jesus [as he was] humble." *enim* introduces the reason for the statement *nec inueniebam donec amplecterer mediatorem.*   **nec cuius rei magistra esset**

eius infirmitas: an indirect question. Christ's infirmity consisted in having humbly taken upon himself the weakness of human existence (Matthew 8: 17, Hebrews 5: 2).   **uerbum enim tuum, aeterna ueritas, superioribus creaturae tuae partibus supereminens subditos erigit ad se ipsam, in inferioribus autem aedificauit sibi humilem domum de limo nostro, per quam subdendos deprimeret a se ipsis et ad se traiceret**: A. contrasts the relationship of the Word, or God the Son, with angels and with human beings respectively. The angels, highest of created beings, "gladly submit" to God (*On true religion* 26) and are raised still higher by sharing in the beatific vision of the Son (see *A-L* "Angelus" I 306–8). Because the pride and disobedience of Adam and Eve had turned the human race away from God, however, it was necessary for the Word incarnated as Christ to descend to the human level and set an example of humility and love to which men and women might turn back. *limo nostro*: the mud of the earth from which God formed the first human according to Genesis 2: 7. In other words, Christ was "housed" in the same sort of mortal body that Adam had; the image partly depends on the phrase *terrena inhabitatio* in Wisdom 9: 15, quoted in ¶23. *per quam subdendos deprimeret a se ipsis et ad se traiceret* "so that through it he might lower from their [haughty] selves and draw to him those who needed to submit"; the relative clause expresses purpose.   **fiducia sui** "in reliance upon themselves."   **progrederentur**: activates the metaphor of the "way" that A. habitually associates with Christ and that is continued in *ante pedes suos* (= "ahead of them").   **infirmarentur**: by recognizing their contingency and sinfulness.   **infirmam diuinitatem ex participatione tunicae pelliciae nostrae** "divinity weakened by sharing our tunic of skin," i.e. a mortal body like ours. *tunicae pelliciae* refers to the clothing which God is described as giving to Adam and Eve after their transgression (Genesis 3: 21). Following an interpretive tradition that went back at least as far as Origen, A. took the passage to mean that at that time God gave Adam and Eve mortal in place of immortal bodies (because leather—*pellis*—comes from the bodies of dead animals).   **prosternerentur in eam** "[so that] they might be cast down upon that [divinity of Christ]."   **illa autem surgens leuaret eos**: i.e. Christ after his resurrection will in turn raise humanity to immortality.

7.19.25 tantumque sentiebam de domino Christo meo, quantum de excellentis sapientiae uiro "and I thought of my Lord Christ only as a man of surpassing wisdom."   **nullus**: see ¶11 *nullus hominum* (n.).   **praesertim quia mirabiliter natus ex uirgine, ad exemplum contemnendorum temporalium prae adipiscenda immortalitate, diuina pro nobis cura tantam auctoritatem magisterii meruisse uidebatur** "all the more because, after having been miraculously born of a virgin (to give a lesson of contempt for transient things in comparison with the gaining of immortality), he seemed to have earned that great sanction for his teaching by [his] godlike care for us." A. appears to mean that the circumstances of Christ's birth both lent authority to his teaching and symbolized its meaning, and that the more-than-human care he showed for humanity throughout his career fully bore out the auspices of his birth. On this interpretation, *tantam auctoritatem* refers back to the miracle of the virgin birth itself. Because Christ's conception was brought about not by sexual intercourse but by the power of the Holy Spirit, it was spiritual rather than carnal (*On the Trinity* 15.46 [*Christi*] *carnis ipsa conceptio non carnalis sed spiritalis*; cf. A.'s approving quotation from Ambrose in *Against Julian, an unfinished book* 1.66 and 4.121); it therefore signified the importance of the eternal over the temporal. *diuina cura* goes closely with *meruisse* as an ablative of means, and since A. emphasizes that at this period he did not yet believe that Christ was God, *diuina* here must mean, not literally "divine," but "godlike," "heaven-inspired" (a common sense of the word in classical Latin that is occasionally found in A. as well, cf. *diuini uiri* of prophets at *On eighty-three varied questions* 36.1, *diuini homines* at *On order* 2.10.28). Translators and commentators vary widely, however, in the way they construe the parts of this ungainly statement in relation to each other; for discussion, see O'Donnell and Solignac XIII 693–5.   **quid autem sacramenti haberet uerbum caro factum** "what sacred mystery 'the word made flesh' involved." For the meaning of *sacramentum*, see 6.5.8 *sacramentorum altitudinem* (n.). In ¶¶14–15, A. emphasized repeatedly that the *platonicorum libri* told him nothing about Christ's incarnation.   **cognoueram**: governs the indirect statement *non haesisse carnem*; the intervening *quia manducauit ... sermocinatus est* is causal ("from what was written about him, given that he ate ..."). **non haesisse ... nisi**: *non... nisi* = "only." **nouit hoc omnis qui nouit incommutabilitatem uerbi tui**: i.e. no one would think that a changeable human mind could have attached to the divine Word *before* it took flesh.   **quam ego iam noueram** "which I now knew." According to ¶14, the immutability of God the Son was one of the truths that A. did find expressed in the *platonicorum libri*.   **quantum poteram** "so far as I was able" (*OLD quantum*[1] 7).   **inde** = *de ea* "about that [immutability]."   **mouere ... mouere ... affici ... affici ... proferre ... esse**: the infinitives are subjects of *sunt*.   **per signa**: i.e. through words, which A. regularly characterizes as "signs" of thought.   **propria sunt mutabilitatis animae et mentis** "are distinctive of changeability of soul and mind," and therefore proof that Christ was not merely God in human form, but that he had a genuinely human soul, as A. goes on to say.   **etiam omnia periclitarentur mendacio** "the entirety as well would be at risk because of the lie"; the deponent *periclitari* is used intransitively as well as transitively (*OLD* 4).   **neque in illis litteris ulla fidei salus generi humano remaneret** "nor would any salvation through faith in those writings [= the gospels] be left for the human race." For a Christian, salvation is always based on faith in Christ, as in *Commentary on statements in the letter to the Romans* 67 where the phrase *salus fidei* recurs. But here A. has also in mind a second-order faith in the reliability of the gospel accounts.   **totum hominem** "a complete human being."   **sine mente animum**: "in A. ... both *anima* and *animus* can apply without distinction of meaning to the human soul" (*A-L* "Anima, animus" I 315); *mens* is the rational faculty distinctive of human beings (cf. *On faith and the creed* 8, *rationalis spiritus ... mens etiam nominatur*). According to the view of Christ which A. here rejects, the Word of God would have taken the place of a specifically human mind or reason, as A. explains in *Sermons* 237.4.   **sed ipsum hominem, non persona ueritatis, sed magna quadam naturae humanae excellentia et perfectiore participatione sapientiae praeferri ceteris arbitrabar** "but I thought that that man was ranked before others, not because of his personification of truth, but because of some great excellence of human nature, and a more perfect endowment of wisdom"; *ipsum* = *eum*. With *sed ... arbitrabar*, A. turns from the true insight he describes in the *agnoscebam* clause to a failure of apprehension under which he continued to labor. He did not understand that Christ was the living embodiment of truth (*persona ueritatis*), rather than simply knowing truth like any ordinary person. And while he believed that Christ possessed a greater share of wisdom than other human beings, he still thought that he possessed it partially and at second hand (*participatione sapientiae*), as others possess it, rather than being the source of wisdom. Both parts of the statement make essentially the same point. The passage is explained by Solignac XIII 696–8.   **deum carne indutum**: a paraphrase of the scriptural phrase *uerbum caro factum*, perhaps to be taken as an *ab urbe condita* construction ("the clothing of God in flesh") and as accusative subject of *credi*, rather than as an indirect statement *deum [esse] carne indutum*.   **ut praeter deum et carnem non esset** "[in such a way] that there was not [anything] but God and flesh"; for the absence of an indefinite pronoun, cf. 9.6.14 *ego in illo puero praeter delictum non habebam*; *On dialectic* 5 *cum de his disputatur, praeter dialecticam non est*; *Against Julian* 6.81 *non est itaque praeter unum mediatorem*.   **et quoniam bene persuasum tenebat ea quae de illo memoriae mandata sunt sine uitali et rationali creatura non fieri** "and since he held [it as] well assured that the actions which are recorded about him do not occur apart from a created being having life and reason." *sine uitali et rationali creatura* picks up "a human soul and mind" in the preceding sentence (*uitalis* ~ *anima* and *rationalis* ~ *mens*), but it is a broader formulation, since it would allow for either an angelic or a human component, as usually when A. speaks of *rationalis creatura*.   **ipsam christianam fidem** "the actual Christian faith."   **postea** is an anticipation or "flashforward," but like *postea* at

3.12.21, 6.4.5, ¶26, and 9.11.28, it does not flag any later point in A.'s narrative; the same is true of *aliquanto posterius* two lines later. A. appears to be suggesting, however, that Alypius' enlightenment preceded his own. **haereticorum apollinaristarum**: Apollinarians subscribed to the doctrine of Apollinari(u)s, a mid-fourth-century bishop of Laodicea (in present-day Turkey) who held that Christ did not have a human soul; his position had recently been condemned both in Rome and in Constantinople (*ODCC* "Apollinarius and Apollinarianism"). Alypius himself, however, is not described as an adherent of Apollinarianism: what A. says about his position suggests rather that it coincided with A.'s own. *haereticus* occurs only in this ¶ of *Confessions*, though *haeresis* occurred earlier at 3.12.21 and 5.10.19. **catholicae fidei collaetatus et contemperatus est** "he joyfully adapted to the Catholic faith." A. shifts from the adjective *christiana* to *catholica* (meaning literally "of the universal church," cf. *On the Christian struggle* 4 [*christiana fides*] *catholica dicitur per orbem terrarum sparsa*) because it evokes a collective, and *collaetari* involves rejoicing together *with* someone. *contemperare* first turns up in late classical Latin as a word for blending or mixing some substance (*TLL*); in A. it is a frequent metaphor for adapting or conforming to something. **in eo quod uerbum caro factum est** "on the point that the Word was made flesh." **Photini**: a fourth-century bishop of Sirmium (in present-day Serbia) whose Christological doctrine had been recently condemned along with Apollinarianism. His views are known only at second hand from his opponents; A. consistently characterizes him as holding that Christ was a human being, not God (Madec 1970: 113–15 surveys A.'s references to Photinus). **improbatio quippe haereticorum ... quid habeat sana doctrina**: A. often remarks that heresy had some positive side effects for the church, one of them being a more accurate understanding of the Bible: "many implications of the sacred Scriptures lie hidden ... and are never more effectively and plausibly brought out than when the need of responding to heretics compels it. Then even those who neglect the study of doctrine shake off their drowsiness and are roused to attentive listening, in order that their opponents may be refuted" (*Expositions of the psalms* 67.39; cf. *On true religion* 15 and *Letters* 264.1–2). The phrase *sana doctrina* is a refrain borrowed from the "pastoral" epistles, 1 Timothy 1: 10, 2 Timothy 4: 3, Titus 1: 9, and 2: 1. **oportuit enim et haereses esse, ut probati manifesti fierent inter infirmos**: a slightly adapted quotation of 1 Corinthians 11: 19, with *inter infirmos* substituted for Paul's *in uobis*.

7.20.26 Sed tunc, lectis platonicorum illis libris, posteaquam inde admonitus quaerere incorpoream ueritatem, inuisibilia tua per ea quae facta sunt intellecta conspexi et repulsus sensi quid per tenebras animae

meae contemplari non sinerer, certus esse te et infinitum esse nec tamen per locos finitos infinitosue diffundi et uere te esse, qui semper idem ipse esses, ex nulla parte nulloque motu alter aut aliter, cetera uero ex te esse omnia, hoc solo firmissimo documento quia sunt, certus quidem in istis eram, nimis tamen infirmus ad fruendum te "But at that time, having read those books of the Neoplatonists, [and] having been prompted by them to seek an incorporeal reality, when I had seen 'your invisible workings as known through the things which have been made' [Romans 1: 20], and [when] after being rebuffed I had realized what I was not being allowed to contemplate thanks to the darkness of my soul, [being] certain that you exist and are infinite, yet not dispersed in finite or infinite space, and [certain] that you truly exist, because you are always your same self, other in no part and through no movement otherwise, and [certain] that all other things exist through you, on the basis of this one very solid proof, [namely,] that they exist [at all]—I was indeed certain on those points, but too weak to enjoy you." *tunc* fixes the time of the main clause *certus… quidem in istis eram, nimis tamen infirmus*, returning the narrative to the point A. had reached in ¶24, before digressing to describe his failure to understand the role of Christ. Details recall and recapitulate ¶¶13–24 (¶13 *procurasti mihi quosdam platonicorum libros*; ¶16 *inde admonitus*; ¶23 *inuisibilia tua per ea quae facta sunt intellecta conspexi*; ¶16 *reuerberasti infirmitatem aspectus mei*; ¶23 *repercussa infirmitate*; ¶23 *inueneram incommutabilem et ueram ueritatis aeternitatem*; ¶21 *respexi alia, et uidi tibi debere quia sunt et in te cuncta finita*; ¶24 *quaerebam uiam comparandi roboris quod esset idoneum ad fruendum te*). Although A. presents the certainties he has reached at this juncture as the fruits of his vision, they were all fully in accord with his Neoplatonic reading. For the meaning of *documento*, see 5.14.25 *documentis* (n.).   **garriebam** "I blathered," to his ever-present companions presumably, as he proselytized for his newest belief; cf. 5.6.10 *garrientem* (n.) and O'Donnell's note here.   **plane**: colloquial here, "quite" (*OLD* 3) or "flat out."   **peritus**: refers to A.'s new-found expertise in Neoplatonism, like *sapiens* and *scientia* following. "*peritia* for A. is always a secular or worldly skill … and may even apply to non-Christian religious expertise, but he seems never to speak of it as an excellence associated with the Christian religion," O'Donnell on *peritus* 1.14.23 (n.). Although critical in retrospect, these two sentences acknowledge that at the time, A. took enormous pride in having found in Neoplatonism the wisdom he had long sought. It was a milestone to which he will advert several times in the following narrative.   **nisi in Christo … uiam tuam quaererem, non peritus sed periturus essem**: with a play on words, "if I were not to have sought your way in Christ, I would have been, not *expert*, but *doomed to expire*."   **plenus poena mea**: his pride was both his sin and its punishment, since it blinded him to what he still had to learn.   **non flebam**

... **inflabar scientia**: a second word play, which introduces the antithesis of 1 Corinthians 8: 1 *scientia inflat, caritas uero aedificat.* **fundamento humilitatis**: A. combines Paul's *caritas aedificat* with the more elaborate building metaphor of 1 Corinthians 3: 11, where Christ is described as the *fundamentum.* But *fundamentum humilitatis* is A.'s own phrase (which recurs in *Sermons* 69.2 and 4); the two words share an association with the idea of something low.   **quando illi libri me docerent eam?**: *docerent* is past potential ("when could they have taught me that?"), and takes a double accusative; for the form of the question, cf. 8.8.19 *quando me desereret?*   **in quos me propterea**: *me* is the subject of *incurrere*, and *propterea* cues the purpose clause *ut imprimeretur*, which in turn governs the indirect question *quomodo ... affectus essem.* The attitude to which A. refers in *quomodo ... affectus essem* is the surge of pride and self-sufficiency brought on by his reading of the Neoplatonic books.   **contrectarentur** "were being touched."   **discernerem atque distinguerem**: still governed by *ut* and parallel to *ut imprimeretur.*   **praesumptionem**: a hapax in *Confessions*, borrowed from a non-Vulgate version of Ecclesiastes 1: 14 *omnia uanitas et praesumptio spiritus*; at *On the Lord's sermon on the mount* 1.3, A. defines *praesumptio* as meaning *audacia et superbia.*   **uidentes quo eundum sit nec uidentes qua**: *quo* and *qua* are interrogative adverbs meaning "whither" and "by what way" respectively. The difference between knowing the endpoint and knowing the route will be developed in the image which closes ¶27; for A. it epitomizes the problem with Neoplatonism.   **uiam ducentem ad beatificam patriam non tantum cernendam sed et habitandam** "the way leading to the homeland of bliss which needs not just to be seen, but also dwelt in." As throughout *Confessions*, the "way" is Christ; for *beatificam*, see O'Donnell's note.   **si ... informatus essem** "if I had been molded" (*OLD* 4).   **in earum familiaritate** "in my acquaintance with them."   **obdulcuisses**: *obdulcescere* "to turn, become sweet" is a hapax in A. and in Latin, deriving from late Latin *obdulcare* "to sweeten."   **post** "afterward."   **solidamento** "firm ground, foundation"; the word occurs first in Christian Latin of the third century.   **putarem** "I might have thought"; for the imperfect subjunctive in a *past* contrafactual condition, see 6.11.20 *utique dares si ... pulsarem aures tuas* (n.).   **eum**: the *affectus saluber.*   **si ... quisque**: *quisque* sometimes replaces *quis* in later Latin (H–S 199).

7.21.27 Itaque auidissime arripui uenerabilem stilum spiritus tui "therefore I took up" announces the sequel to ¶24 "I began to seek a way to obtain enough strength to enjoy you, and could not find it until I embraced the mediator ... Christ Jesus." *stilum spiritus tui* is the inspired text of Scripture; according to *Expositions of the psalms* 67.38, "it is common in Latin for writing to be called the *stilus*, since it is produced by the pen." A.'s recourse to Scripture is signaled throughout this ¶, which is saturated with phrases from both Old and New Testaments.   **prae ceteris apostolum Paulum**: for the sense of *prae*, see 5.6.11 *prae multis* (n.). Presumably A. focused on Paul because Paul has most to say about Christ's role as mediator; O'Donnell points out that in 2 Corinthians 12 Paul also reports a vision of the divine that might have struck A. as parallel to what he read in Plotinus. A. again singles out Paul from the rest of Scripture at the end of this ¶ (*cum minimum apostolorum tuorum legerem*).   **perierunt illae quaestiones ... textus sermonis eius**: like the flashback to early doubts about Manicheism at 5.6.10, this allusion to difficulties with Paul does not pick up anything that A. has touched upon in the preceding narrative. But from the beginning of Christianity Paul's letters were regarded as notoriously difficult (cf. 2 Peter 3: 15–16).   **uisus est aduersari sibi**: the subject is not *Paulus* but *textus sermonis eius*.   **legis et prophetarum**: the Old Testament.   **una facies eloquiorum castorum** "the uniform countenance of holy eloquence," meaning that Paul's letters now seemed to A. perfectly consistent with the rest of Scripture; for *eloquiorum*, see 5.13.23 *eloquia strenue ministrabant adipem* (n.).   **exultare cum tremore didici**: in keeping with the injunction of Psalm 2: 11 *seruite domino in timore et exultate ei cum tremore*. At *Expositions of the psalms* 2.9, A. says that *cum tremore* is meant to put us on guard against the pride that might follow from exultation.   **coepi**: sc. *legere*.   **illac ... hac**: adverbs of place referring to the Neoplatonic books and Paul's letters respectively.   **cum commendatione gratiae tuae**: the grace that comes in reading Scripture serves three purposes on which A. elaborates in the next part of the sentence: it dispels pride, it heals the soul of sin, and it bestows persistence in striving toward God.   **ut qui uidet non sic glorietur, quasi non acceperit non solum id quod uidet, sed etiam ut uideat** "in order that he who sees might not boast as though he has not received [as a gift] not only that thing which he sees, but also the fact of seeing [it]." The first *ut* introduces a purpose clause, the second *ut* introduces a noun clause. *uidet*—the verb is repeated 6 × in the sentence—resumes the topic of seeing the destination but not the route from ¶26.   **quid enim habet quod non accepit?**: adapts 1 Corinthians 4: 7 *quid autem habes quod non accepisti?*—"the question which no one has ever pressed home so relentlessly as Augustine" (Burnaby 1938: 220).   **ut te ... non solum admoneatur ut uideat, sed etiam sanetur ut teneat**: *ut* introduces a purpose, a noun, and a purpose clause respectively, and *te* is the direct object of both *uideat* and *teneat*.   **qui de longinquo uidere non potest, uiam tamen ambulet**: understand *ut* with *ambulet* as another purpose clause. The person "who cannot see from afar" is the Christian without a philosophical concept of God who nevertheless finds the right way to God.   **quia, etsi condelectetur homo legi**

dei ... quae est in membris eius: borrowed from Paul's declaration at Romans 7: 22–3 *condelector enim legi dei secundum interiorem hominem, uideo autem aliam legem in membris meis repugnantem legi mentis meae et captiuantem me in lege peccati quae est in membris meis*. A. has generalized a statement of Paul about himself, turning it into a rhetorical question *quid homo faciet de alia lege in membris suis?* (causal *quia* shows that the question is meant to imply its own answer). The context, however, remains the same: both Paul and A. are arguing that fallen humanity requires the aid of grace to resist sin. For the use of singular *homo* as an indefinite, see 5.5.8 *dixisti enim homini, "ecce pietas est sapientia"* (n.).   **quoniam iustus es, domine, nos autem peccauimus, inique fecimus, impie gessimus**: A. echoes prayers in which persons of the Old Testament declare their sins to God (e.g. Tobit 3: 2, Jeremias 12: 1, Daniel 3: 27 and 29, 3 Kings 8: 47, Psalms 105: 6, 118: 137).   **grauata est super nos manus tua**: borrowed from Psalm 31: 4.   **antiquo peccatori**: for the style of A.'s references to the devil in *Confessions*, see 6.12.21 *serpens* (n.).   **praeposito mortis** "the minister of death" (since the devil was responsible for bringing death into the world); a frequent appellation for him in A. (e.g. *On free will* 3.29.106, *On nature and grace* 26, *Expositions of the psalms* 50.9).   **persuasit uoluntati nostrae similitudinem uoluntatis suae** "he has foisted the likeness of his will upon our will." The direct object of *persuadere* in A. is often a noun denoting an action or state; cf. 13.15.17 *eloquia mihi persuaderent confessionem*, *On free will* 3.76.263 (also of the devil), *City of God* 15.22.   **in ueritate tua non stetit**: A. applies to the devil Christ's own words about him at John 8: 44 *in ueritate non stetit*.   **quid faciet miser homo? quis eum liberabit de corpore mortis huius, nisi gratia tua per Iesum Christum dominum nostrum**: A. again generalizes words that Paul had used of himself at Romans 7: 24–5.   **quem genuisti coaeternum et creasti in principio uiarum tuarum**: the two verbs distinguish Christ's identity as second person of the Trinity, "eternally begotten of the Father, not made" (according to the Nicene Creed) from his incarnation as a human being, "created" in time. The clause referring to the incarnation is a non-Vulgate version of Proverbs 8: 22 *dominus creauit me in principio uiarum suarum*, which A. interpreted as meaning that Christ was sent into the world so that human beings might find the beginning (*principium*) of their way to God through his example of humility (*On faith and the creed* 6). *creasti* = *creauisti*.   **in quo princeps huius mundi non inuenit quicquam morte dignum et occidit eum**: for replacement of a relative pronoun by a demonstrative or *is* in the continuation of a relative clause, see 6.13.23 *et ... animaduertebat* (n.). A. paraphrases Christ's words *uenit enim princeps mundi huius et in me non habet quicquam* (John 14: 30) as he went to his death. This passage together with the following one from Paul provided a basis for patristic theories explaining Christ's rescue of humanity from the devil's power. According to A.'s version, the sin of Adam gave the devil the right to exact the punishment of death from all of Adam's descendants, but not from Christ, who did not share in that sin. By bringing about the death of Christ nevertheless, he exceeded his authority and thereby forfeited his claim, releasing humanity to be reclaimed by Christ. A.'s idea is set out more fully in *On the Trinity* 13.12 and 14; for its patristic background, see Grensted 1920: 32–55.   **euacuatum est chirographum quod erat contrarium nobis** "the bond of debt which stood against us was voided," Paul's metaphor for Christ's rescue of humanity from the debt of sin at Colossians 2: 14–15.   **hoc illae litterae non habent**: *hoc* refers not to *chirographum* but to the scriptural testimony about Christ that A. has just summarized; *illae litterae*, like *illae paginae* following, refers to the Neoplatonic books.   **uultum pietatis huius, lacrimas confessionis, sacrificium tuum, spiritum contribulatum, cor contritum et humilatum, populi salutem, sponsam ciuitatem, arram spiritus sancti, poculum pretii nostri**: having described how Christ rescued humanity from the devil, A. now catalogs the attributes of Christian spirituality with a succession of scriptural or quasi-scriptural code phrases. *uultum pietatis huius* is the face as expressing emotions (such as shame, sorrow, serenity, joy) that attest a fervent engagement with God; *huius* means "found here [in Scripture, as opposed to books of philosophy]." *lacrimas confessionis* also is not a quote from Scripture, though it aptly characterizes A.'s own response. The phrases *sacrificium tuum, spiritum contribulatum, cor contritum et humilatum* are taken from Psalm 50: 19 *sacrificium deo [est] spiritus contribulatus, cor contritum et humiliatum deus non spernet*; *spiritum* and *cor* are in apposition with *sacrificium tuum* (which, as in the psalm, means "the sacrifice offered *to* you"); *contribulatum*, a verb which occurs exclusively in biblical and Christian Latin (*TLL*), means figuratively "broken, crushed." *populi salutem*, "the salvation of a people" (Habacuc 3: 13), implicitly contrasts the universality of Christ's call with the limited possibility of union with God for a few in Neoplatonism. *sponsam ciuitatem* refers to the common metaphor of the church as "bride of Christ," but A.'s phrase derives from Revelation 21: 2, in which John has a vision of a *sancta ciuitas* coming down from heaven, arrayed like a bride for her husband. *arram spiritus* is a variant for the Vulgate's *pignus spiritus* at 2 Corinthians 1: 22 and 5: 5, alluding to the grace of baptism. As A. explains at *Sermons* 23.8.8–9, he thought that *arra* better described the effect of the Spirit because the word means that a first installment has already been paid on something later to be paid in full, whereas a *pignus* is only a loan or gage of performance, separate from any payment to be made. *poculum pretii nostri* "the cup of the price [paid] for us" is the eucharistic cup from which Christians were invited to drink Christ's blood as wine at the "sacrifice" of the Mass; though not a scriptural quotation, it recalls *calix salutaris* "cup of salvation" at Psalm 115: 13, and Paul's references to the *pretium* by which Christ ransomed humanity at 1 Corinthians 6: 20 and 7.23. In A. the expression *pretium nostrum* invariably refers to the blood of Christ, either in physical or sacramental form (e.g. *Sermons* 265.2 *sanguis Christi, pretium nostrum,* and later in *Confessions* at 9.12.32 and 9.13.36). A. ends his catalog with the sacraments because he is again drawing an implicit contrast between Christianity and Neoplatonism, which he thought did not offer a comparable program of spiritual transformation. **nonne deo subdita erit anima mea? ab ipso enim salutare meum: etenim ipse deus meus et salutaris meus, susceptor meus: non mouebor amplius**: Psalm 61: 2–3 in a non-Vulgate version. *salutare* is used substantively to mean "salvation," and *amplius* means "any longer," "in future" (*OLD* 5 b). **nemo ibi audit uocantem: "uenite ad me, qui laboratis." dedignantur ab eo discere quoniam mitis est et humilis corde. abscondisti enim haec a sapientibus et prudentibus et reuelasti ea paruulis**: *uocantem* is substantival, "one who calls." In what follows, A. has broken up and recast parts of a short discourse of Christ at Matthew 11: 25–9. *uenite ad me, qui laboratis* quotes verse 28. Verse 29 *discite a me quia mitis sum et humilis corde* is subsumed into a comment by A. (*dedignantur ab eo discere ...*) in the next sentence, where *quoniam* can introduce either an indirect statement or a causal clause. *abscondisti enim haec a sapientibus et prudentibus et reuelasti ea paruulis* again quotes directly (from verse 25), but the speaker as presented here is not Christ but A., in whose mouth *sapientibus et prudentibus* becomes a reference to the Neoplatonists. *reuelasti* = *reuelauisti*; for *paruulis*, see ¶14 *abscondisti enim haec a sapientibus* (n.). **et aliud est**: to be taken in conjunction with *et aliud* following: "it is one thing ... and [it is] another thing" (A–G §315 b). The subject of *est* is the sequence of infinitives *uidere, non inuenire,* and *conari*; the subject of the second clause is *tenere*. **de siluestri cacumine uidere patriam pacis et iter ad eam non inuenire et frustra conari per inuia circum obsidentibus et insidiantibus fugitiuis desertoribus cum principe suo leone et dracone**: A. closes the book by expanding the contrast at the end of ¶26 (*inter uidentes quo eundum sit nec uidentes qua, et uiam ducentem ad beatificam patriam*) into a rich image that fuses biblical and Roman elements, and that may in turn have influenced the opening of Dante's *Divine Comedy*, which similarly features a wayfarer lost on a wooded mountain and threatened by symbolic beasts (Freccero 1966: 8–9). In A., the man who sees the home of peace "from a wild mountaintop" glimpses it only as a result of becoming hopelessly lost, as the words *frustra conari* (sc. *inuenire*) make clear. That both mountain and forest figure as obstacles may be seen from another passage in which A. develops a metaphor of two paths (*Against the skeptics* 3.15.34), and the wrong path leads through *siluas nescioquas* and *auios montes* (which are similarly coupled at *Expositions* *of the psalms* 134.22). Critics and commentators have often suggested that the man stranded on the mountain may allude to Moses, whom God allowed to see the promised land from Mount Nebo, but barred from entering it (Deuteronomy 32: 48–52 and 34: 1–6); at *Tractates on the gospel of John* 2.2, A. develops a similar image of man seeing his *patria* across an intervening sea. *per inuia* means "over trackless terrain" and explains *frustra*: there is no *uia* for the man to find at this point. *circum* is adverbial, modifying the participles of the ablative absolute. Identification of the devil as a *leo* and a *draco* (a lion when attacking openly, a serpent when acting by stealth, A. proposes at *Expositions of the psalms* 69.2) comes from Psalm 90: 13, and his identification as the *princeps daemoniorum* comes from Matthew 12: 24 and Mark 3: 22. The "renegade deserters" here are demons, who like the devil were angels of the heavenly host until they revolted against God: see ¶5 *si.... ex bono angelo diabolus factus est* (n.). With *principe* and still more with *fugitiuis* and *desertoribus*, A. begins to shift from a biblical to a Roman political and military frame of reference. **tenere uiam illuc ducentem cura caelestis imperatoris munitam, ubi non latrocinantur qui caelestem militiam deseruerunt; uitant enim eam sicut supplicium**: the terms here evoke Roman institutions. *imperator* in A.'s parlance usually denotes the emperor, and *cura imperatoris* is a set phrase of imperial discourse (Frontinus *On aqueducts* 88, Tacitus *Annals* 6.4.3, Ammianus 28.2.4, *Panegyrici Latini* 4.21.2); *munire* is the ordinary Latin word for constructing a highway (*OLD* 6 a); banditry and military desertion were perennial problems associated with maintaining the public peace outside cities; and *supplicium* is the regular term for a state-sanctioned punishment, especially capital punishment (*OLD* 3–4). **haec mihi inuiscerabantur** "these things were being internalized in me." *haec* refers to the values and attitudes described above (*uultum pietatis*, etc.); *inuiscero* first enters Latin in the late third century (*TLL*). **miris modis**: see 5.6.10 *miris et occultis modis* (n.). **minimum apostolorum tuorum**: as Paul characterized himself at 1 Corinthians 15: 9. **considerueram opera tua et expaueram**: language borrowed from Habacuc's vision of the might of God (3: 2 *consideraui opera tua et expaui*, in a non-Vulgate version), but with pluperfect tenses in place of the perfect because A. is referring back to the vision he himself had related in ¶¶16–23; cf. ¶16 *contremui amore et horrore*.

BOOK VIII

Chronology: Book 8 partly overlaps with book 7, since ¶1 recapitulates material from book 7. The narrative covers an indeterminate stretch of A.'s life, beginning either in the year 385 or in 386. But it has a relatively well-defined endpoint: the climactic conversion moment can be dated by details mentioned at 9.2.2 and 4 to early August of 386, when A. was 31 years old.

8.1.1 recorder: the hortatory subjunctive, which occurs mostly in the first person plural in classical Latin, appears also in the first person singular in A., as in *confitear* and *sacrificem* following (*OLS* 497). **gratiarum actione** "an act of thanksgiving," cf. 9.8.17. **misericordias**: for the plural, see 5.1.1 *miserationes* (n.). **perfundantur ossa mea dilectione tua et dicant: "domine, quis similis tibi?" dirupisti uincula mea: sacrificem tibi sacrificium laudis**: psalmic language, combining 35: 10 *omnia ossa mea dicant, domine quis similis tibi?* and 115: 16–17 (in a non-Vulgate version) *disrupisti uincula mea, tibi sacrificabo sacrificium laudis*. But the phrase *perfundantur dilectione* "let them be steeped in love" is A.'s own touch (for which, compare Catullus 64.329–30 *coniunx ... mentem perfundat amore*). For the meaning of *ossa*, see 5.1.1 *sana omnia ossa mea* (n.). *uinculum* and related images dominate this book (*uinculum* 4 ×, *catena* 2 ×, *colligare* 2 ×, *obligare* 1 ×, *ligare* 1 ×, *obstringo* 2 ×, *constringo* 1 ×, *innecto* 1 ×, *impedio* 3 ×, *teneo* 14 ×). **quomodo dirupisti**: for the indicative, see 5.8.14 *unde ... persuasum est* (n.). **narrabo**: signals a return to narrative mode after the long exploration of A.'s inner life in book 7. Absent since the story of Firminus and the coeval slave in 7.6.8–10, the verb will occur 14 × in book 8. **"benedictus dominus in caelo et in terra; magnum et mirabile nomen eius"**: despite the quote marks, this utterance is again a pastiche (drawn from Psalms 7: 18, 8: 2 and 10, 71: 18, 75: 2, 88: 53, and 134: 6) rather than a quotation of Scripture (see Knauer 1955: 84–5). The invitation to praise God for A.'s deliverance forecasts a turn in the narrative: whereas book 7 described a series of intellectual gains achieved largely by his own efforts, book 8 will describe a spiritual or moral impasse that he escaped only by the grace of God.

Inhaeserant praecordiis meis uerba tua: recapitulates the thought of *haec mihi inuiscerabantur miris modis* in the closing ¶ of book 7. **circumuallabar** "I was surrounded," an image suggesting that God was now laying siege to A. **de uita tua aeterna**: takes the place of simple *aeternitas* for the sake of an antithesis with *de mea uero temporali uita* below. **quamuis eam in aenigmate et quasi per speculum uideram**: adapted from 1 Corinthians 13: 12 *uidemus nunc per speculum in aenigmate*. But whereas Paul was making a general point about the limited understanding of God available in this life as compared with perfect knowledge in the afterlife, A. is referring once more to the fleeting vision he achieved in book 7, as the tense of *uideram* indicates (cf. 7.21.27 *consideraueram opera tua et expaueram*). *quamuis* with the indicative is rare in classical prose, not uncommon in late Latin (G–L §606 n., H–S 604). **dubitatio tamen omnis**

de incorruptibili substantia, quod ab illa esset omnis substantia, ablata mihi erat "yet all uncertainty about [your] incorruptible being—because every being was [derived] from it—had been removed from me." *tamen* contrasts A.'s new certainty about one aspect of God's nature with the imperfect glimpse he had just had of it (*quamuis ... uideram*). At 7.11.17 and 7.15.21 he said that he then "saw" the reality that all things derive their being from God, and at 7.17.23 he said that the idea of the corruptible implies an idea of the incorruptible. Here he appears to be combining the logical and the ontological, and to mean that because all corruptible things owe their existence to God, an incorruptible God must exist. In that case, he would be reaffirming his escape from the Manichean belief in God's vulnerability to evil (7.4.6). But most translators and commentators take the *quod* clause as a "that" statement elaborating *de incorruptibili substantia* (i.e. "all doubt about your incorruptible substance—that every substance derives from it—was removed"). For the dative with *ablata erat*, see A–G §381.   **nutabant omnia**: his life at the time was anything but *stabilis*, in other words.   **fermento ueteri** alludes to the exhortation at 1 Corinthians 5: 7–8 to "purify yourselves of the old leaven ... of wickedness and evil." Paul here allegorized the Jewish practice of removing yeast or leaven from the house in preparation for Passover (Deuteronomy 16: 4), and made it a figure for ridding oneself of sin in preparation for receiving Christ in the sacramental meal that Christians celebrated in place of Passover. Although the image of leaven is sometimes given a positive meaning in the Bible (e.g. Matthew 13: 33), it is much more often negative, and always so in Paul.   **uia ipse saluator**: *saluator* is in apposition with *uia*, "the way [that was] the savior himself," in keeping with Christ's statement at John 14: 6, "I am the way, the truth, and the life."   **ire ... adhuc pigebat**: sc. *me*, "I was still loath to go"; in Latin, the verb of feeling is impersonal and the person affected by it is indicated by an accusative, see 6.4.5 *me ... pudebat ... garrisse* (n.).   **uisumque est bonum in conspectu meo**: the self-important tone (see 7.5.7 *constituebam in conspectu spiritus mei uniuersam creaturam* (n.)) is here a sign of the "old leaven," which (because yeast literally "puffs up") A. interprets as meaning pride at *Against the letter of Parmenian* 3.5. He means that there were both good and bad impulses behind his approach to Simplicianus.   **Simplicianum**: a priest of Milan. Little is known about his earlier life, except that he had a close association with Ambrose, whom he briefly succeeded as bishop of Milan when Ambrose died in 397. He himself died very near the time when *Confessions* came into circulation, but *iam uero tunc* below ("but already by that time [let alone now as I write]") perhaps implies that he was still living when A. wrote. Simplicianus cultivated his connection with A. even after A.'s return to north Africa, proposing subjects for some of A.'s early writings. For more, see *PCBE Italie* "Simplicianus 1" II 2075–9.   **et lucebat in eo**

gratia tua: not a quotation from Scripture, but A. probably has in mind Christ's words "let your light so shine before men, that they may see your good works and give glory to your father who is in heaven" (Matthew 5: 16 RSV). For the independence of the clause from the relative construction, see 6.13.23 *et ... animaduertebat* (n.).   **quod ... uiueret**: in late Latin, indirect statements with *quod* occur with either the indicative or the subjunctive (*OLS* 627).   **longa aetate**: either ablative of time within which or ablative of cause with *multa expertus, multa edoctus*.   **unde** = *ex quo* "as a result of which."   **ut proferret uolebam** "I wanted him to suggest"; *uolo* can introduce either an (accusative +) infinitive construction or an *ut* noun clause (A–G §563 b). *proferret* introduces the indirect question *quis esset aptus modus*. It is a favorite word of A. in contexts where some view is proposed for discussion, and symptomatic here of his chronic reluctance to move from talk to action (cf. *adhuc pigebat* above, and *dubitabam* at the end of the next ¶).   **conferenti secum aestus meos** recalls A.'s unsuccessful attempt to engage Ambrose in discussion of his *aestus* at 6.3.4.   **sic affecto ut ego eram** "so disposed as I was" serves as a bridge to the next ¶, which deals with both the waning of A.'s career ambitions and his undiminished libido.   **ad ambulandum in uia tua**: the expression is drawn from Psalm 127: 1.

8.1.2 alius sic ibat, alius autem sic: adapted from Paul's comment on attitudes toward marriage at 1 Corinthians 7: 7 *unusquisque proprium habet donum ex deo, alius quidem sic, alius uero sic*.   **quod agebam in saeculo** "what I was doing in the world," meaning his teaching career, as the rest of the sentence makes clear.   **oneri mihi erat ualde**: literally, "it was [cause] for bother to me exceedingly," a dative of purpose combined with a dative of reference (G–L §356). Postponement of the adverb *ualde* to final position echoes a frequent biblical locution, e.g. Genesis 1: 31 *uidit deus omnia quaecumque fecit esse bona ualde*.   **decore domus tuae, quam dilexi**: adapted from Psalm 25: 8 *domine dilexi decorem domus tuae*, on which A. comments (at *Expositions of the psalms* 25.2.12) "the house of God is the church."   **tenaciter colligabar ex femina** "I was firmly tied up with a woman." It is unclear whether he means the girl he expected to marry (6.13.23) or the woman he was living with (6.15.25), or whether he would have distinguished; in ¶13, recapitulating this ¶, he speaks simply of the *uinculum desiderii concubitus, quo artissimo tenebar*.   **nec me prohibebat apostolus coniugari, quamuis ... uolens omnes homines sic esse ut ipse erat**: in 1 Corinthians 7, Paul discusses various marriage situations, but makes clear that he considers the unmarried state preferable: *uolo autem omnes homines esse sicut me ipsum* (verse 7).   **sed ego infirmior eligebam molliorem locum, et propter hoc unum uoluebar in ceteris, languidus et tabescens curis marcidis, quod et in aliis rebus quas**

nolebam pati congruere cogebar uitae coniugali, cui deditus obstringebar "But I, [for being] weaker, was taking the more lax position, and thanks to that one thing, I was adrift over everything else, depressed and wasting away with moldering anxieties because even in [relation to] other things of which I wanted no part, I was obliged to conform to married life, having surrendered to which, I was [its] prisoner." As often, A. drapes a heavy blanket of interpretation over specifics of the situation. *infirmior* may connect with his comment at 4.14.23 that the soul is infirm when it is not yet *haerens soliditati ueritatis*. The *mollior locus* is the choice of married life, which Paul allowed as the best course for some, and *hoc unum* (as understood here) refers back to it. *uoluebar in ceteris*, which repeats the thought of *de mea temporali uita nutabant omnia* in ¶1, refers to areas of life apart from marriage. *in aliis rebus* seems to refer to the same, and the emphatic *et* suggests that they include activities which might not seem obvious consequences of marriage, but which nevertheless required adjustment to it. Since the things A. has said he wanted no involvement in have to do with his career (6.6.9–10 and 6.11.18–19, together with this ¶), he may mean that he felt pressured to keep up his pursuit of preferment, wealth, and social connections in order to remain eligible in the eyes of the family with whom his mother had been negotiating a marriage for him (6.13.23). Pizzolato in his note on the passage draws attention to *Against the Academic skeptics* 2.2.4, where A. says that he came under pressure from persons in his own entourage who were counting on his continuing success "in the world" to carry them along. O'Donnell follows De Marchi 1962: 313–4 in punctuating with a comma after *propter hoc unum uoluebar* and thinks that the allusion in the *quod* clause may be to distasteful marital duties like child-rearing. **audieram ex ore ueritatis esse spadones qui se ipsos absciderunt propter regnum caelorum, sed "qui potest," inquit, "capere, capiat"**: A. quotes the words of Christ (who is the *os ueritatis*) to his disciples at Matthew 19: 12, with the non-Vulgate reading *spadones* for *eunuchi*. *qui potest capere, capiat* translates as "let [one] who can grasp [what I say], grasp [it]," and *capere* can mean either "to understand" (*OLD* 29) or "to seize on, embrace" (*OLD* 9 c). Although at *Tractates on the gospel of John* 20.3 A. takes it in the first sense, at *On holy virginity* 37 and apparently here he takes it in the second, interpreting Christ's utterance figuratively as a recommendation to embrace celibacy. Apart from adding the authority of Christ to that of Paul, who is quoted less drastically to the same effect a couple of lines earlier, the Matthew passage introduces the idea of the "kingdom of heaven" which holds together the second half of the ¶. A. takes it to mean the knowledge of God for which he has sought throughout *Confessions*, and which the following lines about *dei scientia* and *sapientia* now bring back into the foreground.   **uani sunt certe omnes homines quibus**

non inest dei scientia, nec de his quae uidentur bona potuerunt inuenire eum qui est: a slightly adapted version of Wisdom 13: 1, the most significant change being the substitution of *inuenire* for *intellegere*, which aligns the passage with A.'s own search for God and points ahead to *inueneram* twice in the remainder of the ¶. A.'s target here is the Manichees, who in his view mistook the good light of the sun, moon, and stars for the God who created them.   **at ego iam non eram in illa uanitate**: *iam* acknowledges that he formerly did share the illusion; for *uanitas*, see 5.5.8 *uanitate* (n.).   **transcenderam eam et contestante uniuersa creatura inueneram te creatorem nostrum et uerbum tuum apud te deum tecumque unum deum, per quod creasti omnia**: refers once again to the cosmic vision of 7.10.16–7.17.23. For *transcenderam* as a term of mystic ascent, compare *ascendebamus ... in mentes nostras et transcendimus eas* at 9.10.24. *contestor* frequently has the sense of "give witness," "declare" in Christian Latin (*TLL* 689.34–5), and the phrase *contestante uniuersa creatura* alludes to A.'s extended quotation of Psalm 148 at 7.13.19, describing how all creation praises God. The pronoun *quod* looks back past *deum* to *uerbum*.   **qui cognoscentes deum non ... gratias egerunt**: this quotation from Romans 1: 21 targets the prideful Neoplatonists, as earlier at 7.9.14; see O'Donnell's note there for a conspectus of the use A. makes of the passage in his works.   **in hoc**: sc. *genus*.   **dextera tua suscepit me**: from Psalm 17: 36.   **posuisti ubi conualescerem**: the *ubi* clause expresses purpose, the condition from which A. needed to convalesce was pride, and the place where he was put was the Bible, as described at 7.20.26 *in libris tuis mansuefactus essem*.   **dixisti homini "ecce pietas est sapientia"**: from a non-Vulgate version of Job 28: 28 *dixit autem homini ecce pietas est sapientia*, with *pietas* in place of the Vulgate's *timor domini*, and *sapientia* as the subject. The line is the climax of a speech by Job declaring that wisdom is a treasure hidden from all but God.   **"et noli uelle uideri sapiens," quoniam "dicentes se esse sapientes stulti facti sunt"**: combines a compressed and edited version of Proverbs 26: 5 (*responde stulto iuxta stultitiam suam, ne sibi sapiens uideatur*) with Romans 1: 22 (*dicentes enim se esse sapientes stulti facti sunt*).   **inueneram iam bonam margaritam ... emenda erat**: A. closes the retrospect on his spiritual condition by appropriating Christ's simile at Matthew 13: 45–6 (RSV), "the kingdom of heaven is like a merchant in search of fine pearls, who, on finding one pearl of great value, went and sold all that he had and bought it." As A. understands his situation, he has found his way to the pearl which is the kingdom of heaven by breaking free from the illusory God of the Manichees, by discovering in the Bible the path of humility which eluded the philosophers, and by being granted a glimpse of the true God. But he thinks he can go no further without accepting celibacy, because he believes that the human mind can know God only in proportion as it is purified from bodily associations.   **omnibus quae haberem**: the subjunctive is evidently generalizing, "all such things as I might have."

8.2.3 Perrexi ergo ad Simplicianum: picks up the narrative thread dropped at *immisisti in mentem ... pergere ad Simplicianum* in ¶1. A. presents the following conversation as though it were the product of a single visit to Simplicianus, but he indicates elsewhere that they spoke together on more than one occasion (*On the happy life* 1.4, *City of God* 10.29).   **patrem in accipienda gratia tunc episcopi Ambrosii**: this phrase poses two problems, the first regarding the connection described between Simplicianus and Ambrose. *accipere gratiam* can refer to reception of the sacrament of baptism (e.g. *Sermons* 5.2 *accipere gratiam baptismi*), and may do so here. But *patrem* would have to mean, not that Simplicianus officiated (Ambrose received baptism at the hands of a bishop (Paulinus *Life of Ambrose* 9) according to the usual practice), but that he took part in preparatory ceremonies, like the priests involved in the conversion of Marius Victorinus in ¶5, or perhaps that he was Ambrose's sponsor or instructor (on sponsors at the baptism of adults in the early church, see Lynch 1986: 83–116). However, A.'s language can encompass a wider range of situations than the occasion of baptism. Speaking of his own relationship to Ambrose, he recalls that Ambrose baptized him, but puts more emphasis on his preaching: "I venerate him *ut patrem* because he generated me in Christ Jesus through the gospel" (*Against Julian* 1.10). Instruction may be what A. has in mind in the case of Simplicianus too, whose learning is salient in other references to him. The second issue concerns the implication of *tunc* with *episcopi* (for temporal adverbs qualifying nouns, see *OLS* 1035–7). The qualification "at that time" has sometimes been taken to imply that Ambrose was no longer bishop at the time of writing, and therefore as proof that this passage was written after his death in April of 397. That A. was composing *Confessions* in and after the year 397 is widely accepted on other grounds (see *A-L* "Confessiones" I 1184), but *tunc* here does not add further confirmation. In ordinary use it does not regularly point a contrast between past and present, and it would be odd if A. meant to signal now that Ambrose was no longer bishop after having presented him as a central figure since book 5. More likely he is highlighting the role reversal whereby Simplicianus rather than Ambrose was the father figure in the relationship, even though Ambrose was bishop at the time: conventionally it is the bishop who is the *pater*, as in A.'s reference to Ambrose at 5.13.23 *suscepit me paterne ille homo dei*. Ambrose's irregular elevation to the bishopric perhaps explains the situation. Since he was not a cleric but abruptly drafted into the episcopate out of government service, he would have had a lot to learn in a short time.   **circuitus erroris mei** "the turnings of my errant path," a phrase repeated from 4.1.1, in which *circuitus* refreshes the metaphor latent in *error. circuitus* rarely occurs in the sense of a twisting or circular path in A.'s works except when he is thinking of Psalm 11: 9 *in circuitu impii ambulant.*   **commemoraui legisse me quosdam libros platonicorum**: as narrated earlier at 7.9.13.   **Victorinus**: Gaius Marius Victorinus, of north African origin like A., had held the chair of rhetoric at Rome in mid-century, until the emperor Julian (361–3) forbade Christians to teach literature and rhetoric. Works on grammar and rhetoric by him are extant alongside some Christian writings, but his translations from the Neoplatonists are attested only here (see O'Donnell's note here and *PCBE Italie* "Caius Marius Victorinus 1" II 2289–93).   **gratulatus est mihi quod**: for *quod* = "that," "because" after verbs expressing emotion, see G–L §542. But Simplicianus shifts from congratulations to indirect statement with *in istis autem ... insinuari* following (cf. A–G §580 a).   **philosophorum scripta ... plena fallaciarum et deceptionum secundum elementa huius mundi**: echoes Paul's warning against philosophy at Colossians 2: 8 *uidete ne quis uos decipiat per philosophiam et inanem fallaciam secundum traditionem hominum, secundum elementa mundi et non secundum Christum.*   **in istis autem ... insinuari deum**: *insinuari* = "to be instilled" (*OLD* 5 a).   **et eius uerbum**: refers here not to Scripture, but to the second person of the Trinity, the *uerbum* by which God created the world according to John 1: 1–3. As A. illustrates at 7.9.13, Christian readers fitted Plotinus' ideas about the relation between the One and Intellect to the relationship between God the Father and God the Son.   **humilitatem Christi sapientibus absconditam et reuelatam paruulis**: echoes Christ's words at Matthew 11: 25 about a lesson which God "has hidden from the wise and revealed to the little ones." As at 7.21.27, A. takes the lesson to be what Christ says immediately afterward (11: 29): "learn from me that I am humble of heart."   **Romae cum esset**: sc. *Simplicianus.*   **habet enim magnam laudem gratiae tuae confitendam tibi, quemadmodum ille doctissimus senex ... non erubuerit esse puer Christi tui** "for [Simplicianus' story] contains [an opportunity of] declaring to you great praise of your grace, [about] how that very learned elder ... did not blush to be a child of your Christ." *enim* justifies the digression A. is about to make from his own story. The indirect question *quemadmodum non erubuerit* develops out of the idea of speaking in *laudem confitendam* and is framed as an antithesis between *senex* and *puer*, with each term elaborated by qualifiers.   **liberalium doctrinarum**: genitive with *peritissimus*; for the meaning, see 5.3.3 *honestarum omnium doctrinarum peritissimus* (n.).   **diiudicauerat** "had drawn distinctions [of value among them]"; the word has the same sense at *On Christian teaching* 2.39.58, where Christians are urged to *diiudicare sobrie diligenterque* between helpful and harmful forms of learning.   **ob insigne praeclari magisterii** "as a token of his distinguished role in education"; *insigne* is here the noun (*OLD*). **quod ciues huius mundi eximium putant**: the antecedent of *quod* is *insigne*, about to be explained as referring to the statue in the forum. "Citizens of this world" are non-believers, as opposed to those who look forward to an afterlife in God's heavenly city (10.4.6, 12.11.12). **statuam Romano foro meruerat**: Jerome (in his adaptation of Eusebius' chronicle (Helm 1956: 239 e), under the year 355) confirms that Victorinus was honored with a statue in the Forum of Trajan, where schools of rhetoric are known to have been located. **sacrorumque sacrilegorum ... quibus tunc tota fere Romana nobilitas inflata**: *sacrorum sacrilegorum* "unholy rites" is an oxymoron to which A. has recourse over a dozen times in his works. As the continuation of the sentence makes clear, he is thinking here less of traditional Roman cults than of cults from the eastern part of the empire, on which Christian writers heap particular scorn when criticizing pagan religion (examples are collected by Courcelle 1963: 75–88). For their popularity with the aristocracy of Rome during the fourth century, see Matthews 1973 and Cameron 2011: 142–72. **spirabat** "breathed the spirit of," "were infatuated with" (*OLD* 6); the verb governs whatever accusative noun is hidden under the corrupt form *popiliosiam*, together with *monstra* and *Anubim*. † **popiliosiam**†: the underlying text appears to consist of a noun in the accusative plural masculine plus *iam* (A. often joins terms with *iam et* when they are being introduced as a phenomenon in some sense new). The noun ought to have some connection with Egyptian cult, but not yet to be a name for gods, given that it precedes *et omnigenum deum*. Courcelle 1963: 81–8 proposed *pupulos*, which he explained as referring to images of Harpocrates or Horus, the son of Isis and Osiris, represented in a great variety of extant figurines as a young boy holding a finger to his lips. Since the word means both "little boys" and "dolls" (*TLL*), A. would be alluding to well-known representations of Harpocrates and at the same time dismissing them as childish playthings. For (the many) other proposals, see Courcelle 1963 and the notes in O'Donnell and Pizzolato. Whatever the word, it is A.'s own contribution to the statement and not part of the Virgil quote which follows. **et omnigenum deum monstra et Anubem latratorem, quae aliquando contra Neptunum et Venerem contraque Mineruam tela tenuerant**: taken almost word for word from *Aeneid* 8.698–700, in which Virgil pits the theriomorphic gods of Egypt against the gods of Rome at the battle of Actium: "and monstrosities [consisting] of gods of every form, and barking Anubis, who once had raised spears against Neptune and Venus and Minerva"; *omnigenum* and *deum* are alternative forms of the second declension genitive plural, and *latratorem* refers to the representation of Anubis with a dog's head. **et a se uictis iam Roma supplicabat**: understand *quibus* with *uictis*, referring back to *monstra*: "and to which Rome was now praying, though they had been defeated [at Actium] by her." **terricrepo** "fearsome-sounding" is attested here first in Latin, but is likely to have been borrowed from the lexicon of poetry (cf. *perterricrepus* at Lucretius 6.129 and Cicero *Orator* 164). **defensitauerat** "had championed." Since Egyptian gods would not often have figured in the literature which Victorinus was responsible for teaching, his concern with them may have been connected with an earlier phase of his religious evolution, and perhaps, given his philosophical interests, influenced by allegorical interpretations of them in Neoplatonic sources. O'Donnell (apropos of *sacrorum sacrilegorum particeps*) suggests that he may have dabbled in theurgy (on which, see 7.9.15 introduction). **infans fontis tui**: alludes to the custom whereby the newly baptized of whatever age were called *infantes* or "neophytes" in the week after baptism "because although they had been previously born to the world, they have just now been born in Christ" (*Sermons* 228.1, cf. 223.1 and 226). **subiecto collo**: depending on the form of the rite, adult baptism would often entail a literal bowing of the neck. **edomita fronte ad crucis opprobrium**: "with forehead subjected to the reproach of the cross," alluding to the rite by which the sign of the cross was traced on the forehead of the person accepted as a catechumen: see 6.4.5 *mihi nomen Christi infanti est inditum* (n.). *edomita* is a metaphor from the taming of animals (*TLL* 110.74), like *collo subiecto ad iugum*. The "reproach of the cross" means the disgrace that Victorinus incurred in the eyes of the Roman elite by accepting Christianity; although the phrase is not scriptural, it is influenced by Paul's "scandal of the cross" at Galatians 5: 11, cf. 1 Corinthians 1: 23. A. emphasizes baptismal rites by way of contrast with the *sacra sacrilega* in which Victorinus used to participate (the contrast is drawn again in the next ¶), and the "reproach of the cross" in contrast to the honorific statue that was awarded to him.

8.2.4 O domine ... tetigisti montes et fumigauerunt: adapted from Psalm 143: 5 *domine, inclina caelos tuos et descende, tange montes et fumigabunt*, just after a line on the *uanitas* of the human race. A. draws his usual contrast between Christ's humility in descending to earth as a human being and the lofty pride of the philosophers (cf. 5.3.5 *uiam qua descendant ad illum a se et per eum ascendant ad eum* (n.)). At *Expositions of the psalms* 143.12 he interprets *montes* as the proud and *fumigabunt* as referring to the smoke of sacrifice they will offer to God by confessing their sin; *tetigisti montes* anticipates the reference to cedars of Lebanon which will soon follow. **inclinasti** = *inclinauisti*. **insinuasti** = *insinuauisti*. **legebat**: Victorinus' determination to read his way to a knowledge of God, stressed again below in *legendo et inhiando*, is a trait he shares with A. **omnes ... christianas litteras**: although *christianae litterae* are synonymous with Scripture elsewhere in A., here they must be non-biblical, ecclesiastical writings. At *On the instruction of beginners* 8.12, where he envisages that some prospective converts will already be familiar with *nostrae scripturae litteraeque*, the context shows that he means doctrinal works as well as the Bible. But which ones Victorinus may have consulted is not apparent from his extant writings (Hadot 1971: 238–9).   **secretius et familiarius**: comparative adverbs often appear in place of positive adverbs in colloquial Latin (H–S 168–9), and very often in A. in the case of these two adverbs.   **noueris** "you should know," jussive subjunctive (cf. *Against Julian* 4.21 *noueris itaque, non officiis, sed finibus a uitiis discernendas esse uirtutes*, *Letters* 67.2 *hoc falsum esse noueris; deum nostrum testor hoc me non fecisse*).   **deputabo** "I will regard, classify" (*OLD* 2).   **"ergo parietes faciunt christianos?"**: for the possibility that Victorinus was parrying Simplicianus' demurral by borrowing a distinction made by Christians themselves, see O'Donnell's note.   **parietum irrisio** "the gibe about walls."   **reuerebatur offendere**: construction of *reuereor* with a complementary infinitive is rare and postclassical; the phrase recurs in A. at *On adulterous marriages* 1.20.   **superbos daemonicolas** "proud demon-worshipers"; *daemonicolas* is first attested here and may be A.'s own coinage. *superbus* occurs 5 × in the Victorinus narrative; for the development of this theme, see Testard 1987: 156–9.   **quorum ex culmine Babylonicae dignitatis quasi ex cedris Libani, quas nondum contriuerat dominus, grauiter ruituras in se inimicitias arbitrabatur** "from the summit of whose Babylonian grandeur he thought that enmity would crash heavily down upon him, as from cedars of Lebanon that the Lord had not yet flattened." The image is partly biblical and partly A.'s own. *culmine* evokes *montes* at the beginning of this ¶, as do the Lebanon cedars, which are native to mountains of the coast. *Babylonicae* locates the Roman aristocracy within his schematic opposition between the heavenly and the earthly cities (e.g. *On the instruction of beginners* 21.37 "as Jerusalem signifies the city and society of the holy, so Babylon signifies the city and society of the wicked"). The cedars simile alludes to a non-Vulgate version of Psalm 28: 5 *uox domini conterens cedros, et conteret dominus cedros Libani*. *inimicitias* is a thoroughly Roman detail, the capricious displeasure of aristocratic *amici* on whose favor artists and intellectuals at Rome had always been dependent.   **posteaquam** governs *hausit*, *timuit*, and *reus sibi apparuit*; the main clause begins at *depuduit*.   **legendo et inhiando hausit** "gained by reading avidly."   **timuitque negari … coram hominibus confiteri**: echoes Christ's warning at Luke 12: 8–9 (RSV) "everyone who acknowledges (*confessus fuerit*) me before men, the Son of man also will acknowledge before the angels of God; but he who denies me before men will be denied before the angels of God." The sense of *confiteri* here is peculiar to biblical and Christian Latin: see 5.1.1 *sacrificium confessionum mearum* (n.).   **sacramentis humilitatis uerbi tui** "the sacred rites associated with the humility of your Word" are the saving rites instituted for humanity when the second person of the Trinity came down to earth as Christ. For the elastic meaning of *sacramentum* in A., see 6.5.8 *sacramentorum altitudinem* (n.). **quae imitator superbus acceperat**: i.e. Victorinus' own pride led him to imitate the demons in theirs. **depuduit uanitati et erubuit ueritati** "cast off shame before the face of folly and blushed before the face of truth"; *depuduit* is from *depudesco*. A. has sacrificed clarity of thought by compressing it into an epigram, but he means that Victorinus reversed his attitude both about the respective rites (*de sacris sacrilegis, de sacramentis*) and toward the authority behind them (the datives *uanitati* and *ueritati*). When he stood in awe of false gods, he regarded the Christian rites as demeaning, but once he redirected that awe toward Christ, he became ashamed of the pagan rites with which he had been associated. *uanitas* and *ueritas* are personified, as false religion and as the truth incarnate in Christ respectively; the dative often accompanies *erubesco* in Christian writers (*TLL* 822.18–30). *uanitas* serves as an antithesis to *ueritas* over 50 × in A.'s works. Many translators and commentators understand it here as referring to Victorinus' own pride, but that seems less relevant to the context than his socially reenforced adherence to Roman paganism; for the sense, compare especially the contrast between *uanitas erroris* and *soliditas ueritatis* at *Letters* 56.2. **inopinatus** "unexpectedly"; this adjective often functions predicatively (*TLL* 1750.22). **non se capiens laetitia** "unable to contain himself for joy" (*OLD capio* 27). **primis instructionis sacramentis, non multo post etiam nomen dedit ut per baptismum regeneraretur**: two phases of the catechumenate are being distinguished. The first begins when a prospective convert registers as a catechumen, and it continues through a period of individual and informal acculturation to Christian life (*imbutus ... primis instructionis sacramentis*) that can last for months or years. That phase ends when a catechumen decides to sign up (*dare nomen*) for baptism, a declaration that typically takes place by the beginning of Lent each year. All candidates then undergo six weeks of intensive instruction and ascetic exercises, followed by baptism at Easter (see *A-L* "Baptismus" I 887–9, Saxer 1988: 384–8). A. is making the point that Victorinus moved through both phases without any hesitation, unlike A. himself. **superbi uidebant ... et tabescebant**: adapted from a non-Vulgate version of Psalm 111: 10 *peccator uidebit et irascetur, dentibus suis stridet et tabescet*, with the thematic substitution of *superbi* for *peccator*; *dentibus stridere* means "to make a grinding noise with the teeth" (*OLD strido* 1 a β). **dominus deus erat spes eius ... insanias mendaces**: taken from a non-Vulgate version of Psalm 39: 5, describing the *beatus uir* whose hope is the Lord and who *non respexit in uanitates et insanias mendaces*. The quotation tacitly compares Victorinus with A.: the same verse was echoed at 6.11.18 where A. described his failure to make the break with his past as a professor of rhetoric that Victorinus achieves here.

8.2.5 The moment in which Victorinus made his profession of faith is rendered as vividly as Alypius' experience in the Colosseum at 6.8.13 or as A.'s departure from Carthage at 5.8.15. Rhetorical training gave A. the tools to recreate events reported to him just as fully as experiences of his own. What he describes, however, is not the actual ceremony in which Victorinus was baptized, which took place out of view of the church congregation (see below). Early Christian writers are generally hesitant to give details about the sacraments or the Mass in writings addressed to outsiders (see *ODCC* "Disciplina Arcani").

Denique ut uentum est ad horam profitendae fidei: for use of the impersonal passive, see 6.8.13 *quo ubi uentum est* (n.). The Victorinus narrative has now reached the night before Easter, when those to be baptized first made a profession of faith by individually reciting a creed they had been given to memorize a week or two earlier (Saxer 1988: 384–8 and for this whole ¶, Poque 1985).   **uerbis certis conceptis** "according to a set of words that has been fixed"; both *uerba concepta* and (less often) *uerba certa* are ways of describing a standardized utterance (*TLL concipio* 55.7–21 and *certus* 909.52–7), but A.'s combination is unique.   **de loco eminentiore in conspectu populi fidelis Romae reddi solet**: Victorinus would have been baptized in the bishop's church, the present-day basilica of Saint John Lateran, during the course of Mass on the vigil of Easter. Although the immersion rite was surely performed in the baptistery that still stands just outside the basilica, the recitation of the creed preceding it took place inside, in full view of the congregation, for whom there would not have been room in the baptistery; *de loco eminentiore* must refer to the apse end of the basilica, raised higher than the rest of it, where the bishop presided. (Rufinus of Aquileia also notes as a peculiarity of the Roman church that baptismal candidates were required to recite the creed before the whole congregation, *Commentary on the creed* 3.) *populi fidelis*, like *sanctae multitudinis* below, clarifies that A. is talking about the church congregation, not the general public. *reddi* means "to be recited" (*OLD* 5 b).   **qui accessuri sunt ad gratiam tuam**: i.e. who are about to be baptized. *accedere ad gratiam* is a formulaic expression in A. (*Sermons* 99.5 and 166.4) and other church writers (Ambrosiaster *Commentary on the letter to the Philippians* 3: 7, Ambrose *Commentary on the gospel of Luke* 7.166), perhaps influenced by the Epistle to the Hebrews 4: 16 *adeamus ad thronum gratiae*.   **oblatum esse dicebat Victorino a presbyteris ut secretius redderet**: writers of the fourth century and after construct *offero* with an *ut* noun clause to describe an opportunity that is being offered

(*TLL* 510.29–35). *presbyteri* (only here in *Confessions*) is a transliteration of πρεσβύτεροι ,"elders," a designation for officials in various religious and civic contexts in Greek (BDAG 2). It migrates into Latin through Bible translations (*TLL*), and by A.'s time it denotes ordained clergy—"priests," a word which derives from it—next in rank after the bishop. *secretius* could mean that Victorinus would have been allowed to make his profession while inside the baptistery rather than before the congregation.   **maluisse salutem suam ... profiteri. non enim erat salus quam docebat in rhetorica, et tamen eam publice professus erat**: A. exploits two specialized senses of the word *profiteri* to create a contrast of spiritual and secular. With *salutem*, *profiteri* means "to confess," "declare," "acknowledge," and is widely used by Christian writers of acts that testify to religious faith (*TLL* 1717.17–59). In relation to *rhetoricam* (*eam* = *rhetoricam*) and other words denoting expertise, it means "to practice as a profession" (*TLL* 1721.25–59).   **uereri debuit** "he ought to have feared"; in English, the tense of *debuit* has to be conveyed through the translation of *uereri*.   **mansuetum gregem tuum**: the metaphor derives from biblical representations of God as shepherd, and especially from Christ's depiction of himself as a good shepherd tending his sheep in chapter 10 of John's gospel.   **in uerbis suis** "in the case of his own words [as teacher]"; for the sense of *in*, see *OLD* 40.   **turbas insanorum** "the mobs of crazy people" who were his students. A. has noted the wildness of students in Carthage (cf. *furiosus* and *insanus* at 5.8.14), but the word *insanus* often means not so much "raving mad" as "senseless"; cf. *TLL* 1834.23–4; in A. it is often paired with *uanus, peruersus,* or *absurdus*.   **sibimet inuicem ... instrepuerunt nomen eius**: for *inuicem* in reciprocal expressions, see 6.10.17 *inopiam suam sibimet inuicem anhelantium* (n.); *instrepo* describes a murmuring sound as at *Sermons Dolbeau* 8.2.   **sonuit**: the subject is not Victorinus the person, but the sound of the name "Victorinus."   **presso sonitu**: because they are in church.   **cito sonuerunt exultatione, quia uidebant eum, et cito siluerunt intentione, ut audirent eum**: closure is signaled by parallel clauses and phrases that frame a four-point antithesis between *sonuerunt/ siluerunt, exultatione/ intentione, quia/ ut,* and *uidebant/ audirent*.   **fidem ueracem praeclara fiducia**: a chiasmus framed by a paronomasia on nouns of the same root (= *figura etymologica*, cf. Lausberg 1998 §648.6) provides another closural ornament.   **uolebant eum omnes rapere intro in cor suum**: this and the following sentence introduce the meditation to be developed in ¶¶6–9. *rapere*, used here three times in succession, often describes the force of emotions and especially love in A. (e.g. *On Christian teaching* 1.22.21 *in animum rapiatur quo totus dilectionis impetus currit*, cf. *On the advantage of fasting* 2 and *On the Trinity* 1.5.8); he suggests that the reaction to Victorinus was almost physical.   **hae**: i.e. *amor* and *gaudium*; the pronoun agrees with *manus*.

¶¶6–9 A's reflection on the congregation's response to Victorinus is similar in spirit to his meditations on partnership in wrongdoing at 2.5.10–9.17, on audience identification with actors at 3.2.2–4, on grief over the death of a loved one at 4.4.9–7.12, on friendship at 4.8.13–9.14, on fame at 4.14.21–3, and on the response he anticipates from readers of *Confessions* at 10.3.4–4.6. They all have in common a focus on forms of attachment to others.

8.3.6 quid agitur in homine "what takes place inside a person?"; for the use of *homine*, see 5.5.8 *dixisti enim homini, "ecce pietas est sapientia"*(n.). The question is implicitly answered by *gaudes quippe in nobis* at the end of the ¶. **ut plus gaudeat**: a clause of result.   **de salute desperatae animae et de maiore periculo liberatae** "*concerning* the salvation of a soul [that was] without hope, and [that has been] freed *from* greater peril"; the prepositional phrases are not coordinate in syntax or in sense.   **quam**: with *plus*, not *maiore*.   **adfuisset ... fuisset**: the subjunctives are contrafactual.   **tu quoque ... gaudes** "you too ... rejoice," drawing a parallel between God's response and what *agitur in homine*. A.'s warrant for the parallel comes from the three parables of Luke 15 to which he next alludes, in which Christ himself compares the joy in heaven over the recovery of one lost soul with analogous human experiences.   **misericors pater** anticipates the reference to the parable of the prodigal son which is shortly to follow.   **uno paenitente** "a single penitent." Though the verb *paeniteo* is usually impersonal in classical Latin, it is often used personally in Christian writers, and with the specific meaning of repenting for sin; use of the participle as a substantive is also frequent in Christian Latin (*TLL* 65.10–11). The contrast of one penitent with the 99 righteous is taken from the parable of the shepherd who rejoices more over the recovery of one sheep that has strayed than over all those which have not (Luke 15: 4–7).   **quibus non opus est paenitentia** "for whom there is no need of repentance"; *opus est* takes a dative and an ablative (*OLD* 12).   **et nos cum magna iucunditate audimus, cum audimus**: the first *cum* is the preposition, the second the conjunction. A. bolsters his argument about our instinctive joy in the spiritual welfare of another with a further point: not only do we rejoice when we actually see someone like Victorinus saved, we also take great pleasure when we hear (in church) parables on that theme.   **quam exultantibus pastoris umeris reportetur ouis** "on what jubilant shoulders the shepherd's sheep is brought back." *quam* is the interrogative/exclamatory adverb, introducing the indirect questions *quam ... reportetur* and *et [quam] drachma referatur*. By passivizing the construction of Luke 15: 5 and transferring the participle *exultans* from the shepherd to his shoulders, A. has made a sentence awkward to translate but biblical in tone, like Isaiah 52: 7 (RSV) "how beautiful upon the mountains are the feet of him who brings good tidings." **et drachma referatur in thesauros tuos collaetantibus uicinis mulieri quae inuenit**: the allusion is to Luke 15: 8–10, about a woman who celebrates with friends after finding a coin she had lost. A. has added the detail *in thesauros tuos* as a reminder that the coin and the story are metaphorical: God's treasury contains souls, not coins. **gaudium sollemnitatis domus tuae** "the joy of a solemn observance at your house." In A.'s works, *sollemnitas* ordinarily denotes either a liturgical holyday or the reverence with which one is celebrated; its association with *gaudium* is unusual, suggesting a moment of unusual emotion during a set liturgy (like the congregational response to Victorinus' profession of faith). **cum legitur ... quoniam**: for the indirect statement, see 5.2.2 *nesciunt quod* (n.). **mortuus erat ... et inuentus est**: the words of the father about his prodigal son in the parable at Luke 15: 32. **gaudes quippe in nobis et in angelis tuis**: as Pizzolato notes ad loc., A. does not mean that God rejoices *in regard to* us and the angels, but *by acting through* us, or more precisely, that our experiences of joy are manifestations of God's love within us; for the idea, cf. 6.16.26 *ex qua uena mihi manaret quod ... dulciter conferebam* (n.). A. groups humans and angels together because in his view they are the two rational parts of creation, and joy is a function of reason. **sancta caritate sanctis** "[as made] holy by holy love," modifying both *nobis* and *angelis*. **nam tu semper idem**: sc. *es*. A. cautions against supposing that God could be subject to such a changeable state of being as human joy. **ea quae non semper nec eodem modo sunt**: i.e. beings like ourselves; *sunt* = "exist." **nosti** = *nouisti*.

8.3.7 Quid ergo agitur in anima, cum amplius delectatur inuentis aut redditis rebus quas diligit quam si eas semper habuisset? A. restates the question of the previous ¶ in order to foreground a different aspect of it. Having pondered the source of the joy felt at another's escape from distress, he now focuses on the contribution that distress or pain (*molestia*) makes to the experience of joy. At the same time, he broadens the issue, considering it not only in our reactions to others, but in more ego-centered experiences as well. The relationship between pleasure and pain had long been debated in the philosophical tradition (on which, see Wolfsdorf 2013), a part of which would have been familiar to A. from his reading of books 1 and 2 of Cicero's *On ends*. But his conviction that human beings lack a capacity for pure and sustained pleasure is based less on philosophical than theological premises, as he signals by the reflections on the constancy of God's joy which precede and follow this ¶. **triumphat uictor imperator**: *imperator* is the subject, *uictor* is predicative (= "as victor"). **iactat tempestas nauigantes ... futura morte pallescunt**: for vivid expression, the protasis of a conditional sentence is sometimes replaced by juxtaposition of an independent clause with the main clause (G–L §598).   **nimis** "beyond measure" (*OLD* 3).   **carus**: subject of *est*, "a dear one."   **uena eius malum renuntiat** "his pulse warns of trouble" (*OLD uena* 2 b).   **fit ei recte** "he comes out okay," a colloquial expression (cf. *OLD recte* 9).   **easque ipsas uoluptates humanae uitae etiam non inopinatis et praeter uoluntatem irruentibus, sed institutis et uoluntariis molestiis homines acquirunt** "And people obtain those basic pleasures of human life even by way of discomforts which do not impinge unexpectedly against their will, but are contrived and voluntary." *eas ipsas uoluptates* contrasts the pleasures of food, drink, and sex that A. is about to instance with the joys just discussed in which a negative component is more immediately apparent; for the connotation of *ipsas* as "true," "real," "intrinsic," see *OLD* 5 and *TLL* 337.63–4.   **edendi et bibendi uoluptas nulla est, nisi praecedat esuriendi et sitiendi molestia**: on some philosophical accounts, the pleasure of eating and drinking was held to consist in the elimination of pain, for example, at Cicero *On ends* 1.37 "when hunger and thirst have been dispelled by food and drink, it is the very removal of discomfort that brings the effect of pleasure."   **salsiuscula** "salty tidbits," a hapax. Aristotle had observed that some people who craved only physical pleasures stimulated an appetite for them artificially, by making themselves thirsty, for example (*Nicomachean Ethics* 7.14 (1154b3–4)), and an anonymous ancient commentator on the passage thought that he had in mind drinkers who consume salty foods so as to be able to keep drinking all day long. But while A.'s illustration may be conventional, it has been sharpened to serve his argument. He implies that he is describing a general practice among drinkers, and he stresses the discomfort of the stimulus they seek.   **quo fiat molestus ardor, quem dum exstinguit potatio, fit delectatio** "in order that an uncomfortable heat may arise, [and] as drinking quenches that, enjoyment arises." For purpose clauses with *quo*, see 6.11.18 *dubitamus pulsare, quo aperiantur cetera?* (n.); for the difficulty of translating relative pronouns governed by verbs subordinate to the relative clause, see 6.7.12 *lectio in manibus erat, quam dum exponerem* (n.).   **iam pactae sponsae** "fiancées, [though] now betrothed."   **ne uile habeat maritus datam quam non suspirauerit sponsus dilatam** "lest [as] husband he hold her [as something] cheap [when she is] given to him, for whom [as] fiancé he has not yearned [when she was] withheld." A closing thought has again been compressed into an epigram, which here articulates contrasts between the man and the woman, *habeat* and *suspirauerit*, *maritus* and *sponsus*, and *datam* and *dilatam*; the climactic point is expressed by words of similar sound but opposite meaning. *suspirauerit* is subjunctive by attraction to the purpose clause.

8.3.8 Hoc in turpi et exsecranda laetitia: the "gross and abhorrent enjoyment" is the artificially heightened pleasure of the drinker; a verb such as *uidetur* must be understood with *hoc*. **in ea quae concessa et licita est**: the *laetitia* of marital sex. **in ipsa sincerissima honestate amicitiae**: the context in which the sick man's recovery is set; for the language, cf. 6.14.24 *per amicitiae sinceritatem*. A. recapitulates and rearranges four forms of *gaudium* illustrated in ¶¶6–7, moving from lowest to highest. **quid est hoc ... quaedam de te circa te semper gaudeant?** having argued that every human joy involves pain, A. now states the problem: if God is the source of all joy, and God's joy is ceaseless, and if the angels ceaselessly experience that joy in themselves, what keeps humans from doing the same? *quaedam circa te* refers to the angels. **quid est quod haec rerum pars alternat defectu et profectu, offensionibus et conciliationibus?** "What is the reason that this part of creation fluctuates between loss and gain, between [situations of] repulsion and attraction?" A. might have had in mind Empedocles' doctrine that the cosmos is governed by opposing forces of strife and love, which would have been familiar to him from Cicero *On friendship* 24. *quid est quod* is a more expressive way of asking "why?" (*OLD quis*[1] 7 d). A. does not answer his question, but references to *offensiones* at 2.2.4 and *conciliationes* at 3.8.16 suggest that his answer might be that human beings have a tenuous hold on true being and are habitually attracted to unreal or limited goods. **earum**: i.e. the earthly realm, *haec rerum pars*. **tantum** "so much [and no more]" (*OLD tantum* 2). **omnia genera bonorum et omnia iusta opera tua**: *genera* refers to things and is the primary object of *locares*, *opera* (which is cued by *motu*) refers to actions or "works" and is the primary object of *ageres*. **suis quaeque sedibus**: *quaeque* modifies *genera*: "each in its proper place." **suis quaeque temporibus**: *quaeque* modifies *opera*: "each in its proper time." **ei mihi** "ah me!" *ei* is an exclamatory particle (*OLD*), and the phrase is an expression of anguish as at 1.5.5, 2.3.7, 10.28.39, and 11.25.32 (Hofmann 1951: 13). **excelsis ... profundis** "the heights ... the depths," recapitulating *a summis caelorum usque ad ima terrarum*, but perhaps with a glance at proud and humble humans, like *excelsa* and *humilia* at 5.3.3. **uix redimus ad te**: brings the meditation back to the immediate subject of conversion, as *multi ex profundiore tartaro caecitatis quam Victorinus redeunt ad te* in the next ¶ shows. A.'s paradox implies that the problem of returning to God is the result of withdrawal on our side rather than God's.

8.4.9 Age ... fragra, dulcesce: amemus, curramus: having argued in ¶¶6–8 that positive human impulses occur through God's prompting, A. now calls urgently on God to act. *age* regularly marks the transition from statement to call to action, which is then specified by further imperatives (*OLD ago* 24). For *fragra* = "be fragrant," MSS and most editors read *flagra*. But the two verbs are often confused in MSS, and *flagra* gives the wrong sense here. That verb is intransitive, meaning "to be ablaze" rather than "to set ablaze," and superfluous in either sense after *accende*; in A. it is predicated of human beings rather than of God. The following *curramus* shows that A. intends rather an allusion to Song of Songs 1: 2–3 *ubera fragrantia unguentis optimis, oleum effusum nomen tuum ... trahe me, post te curremus*, to which he alludes again at 9.7.16 *tunc, cum fragraret odor unguentorum tuorum, non currebamus post te* and elsewhere in his works. *dulcesce* implicitly picks up the theme of *molestia* in ¶¶7–8: in *Confessions* (1.15.24, 2.1.1, 6.6.9, and 9.4.10), God "becomes sweet" through human experience of the bitterness of lesser goods. **nonne multi ex profundiore tartaro caecitatis quam Victorinus redeunt ad te**: A. returns to the case of Victorinus (last mentioned in ¶5) to note that what made his conversion sensational was not that he was so far removed from Christianity—a devotee of Neoplatonism could be presumed to be partway toward becoming Christian—but that he was a prominent figure. **tartaro**: a Greek name for the underworld, adopted by Latin poets and then more generally by Christian writers; for the phrase *tartaro caecitatis*, cf. *tartaro libidinis* at 3.1.1. **accedunt et illuminantur**: borrowed from Psalm 33: 6 *accedite ad eum et illuminamini*. **recipientes lumen quod si qui recipiunt accipiunt a te potestatem ut filii tui fiant** "receiving the light which any who receive [it] are empowered by you to become your sons." As often, a *si quis* clause functions as the equivalent of a generalizing relative clause (*OLD quis*[a] 1 a). The relative pronoun *quod* is governed not by the verb of the clause *accipiunt potestatem* which it introduces, but by the verb of *si qui recipiunt* which is subordinate to that clause; see 6.1.1 *cum audisset ex tanta parte iam factum quod tibi cotidie plangebat ut fieret* (n.). A.'s language is taken from the gospel of John, which identifies Christ as "the true light which enlightens every human being" (1: 9), and who "gave to all who received him the power to become sons of God" (1: 12). **quando ... cum multis gaudetur** "when the rejoicing includes many"; *gaudetur* is an impersonal passive. **feruefaciunt se** "they fire one another up"; *se* has reciprocal rather than reflexive force. **ex alterutro** "from each other"; the reciprocal sense of the pronoun is postclassical (*TLL alter uter* 1760.15–1761.46). **deinde quod multis noti**: *deinde* introduces a second reason for excitement over the conversion of a celebrity like Victorinus: it would set an example for others. *quod* is causal, and the verb *sunt* is understood. **multis sunt auctoritati ad salutem** "they serve for an example to many [leading] to salvation"; for the double dative construction with the verb *esse*, see 6.3.3 *quis enim tam intento esse oneri auderet?* (n.). **multis praeeunt secuturis** "they pave the way for many who will follow." **et qui eos praecesserunt**: *et* is adverbial, not connective: "even [those] who have gone before." **non de solis laetantur**: understand *illis* with *solis*. Joy is felt not only over celebrities who convert but also over the many who are sure to follow their example.   **absit enim ut in tabernaculo tuo prae pauperibus accipiantur personae diuitum** "far be it that in your camp the pretensions of the wealthy should be shown deference ahead of the poor." For *absit ut*, see 5.9.17 *absit ut tu falleres eam* (n.). A. often interprets *tabernaculum* in Scripture as a figure for the church of God on earth in its ongoing struggle against the devil (e.g. *Expositions of the psalms* 26.2.6 "a *tabernaculum* properly applies to those who are journeying, and in some sense on military service and fighting against the enemy"), and that is the implication he wants here: in God's encampment, there is no place for worldly distinctions of wealth and status. The words *accipiantur* and *personae* echo a distinctive neologism of New Testament writers that means showing partiality on the basis of status: see BDAG προσωπολημπτέω.   **infirma mundi elegisti ut confunderes fortia, et ignobilia huius mundi elegisti et contemptibilia, et ea quae non sunt tamquam sint, ut ea quae sunt euacuares**: a close adaptation of 1 Corinthians 1: 27–8 in a non-Vulgate version, where the latter verse read *elegit deus ea quae non sunt, tamquam quae sint, ut quae sunt euacuet*, "God chose the things which are not [of substance] as things which are [of substance], in order to void the things which are [of substance]"; as in other passages of Scripture, neuter expressions denote classes of people.   **minimus apostolorum tuorum**: Paul's own description of himself at 1 Corinthians 15: 9.   **cum Paulus proconsul per eius militiam debellata superbia sub lene iugum Christi tui missus esset**: "Paulus the proconsul" is Sergius Paulus, Roman governor of Cyprus in the late forties, before whom the apostle Paul performed a miracle that caused him to believe, according to Acts 13: 7–12. The proconsul is a historical figure (*PIR*² VII.2 S 527), although it is questionable whether he was converted to Christianity (Deveker 1991: 109–10). But A.'s subsequent claim that the apostle took the name "Paul" in token of this missionary success derives from Jerome, who advanced it as a hypothesis in his commentary on the letter to Philemon (Bucchi 2003: 80–3) and as a fact at *On illustrious men* 5. Jerome is also responsible for the blend of Christian and Roman imagery with which A. embellishes the claim. *eius* in *per eius militiam* refers to Paul, whose missionary activity is characterized as soldiering for Christ. The metaphor derives from passages in Paul's own letters (e.g. 2 Corinthians 10: 3–6) and was quickly taken up by Christian writers (see Von Harnack 1981); it is especially prominent in books 8 and 9 of *Confessions*. *debellata superbia* echoes one of Virgil's most famous phrases (*tu ... Romane, memento... debellare superbos, Aeneid* 6.851–3), but applies it to a Christian triumph over a Roman authority figure. *sub lene iugum missus* alludes simultaneously to the military practice whereby a defeated enemy was made to walk under the joined spears of the victors (*OLD iugum* 5) and to Christ's declaration that his yoke is easy (Matthew 11: 29).   **regis magni**

prouincialis effectus: in A.'s time, *prouincialis* often means any civilian subject of the Roman empire (*TLL* 2344.14–15)—for purposes of this conceit, the reverse of a proconsul; the "great king" is God.   **insigne** is a noun as in ¶3.   **hostis**: in this context, the devil; for the style of A.'s references to the devil in *Confessions*, see *serpens* 6.12.21 (n.).   **in eo quem plus tenet et de quo plures tenet** "in the case of one on whom he has more of a hold, and from whom he holds more people" (for the sense of *de quo* here and *de his* in the next sentence, see *OLD de* 6, *TLL* 50.33–8).   **nomine nobilitatis** "by reason of their nobility" (*OLD nomen* 26).   **quanto igitur gratius cogitabatur Victorini pectus, quod tamquam inexpugnabile receptaculum diabolus obtinuerat, Victorini lingua, quo telo grandi et acuto multos peremerat, abundantius exultare oportuit filios tuos, quia rex noster alligauit fortem, et uidebant uasa eius erepta mundari et aptari in honorem tuum et fieri utilia domino ad omne opus bonum** "And so, in proportion as the heart of Victorinus, which the devil had occupied as an impregnable retreat, was considered the more gratifying [for having been converted], the more profusely were your sons bound to rejoice in his tongue, that great, sharp weapon with which he had destroyed many men, because our king had bound the strong man, and [your sons] saw his furnishings carried off and cleansed, and refashioned to your honor, and made useful to the Lord for every good work." A. ends with an allusion to two passages of Scripture involving figurative senses of the word *uasum*. At Matthew 12: 29 Christ asserts that he has successfully challenged the devil's power, asking rhetorically "how can anyone enter a strong man's house and plunder his furnishings (*uasa*), unless he has tied up the strong man first?" From that passage, A. segues into 2 Timothy 2: 20–1, where Paul likens members of the Christian community to furnishings (*uasa*) of various worth in a great house, and says that "if someone has cleansed himself, he will be a vessel (*uasum*) consecrated for honor, and useful to the master, being prepared for every good work." *lingua* is ablative of cause with *exultare* (*TLL exsulto* 1951.62–8); A. had previously drawn a distinction between *lingua* and *pectus* apropos of Cicero at 3.4.7.   *quo telo ... multos peremerat* probably refers back to Victorinus' defense of pagan rites *quae iste tot annos ore terricrepo defensitauerat* (¶3). Victorinus is to be understood as the *uasum*: he was robbed from the devil when he left his post as rhetorician of Rome, and he was refashioned to God's honor when he turned his talent to writing on Christian themes. His value as a Christian publicist serves as a third reason for people to rejoice over his conversion.

8.5.10 exarsi ad imitandum: ad hoc enim et ille narrauerat: *ad hoc* means *ad imitandum*, and *et* before *ille* is adverbial. In ¶3, A. said that Simplicianus had told the story *ut me exhortaretur ad humilitatem Christi*; there is no sign so far that that lesson took.   **posteaquam uero et illud addidit, quod**: *et* is again adverbial; the main clause does not come until *non mihi fortior quam felicior uisus est*. For the construction *quod ... prohibiti sunt*, see 5.2.2 *nesciunt quod* (n.); the clause explains what is meant by *illud*.   **imperatoris Iuliani temporibus lege data prohibiti sunt christiani docere litteraturam et oratoriam**: during his short reign as emperor (361–3), Julian abandoned the Christianity that Constantine and his house had adopted, and on 17 June, 362, he issued a law excluding Christians from public appointments as teachers in schools throughout the empire (on which, see Banchich 1993).   **loquacem scholam**: A. characterizes Victorinus' school in the same way he characterized his own at 4.2.2 *uictoriosam loquacitatem uendebam* and at 9.2.2 *nundinae loquacitatis*.   **uerbum tuum quo linguas infantium facis disertas**: A. has borrowed a line from Wisdom 10: 21 *sapientia aperuit os mutorum et linguas infantium fecit disertas*, substituting *uerbum tuum* for *sapientia* in order to sharpen the contrast with *loquacem*; for him, with either *sapientia* or *uerbum tuum*, the passage refers to Christ rather than to Scripture (cf. *uerbum tuum* at 5.3.5, 7.2.3, 7.9.13, 7.18.24, ¶2). *infantium* involves a further word play, on children in faith versus children in school.   **uacandi tibi** "of making time for you."   **cui rei ego suspirabam**: the construction of *suspirare* with a dative is not classical, but frequent in A.   **non ferro alieno sed mea ferrea uoluntate** "not by external irons, but my own iron will," a word play on the use of iron to make shackles (*TLL* 584.7–585.17) and on its use as an image for anything inflexible (*OLD ferreus* 4).   **uelle meum tenebat inimicus**: *uelle* is a substantival use of the infinitive, here as direct object of *tenebat*, and *meum* modifies it (*OLS* 756).   **inde** = *de ea* "from that."   **quippe ex uoluntate peruersa facta est libido, et dum seruitur libidini, facta est consuetudo, et dum consuetudini non resistitur, facta est necessitas**: a *gradatio* or *climax* (Lausberg 1998: §§623–4); it imitates the image evoked by *ansulis sibimet innexis* in the next sentence. *seruitur* is impersonal passive, like *resistitur* following. For analysis of the concepts of *libido* and *consuetudo* in A., see Solignac XIV 537–42 and O'Donnell ad loc.   **quibus quasi ansulis sibimet innexis**: *quibus* refers to *uoluntas peruersa, libido, consuetudo,* and *necessitas. ansulae* are the rings or links of a chain. *sibimet* is reciprocal = "to each other"; *-met* is an emphatic suffix.   **uoluntas autem noua quae mihi esse coeperat** "the new will which I began to have." Having said that the devil fully controlled his will, A. must ascribe any positive initiative to a new power that God has formed in him rather than to the will he possessed to begin with. But in either case, he regards *uoluntas* less as a faculty of the psyche than as an attitude; see 7.3.5 *liberum uoluntatis arbitrium* (n.).   **ut te gratis colerem fruique te uellem**: a noun clause dependent on *uoluntas. gratis colere* means "to worship for your own sake," "with no ulterior motive," as A. says at *Expositions of the psalms* 52.8: "God wants to be worshiped *gratis*, to be loved *gratis*—that is, to be loved purely, not loved because he gives something apart from himself, but because he gives himself." For A., the expression is nearly synonymous with the verb *frui*, which means "to enjoy as an ultimate good," by contrast with *uti*, which means "to make use of in order to gain something else" (the distinction is laid out at *On Christian teaching* 1.3–4). See A-L "Frui-uti" III 70–5.   **priorem**: sc. *uoluntatem.*   **duae uoluntates meae, una uetus, alia noua, illa carnalis, illa spiritalis, confligebant inter se**: A. will return to the two *uoluntates* in ¶21. For *illa ... illa* rather than *haec ... illa*, see H–S 182.

8.5.11 Sic intellegebam me ipso experimento id quod legeram, quomodo caro concupisceret aduersus spiritum et spiritus aduersus carnem "thus I realized, through myself [as] the proof, the thing which I had read, [namely,] how the flesh desires against the spirit and the spirit against the flesh." As often, the verb *intellego* denotes not a steady state of knowing, but the moment of coming to know (*OLD* 1); it governs the indirect question *quomodo caro concupisceret. me ipso* is here taken as ablative of means with *experimento* in apposition, but Löfstedt 1981: 107 doubts the construction and prefers to read with one MS *in me ipso*. What A. had read was a verse from Paul's letter to the Galatians 5: 17 *caro enim concupiscit aduersus spiritum, spiritus autem aduersus carnem. haec enim inuicem aduersantur.*   **ego quidem in utroque**: understand *quomodo ego quidem in utroque concupiscerem*, as a continuation of the indirect question *quomodo caro concupisceret aduersus spiritum et spiritus aduersus carnem.* A.'s acceptance of responsibility for the promptings of both his flesh and his spirit signifies rejection of his former Manichean belief that "it is not we who sin, but some other nature in us that sins" (5.10.18).   **magis ego in eo quod in me approbabam quam in eo quod in me improbabam**: in the spirit and in the flesh, respectively.   **ibi enim magis iam non ego**: *ibi* refers to *in eo quod in me improbabam*; the verb *concupiscebam* or *uolebam* is again understood.   **id patiebar inuitus quam faciebam uolens**: especially in later Latin, *quam* by itself often does duty for *magis quam* or *potius quam* (H–S 593–4). A. seems here to blur somewhat the responsibility for both good and bad willing on which he will insist in ¶21 below.   **ex me** "from my own doing."   **quoniam uolens quo nollem perueneram** "since I had come willingly [to a place] to which I might not have willed [to come]." *nollem* is a past potential subjunctive.   **contradiceret**: also past potential ("who could have justifiably protested?").   **uideri mihi solebam** means "I used to imagine" and governs the indirect statement *me nondum seruire.*   **propterea** anticipates the *quia* clause.   **contempto saeculo**: ablative absolute; for the sense of *saeculo*, see 5.3.3 *illi qui tantum ... minime inuenerint* (n.).   **quia incerta mihi esset perceptio ueritatis**: a reminder of the skepticism which A. had adopted as a principle at 5.10.19, but which melted away during his vision of God at 7.10.16.   **terra obligatus** "earth-bound," the opposite of an attitude that will be described as readiness to "snatch at heaven" (*caelum rapere*) in ¶19.   **militare**: alludes again to the *militia Christi*, cf. ¶9 *cum Paulus proconsul per eius militiam* (n.). The military image extends into the following metaphor of baggage carried on a march.   **et impedimentis omnibus sic timebam expediri, quemadmodum impediri timendum est** "I feared to be disencumbered of all my baggage, just as one ought to fear being encumbered [with it]"; *quemadmodum* functions as the equivalent of the comparative conjunction *ut* (*OLD quemadmodum* 2).

8.5.12 adsolet: sc. *fieri*; impersonal.   **cogitationes quibus meditabar in te similes erant conatibus expergisci uolentium**: *meditari* in the sense "meditate upon" with *in* + ablative derives from the psalms and occurs only in church writers (*TLL* 575.83–576.35). To illustrate the Pauline battle between flesh and spirit, A. offers a homelier simile to the same effect.   **soporis altitudine remerguntur** "they are sunk back down in the depth of sleep"; *remerguntur* is a hapax.   **praestat**: for the impersonal use with an infinitive, see *OLD* 4 c.   **differt** "delays," with a complementary infinitive (*OLD* 4).   **eumque iam displicentem carpit**: *eum* refers to *somnum*; *homo* is still the subject of *carpit*.   **melius tuae caritati me dedere quam meae cupiditati cedere, sed illud placebat et uincebat, hoc libebat et uinciebat**: two isosyllabic antitheses in each of which the final constituents (*dedere/cedere* and *uincebat/uinciebat*) also rhyme. The rhetoric exceeds the thought, however, since *placebat* and *libebat* scarcely differ in meaning, and the sense of *uincebat* is strained for the sake of an echo with *uinciebat*: it has to mean, not "won out" in action, but only in A.'s better judgment.   **non enim erat quod tibi responderem**: the statement will be qualified by *nisi tantum uerba lenta et somnolenta* below.   **"surge qui dormis et exsurge a mortuis, et illuminabit te Christus"**: A. quotes words attributed to God at Ephesians 5: 14. The quotation serves to turn the simile of the sleeper into the literal truth about A.'s own spiritual state.   **undique ostendenti** "showing on every hand"; the participle agrees with *tibi*. *undique* sums up the impression made on A. by Plotinus, the momentary vision of God, the example of Victorinus, and reading the Bible.   **non erat omnino quid responderem**: recapitulates *non enim erat quod tibi responderem* after a tangent and continues the thought; cf. 5.2.2 *in te offenderent iniusti et iuste uexarentur* (n.). For the variation between interrogative *quid* and relative *quod*, see 7.12.18 *si autem nulla bona essent, quid in eis corrumperetur non esset* (n.).   **ueritate conuictus** "confuted by the truth," a favorite expression of A. in his polemical writings (e.g. *Against Gaudentius* 1.32.41, *Against Julian, an* *unfinished work* 1.64, *Against lying* 1.1).   **tantum**: the adverbial accusative, "only."   **"modo"** "just a moment" (*OLD modo*[1] 5 c).   **"sine"**: from *sino*.   **"modo" et "modo" non habebat modum** "[my saying] 'just a moment' and 'just a moment' had no limit." *habere modum* is regular Latin for "to have limits" (*OLD modus* 5), but chosen here for the sake of a play on different senses of *modus*.   **in longum ibat** "went on for a long way." The phrase *in longum* is used adverbially with verbs of motion to indicate distance (*OLD longus* 14 b), but is chosen here to create an antithesis with *paululum*.   **frustra condelectabar legi tuae secundum interiorem hominem, cum alia lex in membris meis repugnaret legi mentis meae et captiuum me duceret in lege peccati quae in membris meis erat**: this close adaptation of Romans 7: 22–3 contains two Pauline variations on the clash between spirit and flesh: the inner versus the outer man (both terms are explicit at 2 Corinthians 4: 16), and the law of God in the mind versus the law of sin in the body. The verb *condelectari* + dative ("delight in") occurs in Latin only in connection with this verse from Romans. Paul does not explain what he means by *lex peccati*, and so in the next sentence A. breaks away from the text of Romans in order to offer an interpretation.   **lex enim peccati est uiolentia consuetudinis, qua trahitur et tenetur etiam inuitus animus eo merito quo in eam uolens illabitur**: *merito* is used "in a neutral or bad sense, of any action which receives appropriate recompense" (*OLD* 3 b), so *eo merito ... illabitur* can be translated "in return for [doing] that by which it slipped into that [habit]." *consuetudo* does not figure in Paul's thinking about the law of sin in the body; A. has imported it from his own account of the chain of necessity in ¶10 (Prendiville 1972: 69–83 traces the stages by which A. integrated Paul into his analysis of habit in *Confessions*). For *uiolentia consuetudinis*, compare *uiolenta consuetudo* in ¶16; violence contributes to the representation of *consuetudo* as an enemy combatant that is implied in *repugnaret* here and in *pugnacior* in ¶11.   **miserum ergo me quis liberaret de corpore mortis huius nisi gratia tua per Iesum Christum, dominum nostrum?**: A. resumes his adaptation of Romans at 7: 24–5. *me quis liberaret* means "who was to free me?"; the subjunctive is past potential or a deliberative referring to the past (*OLS* 487–90).

8.6.13   The opening of ¶13 "is a second preface to the book" (O'Donnell). It recapitulates A.'s account of his situation as described in ¶¶1–2, and with a formal invocation to the Lord, it again declares his narrative purpose (*narrabo*). By starting over in this way, A. brackets the interview with Simplicianus and the story of Victorinus as a narrative parenthesis whose contribution to his spiritual progress is left uncertain. The remainder of the book will describe a conversation which—unlike the conversation with Simplicianus—A. did not seek, but which had a decisive result.

The ¶ opens with paired and numerically balanced cola: **Et de uinculo quidem desiderii concubitus, | quo artissimo tenebar, || et saecularium negotiorum seruitute | quemadmodum me exemeris, || narrabo et confitebor nomini tuo, | domine, adiutor meus et redemptor meus** (Knauer 1955: 34). *quo artissimo tenebar* reiterates what A. said in ¶2, that at this point his attachment to sex was stronger than commitment to his career. *saecularium negotiorum* refers to the pursuit of wealth and distinction through a successful teaching career, as in ¶2. *quemadmodum me exemeris* is an indirect question governed by *narrabo et confitebor*, *quemadmodum* = *quomodo*. *confitebor nomini tuo, domine, adiutor meus et redemptor meus* is a conflation of Psalm 53: 8 with an invocation from Psalm 18: 15. For *nomini tuo*, see 5.1.1 *ut confiteatur nomini tuo* (n.). By juxtaposing *redemptor* with *uinculo* and *seruitute*, A. refreshes its literal meaning as "ransomer." **suspirabam tibi**: for the construction, see ¶10 *cui rei ego suspirabam* (n.). **frequentabam ecclesiam tuam** indicates regular attendance, but not how regular. As applied to A.'s mother Monnica at 5.9.17 and 6.2.2, it meant attending church twice a day. At 6.3.4, A. says that he attended every Sunday. **quantum uacabat** "insofar as there was time free" (*OLD quantum*[1] 7). **Alypius**: apart from a passing reference to his views on the nature of Christ at 7.19.25, Alypius was last mentioned at 6.16.26. **otiosus ab opere iuris peritorum post assessionem tertiam** "on a break from service among the legal experts after his third term as an official adviser." *assessio* is the position of legal adviser to a Roman magistrate (*TLL assessio* and *BNP* "Adsessor" I 156); for Alypius' legal background, see 6.10.16 *assederat* (n.). **expectans** introduces the indirect question *quibus ... uenderet*. **uenderet** "he might peddle." **si qua docendo praestari potest**: *si qua* (sc. *dicendi facultas*) is nominative singular feminine indefinite. Whether rhetoric was an art that could be taught was a question famously debated in Plato's *Gorgias*, and at *On Christian teaching* 2.37.55, A. himself expresses skepticism about the value of training in rhetoric. **Nebridius autem amicitiae nostrae cesserat ut omnium nostrum familiarissimo Verecundo, Mediolanensi et ciui et grammatico, subdoceret** "But Nebridius had consented as a favor to our friendship to provide teaching assistance to Verecundus, a citizen and grammar school instructor of Milan, [and] a very good friend of all of us." *autem* contrasts the situation of Nebridius, who did not have to work for a living, with that of A. and Alypius, who did (for A.'s consciousness of being "not wealthy" at this time, see *Letters* 157.39). For the sense of *cesserat*, see *OLD* 10 d; it introduces the following noun clause *ut ... subdoceret*. *nostrum* is the genitive of *nos*, not an adjective. Verecundus (*PCBE Italie* "Verecundus 1" II 2265–6) is known only from A.; the dative is governed by *subdoceret*. For the role and status of a *subdoctor*, see O'Donnell ad loc. and Bonner 1977: 133. A *grammaticus* is a teacher in the school of language and literature which precedes the school of rhetoric (*BNP* "Grammaticus" V 986–7). Since A.'s son Adeodatus was now of an age to be attending a school of grammar, it is possible that Verecundus was his teacher, and that A. had a personal interest in the staffing problem. **familiaritatis iure flagitanti de numero nostro fidele adiutorium** "demanding loyal assistance from our group by right of friendship." Verecundus returned the favor soon afterwards, when he lent his country place outside Milan to A. and his entourage during the autumn and winter of 386/387 (9.3.5). **commodorum** "pay, income" (*OLD* 4). **eo** = "to that teaching job." **maiora enim posset, si uellet, de litteris agere**: a past contrafactual condition (for the imperfect subjunctive, see *NLS* §199): "he could have played a bigger role in the literary field if he had wanted to"; *maiora agere* ("accomplish greater things") is an expression like *plus agere* (*TLL ago* 1382.7–19). **sed officio beniuolentiae petitionem nostram contemnere noluit** "but the duty of kindness made him unwilling to turn down our appeal." As the antithesis to *cupiditas commodorum*, *officio beniuolentiae* stands first in its clause, but it modifies *noluit* and not the nearer verb *contemnere*. **agebat autem illud prudentissime** "he took on that role [of teacher] very cautiously." **personis secundum hoc saeculum maioribus** "grander personages in the eyes of this world." **in eis** refers to the *personae maiores*: "where they were concerned." **quam multis posset horis feriatum** = *feriatum tam multis horis quam posset*. For the blurring between the ablative of time within which and the accusative of duration, see 5.6.11 *tanto tempore* (n.). **ad quaerendum aliquid uel legendum uel audiendum de sapientia**: at 6.10.17 A. said that Nebridius had come from Carthage to Milan for no other reason than "to live with me in the passionate pursuit of truth and wisdom." Although Nebridius plays no part in the narrative which follows, he is reintroduced here along with Alypius because they and A. have been struggling with the claims of Christianity together; A. described them as his closest confidants at 6.7.11. But the details of conduct on which A. lingers here betray a sense that Nebridius had secured a freedom of action for himself which A. could not but envy.

¶¶14–30 The second half of book 8, in which the spiritual crisis that has been building in preceding books is finally resolved, is the longest narrative sequence in *Confessions*. It is a connected account: A. says that the experience he had took place on one particular day (¶14 *quodam die*), it stretches out in stages that are linked to one another, and it features a prop in the form of a codex of Paul's Epistles which is prominent throughout. It is also unified by a distinctive authorial stance. To a greater degree than anywhere else in *Confessions*, A. projects himself as a narrator baffled by the story he relates. He repeatedly draws attention to uncertainties and approximations (e.g. *non recolo causam; nescio quid uolebat; nos nihil sciebamus; quid patimur?; tu sciebas, ego autem non; unde hoc monstrum?; quasi diceret; nescio quid, puto, dixeram; straui me nescio quomodo; non quidem in his uerbis; uocem quasi pueri an puellae, nescio; nescio quo alio signo; ego nesciebam*), and his uncertainties are amplified by periodic references to Alypius' uncomprehending reactions to him (¶19 *attonitus me intuens,* ¶27 *inusitati motus mei exitum tacitus opperiebatur,* ¶28 *mansit nimie stupens*). But although the tone of the narrative is distinctive, the make-up of it resembles that of some other sequences in *Confessions*. Like the story of the pear theft in book 2 or the abandonment of Monnica in book 5, the conversion narrative is interspersed with meditations and tangents from the story line, and it combines autobiographical facts with literary echoes and elements that have symbolic associations.

For more than a century, however, criticism of the following narrative has been largely preoccupied with the ostensible facts, especially in the final paragraphs. Critics are sharply divided between a majority, including most commentators, who advocate a historical or literal reading of these paragraphs, and a strong minority (most notably Pierre Courcelle and Leo Ferrari) who think that A.'s narrative at this point is figurative and fictitious. The specific points around which controversy has emerged will be noted as they arise in the text. But on a general level, the debate has suffered from two limitations that should be kept in mind. One is that there exists no evidence independent of A. against which his version of events can be tested. It can only be tested against his own testimony in other works, all earlier than *Confessions*, in which he touches on circumstances of his conversion without offering a sequential account of it. The second limitation is that proponents of a figurative interpretation have concentrated on ¶¶28–30 without pursuing its implications for the rest of the narrative. It is not clear, for example, whether one can reject A.'s claim in ¶29 to have opened a codex of Paul's Epistles to Romans 14: 13–14 without also having to do away with the codex and the conversation about it in ¶14.

8.6.14 recolo "recall" (*OLD* 4).   **cum ecce**: *ecce* often combines with *cum* when the *cum* clause rather than the main clause carries the important new information in a sentence (for so-called *cum inuersum*, see *NLS* §237, and for *cum ecce*, see *TLL ecce* 29.36–54), and in such cases, a main verb almost always precedes *cum ecce*. Robert Kaster has therefore suggested that the parenthesis should be closed after *qua* rather than, as usually, after *Nebridius*, and that the main clause is *erat absens Nebridius*. (For the elliptical indirect question *non recolo causam qua*, cf. 7.1.1 <u>*nesciens unde et quomodo, plane tamen uidebam ... id quod corrumpi potest deterius esse.*</u>)   **ad me et**

Alypium: again specifies that Nebridius was not present. **Ponticianus quidam, ciuis noster in quantum Afer, praeclare in palatio militans**: A.'s visitor may be identical with a like-named protégé of the Roman senator and former Urban Prefect Symmachus, but he is otherwise known only from this and the following ¶¶ of *Confessions* (*PLRE* "Ponticianus" I 715). In ¶15 it is implied that he was earlier attached to the imperial corps of *agentes in rebus* (on whom see the note there), but *praeclare in palatio militans* here indicates that his career had since taken him higher than that. A. is vague about his position partly in order to simplify the contrast between soldiering for the emperor and soldiering for God that he will develop in this narrative. With *in quantum Afer* understand *erat*. *palatium* at this period no longer means the complex of imperial mansions on the Palatine Hill in Rome, but the court of the emperor wherever he happened to be residing; Valentinian II was currently established in Milan.   **nescio quid a nobis uolebat**: A. does not say what it was, either here or at ¶18, *terminato autem sermone et causa qua uenerat, abiit ille*.   **mensam lusoriam**: a table with a top designed for board games, like the *abacus* at Suetonius *Nero* 22.1; cf. *tabula lusoria* at Martial *Epigrams* 14.17. The book on the table will figure in a trial of chance that A. ventures in ¶29.   **attendit** "he noticed" (*OLD* 7).   **codicem**: the book contained the epistles of Paul, which like the rest of the Bible circulated from an early date in codex rather than in roll form (Gamble 1995: 49–54). That the book took the form of a codex rather than a roll is related to the use A. will make of it in ¶29.   **tulit, aperuit, inuenit**: Ponticianus' action parallels what A. will do with the same book in ¶29: *arripui, aperui, et legi* (O'Donnell).   **quorum professio me conterebat** "my occupation with which was wearing me down."   **gratulatorie miratus est** "voiced surprise and congratulations"; *gratulatorius* is postclassical and rare, and the adverb here is a hapax.   **et fidelis**: specifies that Ponticianus "had taken the step, baptism, which A. was deferring" (O'Donnell).   **saepe tibi ... prosternebatur in ecclesia crebris et diuturnis orationibus** "often threw himself down before you at church with frequent and prolonged prayers"; for the sense of *orationes*, see 5.9.17 *orationibus* (n.). As a churchgoer himself, A. would have had occasion to notice Ponticianus' exuberant devotion, surpassing anything he has reported about his mother, and all the more incongruous in a soldier. The characterization signals that the conversation is about to take an unanticipated turn.   **indicassem** = *indicauissem*.   **illis ... scripturis**: i.e. the epistles of Paul, to which A. said at 7.21.27 that he was paying close attention in this period, and on which he was brooding in ¶11.   **impendere**: from *impendo*, not *impendeo*.   **ortus est sermo ipso narrante de Antonio Aegyptio monacho** "the subject of Anthony, the Egyptian monk, came up, with Ponticianus himself telling the story." *sermo* here does not mean a "conversation" (from *ipso* and subsequent details it is clear that Ponticianus did almost all the talking) but "topic of discourse" (*OLD* 5); so also *sermo eius* in the next ¶. Saint Anthony of Egypt (ca. 251–356) as a young man gave away all he owned and dedicated himself to a solitary life of prayer and self-denial in the Egyptian desert. His example gradually attracted followers, whom he loosely organized under a common rule (see *ODCC* "Antony, St, of Egypt"). *monachus* is a loanword from Greek which acquired the sense "monk" among Christians writing both in Greek and in Latin (*A-L* "monachus" IV 43–57). **excellenter clarebat apud seruos tuos**: Anthony's fame was spread through a Greek biography of him written shortly after his death by Bishop Athanasius of Alexandria (ca. 296–373) and quickly translated into Latin. *seruos tuos* is a common scriptural formula, sometimes used by A. to distinguish monks from the rest of the faithful as the most committed of Christ's followers, but sometimes applied by him to Christians generally: for his use of the term, see Van der Lof 1981. **nos autem usque in illam horam latebat**: *nos* is the direct object of *latebat* (*OLD lateo* 8). **insinuans** "making known" (*OLD* 5). **ignorantibus**: sc. *nobis*. **tam recenti memoria**: ablative of time when, "in so recent a past" (*OLD memoria* 6 b). **prope nostris temporibus**: A. was born two years before Anthony died. **testatissima mirabilia tua in fide recta et catholica ecclesia**: alludes to two features of Anthony's life that were amply developed in Athanasius' biography: he was a celebrated wonder worker, and he vigorously supported the orthodox definition of Christian belief established at the Council of Nicea in 325 against the Arian heresy. A. uses the scriptural phrase *mirabilia tua* to describe Anthony's miracles because Anthony was merely the instrument through whom God worked them. But he is also playing on the sense of wonderment repeatedly evoked in these lines: God's wondrous deeds continue to have the impact they are supposed to have.

8.6.15 Ponticianus now relates a story which, like the Victorinus story, resonates with the situation of A. But in this case, the parallels will become clear only in what happens after the story has been told: the "conversion of two friends, one of whom sits by in a garden while his friend reads an inspirational *codex* and then joins his decision, is [a] model for what happens to A. and Alypius" (O'Donnell). Although details of time and setting, speech, and gesture are fully elaborated, this is the farthest removed of all stories in *Confessions* from what A. could actually have known. Neither he nor his informant witnessed the scene described.

Inde: i.e. from the subject of Anthony. **ad monasteriorum greges** "to the flocks in monasteries." *monasterium* is a loanword from Greek that came into use in both Greek and Latin during the Christian era. Strictly speaking, it means the cell of a monk living in isolation from others, which would make the phrase *monasteriorum greges* an oxymoron. But A. usually applies the word to a community of monks or nuns who live a life in common, as in the immediately following reference to the monastery established by Ambrose outside Milan (*A-L* "monasterium" IV 57–68). A. will become a pioneer of monasticism in western north Africa soon after his conversion; for the role he and Ambrose played in that movement, see Lorenz 1966.   **mores suaueolentiae tuae** "the way of life that is a sweet fragrance to you"; the genitive further defines the noun it modifies (G–L §361). *suaueolentia* comes into Latin through non-Vulgate translations of passages on sacrifice in the Bible (e.g. Leviticus 1: 9 *hostia est sacrificium, odor suaueolentiae domino*). Paul turned that language about literal sacrifice into a metaphor for the pleasure God takes in an individual's offering of self (e.g. 2 Corinthians 2: 15 *Christi bonus odor sumus deo*), and A. applies Paul's metaphor to the ascetic life of the desert monks.   **ubera deserta heremi** "the rich wastes of the desert." *eremus*, often aspirated in Latin MSS, is a Greek loanword meaning "desert" that entered Latin as an alternative to *desertum* in non-Vulgate translations of the Septuagint (*A-L* "Eremus" II 1086–92). A.'s oxymoron is based on Isaiah 5: 17 *deserta in ubertatem uersa*, which he interpreted as foretelling the abundant holiness of monks who would occupy the desert landscape in his own day. He has in mind the Egyptian monks described in the life of Anthony, as at *Sermons* 46.37 *partes Aegypti, et illas exustas sole regiones ubi pluuia non apparet ... ibi autem heremus plena milibus seruorum dei*.   **Mediolanii**: the locative case.   **sub Ambrosio nutritore**: since monks customarily gave up all personal resources, Ambrose was ultimately responsible for maintaining their house. But the phrase also points to an important difference between the monasteries Ambrose and A. founded and many of those in the East: Western monks were under closer episcopal supervision.   **et non noueramus**: before leaving Milan, however, A. took the trouble to visit this monastery (*On the catholic and Manichean ways of life* 1.33.70).   **pertendebat ille** "he persisted."   **nos intenti tacebamus**: a unique occurrence among the many conversations A. recalls in *Confessions*.   **unde incidit ut diceret**: *unde* could mean either "as a result of which" (i.e. not being interrupted) or "after which." *ut diceret* is a noun clause with impersonal *incidit* (A–G §569). The rest of the sentence unfolds in indirect discourse, through the infinitives *exisse, digressos* [*esse*], *irruisse*, and *inuenisse*; thereafter A. reverts to direct discourse.   **nescio quando** "at some time or other" (*OLD nescio* 7 b).   **apud Treueros**: the usual way of designating the city of Trier in eastern Gaul, which was one of the imperial capitals through much of the fourth century, but which lost that function in the year 381. The story Ponticianus tells therefore took place at least five years before the time he tells it, and possibly many years before. **promeridiano** "[held in the] afternoon," synonymous with, but less common than, *postmeridianus* (see *TLL* for the form). **deambulatum**: not a participle, but the accusative supine with *exisse* (G–L §435). **hortos**: parkland or greenspace, not necessarily cultivated. **ut forte combinati spatiabantur** "as they happened to stroll along two by two"; *combino* is postclassical, occurring mainly in Christian authors (*TLL*). For indicative *spatiabantur*, see K–S II 544. **uagabundos**: see 5.6.10 *animo uagabundus* (n.). **irruisse** "barged into," like soldiers. **casam** "a cottage, hut, hovel" (*OLD*). **ubi habitabant quidam serui tui spiritu pauperes, qualium est regnum caelorum**: A.'s description is borrowed from Christ's saying at Matthew 5: 3 *beati pauperes spiritu quoniam ipsorum est regnum caelorum*, and tells readers that the *casa* was no ordinary pauper's hut, but the dwelling of hermits who had freely chosen their poverty. A. says elsewhere that being *pauper spiritu* means being poor by choice and not by circumstance (*Sermons Morin* 11.2), and that it means humility above all (*Expositions of the psalms* 73.24). *regnum caelorum* prepares for an antithesis with *saeculari* in the next sentence. In order to highlight the moment of silent reading which is to follow, A. completely effaces the hermits who must have been standing by, producing a no doubt fortuitous resemblance to the Goldilocks story. **quam legere coepit**: chapter 2 of Athanasius' *Life of Anthony* relates that Anthony heard in church the story of Christ's encounter with a rich young man (Matthew 19: 16–22) and, unlike the young man in that story, took to heart Christ's words "Go, sell what you have and come follow me." **legendum**: the accusative gerund, object of *inter*. **meditari arripere**: *meditari* is complementary to *coepit*, and *arripere* to *meditari*. **agentes in rebus** "special agents," a corps of officers who began their careers as couriers and inspectors of the government post, but who could rise to high positions within imperial bureaus and on provincial staffs. Some of them acquired a sinister reputation as political informers (*BNP* "Agentes in rebus" I 324–5 and Jones 1964: 578–82). **quo ambimus peruenire**: *quo* is the interrogative adverb, and *peruenire* is complementary infinitive with *ambimus* (*OLD ambio* 3 b). Here, as always in *Confessions*, *ambire* and its corresponding noun are negatively laden words which echo the warning of 1 John 2: 16 (in a non-Vulgate version) against *ambitio saeculi*. **maiorne esse poterit spes nostra ... quam ut amici imperatoris simus?** "can our hope be greater ... than that we be 'friends of the emperor'?" The *ut* clause explains the content of *spes* (G–L §557). *amici imperatoris* is a conventional designation, though not an official title, for those who had regular access to an emperor and enjoyed his confidence. "The role of *amicus* of the emperor ... on the one hand conferred a real public honour and privilege, and the ability to distribute benefits to others, and on the other was acutely unstable, and exposed a man to pressures and suspicions both from the emperor himself, and from other persons at court and from society at large," Millar 1977: 116, with copious illustrations. **quid non fragile plenumque periculis**: the dangers were soon to be illustrated precisely at the court of Trier, which changed hands when the emperor Gratian was overthrown by a usurper who seized control of Gaul in 383. **peruenitur**: for the impersonal passive with intransitive verbs, see *denique ut uentum est ad horam profitendae fidei* in ¶5. **quando istuc erit?** *istuc* refers back to the prospect of becoming friends of the emperor, as the next sentence shows. **turbidus** "agitated," referring to *fluctus cordis sui* following. **parturitione nouae uitae** "with the birth pangs of new life." The noun *parturitio*, "the act of giving birth," enters Latin through non-Vulgate Bible translations and is confined mainly to Christian writers, in whom it usually carries a strong connotation of painfulness (Gasti 2009: 79, n. 1); the image derives ultimately from Christ's statement that everyone must be reborn in the Spirit (John 3: 4–8). **legebat et mutabatur intus**: an experience parallel to A.'s reading of Cicero's *Hortensius*, as he reminds us in ¶17. **exuebatur mundo mens eius** "his mind was divesting itself of the world"; *mundo* is ablative of separation (*NLS* §41.8). The metaphor of laying aside something like a piece of clothing is classical, but in Christian writers it usually echoes the exhortation of Colossians 3: 9–10 to "strip off the old man and put on the new." **uoluit**: from *uoluo*. **infremuit aliquando**: *infremere* means to make a sudden, loud expulsion of breath through nose and mouth: "chuff," "snort." *aliquando* corresponds far more often to English "finally," "at last" (*OLD* 5) than to the meaning "at some time." **discreuit decreuitque**: a word play on two derivatives of the root verb *cernere*: "discerned and decided." **iamque tuus**: the adjective is predicative ("[being] now yours") and expresses the result of *amicus dei nunc fio*. **te si piget imitari**: see ¶1 *ire ... adhuc pigebat* (n.). **respondit ille adhaerere se socium**: *socium* is predicative, "he joined as a partner." **tantae mercedis**: friendship with God. **aedificabant turrem sumptu idoneo relinquendi omnia sua et sequendi te**: alludes to Christ's saying at Luke 14: 28–30 that no one begins to build a tower before prudently calculating the expense, followed by his declaration (at verse 33) that "whoever of you does not renounce all that he has cannot be my disciple" (RSV); A. sets out his understanding of this passage at *Questions on the gospels* 2.31. *relinquere omnia* is a phrase that figures in other gospel accounts of Christ's call to his disciples (Matthew 19: 27, Luke 5: 11 and 28). *relinquendi* and *sequendi* are genitive gerunds modifying and defining *sumptu*. **inuenientes**: sc. *eos*. **declinasset dies**: *declinasset* = *declinauisset*. Since the phrase is scriptural (Psalm 101: 12, Luke 9: 12 and 24: 29), the information that it was getting late may hint at allegorical significance. **placito et proposito** "resolve and plan," alliterative and nearly synonymous substantives from the participles of *placeo* and *propono* respectively; the phrase recurs below in ¶30. **quoque modo in eis talis uoluntas orta esset**: *quoque* is not from *quisque* but a combination of the interrogative adjective and the connective *–que*. The indirect question *quo modo ... orta esset* takes the place of a substantive in a third ablative absolute with *narrato* (A–G §419 b): "their decision and plan and how that resolve had arisen and been confirmed in them having been told." **a pristinis** "from their former purpose"; the neuter singular or plural of this adjective is used as a substantive (*TLL* 1379.57–64). **ut dicebat**: sc. Ponticianus. **pie** "sincerely," "wholeheartedly." **trahentes cor in terra abierunt in palatium, illi autem affigentes cor caelo manserunt in casa**: the end of the story is marked by a showy four-point antithesis, elements of which A. reworks elsewhere (cf. *Expositions of the psalms* 51.6 *illi in terrenis rebus leuant cor in caelum, isti in caelestibus uerbis trahunt cor in terra; Sermons* 56.16 *quid trahis semper cor in terra? audi, sursum cor*). "Fastening their heart on heaven" is phrased primarily in contrast to "hauling their heart along the ground," but A. often uses the verb *affigere* in reference to the crucifixion, and it is not impossible that the idea of identification with Christ plays a part here as well. Courcelle 1968: 183–7 argued that the two officers who stayed behind were none other than the young Jerome, future translator of the Bible, and his friend Bonosus, which would date the episode some fifteen years earlier than Ponticianus' account of it. But although Courcelle's hypothesis is not impossible, there are strong arguments against it: see Kelly 1975: 29–30.

8.7.16 retorquebas me ad me ipsum, auferens me a dorso meo "you were forcing me around towards myself, pulling me out from behind my back." The image in this and the following lines derives from God's utterance at Psalm 49: 21 *arguam te et statuam contra faciem tuam* and the repentant sinner's words at Psalm 50: 5 *peccatum meum contra me est semper*. A. interpreted the passages (at *Expositions of the psalms* 49.28) as meaning that the sinner who does not wish to see his own sins has "put himself behind his back" and is literally in need of a conversion, of being turned around so that he faces himself. **quam distortus et sordidus, maculosus et ulcerosus** "how deformed and filthy, besmirched and scabby," further specifying *turpis*. **quo a me fugerem non erat** "there was not [anywhere] to where I could flee from myself"; the subjunctive indicates purpose. **impingebas me in oculos meos** "you thrust me before my own gaze." **ut inuenirem iniquitatem meam et odissem**: this phrase is adapted from a non-Vulgate variation of Psalm 35: 2–3, describing how the sinner has acted deceitfully (*dolose*) in the sight of God *ut inueniret iniquitatem suam et odisset*. At *Expositions of the psalms* 35.3, A. takes *dolose* closely with *ut inueniret* and understands the psalmist to mean that the sinner acts in bad faith, only pretending to confront his wrongdoing, while doing his best not to see it, in order to avoid having to change. Here he compares himself to the persistent sinner of the psalm, but says that on this occasion God allowed him no way out of recognizing his wickedness. **cohibebam**: understand *coniuebam* "I closed my eyes" (which one MS reads here); here and elsewhere, the spellings of *coniueo* and *cohibeo* are often confused. See Heraeus 1904: 52–3 and cf. *Letters* 89.1 *ueritatem omnibus etiam dissimulantibus et cohibentibus manifestam.*

8.7.17 Tunc uero: while listening to Ponticianus' story. **quanto ardentius amabam illos de quibus audiebam salubres affectus** "the more passionately I loved those men regarding whom I was hearing about healthful attitudes." *quanto ardentius amabam* is picked up by the correlative clause *tanto exsecrabilius ... oderam:* "the more I loved ... the more I hated." **quoniam** governs two verbs, *multi anni effluxerant* and *differebam*, but the more important point is made in the latter. **anni mecum effluxerant**: not an image of time flowing, but of time draining away or running out, which A. puts in parallel with the personal disintegration and dissipation that has been his theme throughout *Confessions*, e.g. 4.8.13 "I had poured out my soul in the sand" and *fluxus consuetudinis* below in ¶18. **(forte duodecim anni) ... ab undeuicensimo anno aetatis meae**: more exactly, 13 years rather than 12. A. was in his 19th year from 13 November, 372 to 12 November, 373. He says that he was 30 years old, or twelve years older, at the time of 6.11.18, which dates events narrated there to the year 384/385. But much of another year must have elapsed by the time of the present narrative, since at 9.7.15–16 he recalls two episodes involving Ambrose which preceded his baptism and which are known to have occurred in the year 386. **ex quo**: sc. *tempore*, = "since" (*OLD qui*¹ 15 c). **ab undeuicensimo anno** "starting from my nineteenth year"; for the sense of *ab*, see *OLD* 12 c. **lecto Ciceronis Hortensio**: as related at 3.4.7. **differebam ... uacare** "I postponed ... making time for." *differebam* is constructed with a complementary infinitive (*OLD differo* 4), like *differre sequi* in the next ¶. **ad eam inuestigandam**: i.e. *sapientiam.* **cuius non inuentio sed uel sola inquisitio iam praeponenda erat etiam inuentis thesauris**: A. appears to be quoting or paraphrasing Cicero's own words in the *Hortensius* here: see the testimonia collected in Hagendahl 1967, I 90–2. **inuentis thesauris** "the discovery of treasures"; for this kind of participial noun phrase (the "*ab urbe condita* construction"), see *NLS* §95. **ad nutum** "at one's beck and call" (*OLD* 2). **at ego adulescens miser ualde, miser in exordio ipsius adulescentiae, etiam petieram a te castitatem** "But I, truly pathetic adolescent [as I was then]—pathetic at the onset of adolescence itself—had also sought chastity from you." A. makes a slight tangent to introduce another virtue that he had professed to want but failed to pursue. Along with wisdom, he says that as a youth he also aspired to chastity (*etiam* links the prayer for *castitas* with the quest for *sapientia*), and at an even earlier date than wisdom (at 2.2.4 he dates the onset of his adolescence to his 16th year). That there is no previous mention of this aspiration in *Confessions* suggests that perhaps he did not experience it quite as steadily as the desire for wisdom. His reason for judging himself *miser* in this context is that his long procrastination belied his fine intentions. **noli modo**: with *noli* understand *dare*, *modo* here means "right now" (*OLD modo*[1] 5 b). A.'s paltering prayer points up the contrast between himself and the officers in Ponticianus' story, who *se totos tibi sanandos dederunt*. But he will finally manage to say "right now" in ¶28. **expleri** "to be sated" (*OLD* 3).

Et ieram per uias prauas superstitione sacrilega, non quidem certus in ea sed quasi praeponens eam ceteris, quae non pie quaerebam sed inimice oppugnabam: the last sentence of ¶17 should be taken closely with the opening of ¶18, as A. shifts from the misery of his moral state to the misery of his intellectual state. In his mind, the two problems were associated: his concupiscence and his entanglement with Manicheism reflected different forms of attachment to body rather than spirit. *uias prauas* is borrowed from Sirach 2: 16, and the *superstitio sacrilega* is Manicheism, as at 4.2.3 and 6.7.12. *non quidem certus in ea sed quasi praeponens eam ceteris* looks back to A.'s frame of mind after his meeting with Faustus, when he despaired of finding an intellectually satisfying account of Manicheism but chose to remain with the sect nevertheless, "unless something preferable were to shine forth" (5.7.13, cf. 5.10.18–19). *cetera* are the tenets of orthodox Christianity, which he accused himself of criticizing without understanding at 6.3.4, *eo quippe temerarius et impius fueram, quod ea quae debebam quaerendo dicere, accusando dixeram*.

8.7.18 differre de die in diem: scriptural, see 6.11.20 *tardabam conuerti ad dominum, et differebam de die in diem uiuere* (n.). **non mihi apparebat certum aliquid quo dirigerem cursum meum**: looks back to the agnosticism that A. adopted largely under the influence of his reading in Academic skepticism (5.7.13, 5.14.25, 6.10.17). *quo* = *ad quod*. The subjunctive *dirigerem* is potential, like *nudarer* and *increparet* in the following sentence. **uenerat dies quo nudarer mihi** "the day had come on which I was to be stripped naked before my eyes," referring to ¶16, where he says that God exposed him to himself, *distortus et sordidus, maculosus et ulcerosus*. **increparet in me** "railed against me" (*OLD* 6). Together with *flagellaui animam meam* a few lines further on, and *rixa, litem, insaniebam*, and *fremebam* in ¶19, *increparet* gives A.'s self-examination here a completely

COMMENTARY: 8.7.18

different tone from moments of dispassionate reflection like 7.1.1. But neither reason nor fury will suffice to bring him to his goal.   **ubi est lingua?** colloquial, as at *Expositions of the psalms* 21.2.30, meaning that lack of an adequate response has left him tongue-tied; cf. Plautus, *Stichus* 260 *nullan tibi lingua est?*   **propter incertum uerum:** *uerum* is here a substantive (*OLD* 7), "on account of the truth [being] uncertain"; for the phrase, cf. *propter nullam formam* 12.15.22.   **sarcinam uanitatis:** synonymous with *sarcina saeculi* in ¶12; for the twofold sense of *uanitas*, see 5.5.8 *uanitate* (n.). The metaphor of *sarcina* persists in *premit* and *umeris liberioribus*.   **ecce iam certum est:** A.'s new certainty about truth was the fruit of the vision that he experienced in book 7 (cf. 7.10.16, 7.15.21).   **illa:** *sarcina uanitatis*.   **umerisque liberioribus:** because unlike A., they have now thrown off their *sarcinae*; the ablative may be either ablative absolute or descriptive.   **pinnas recipiunt:** through Plotinus or Ambrose, A. might have encountered the Platonic myth describing the growth of the soul's wings (*Phaedrus* 246–51). But passages from the psalms are the primary source for his imagery of "wings" or "feathers" here and elsewhere (*pinnae* and *pennae* are interchangeable in both senses: see *TLL pinna* 1084.38–59). The phrase *pinnas recipiunt* is taken from a non-Vulgate version of Psalm 138: 9 *si recipiam pennas meas in directum*, which A. bizarrely but consistently interpreted as the errant psalmist wondering about regaining the means of ascent to God and "flying straight"; the wings are the virtues, or the "affections of a good will," that will lift him from his sins (*Expositions of the psalms* 38.2, 54.8, 103.1.13, and 138.12). The idea comes back in *caelum rapiunt* in ¶19.   **neque ita in quaerendo attriti sunt nec decennio et amplius ista meditati:** *attriti sunt* is from *attero*. *decennio* = "during a decade"; for the ablative rather than the accusative, see 5.6.11 *tanto tempore* (n.). With *meditati* understand *sunt* again, but *meditor* is deponent and has an object.   **confundebar pudore horribili uehementer:** the officer's story reproduces in A. the effect that St. Anthony's story had produced in him: *subito repletus amore sancto et sobrio pudore iratus sibi* (¶15). *confundebar* is "I was troubled" (*OLD* 10).   **abiit ille, et ego ad me:** a closural formula that juxtaposes movement in space and movement in spirit; cf. 5.8.15 *abiit ad solita, et ego Romam*, which closes the narrative of Monnica's abandonment at Carthage.   **sententiarum uerberibus** "whiplashes of eloquence." Although a *sententia* is strictly any thought to which words give expression, in rhetorical contexts it came to mean a thought which is given exaggerated expression, typically as an epigram or paradox—a "conceit" in English. A. may be mocking the failure of his professional stock-in-trade to help him in an hour of crisis.   **non se excusabat** "made no excuses," because it had none left.   **consumpta erant et conuicta argumenta omnia** "all arguments [for delay] had been exhausted and refuted."   **quasi mortem reformidabat restringi a fluxu**

consuetudinis "it feared like death being held back from the dissolution that was its habit." *anima* is again the subject of *reformidabat*; *quasi*, like *uelut*, can introduce single-word comparisons as well as clauses (*OLD* 4 b); *reformido* can have an infinitive as well as a noun for its object (*OLD* 1 a); and *consuetudinis* is a genitive that defines *fluxu* (cf. 1.16.25 *flumen moris humani*). **tabescebat** continues the image of *fluxus*: "it was deliquescing," like a corpse (*OLD* 3).

8.8.19 interioris domus meae: Although the soul-as-house metaphor had a classical precedent (Plautus, *Mostellaria* 84–156), A.'s version of it derived from Scripture, where he often interprets *domus* in the psalms and elswhere as references to the human heart. So apropos of Psalm 100: 2 *perambulabam in innocentia cordis mei, in medio domus meae*, he explains that "our inner house is our heart" (*Expositions of the psalms* 100.4). In the same passage, he adds that Christ's words to the healed paralytic at Matthew 9: 6, "Take your pallet and go to your house," similarly mean that the man should now enter into his newly refurbished conscience (cf. also *Expositions of the psalms* 111.3 on Psalm 111: 3 *gloria et diuitiae in domo eius*, and the following note). In *Confessions*, the metaphor was introduced prominently in the opening prayer, "narrow is the house of my soul, that you should enter it, so let it be enlarged by you. It is in ruins: repair it" (1.5.6). Now as A. stages his conversion moment, the metaphor reappears, and in close conjunction with an actual house. In these ¶¶, the layout of his dwelling in Milan is described in unusual detail so that readers can follow his steps from the relatively public area where he meets with Ponticianus, to the inner garden, to the furthest recess of the garden, and then back into the living quarters of the house. This physical movement is at the same time a movement in spirit from the outside to the center of himself: literal and figurative meanings are blended: see Weber 2009: 381–2, and for similarly stylized treatments, cf. 5.8.15 *seruans me ab aquis maris* (n.) and 9.10.23 *ut ego et ipsa soli staremus, incumbentes ad quandam fenestram* (n.). **in cubiculo nostro, corde meo**: the metaphor derives from Psalm 4: 5 *quae dicitis in cordibus uestris, in cubilibus uestris compungimini* and Christ's words at Matthew 6: 6 *cum orabis, intra in cubiculum tuum*. In his commentary *On the Lord's sermon on the mount* 2.1, A. interprets both passages figuratively: "What are those *cubicula* if not our hearts themselves?" **tam uultu quam mente turbatus** "as agitated in countenance as in thought." **inuado** "I assail" (*OLD* 3). **quid patimur? quid est hoc?**: colloquial expressions of perplexity over a situation that seems to make no sense: "What's the matter with us? What's going on here?" **audisti** = *audiuisti*. **surgunt**: possibly echoing the Prodigal Son's resolve at Luke 15: 18 *surgam et ibo ad patrem meum*; cf. A.'s own resolve at 3.4.7 *surgere coeperam ut ad te redirem*. **caelum rapiunt**:

the phrase is rare but classical (Seneca, *Natural Questions* 7.10, Statius, *Thebaid* 1.350), but the context is closer to Christ's words at Matthew 11: 12 (RSV), "From the days of John the Baptist until now the kingdom of heaven has suffered violence, and men of violence take it by force (*uiolenti rapiunt illud*)," closer also in that A. has soldiers in mind. **nos cum doctrinis nostris, sine corde** "we with our learning [but] with no sense/ heart"; the antithetical prepositions favor taking *sine corde* with *nos* rather than *cum doctrinis nostris*. For the meaning of *cor*, see 5.3.5 *obscuratum est insipiens cor eorum* (n.). **ecce ubi uolutamur in carne et sanguine**: for *ecce*, see 5.2.2 *et ecce* (n.). *uolutamur* "we wallow" implies the exuberant indulgence of animal appetites, especially sexual, as at 2.3.8, 9.1.1, *Expositions of the psalms* 73.25, and *Sermons* 9.12. "Flesh and blood" is a scriptural formula that A. uses to characterize the physical side of human nature as separate from God; see 5.2.2 *caro et sanguis* (n.). **pudet sequi**: sc. *nos* with *pudet*. **nec saltem** "not even" (*OLD saltem* 2). **dixi nescio qua talia**: for the indication that a passage of direct speech is not meant to be taken as an exact quotation, cf. ¶27 *quasi diceret* (twice), ¶28 *non quidem his uerbis, sed in hac sententia multa dixi*, and 9.10.26 *dicebam talia, etsi non isto modo et his uerbis*. See also 7.9.13 *non quidem in his uerbis* and O'Donnell's note there. **aestus meus**: for the metaphor, see 6.3.3 *aestus* (n.) and O'Donnell's note here. **loquebantur animum meum** "declared my mind," sense as at *TLL* 1667.29–1668.12. **ubi ... impediret**: the relative clause also expresses purpose. **tantum** is adverbial: "only." **insaniebam salubriter et moriebar uitaliter**: a double oxymoron (*insanire* is literally to be without health). **gnarus quid mali essem**: *mali* is partitive genitive with *quid* ("what bad thing"), like *boni* following. But A. means that he recognized there was something bad about him, not that he was evil *in toto*; translate "recognizing the bad that I was." He is still wrestling with the Manichean duality of evil and good, but coming to accept that they both originate within him. **futurus essem**: for the future active participle with the subjunctive in indirect questions, see 5.8.15 *facturus esses* (n.). **abscessi ergo in hortum**: according to ¶29, he brought the codex of Paul out with him. Christ's agony in the garden of Gethsemane (Mark 14: 32–42) offers a partial parallel for A.'s withdrawal into the garden and (eventual) movement away from Alypius to struggle with his conscience. **pedem post pedem**: sc. *abscessit ponens*, "[Alypius went, setting his] footstep behind [my] footstep." **neque enim secretum meum non erat, ubi ille aderat** "for it was no less my private space where he was present." But in ¶28, A. does move further away from Alypius for the sake of greater privacy. **quando me sic affectum desereret?** "when could he have left me alone in that state?"; the subjunctive is past potential. **quantum potuimus remoti**: i.e. *[tantum] remoti quantum potuimus [esse]*. **fremebam spiritu**: A. applies to himself the description in which Christ gives vent to his distress over the death of Lazarus at John 11: 33 and 38, in accord with his interpretation at *Tractates on the gospel of John* 49.19: "[the passage] signifies the distress you should feel when you are pressed and weighed down with so great a weight of sin. For [when] you regard yourself and see your guilt and reckon it against you ... it is Christ who is stirred up, because your faith is stirred up."   **quod non irem**: for *quod*, see ¶3 *gratulatus est mihi quod* (n.).   **placitum et pactum**: substantives from the participles of *placeo* and *pacisco* respectively, which A. combines as a formula elsewhere (1.13.22, *City of God* 16.30, *Expositions of the psalms* 82.6); a variation on *placitum et propositum* in ¶15.   **omnia ossa mea clamabant**: psalmic language (31: 3, 34: 10); for the sense of *ossa*, see 5.1.1 *sana omnia ossa mea* (n.).   **in caelum tollebant laudibus**: sc. *quod* as the object of *tollebant*. In Latin, if a second relative clause is added to a first, the relative pronoun may not be repeated even when a change of construction is required, as here (G–L §636, K–S II 323–4).   **non illuc ibatur nauibus aut quadrigis aut pedibus**: *ibatur* is impersonal passive, "one did not go there," and the language is borrowed from Plotinus' account of the soul's return to the One in *On beauty* (*Enneads* 1.6.8, in Armstrong's translation): "Our country from which we came is there, our Father is there ... We cannot get there on foot; for our feet only carry us everywhere in this world, from one country to another. You must not get ready a carriage, either, or a boat. Let all these things go, and do not look. Shut your eyes, and change to and wake to another way of seeing, which everyone has but few use." It is A.'s second evocation of the passage in *Confessions* (first at 1.18.28).   **quantum saltem ... ieram** "even [so far] as I had gone."   **non solum ire uerum etiam peruenire illuc nihil erat aliud quam uelle ire, sed uelle fortiter et integre, non semisauciam hac atque hac uersare et iactare**: the infinitives *ire* and *peruenire* are subjects of *erat*, and *uelle, uelle, uersare,* and *iactare* are predicates (G–L §424); *semisauciam* is a hapax. For *hac atque hac*, see H–S 182.   **parte adsurgente ... alia parte cadente** introduces the image of the divided will which A. will not develop until ¶21.

8.8.20 This somewhat elusive ¶ first introduces the problem of willing and doing as the familiar experience of a gap between mind and body. In that context, the mind wills, and the body may or may not be able to obey, but either way, "willing" depends on the mind, and "doing" depends on the body. The sentence at the halfway point, *tam multa ergo feci, ubi non hoc erat uelle quod posse*, sums up (*ergo*): for the most part, willing is not the same as doing. But it also marks a key turn in the argument, because A. is about to correct an oversimplification. In the mind, "willing" is not something distinct from "doing," but is "doing" itself (*ibi enim ... ipsum uelle iam facere erat*). However, as he has discovered, his own will is not "doing" as expected.

in ipsis cunctationis aestibus "amid the very waves of procrastination"; *ipsis* notes the peculiarity that he had no trouble moving his limbs even at the height of his action avoidance.   **uolunt ... et non ualent**: nearly identical words brings out the point that willing and doing are not identical.   **si aut ipsa membra non habeant**: say, as a result of birth defect, accident, war, or amputation.   **resoluta languore** "made limp by weakness."   **quoquo modo** "in whatever way" (*OLD quisquis* 8 b).   **uulsi**: from *uello*.   **si consertis digitis amplexatus sum genu** "if I interlaced my fingers and clasped my knee."   **obsequeretur** is past potential.   **ubi non hoc erat uelle quod posse** "where willing was not the same as having the ability," i.e., outside the mind, in relation to the body.   **non faciebam quod et incomparabili affectu amplius mihi placebat, et mox ut uellem possem, quia mox ut uellem, utique uellem** "I was not doing that which, with incomparable intensity, both pleased me more, and [which] I would have been able [to do] as soon as I wished, because as soon as I wished [it], I would definitely have wished [it]." The phrase *mox ut* is used occasionally in classical Latin and often in late Latin as a subordinating conjunction meaning "as soon as" (*TLL mox* 1552.40–9); *uellem* in the two *mox ut* clauses has been attracted out of the normal indicative by the past potentials *possem* and *uellem* in the leading clauses. For *utique*, see 5.4.7 *utique* (n.).   **faciliusque obtemperabat corpus tenuissimae uoluntati animae, ut ad nutum membra mouerentur, quam ipsa sibi anima ad uoluntatem suam magnam in sola uoluntate perficiendam** "and the body more easily obeyed the slightest whim of the soul, so that its limbs would move on command, than the soul [obeyed] itself so as to execute its own strong will [that consisted] in willing alone."

8.9.21 monstrum "anomaly."   **interrogem**: for the hortatory subjunctive in the first person singular, see ¶1 *recorder* (n.).   **latebrae poenarum hominum et tenebrosissimae contritiones filiorum Adam**: the phrasing already implies part of the answer to the question: although the connection may be hard to discern (hence the characterization in terms of *latebrae* and *tenebrosissimae*), A. sees weakness of will as a punishment of humanity that goes back to Adam. At *On free will* 3.51–2, he argues that it is God's just punishment for the first humans' failure to use properly the faculties of reason and choice granted to them at creation. "It is not, however, inflicted from without, but from within ... . The penalty is rather the very psychic disruption and disturbance that follows from our turn away from God and from the setting of our heart on lesser things" (Babcock 1994: 185). For *contritiones*, see 7.7.11 *magnae uoces ... tacitae contritiones* (n.).   **paretur statim** "there is immediate obedience"; impersonal passive, like *resistitur* following.   **uix a seruitio discernatur imperium** "the command is scarcely distinguishable from the compliance."   **et animus**

animus est, manus autem corpus est: the point being that mind could be expected to have more control over itself than over an alien element like body.   **nec alter est** "nor is it something else [like body]."   **et quare istuc, inquam, ut uelit qui non imperaret nisi uellet, et non facit quod imperat?** "and what is the meaning of this," I said, "[namely,] that [someone] wills [an act] who would not command [it] unless he did wish [it], and [yet] he does not do what he commands?" *istuc* cues the noun clause *ut uelit; imperaret* and *uellet* are contrafactual subjunctives; and there is a slight anacoluthon in *non facit*, which breaks free of the noun clause to become a new main clause.   **et in tantum non fit quod imperat, in quantum non uult, quoniam uoluntas imperat ut sit uoluntas, nec alia, sed ipsa** "and [that] which he commands does not happen in so far as he does not will [it], since the will commands that a willing exist—nothing else but the will itself." The *quoniam* clause again makes the point that nothing stands between willing and itself that could interfere with it, as between the will and the body.   **ideo non est quod imperat** "and so [that] which it commands does not exist/happen"; *est* has its existential meaning, as in *nec imperaret ut esset, quia iam esset* in the sentence following.   **ueritate subleuatus**: given A.'s frequent appeal to Christ's statement "I am the way, the truth, and the life" (John 14: 6), this phrase could mean "borne up by the truth [which is Christ]," as O'Donnell suggests. But it might mean simply that the mind is borne up "in truth, really," as in ¶24, where in the same context of considering better and worse choices A. writes *anima … illud <u>ueritate</u> praeponit, hoc familiaritate non ponit*. He is fond of framing antitheses which balance *ueritate* in this sense against another ablative (cf. also *On the instruction of beginners* 21 *non ipsa ueritate sed solo nomine christiani sunt* and *On the Trinity* 13.17 *nec sint ueritate sed opinione uictores*), and sometimes the antithesis is strained.   **ideo sunt duae uoluntates**: the two *uoluntates* are reintroduced from ¶10, where they were characterized as *una uetus, alia noua, illa carnalis, illa spiritalis*. Here, however, they do not seem so sharply differentiated as there, and in ¶¶23-4 A. will raise the possibility that there could be more than two *uoluntates*.   **hoc adest alteri quod deest alteri** "what is missing from the first attaches to a second." A. seems to be suggesting that the will carries a fixed quantum of energy which must necessarily find an outlet in one or more objects.

¶¶22-4 The conclusion that two *uoluntates* co-exist within the self leads to an abrupt yet not gratuitous renewal of the attack on Manicheism. "In the culture of late antiquity, it was the Manichees, more than any others, who had come to grips with [failure of the will] and provided an interpretation of the human experience from which it arises," Babcock 1994: 182. But since they explained it in terms of separate forces of evil and good at work in a person, which A. thought amounted to disclaiming personal responsibility for wrongdoing, he here digresses in order to distinguish his two *uoluntates* from the two *naturae* of the Manicheans.

8.10.22 Pereant a facie tua: adapted from Psalm 67: 3 *sic pereant peccatores a facie dei*.   **uaniloqui et mentis seductores**: the phrase *uaniloqui et seductores* is taken from the Epistle to Titus 1: 10. By adding *mentis* to *seductores*, A. gains a label for qualities of the Manichees that he has criticized throughout *Confessions*.   **duas naturas ... alteram malam**: for the Manichean doctrine about good and bad forces within the human self, see Lieu 1992: 24–6, and for A.'s presentation of it, BeDuhn 2013: 103–21. A. refers to the evil element as an *anima* or soul in *On the two souls*, written a decade earlier than *Confessions*, but as an evil *natura* or *mens* in *Confessions*; how it was characterized in Manichean sources is disputed: see Scibona 2011.   **si uera senserint uerisque consenserint** "if they have conceived the truth and consented to the truth." *ueris* is neuter plural, like *uera*; for the phrase, compare *consentire falsis* at *To Cresconius, a Donatist grammarian* 1.25. For the coupling of *sentire* and *consentire* elsewhere, cf. *Epistles* 217.30 and *Against Maximinus, an Arian* 2.19.   **"fuistis aliquando tenebrae, nunc autem lux in domino"**: A. uses Paul's words at Ephesians 5: 8 to turn the Manichean principles of Light and Dark into the basis for a spiritual judgment on them.   **putando animae naturam hoc esse quod deus est**: i.e. in thinking that both the soul and God consisted of Light. For the ablative gerund, see 5.8.15 *orando et flendo* (n.).   **a te uero lumine illuminante omnem hominem uenientem in hunc mundum**: from John 1: 9, with the non-Vulgate reading *lumen* for *lux*; *uero lumine* is in apposition with *te*.   **attendite quid dicatis**: this direct address to the Manichees, the only instance in *Confessions*, suggests that A. may have expected them to read his book, and at least one Manichee does appear to have read and responded to it (see Courcelle 1968: 235–8 on Secundinus). Kotzé 2004 argues that the major themes of *Confessions* and the way they are presented imply that the Manichees were at the forefront of A.'s intended audience.   **erubescite**: for shame at the arrogance of their claim.   **accedite ad eum et illuminamini, et uultus uestri non erubescent**: Psalm 33: 6, with the non-Vulgate reading *erubescent* for *confundentur*.   **deliberabam ut ... seruirem**: probably "I was deliberating in order that I might serve," since *delibero* with a noun clause is very rare (*TLL* 440.71).   **sicut diu disposueram**: at 3.4.7–8, A. had characterized the desire for wisdom which his reading of the *Hortensius* inspired as a movement toward God: *immortalitem sapientiae concupiscebam aestu cordis incredibili et surgere coeperam ut ad te redirem ... apud te est enim sapientia*.   **ego eram qui**: the ordinary Latin equivalent of "it was I who."   **naturam mentis alienae**: the evil *mens*, like all evil in the Manichean system, is conceived as a force invading the Light from outside.   **poenam**: see ¶21 *latebrae poenarum hominum et tenebrosissimae contritiones filiorum Adam* (n.).   **non iam ego operabar illam sed quod habitabat in me peccatum** "[it was] not now I [who] was causing that, but the sin that was dwelling in me"; *illam* refers back to *dissipationem*. A. is echoing Paul's consternation at Romans 7: 17 over the experience of doing what he hates and not doing what he wants: *nunc autem iam non ego operor illud, sed quod habitat in me peccatum*. For *operor*, see 6.7.12 *illam ... operatus es* (n.).   **de supplicio liberioris peccati** "[sin] deriving from the penalty of a sin committed in conditions of greater freedom" (Gibb and Montgomery). In A.'s view, Adam, unlike his descendants, had the power of not sinning up until the moment when he misused that freedom by choosing to eat the forbidden fruit in the garden of Eden.

8.10.23 Nam looks back to the penultimate sentence of the last ¶, *nec tamen [dissipatio] ostendebat naturam mentis alienae*.   **si tot sunt contrariae naturae quot uoluntates sibi resistunt**: compressed for *si tot sunt naturae quot [sunt] uoluntates [quae] resistunt*.   **quisquam**: often used in affirmative as well as negative clauses in late Latin (*OLS* 1168); A. alternates between *si quisquam* and *si quis*.   **conuenticulum**: in A., the word almost invariably has the pejorative sense of English "conventicle," i.e. "an assembly for religious worship; especially, a secret meeting for worship not sanctioned by law" (Merriam-Webster); he often applies the word to the gatherings of Manichees, Donatists, and heretics.   **eorum**: the Manichees, to whom *illos, eos*, and *isti* later in the ¶ also refer.   **ad theatrum**: for the intransigent opposition of church leaders to theatrical performance, and the reasons for it, see Webb 2008: 197–216.   **hac ... illac**: adverbs, "in this direction ... in that direction" (*OLD hac* 1).   **sibimet aduersantium** "opposing each other." For the reciprocal sense of the reflexive, see 7.6.8 *indicauerunt sibi ambo* (n.); *-met* is an intensifying particle.   **ego autem dico ambas malas**: A. is pursuing the thesis advanced in the opening sentence of the ¶, that the Manichees will have to admit that a person must have more than two "natures" or "minds," if conflicting volitions are to be the criterion. In that case, he will argue, a conflict between two (or more) bad intentions would imply that two (or more) evil natures were at work within a person, not just one. Here he says that he himself would regard the alternatives they propose (going to the theater, or attending a Manichean meeting) as just such a case of two bad choices. But since they would obviously not agree, he goes on to tease them with alternatives which they would have to accept as both bad: the theater, or a Catholic church. He could just as well have used a plurality of *good* intentions to make the case that conflicting intentions do not suffice to prove the existence of only two conflicting "natures" (as he notes in the next ¶). Presumably he focuses more on bad intentions because he considers the Manichean concept of evil an easier target than their concept of good. His argument against the Manichean position would be less persuasive, however, if the Manichees held that both the good "nature" and the bad "nature" were fragmented rather than unitary forces (as BeDuhn 2010: 83–91 seems to think), and so each capable of generating multiple volitions simultaneously.   **secum**: *se* refers to *uoluntatibus*, not to the subject of *fluctuet*, and again has a reciprocal sense.   **fluctuet** "waver," introducing an indirect question (*OLD* 4).   **sicut in eam pergunt qui sacramentis eius imbuti sunt atque detinentur**: translators and commentators disagree about who is meant by these words. Most understand *eam* and *eius* as referring back to *ecclesiam nostram* just mentioned and think that Catholic Christians are meant. In that case, the point of *sicut pergunt qui ... detinentur* would be to insist that for Christians, "going to church" involves not only attendance, but initiation in the sacraments and persistence in practice. On the other hand, the word *detinentur* in A. usually expresses a negative point of view of situations to which it refers. O'Donnell therefore argues that Manichees are meant, and that with *eam* and *eius* A. balances the reference to the Catholic church against a reference to the Manichean church. However, the pronoun *is* does not usually serve to draw a contrast between two items, and it is uncertain what A. would have thought constituted *sacramenta* of the Manichean religion.   **unam bonam**: sc. *esse*.   **quisque**: sometimes used for *quis* = "someone" in late Latin (H–S 199).

8.10.24 non dicant: jussive; for *non* instead of *ne*, see 7.6.10 *cui non dicat homo "quid est hoc?"* (n.).   **aduersari sibi**: the reflexive has reciprocal sense.   **de duabus contrariis substantiis et ... principiis** "deriving from two contrary substances and ... principles." The Light and the Dark are the opposed material substances and also the ultimate cosmic principles in the Manichean system.   **unam bonam, alteram malam**: in apposition with the preceding *mentes*.   **deus uerax**: borrowed from Roman 3: 4, where Paul contrasts God's truthfulness with human mendacity. God refutes the Manichees by causing them to feel or experience (*sentiunt* above) that conflicting volitions arise within the psyche as a whole rather than within separate elements in it.   **in utraque mala uoluntate** "in a situation where both volitions are evil"; *in* has the sense illustrated at *OLD* 40.   **illum an illum** "this or that."   **non potest**: sc. *inuadere*.   **utrum emat uoluptatem luxuria an pecuniam seruet auaritia**: the ablatives are added in order to qualify the respective impulses as both bad and contradictory.   **exhibeatur**: the normal word for "putting on" an entertainment (*OLD* 3).   **tertium** "a third question"; the neuter refers to the whole clause *an ad furtum [pergat]*.   **et inde** "also in regard to that [i.e. adultery]"; *inde* = *de eo*.   **facultas** "opportunity" (*OLD* 4).   **si omnia**

concurrant in unum articulum temporis: this qualification is necessary in order to foreclose the response that one undivided evil nature/mind changes its purpose in successive moments; *omnia* is the proliferating set of bad options just hypothesized.   **sibimet aduersantibus quattuor uoluntatibus**: ablative absolute; *sibimet* is again reciprocal.   **nec tamen tantam multitudinem ... solent dicere**: the subject of *solent* is the Manichees; for *dicere* + accusative in the sense "mention," see *OLD* 7. A. finally arrives at the point toward which he has been driving: not even the Manichees ascribe a clash of bad volitions to separate evil agencies in the psyche (and therefore they are not entitled to ascribe a clash of good and evil volitions to separate agencies either).   **lectione apostoli**: i.e. a reading of Paul's Epistles, on which the Manichees drew heavily.   **quid potissimum arripiamus** "what we are to seize on, in preference to everything else." *arripiamus* is a deliberative subjunctive within an indirect question (*NLS* §§172 and 177).   **quo feratur tota uoluntas una** "toward which the whole will may be drawn as a unity." This is the last mention of *uoluntas* in book 8. A. says no more about it when his irresolution finally comes to an end in ¶29 (apart from the phrase *nec ultra uolui legere*), and when he looks back on this moment at 9.1.1, he will say that he does not know how he found the will to break with his past. *quo* is the adverb = *ad quod*; the subjunctive is used because the relative clause is characterizing; and *una* is opposed to *quae in plures diuidebatur* following.   **in plures**: sc. *uoluntates*.   **delectat**: sc. *animam*.   **superius ... inferius** "on a higher plane ... on a lower plane."   **dum illud ueritate praeponit, hoc familiaritate non ponit** "as it prefers the one thing on an objective basis, [but] it does not let go the other because of attachment to it"; the argument of ¶¶22–4 is brought to a close with a double antithesis composed of rhyming elements. A. sometimes stretches the meaning of *ueritas*, especially when framing antithetical statements (cf. 6.6.9 *sed peruersitate—numquid ueritate?* (n.)); for the sense of *ponit*, see *OLD* 10.

¶¶25–7 Having concluded the digression on the Manichean two natures/minds, A. returns to the spiritual impasse in which he found himself and reimagines it. It is now presented, not as a paralyzing conflict of volitions—on the contrary, he describes his lurching progress in a single direction—but as the frustration of spiritual aspiration by fleshly habit. This struggle is cast in the form of a rhetorical set-piece (as A. acknowledges at the end) in which allegorical figures representing lust and continence bid for his allegiance. Commentators detect the influence here of a famous tale by Prodicus the Sophist in which the young Hercules comes to a fork in the road of life and must choose between the ladies Virtue and Vice to lead him onward. (The story is told in Xenophon's *Memorabilia* 2.1.21–34, but would have been known to A. from Cicero's *On duties* 1.118, for A.'s familiarity with which, see Hagendahl 1967, II 522–3).

8.11.25 aegrotabam: links back to *aegritudo animi* in ¶21, before the digression on the Manichean two natures/minds.   **accusans memet ipsum solito acerbius**: in the vehement self-denunciation of ¶18; *solito* is ablative of comparison.   **uoluens et uersans me in uinculo meo, donec abrumperetur totum**: cf. ¶19 *uersare et iactare*. In ¶13 and at 6.12.21, A. had identified his *uinculum* as the chain of sexual appetite, which fits with the coarse image he develops of himself here as a chained animal trying to break loose. Courcelle 1968: 192 n. 3 argues that the passage is influenced by Persius *Satire* 5.155–66 (a poem with which A. was familiar), comparing a lover to a dog that manages to break its chain only temporarily.   **instabas** "you kept working away."   **in occultis meis** "in my hidden self." The expression is borrowed from Scripture, especially Psalm 18:13 *ab occultis meis munda me* and Romans 2: 16 *iudicabit deus occulta hominum*, both implying a sinful self, which in A.'s view is hidden not only from others, but even from oneself: cf. 10.37.60 "I fear *occulta mea*, which [God's] eyes know, but not my own."   **seuera misericordia**: see 5.1.1 *aut miserans aut uindicans* (n.).   **ingeminans** "redoubling"; in A. the verb occurs only in the phrase *flagella ingeminare*.   **timoris et pudoris**: *timor* is A.'s fear of death: see 7.5.7 *timore mortis* (n.); it may have been aggravated at this time by the pulmonary ailment that he describes at 9.2.4. *pudor* is his shame at being unable to act as decisively as the uneducated soldiers in Ponticianus' story, as he related in ¶¶18–19.   **cessarem** "back down" (*OLD* 3).   **ecce modo fiat, modo fiat**: *modo* reenforces the command (*OLS* 355–6); *ecce* and *modo* can be combined, as at *Sermons* 107.9 *ecce modo te proba, modo te interroga*. The fact that *fiat* is repeated shows that it is more a wish than an effective command (Bouissou XIV 545).   **placitum**: see ¶15 *placito et proposito*.   **in pristina**: cf. ¶15 *a pristinis*.   **de proximo** "close by" (*OLD proximus* 2).   **respirabam** "I was catching my breath" (*OLD* 2).   **et item conabar**: *item* often verges on the sense of simple "again" (*TLL* 534.72–535.9). *conabar* is a "verb of grace-less spirituality ... a sign that on this particular path lies failure unless something else intervenes" (O'Donnell here, together with his note on *conari* at 7.21.27). In the opening ¶ of the book, A. had declared that it was God who broke his bonds, not he himself: *dirupisti uincula mea ... quomodo dirupisti ea narrabo*.   **paulo minus**: a psalmic expression (e.g. 93: 17, 118: 87) which (as A. explains to his congregation at *Sermons* 48.4) means the same as *paene*.   **iam iamque**: see 6.16.26 *iam iamque ... raptura* (n.).   **mori morti et uitae uiuere**: i.e. to be dead in relation to the promptings of the body (which A. equates with sin and death) and to be alive in relation to Christ and the spirit; cf. 6.11.20 *differebam ... uiuere* *in te et non differebam cotidie in memet ipso mori.* The dative case in combination with verbs of living and dying is typically Pauline, e.g. Romans 6: 11 *uos existimate uos mortuos quidem esse peccato, uiuentes autem deo*; see BDF §188.   **ualebat deterius inolitum quam melius insolitum**: *deterius* and *melius* ("the worse" and "the better objective") function as subjects of *ualebat. inolitum* is from *inolesco*, "grown habitual" (a postclassical sense, *TLL* 1738.63–5), chosen for the sake of word play with *insolitum*. For *quam*, see ¶11 *id patiebar inuitus quam faciebam uolens* (n.).   **punctum ... temporis**: the subject of *admouebatur, incutiebat,* and *recutiebat.*   **quo aliud futurus eram** "at which I was about to be something else"; *quo* is ablative of time when (G–L §393).   **sed non recutiebat retro nec auertebat, sed suspendebat**: sc. *me* as the object of all three verbs. *non recutiebat* counterbalances *incutiebat,* as *nec auertebat* does *propius admouebatur,* yet the result is not progress but a standstill (*suspendebat*); cf. *pendebam* in ¶27.

8.11.26 nugae nugarum et uanitates uanitantium: this double epithet for A.'s temptations is partly invented and partly borrowed. *uanitates uanitantium* comes from the exclamation with which the book of Ecclesiastes opens, *uanitas uanitatum, et omnia uanitas!* The text that A. knew, however, read *uanitas uanitantium* instead of *uanitas uanitatum,* a phrase in which he thought that *uanitas* meant "'deceit,' and *uanitantes* are to be understood as 'deceivers' or 'the deceived' or both" (*On the greatness of the soul* 76, though he eventually (*Reconsiderations* 1.7.3) concluded that the reading *uanitantium* was mistaken). *nugae nugarum,* "fribbles of fribblers" (*nugae* can be applied to both things and persons, *OLD* 2), parallels and helps to explicate the scriptural phrase; see Bastiaensen 1987. *nugae* and *uanitates* are equated throughout A.'s work as words denoting anything specious but hollow, whether in an intellectual or a moral sense (for the latter, cf. *Letters* 104.3 *temporalium nugarum et uanitatum cupiditas*). Since the temptations are being personified, A. refers to them in language that suits both activities and persons. They are introduced as *nugae* again in ¶27 and in 9.1.1, which looks back to this passage.   **amicae**: the ordinary word for a girlfriend or mistress (*OLD* 2). A. had already introduced essentially the same personification with *meretrices cupiditates* at 4.16.30.   **succutiebant** "tugged at."   **uestem meam carneam** "my fleshly garb" is the body as envelope of the soul. The adjective *carneus* comes into Latin through Bible translations and is limited almost entirely to Christian writers (*TLL*).   **dimittisne**: the ordinary word for divorce of a wife or dismissal of a mistress (*OLD* 3 a).   **ultra in aeternum**: a touch of deceit that characterizes the *amicae,* since it suggests that, if A. did *not* renounce them, he could somehow continue to enjoy bodily pleasures beyond the death of the body.   **hoc et illud**: on the one hand, A. avoids prurient specifics; on the other hand, by lingering over the preterition, he calls the reader's own imagination into play.   **quae suggerebant ... deus meus**: *quae* may be either exclamatory or interrogative, and the sentence punctuated accordingly.   **auertat**: subjunctive of wish (G–L §260).   **audiebam ... longe minus quam dimidius**: i.e. "far less than half of me was listening."   **non tamquam libere contradicentes eundo in obuiam**: *tamquam*, like *uelut* and *quasi* following, emphasizes the imaginary quality of the scene A. describes. *libere* is "forthrightly," as opposed to *furtim* following; *contradicentes* "challenging" modifies *eas*.   **discedentem**: sc. *me*.   **tardabant tamen cunctantem me abripere**: *me* must be understood again as object of *tardabant*; the *me* after *cunctantem* is reflexive, object of *abripere* and *excutere*, which are complementary to *cunctantem*.   **transilire quo uocabar** "to make the leap across [to the place] to where I was being called."   **diceret mihi consuetudo uiolenta**: cf. *uiolentia consuetudinis* in ¶12; another element of A.'s psyche is personified and gains a voice.   **putasne sine istis poteris?** in colloquial contexts, *putasne* is often treated as peripheral to the question asked: i.e. "will you be able [to do] without them, do you think?" (*TLL* 2770.64–2771.6). *istis* refers to the *nugae*; ellipse of an infinitive with *posse* is also colloquial (H–S 422), as again in the next ¶.

8.11.27 aperiebatur ... ab ea parte qua intenderam faciem et quo transire trepidabam casta dignitas Continentiae "the chaste worthiness of Continence was revealing herself in the direction where I had set my face, and where I was hesitating to cross over to." *aperiebatur* gives the entrance of Continence the quality of an apparition (cf. *Against the Academic skeptics* 2.6 *tanta se mihi philosophiae facies aperuit*), and as befits a revelation, its subject is not identified until the end of the clause. *qua* and *quo* are adverbs of place. Continence has hitherto been presented in *Confessions* as a daunting abstraction; in this ¶, A. sets himself the challenge of creating an image of it that can vie with the desirability for him of an actual woman.   **non dissolute hilaris, honeste blandiens**: de-eroticized versions of two qualities that would be conventionally associated with an *amica* (for the imagery, see Cunningham 1962).   **extendens ad me suscipiendum et amplectendum pias manus** "stretching out her caring hands to welcome and embrace me"; *pias* again distinguishes the spirit of Continence's gesture from that of an *amica*.   **iuuentus multa** "many young people" (the category to which A. himself now belonged at the age of 31).   **nequaquam sterilis, sed fecunda mater filiorum gaudiorum de marito te** "by no means barren, but a fertile mother of the children [who are] her joys by you her husband." Having distinguished Continence as a true lover from the false *amicae*, A. now presents her as a partner who offers in a spiritualized form the pleasures of procreation that A. has hitherto looked for in sexual activity (for the erotic overtones of *gaudium*, see

TLL 1712.33–53).   **in se ipsis ... ac non in domino deo suo**: the distinction between doing something "in oneself" and doing something "in the Lord" derives from Pauline language (see the expressions collected at BDAG ἐν I 5 d) that insists on the importance of aligning all aspects of Christian behavior with the spirit of Christ.   **quid in te stas et non stas** "why do you stand on your own, and fail to stand?" *quid* is the adverbial accusative = "why?" For the thought, cf. 1 Corinthians 10: 12 *qui se existimat stare, uideat ne cadat.* The question renews the criticism A. had made against himself at 6.11.20 for failing to realize that continence is a gift from God, not something within a person's own power.   **securus** "fearlessly"; predicative use of the nominative adjective.   **cunctabundus pendebam** "I was hanging back in hesitation."   **et rursus illa**: sc. *locuta est* or the like; verbs of saying are often dropped in exchanges of dialog (Löfstedt 1933, II 244–6).   **obsurdesce aduersus immunda illa membra tua super terram, ut mortificentur. narrant tibi delectationes, sed non sicut lex domini dei tui** "Close your ears to those unclean parts of you upon the earth, so that they may be deadened. They tell you of delights, but not [such] as the law of the Lord your God [tells of]." Continence has borrowed an utterance from Paul and combined it with a verse from the psalms. In Colossians 3: 1–5, Paul argues that since Christians have been resurrected in Christ, they must fix their thoughts on the things which are above (*quae sursum sunt*) rather than on the things of earth. From that follows his injunction, *mortificate ergo membra uestra quae sunt super terram,* "therefore deaden the parts of you which are upon the earth," which he then specifies as fornication, uncleanness, lust, and evil desire—the very things that A. understands by *nugae* in this ¶ and by *iniquitates* in the next. They are also what is meant by *delectationes* in the next sentence, which is adapted from Psalm 118: 85, *narrauerunt mihi iniqui delectationes suas, sed non ita ut lex tua, domine* (with the non-Vulgate reading *delectationes* in place of *fabulationes*). *mortifico* enters Latin through Bible translations of Paul (*TLL*), together with the sense that has carried over into English "to mortify oneself," i.e. "to subdue bodily appetites by abstinence" (Merriam Webster).   **ista controuersia in corde meo non nisi de me ipso aduersus me ipsum** "that disputation [took place] within my heart, just between myself and myself." Like *sententia* in ¶ 18, *controuersia* (which occurs here only in *Confessions*) is a term associated with Roman schools of rhetoric. In that context, it refers to an exercise in which students took turns improvising either a prosecution or a defense of someone charged with violating a hypothetical law under (highly) hypothetical circumstances (see Bonner 1977: 308–27). A. does not give the dispute between Continentia and the *amicae* a forensic setting, but it does feature vividly realized characters arguing opposite sides of a moral question. Calling it a *controuersia*, however, seems to draw attention to its artificiality as a representation of personal experience. *non nisi de me ipso aduersus me ipsum* recalls the argument of ¶¶22–4, that psychic conflict does not prove the existence of good and evil natures within the self. Having just presented the virtuous Continentia and the vicious *amicae* as externalized figures struggling for his soul, A. may have wanted to forestall any impression that he was slipping into the dualism of the Manichees. **inusitati motus mei**: *motus* is "turmoil" (*OLD* 10), referring to the agitation A. described in ¶¶19–20, where he last mentioned Alypius. This sentence is transitional to the next ¶.

8.12.28 Vbi uero a fundo arcano alta consideratio traxit "but when deep inspection brought [up] from the hidden depth [of my heart]," *cordis mei* being also understood with *fundo*, cf. 9.1.1 *a fundo cordis mei exhauriens abyssum corruptionis*; the phrase *alta consideratio* recurs at *On order* 1.26 *altiorem istam considerationem.* By evoking the idea of depth and by substituting the root verb *traho* for *tracto*, A. has refreshed a metaphor implicit in the familiar expression *tractare consideratione* (*Erfurt Sermons* 4.8, *Tractates on the gospel of John 100.4*). **ingentem imbrem lacrimarum**: on tears in *Confessions*, see 5.8.15 *rigabat terram sub uultu suo* (n.). After several episodes in which A. has censured himself for misplaced weeping, the unparalleled volume of tears on this occasion (*procella ingens, ingentem imbrem, proruperunt flumina*) is a sign that they have finally found the proper outlet. This resolution was foreshadowed by A.'s comment at 2.13.21 that nothing could be more pitiable than to weep for Dido's death and not to weep over one's own estrangement from God. **cum uocibus suis** "with words appropriate to them [the tears]." **negotium flendi**: implies that the weeping is sustained and purposeful; for the phrase, cf. *negotium clamandi* at *Expositions of the psalms* 140.4, *negotium orandi* at *Letters* 130.18, and *negotium philosophandi* at *Against the Academic skeptics* 3.18. **remotius quam ut posset mihi onerosa esse etiam eius praesentia** "too far away for even *his* presence to bother me"; for *quam ut* with the subjunctive after comparatives, see G–L §298. *etiam* acknowledges that A. would not normally have been embarrassed by Alypius' presence even in his most unguarded moments, as he indicated in ¶19. **sic tunc eram** "that was the state I was in." **nimie stupens**: cf. the description *attonitus me intuens* in ¶19. **sub quadam fici arbore**: Courcelle argued that this stick of scenery in the otherwise bare garden must have a primarily symbolic significance that is clarified in several of A.'s exegetical works. In John's account of Christ's gathering of the disciples, Christ tells Nathaniel that before they met, he had seen Nathaniel sitting beneath a fig tree (1: 48). A. related that passage to the story of the fig tree that Christ cursed at Matthew 21: 19, and to the fig-leaf coverings that Adam and Eve donned after eating the forbidden fruit in Genesis 3: 7, and concluded that in all three cases, the fig tree symbolizes sin and death. Courcelle held that this interpretation would have been uppermost in A.'s mind here in *Confessions* too, so much so that in the telling A. may well have substituted a fig tree for some other tree in the garden (see Courcelle 1968: 193–4 and 1963: 191–3; the relevant texts are set out in O'Donnell's note). Buchheit 1968 took the argument a step further by showing that figs were also associated with a sexual meaning that is relevant both to the Genesis passage and to A.'s personal situation. And in a writer so hospitable to symbolism as A., latent connections might be traced to the pear tree in book 2, as well as to the tree of knowledge in the Garden of Eden, which in later European tradition was often represented as a fig tree. **quadam**: "in narrative discourse *quidam* is often used ... to create a spatial or temporal setting for a new (part of the) story" *OLS* 111. *arbor* + genitive is a standard way of designating a tree species (*TLL* 426.38–45). **dimisi habenas lacrimis** "I gave rein to my tears"; a variation on a common classical metaphor (*OLD habena* 2). **acceptabile sacrificium tuum** "the sacrifice [that is] acceptable to you," referring to the rivers of tears, with which it is in apposition. A. had earlier identified tears of penitence as the most appropriate form of sacrifice to God: see 7.21.27 *uultum pietatis huius, lacrimas confessionis, sacrificium tuum* (n.). *acceptabilis* enters Latin through Bible translations and is used only by Christian writers, often in contexts concerning sacrifice (*TLL*); the phrase *acceptabile sacrificium*, which is based on Paul (Romans 15: 16, 15: 31, and Philippians 4: 18), had by this time become a set formula among Christian writers (Lactantius *Epitome of the Institutes* 48.6, Ambrose *On Cain and Abel* 2.1.2, Jerome *Commentary on Isaiah* 4.12.6), eventually entering the canon of the Mass. **non quidem his uerbis sed in hac sententia multa dixi**: for the caveat, see ¶19 *dixi nescio qua talia* (n.). Since A.'s next utterance will consist of direct quotations from the psalms, he may have felt the need to harmonize his account here with the statement at 9.4.8 that he had not yet read the psalms at this time. But throughout this narrative, A. makes clear that he is recreating an experience, not transcribing a memory of it. **et tu, domine, usquequo?** = Psalm 6: 4; *usquequo*, which enters Latin through Bible translations, is classical *quousque* in reverse. **usquequo, domine, irasceris in finem?** = Psalm 78: 5; *irasceris* is here the future deponent, not the present. **ne memor fueris iniquitatum nostrarum antiquarum** = Psalm 78: 8 (with *ne memor fueris* for *ne memineris*). *ne* + perfect subjunctive regularly substitutes for an imperative of the second person in negative commands (G–L §263 2 b); *memor* is modified by a genitive. **"cras" et "cras"**: doubled *cras* is the proverbial "cry of the raven" that A. tells his congregation to avoid in sermons urging them to reform their lives without delay (*Sermons* 82.14, 222, *Expositions of the psalms* 102.16). He and other Christian writers connect it with the story of the raven that Noah sent out from the ark at Genesis 8: 6, but commentators on *Confessions* have detected here another echo of Persius *Satire* 5, which in lines 66–9 plays similarly on repeated *cras* in a passage inveighing against moral procrastination; cf. ¶25 *uoluens et uersans me in uinculo meo* (n.). **modo** "right now" (*OLD* 5 b).

8.12.29 et ecce: see 5.2.2 *et ecce* (n.). **de uicina domo**, "from a/the neighboring house," is the reading of almost all manuscripts and most modern editors here. The oldest manuscript of *Confessions*, however (the Sessorianus, dating to within one or two centuries of A.'s lifetime), uniquely gives *de diuina domo*, "from a/the divine house." *uicina* locates the voice which A. heard in his immediate physical environment, whereas *diuina* locates it in the realm of the supernatural. Courcelle 1968: 195–6 and 301–5 (cf. 1963: 165–8) championed the latter reading, which he took to mean "from the home of God in heaven," and he made it part of his larger argument that A. was not reporting his experience in the garden as it actually happened, but was describing it figuratively, as he understood it years after the event. Mohrmann 1956, however (responding to Courcelle's first presentation of his views in 1950), rejected the reading of the Sessorianus as contrary to A.'s usage and the usage of Christian Latin generally. She showed that the phrase *diuina domus* was almost unexampled elsewhere in the corpus of A., who regularly used the expression *domus dei* instead, and who moreover meant by it not a place, but the Christian community on earth. **dicentis et crebro repetentis** "of [someone] saying and repeating over"; the substantive use of the present participle in the singular is more common in later Latin than classical Latin (*OLS* 956–8). **quasi pueri an puellae, nescio** "as of a boy or girl, I don't know [which]"; *an* establishes a question ("was the voice a boy's or girl's?") for which A. lacked an answer. Ending a sentence with a profession of ignorance is something of a mannerism in A.: cf. 9.13.37 (*Monnica et Patricius*) *per quorum carnem introduxisti me in hanc uitam, quemadmodum nescio*; 11.22.28 *ecce ueteres posuisti dies meos et transeunt, et quomodo, nescio*; *Soliloquies* 1.1 *mihi ... quaerenti memetipsum ... quidue mali euitandum esset, ait mihi subito siue ego ipse siue alius quis, extrinsecus siue intrinsecus, nescio*. **tolle lege**: the two most famous words of *Confessions*, which the sequel makes clear that A. understood to mean "pick up [and] read." Readers who accept these words as spoken on a real occasion by someone outside A.'s head think that A. overheard an utterance that had some other meaning—as A. himself suggests he initially thought—which they reconstruct according to their various notions of who might have been speaking (Matthews 2010 surveys hypotheses that have been proposed and adds another). Those readers (chiefly Courcelle 1968: 194–6) who accept the words as spoken in the sense in which A. understood them think that A. embellished, fantasized, or otherwise fictionalized this part of his experience in the garden. But Courcelle 1963: 155–63 also presented passages from many Greek and Latin sources showing that in certain contexts, *tolle lege* and similar expressions were a familiar formula, and that "take and read" was its undoubted meaning.   **mutato**: i.e. from being contorted by weeping.   **utrumnam** "whether," an interrogative particle which comes into use in the fourth century and can introduce either single or double indirect questions.   **nec occurrebat** "nor did it come to mind": an impersonal use of the verb followed by an indirect statement (*OLD* 9).   **uspiam** "anywhere."   **nihil aliud interpretans diuinitus mihi iuberi nisi ut aperirem codicem et legerem quod primum caput inuenissem**: as *enim* in the next sentence indicates, A. based this interpretation on a similarity he perceived between his own situation and an episode in the life of St. Anthony of Egypt (and he is completely true to character here in being ready to believe that a problem is to be solved by looking in a book). By *diuinitus*, he could mean that the command *tolle lege* had a divine source, like Christ's utterance about kicking against the goad at Acts 9: 5, which A. says was *diuinitus dictum* to Paul in *On eighty-three varied questions* 66.6. Or he could mean that words spoken by a human being contained a divine significance not necessarily appreciated by the speaker, as at *City of God* 16.37, where he says that the mistake whereby Isaac blessed his younger son Jacob instead of his elder son Esau happened prophetically, *per homines, sed diuinitus*. For the construction of *iubere* with *ut* + subjunctive, see 6.5.7 *modestius ibi minimeque fallaciter sentiebam iuberi ut crederetur* (n.). *quod primum caput inuenissem* means "the first section which I found"; in Latin of all periods, what English would regard as the antecedent is often incorporated into the relative clause together with the relative pronoun (G–L §616). *inuenissem* is subjunctive by attraction to the *ut legerem* clause to which it is subordinate, or because it is generalizing (*NLS* §155).   **audieram enim de Antonio quod ex euangelica lectione cui forte superuenerat admonitus fuerit**: A. now introduces a new detail from the conversation he reported back in ¶14. When talking about St. Anthony, Ponticianus had evidently enlarged on a moment described in chapter 2 of Athanasius' biography. Anthony was brooding over the course of his life as he was on his way to church one day, and he arrived just as a gospel was read in which Christ tells a young man like himself to "go, sell what you possess and give to the poor, and you will have treasure in heaven; and come, follow me" (Matthew 19: 21 RSV). Taking the words as directed personally to him, Anthony went home and acted on them. That episode becomes relevant to A. now because it inspires him to respond similarly to the utterance he has just heard. *audieram* introduces an indirect statement with *quod*, for which see 5.2.2 *nesciunt quod* (n.)—but notice that A. shifts to the infinitive construction with *[eum] esse conuersum* in the latter part of the sentence. *admonitus fuerit*: in A. a past action that precedes another past action is sometimes expressed by a perfect passive participle in combination with the perfect subjunctive of *sum*, rather than by a regular pluperfect passive subjunctive (e.g. *On Christian teaching* 2.61 *[hoc] Moyses fecerat de quo scriptum est, quod eruditus fuerit omni sapientia Aegyptiorum;* cf. *Against an adversary of the law and the prophets* 1.43; and *On agreement among the evangelists* 2.5). **tamquam sibi diceretur**: see 6.4.6 *tamquam regulam ... commendaret* (n.). **uade, uende omnia quae habes, et da pauperibus et habebis thesaurum in caelis; et ueni, sequere me** = Matthew 19: 21. **confestim ad te esse conuersum**: sc. *eum*. When A. shifts from the *quod* construction to the infinitive, he omits the subject of the infinitive as already obvious from the prior clause. The placement of similar-sounding key words at the beginning and end of this short sentence heightens its epigrammatic quality, and contrasts the rapidity of Anthony's conversion with the slowness of A.'s. **cum inde surrexeram**: in ¶28. **arripui, aperui, et legi**: cf. ¶14 *tulit, aperuit, inuenit* (n.). Apart from the presumptive meaning of the words he had heard, the story of the book in the hermits' hut, and the impact of a gospel text on St. Anthony, another influence that would have encouraged A. to open a book at this point was the contemporary vogue for "bibliomancy," or divination by book. In doubtful situations, pagans and Christians alike sought guidance by opening an authoritative text at random (much easier to do with a codex than a roll) and applying the first words they read to themselves (for the practice, see Gamble 1995: 237–41 and van der Horst 1998). Later, as a bishop, A. will condemn the practice, absolutely if a pagan text like Virgil is consulted, less strenuously if the Bible is (*Letters* 55.37). **capitulum quo primum coniecti sunt oculi mei**: in reference to books of Scripture, *capitulum*, synonymous with *caput* just above, means "chapter," a word which derives from it (*TLL* 351.33–73). But *capitulum* here is better translated by a less technical term like "heading" or "section." In A.'s time the Bible was divided into books as now, and each book was subdivided into a large number of sections that could be set off from one other by spacing, paragraph marks, headings and capitals, and sometimes numbers. But the sections did not correspond to the now standard division into chapters and verses, which was a creation of the thirteenth century and afterwards. A. would not have been able to identify the passage he is about to quote as Romans 13: 13–14 (see Metzger-Ehrman 2005: 34–6). *quo* = *in quod. primum* is adverbial, "first." **non in comessationibus et ebrietatibus, non in cubilibus et impudicitiis, non in contentione et aemulatione, sed induite dominum Iesum Christum et carnis prouidentiam ne feceritis in concupiscentiis** "[let us conduct ourselves becomingly,] not in reveling and drunkenness, not in debauchery and licentiousness, not in quarreling and jealousy. But put on the Lord Jesus Christ, and make no provision for the flesh, to gratify its desires" (RSV). *comessationibus* is a variant spelling for *comi(s)sationibus*; see *TLL comissatio*. For plurals of abstract nouns, see 5.1.1 *miserationes* (n.). *prouidentiam facere* is a periphrasis for simple *prouidere*; *facere* lends itself to a variety of periphrastic expressions (*OLS* 74–5), as does ποιεῖσθαι in Paul's Greek. The contribution of these verses to A.'s conversion has been questioned by Ferrari 1980 and 1992. In works written only a couple of years after the event, A. recalls several details about his decision to renounce his career and to embrace a celibate Christian life. Yet not until *Confessions*, written more than ten years later, does he mention the voice in the garden or the reading of Romans 13: 13–14 which followed, nor for many years does he cite the Pauline verses in any other context. Ferrari inferred that they could not have had the psychological importance they would have had if they had really precipitated his conversion, and that they must therefore be part of a fictional recreation of it.   **statim quippe**: the phrase becomes current in A. and other fourth-century writers.   **quasi luce securitatis infusa cordi meo**: ablative absolute, "as if a light of assurance had been poured into my heart"; for use of the conjunction *quasi* with participles, see H–S 140–1. This moment evidently brings the enlightenment which A. has been seeking since his abandonment of Manicheism; see 5.7.13 *nisi aliquid forte quod magis eligendum esset eluceret* (n.).

8.12.30 interiecto ... digito: "between the leaves of the book" (Gibb and Montgomery). A. is presumably now sitting again beside Alypius.   **signo** "marker."   **tranquillo iam uultu indicaui Alypio**: *tranquillo iam uultu* may be either ablative absolute ("with my countenance now tranquil, I let Alypius know [about it]") or ablative of means with *indicaui* ("by my tranquil countenance, I let Alypius know"). *indico* is often used elliptically as here, with the content of what is communicated having to be inferred from context (*TLL* 1151.47–60). But the ellipse, the three-fold repetition in this ¶ of *indicare* itself, among the vaguest of Latin words for making something known, and the series of clipped sentences that follow mark an abrupt shift from an inward to an outward perspective on events. The shift incidentally spares A. from having to elaborate on what form his experience of conversion took.   **ille quid in se ageretur ... indicauit**: an odd detail, since A. has not so far implied that Alypius was preoccupied about anything except A.'s own behavior. But perhaps it should be assumed that Alypius was stirred to introspection by A.'s outburst in ¶19, *quid patimur? quid est hoc? quid audisti? surgunt indocti et caelum rapiunt, et nos cum doctrinis nostris ... ecce ubi uolutamur in carne et sanguine!*   **petit uidere quid legissem**: in the sense "ask to," *peto* takes a complementary infinitive (*OLD* 8 d). The indirect question *quid legissem* is in secondary sequence because *petit* is a historical present, which can govern either secondary or primary sequence (A–G §485 e); a historical present governs primary sequence in *narramus quemadmodum gestum sit* below.   **attendit etiam ultra quam ego legeram** "he looked even further ahead than I had read," one verse further, to be precise.   **infirmum autem in fide recipite** = Romans 14: 1.   **sed tali admonitione firmatus est placitoque ac proposito bono et congruentissimo suis moribus, quibus a me in melius iam olim ualde longeque distabat, sine ulla turbulenta cunctatione coniunctus est** "But through that counsel he was bolstered, and without any unruly procrastination he associated himself with a good purpose and resolve that was perfectly in tune with his way of life, in which for a long time he had already been standing very far from me on a better course." *firmatus est* picks up *infirmum* in the text of Romans. The *-que* of *placitoque* connects the *coniunctus est* clause with *firmatus est*; *placito* and *proposito* are datives, governed by *coniunctus est*; for the expression, see ¶15 *placito et proposito* (n.). The "good purpose and resolve" is the decision to live a life of continence, which would put an end to the possibility of marrying that Alypius had begun to contemplate at 6.12.21–2. The *mores* that A. has in mind here are his and Alypius' sexual predilections: *congruentissimo suis moribus* recalls the comment (again at 6.12.21) that Alypius found sex distasteful, by contrast with A.'s appetite for it.   **qui potens es ultra quam petimus et intellegimus facere** "who are able to act further than we ask and understand," a slightly adapted version of Ephesians 3: 20 *[dei] qui potens est omnia facere superabundanter quam petimus aut intellegimus*. A. has omitted *omnia* in order to focus on the one all-consuming request Monnica sought from God.   **amplius sibi a te concessum de me uidebat quam petere solebat**: anticipates what A. will have Monnica say to him at 9.10.26: "there was one reason for which I desired to linger in this life for a while: so that I might see you a Catholic Christian before I died. God has granted me that and much more, that I see you become God's servant, renouncing earthly happiness."   **ut nec uxorem quaererem**: can be understood as a result clause, or possibly as a purpose clause. In the very abridged conversation with Monnica just reported, A. presumably asked her to break off whatever arrangement she had made with the family of the girl he had agreed to marry (6.13.23). And this is likely to be the moment at which A. finally broke off with the woman he was keeping in the meantime (6.15.25).   **stans in ea regula fidei in qua me ante tot annos ei reuelaueras**: as described at 3.11.19–20. For *ante tot annos*, see G–L §403 n. 4.   **conuertisti luctum eius in gaudium**: borrowed from a non-Vulgate version of Psalm 29: 12, with *luctum* in place of *planctum*. *luctus*, meaning primarily grief over the death of someone, looks back to A.'s statement at 6.1.1 that during his wayward years Monnica used to weep over him as one dead.

BOOK IX

Chronology: Book 9 covers about a year in A.'s life. It picks up where book 8 left off, in the immediate aftermath of his decision to commit to Christianity and celibacy in early August of 386, three months before his 32nd birthday and about eight months before his baptism. It ends with the death of Monnica as they were preparing to return home to north Africa in the summer or early autumn of 387. But the narrative jumps forward in order to record three deaths (of Verecundus, Nebridius, and Adeodatus) that occurred some months after that endpoint. It also takes a step backwards to describe public events that occurred in Milan during the spring and summer of 386, and pauses for a much longer look back over the entirety of Monnica's life.

9.1.1 A. opens with a psalm-inspired prayer that partly echoes the opening of book 8. **O domine, ego seruus tuus, ego seruus tuus et filius ancillae tuae: dirupisti uincula mea, tibi sacrificabo hostiam laudis** is a non-Vulgate version of Psalm 115: 16–17; understand *ego [sum] seruus tuus*. A. borrows the psalmist's words to declare that, having been freed by God from the bonds of concupiscence, he has now acquired a new commitment to God and the church, in accordance with the interpretation he gives of these verses at *Expositions of the psalms* 115.6. But since he has aligned himself with the faith of Monnica as well, *filius ancillae tuae* probably also glances at her, as it certainly does at 5.10.18 *saluum fecisti filium ancillae tuae* and below in ¶15 *mea mater, ancilla tua*. Reference to her here may point ahead to Monnica's "domination of the atmosphere of this book" (O'Donnell on *famulae tuae* in ¶37). The phrase **laudet te cor meum et lingua mea** continues in a psalmizing vein (cf. Psalm 15: 9), though it is not a quote; *laudet* is a jussive subjunctive, like *dicant* following. **omnia ossa mea dicant, "domine, quis similis tibi?"** = Psalm 34: 10, with *dicant* substituted for the future *dicent*; it is the third and last use of this verse to open a book (after 5.1.1 and 8.1.1), always in contexts praising God as incomparably superior to any other object of human desire (see *Expositions of the psalms* 34.1.13–14). **dic animae meae, "salus tua ego sum"** = Psalm 34: 3. **quid non mali aut facta mea ... aut, si non dicta, uoluntas mea fuit?** "what [if] not wicked were my deeds, or if not deeds, my words, or if not words, my will?" *mali* is partitive genitive with *quid*; *fuit* agrees with the last of the three subjects, though the verb is understood with all. **tu autem, domine, bonus et misericors**: sc. *es*. **et dextera tua respiciens profunditatem mortis meae et a fundo cordis mei exhauriens abyssum corruptionis** "and [good and merciful is] your right hand, having regard for the profoundness of my death, and draining the sink of corruption from the bottom of my heart." A. imitates the scriptural pattern whereby God is first said to act, and the act is then redescribed as the work of a more concrete attribute of God (e.g. Psalm 17: 36 *dedisti mihi protectionem salutis tuae et dextera tua suscepit me*). The oddity of applying *respiciens* to *dextera* is mitigated by its combination with the following *exhauriens*; for the sense, cf. *Sermons* 237.4 *gratia saluatoris et misericordia dei tandem respexit indignos*.   **et hoc erat totum, nolle quod uolebam et uelle quod uolebas** "and this was all it took: not to will what I wanted, and to will what you wanted." A. often resorts to the expression *hoc est totum* in statements declaring that the entirety of something consists in X (e.g. *Expositions of the psalms* 34.2.11 *hoc est totum quod se iactabat, quod se filium dei dicebat*). *nolle* and *uelle* are substantival infinitives (*OLS* 746–7), in apposition with the subject *hoc*.   **de quo imo altoque secreto euocatum est in momento liberum arbitrium meum quo subderem ceruicem leni iugo tuo et umeros leui sarcinae tuae** "from what deep and lowly recess was my free will called forth in an instant in order that by it I might submit my neck to your gentle yoke, and my shoulders to your light burden?" For the term *liberum arbitrium* (one of only two occurrences in *Confessions*), see 7.3.5 *liberum uoluntatis arbitrium* (n.); *liberum* serves partly to create a paradox with the image of submission in *subdere ceruicem iugo*. A. is implying that before his conversion, he did not possess an active free will because it had become enslaved to sin, as he says at 8.5.10. In describing how his will was called forth from the depths of concealment, he may have in mind the image of Lazarus summoned from the tomb at John 11: 38–44; for *euocare* of summoning from the dead, cf. *To Simplicianus* 2.3.1 *animam ... de abditis mortuorum receptaculis euocare*. *subderem* is subjunctive in a relative clause of purpose. *leni iugo tuo et umeros levi sarcinae tuae* alludes to Christ's words at Matthew 11: 29–30 (RSV) "take my yoke upon you ... for my yoke is easy and my burden is light."   **Christe Iesu:** "Here only in the *Confessions* is Christ directly addressed" (Gibb and Montgomery).   **adiutor meus et redemptor meus** = Psalm 18: 15.   **quam suaue mihi subito factum est carere suauitatibus nugarum!** "how sweet it suddenly became to me to do without the sweets of the trivial!" *carere* is a substantival use of the infinitive as subject of *factum est*; it takes the ablative case. *nugarum* looks back to 8.11.26 *nugae nugarum et uanitates uanitantium*; see the note there.   **quas amittere metus fuerat iam dimittere gaudium erat:** sc. *eas nugas* as the understood object of *dimittere*. Two symmetrical and rhyming cola sum up the transition in the form of an epigram. For *dimittere*, see 8.11.26 *dimittisne* (n.); it contrasts with *amittere* as an act willed rather than endured.   **eiciebas:** the *vox propria* in the gospels for casting out devils (Matthew 12: 27, Mark 1: 39, Luke 11: 20).   **uoluptate:** ablative of comparison, like *luce*, *secreto*, and *honore* following. A. mentions pleasure, enlightenment, self-knowledge, and honor because they are goods that he has been vainly seeking apart from God.   **non carni et sanguini**: datives to be understood with *dulcior*; for the expression, see 5.2.2 *caro et sanguis* (n.).   **omni luce clarior**: a description of God similar to that at 7.10.16, but there A. was describing a God transcendent above creation, while this is an experience of God present within himself.   **omni secreto interior** "more interior than any recess [of the self]"; a variation on A.'s theme that God is always present within the human soul, cf. 3.6.11 *tu autem eras interior intimo meo*, 5.2.2 *solus es praesens etiam his qui longe fiunt a te*.   **sublimibus in se**: dative, "to those exalted in themselves."   **curis mordacibus**: A.'s "gnawing cares" have been consistently described as worldly advancement (*ambiendi*), wealth (*adquirendi*), and sex (*volutandi atque scalpendi scabiem libidinum*).   **garriebam**: in previous occurrences in *Confessions* (5.6.10, 6.4.5, and 7.20.26), and almost everywhere else in A.'s works, the word has a negative connotation. Here, however, it may be borrowed from the psalmist's words at Psalm 76: 4, which A. knew in the non-Vulgate form *memor fui dei et delectatus sum: garriui* ("I remembered God and felt delight—I babbled"). The psalm overall he interpreted as counseling readers "to overleap all carnal desires and trample down the pomp and enticement of this world," and to make God alone their goal (*Expositions of the psalms* 76.1)—the decision which A. has just taken for himself. He understands verse 4 as expressing the psalmist's sudden exaltation at finding comfort in God, but in a form which will need correction and bolstering before his spiritual gain is assured (*Expositions of the psalms* 76.6–15).

9.2.2 placuit mihi in conspectu tuo: signals that A. is now trying to conform his purpose to God's will, in contrast with the self-willed approach of earlier books: see 8.1.1 *uisumque est bonum in conspectu meo* (n.).   **non tumultuose abripere sed leniter subtrahere ministerium linguae meae nundinis loquacitatis** "not with great fuss to wrest the service of my tongue away from the market in loquacity, but to withdraw it gently." *loquacitas*, always pejorative in A., is here substituted for "rhetoric," cf. 4.2.2 *docebam in illis annis artem rhetoricam et uictoriosam loquacitatem*. *nundinis* is dative, as usual after verbs meaning "take away" (A–G §381).   **meditantes non legem tuam, non pacem tuam, sed insanias mendaces et bella forensia**: *meditantes* plays on two specialized uses of the verb. With *legem tuam*, it has the scriptural meaning "to meditate upon," as at Psalm 118: 70 *ego uero legem tuam meditatus sum*; see 8.5.12 *cogitationes quibus meditabar in te* (n.). But with *insanias mendaces et bella forensia*, it means practicing the exercises which students were assigned in the school of rhetoric (*OLD* 5–6); the contrast in meanings is reenforced by the antithesis between *pacem* and *bella*. *insanias mendaces* is borrowed from a non-Vulgate version of Psalm 39: 5, and alludes to the profession of rhetoric at 6.11.18 and 8.2.4 as well. A. could associate lying with rhetoric both because students were trained to say what would win a case rather than to say the truth and because the imaginary cases they debated usually involved far-fetched fictions; for *insanias*, see 8.2.5 *turbas insanorum* (n.). *bella forensia* refers to rhetorical contests rather than to actual battles; they are "forensic" or "proper to the forum" because they were framed as legal cases, which were normally tried in the forum, and because schools of rhetoric tended to cluster in and around the forum. **paucissimi dies supererant ad uindemiales ferias**: twenty days at most, according to ¶4. Since the *Theodosian Code* 2.8.19 fixes the holiday for the grape harvest as running from August 23 to October 15, A.'s decision can be dated to approximately August 3. **ut sollemniter abscederem et redemptus a te iam non redirem uenalis** "in order that I might withdraw in the usual way [as at the close of every teaching term], and no longer go back on sale after having been purchased by you." *abscederem* here means to go on break, not to resign from teaching: A. does not resign until several weeks later, at the end of the holidays (¶13). *redemptus* and *uenalis* play on Christian and secular ideas of purchase and sale. Through baptism, A. will be "redeemed," or purchased back from the devil, by Christ's sacrificial death. That will make it inappropriate, he implies, for him to put himself up for sale to anyone else (he can speak of being on sale in the sense that his services as a rhetorician were for sale). **consilium ... nostrum**: if *consilium* refers strictly to the decision to resign from teaching, *nostrum* must be a so-called "editorial we" (*OLS* 1119); cf. *uotum et propositum nostrum* in ¶3. But A. may be thinking ahead to plans to spend the coming fall and winter on a philosophical retreat, in which he was to be joined by his son, Alypius, Monnica, and others, or even to their plans to return to north Africa with him. **erat coram te**: *esse coram* + ablative is a biblical rather than a normal Latin locution which conveys that someone (usually God) is aware of something (e.g. Numbers 10: 9 *erit recordatio uestri coram domino deo uestro*, the non-Vulgate text of Psalm 50: 5 *peccatum meum coram me est semper*, Sirach 17: 13 *uiae illorum coram ipso sunt semper*). **hominibus ... nostris** "our people," meaning his customary entourage. **conuenerat inter nos ne passim cuiquam effunderetur** "it had been agreed among us that [the *consilium*] not be divulged to anyone indiscriminately." When used impersonally, *conuenio* takes a noun clause as subject (*OLD* 7); A. uses *ne cui* and *ne cuiquam* interchangeably. **quamquam tu nobis a conualle plorationis ascendentibus et cantantibus canticum graduum dederas sagittas acutas et carbones uastatores aduersus linguam subdolam**: A. now transposes his description of his situation into purely psalmic terms. *a conualle plorationis ascendentibus* is based on Psalm 83: 6–7, which in A.'s version spoke of the Lord offering a way of ascent up from the valley of lamentation (see *Expositions of the psalms* 83.10). Through the idea of ascent, A. connects that passage in turn to Psalm 119, which carries the heading *canticum graduum,* "a song of steps." The psalmist (again, according to A.'s version of the text) prays to be delivered from "lying lips and the deceitful tongue," and receives assurance that God will provide a defense in the form of *sagittas acutas* and *carbones uastatores.* The relevance of those words to this passage of *Confessions* is made clear by A.'s interpretation of them at *Expositions of the psalms* 119.3–6. Those who resolve to make progress as Christians invariably encounter resistance from others who "with deceitful tongue" will try to talk them out of it, in the guise of offering good advice (*quasi consulendo*). But their guileful influence is counteracted by the "sharp arrows" of God's words in Scripture, which pierce the heart (*transfigunt corda*) and inspire greater love of God. God also provides aid in the form of "destroying coals," which are the good examples of past sinners who have reformed. A. envisions them as lumps of charcoal, previously black and dead with sin, but now kindled and alive, and able to burn away (hence *uastatores*) worldly thoughts in the mind of the man who contemplates them.   **uelut consulendo contradicentem et, sicut cibum adsolet, amando consumentem** "(the tongue) that thwarts [another person] as though by offering advice, and that lovingly swallows down [another] as [the tongue] is wont [to swallow] food." A. distinguishes true love of another from the appetitive love that wants only to consume the other at *Tractates on the first letter of John* 8.5 (a distinction that goes back to Plato *Phaedrus* 241 C). The thought and imagery of the closing lines of ¶2 (from *quamquam tu* to *amando consumentem*) carry over into the opening of ¶3.

9.2.3 Sagittaueras tu cor nostrum caritate tua: this line and the surrounding context suggested the emblem of a flaming heart pierced by an arrow that often identifies A. in ecclesiastical iconography (Réau 1958: III.1.150–1).   **gestabamus uerba tua transfixa uisceribus** "we bore your words fixed in our innards." *transfixa* and *uisceribus* metaphorize the *uerba* as arrows; for the unusual application of the participle to the missile rather than the target, cf. Virgil *Aeneid* 11.644–5 *hasta per armos / acta tremit duplicatque uirum transfixa dolore. uisceribus* is an ablative indicating place where.   **exempla seruorum tuorum quos de nigris lucidos et de mortuis uiuos feceras**: A. still has in mind the image of *carbones uastatores* from Psalm 119: 4, as explicated above; cf. *Expositions of the psalms* 139.14 *exempla hominum qui mortui erant et reuixerunt, et nigri erant, et fulgentes effecti sunt.* His interpretation of the psalms suggests that *exempla* may not refer to anyone in particular, but the phrase would cover the cases of Victorinus and the two officers at Trier in book 8.   **congesta** "heaped up," like a charcoal fire.   **urebant et absumebant grauem torporem**: the fire of good examples "burned and purged off" the lethargy that was responsible for A.'s procrastination. **accendebant nos**: A. now figures himself as a piece of charcoal, kindled by good examples and fanned by the huffing and puffing of nay-sayers.

Verum tamen quia propter nomen tuum, quod sanctificasti per terras, etiam laudatores utique haberet uotum et propositum nostrum, iactantiae simile uidebatur non opperiri tam proximum feriarum tempus, sed de publica professione atque ante oculos omnium sita ante discedere, ut conuersa in factum meum ora cunctorum, intuentium quam uicinum uindemialium diem praeuenire uoluerim, multa dicerent quod quasi appetissem magnus uideri: the gist of this heavily laden sentence is that it might have looked bad for A. to resign immediately because it could have been construed as grandstanding on his part: "But nevertheless, since on account of your name, which you have made holy throughout the world, our wish and purpose might surely have had supporters as well [as the opponents just mentioned], it seemed like showing off not to wait for the holiday period [which was] so close, but to withdraw sooner from a profession [that was] official and prominent in the sight of everyone, with the result that the heads of all, focusing on *my* deed, observing how near [was] the date of the harvest holiday [that] I wanted to forestall, might gabble that I had a yen to act like a big man." The point of *propter nomen tuum quod sanctificasti* (= *sanctificauisti*) is to suggest a valid motive that people might have had for praising A.'s conversion: it would give greater glory to God. In supposing that there would be such people, A. may have had in mind the enthusiasm that Victorinus' conversion, in circumstances much like his own, evoked among Christians in Rome (8.2.5). *ora* subsumes eyes and mouth, as often, and implies people both seeing and talking. *quam uicinum uindemialium diem praeuenire uoluerim* is an indirect question depending on *intuentium*. For *multa dicere* "talk at length" introducing indirect discourse, cf. 7.4.6 *ut quid multa dicimus cur non sit corruptibilis substantia quae deus est?* and Cicero *Tusculan Disputations* 5.24 *multa disputat quam ob rem is qui torqueatur ... beatus esse non possit*. *quod quasi* seems sometimes to be used by A. and his contemporaries in lieu of a simple *quod* where a fact or statement is being presented as something reported (cf. *Confessions* 4.3.4 *mathematicos ... consulere non desistebam quod quasi nullum eis esset sacrificium*; similarly at *Expositions of the psalms* 57.15 and *Sermons* 152.4, and so already Cicero *Defence of Archias* 18 *noster ille Ennius "sanctos" appellat poetas quod quasi deorum aliquo dono ac munere commendati nobis esse uideantur*; see also 6.9.15 *ut quasi* (n.). *appetissem* = *appetiuissem*. **quo mihi erat istuc, ut putaretur et disputaretur de animo meo et blasphemaretur bonum nostrum?** "to what end did that serve me, [namely,] that there be opinion and dispute over my [state of] mind, and [that] a boon for me be impiously slandered?" *quo* is the interrogative adverb (*OLD quo*[1] 2). The jingle *puto/disputo* recurs at *Against Julian* 6.83 and *City of God* 12.15; A. hints that it was incongruous for others to be pronouncing on what was going on in *his* head. The question *quo mihi erat istuc, ut ... blasphemaretur bonum nostrum?* echoes Paul's assertion of Christian liberty in relation to Jewish dietary rules at Romans 14: 16 *non ergo blasphemetur bonum nostrum*. But the boon to which A. is referring is presumably his newfound attachment to God; cf. *isto nostro bono* in ¶5. *blasphemaretur* is a Greek loan word that comes into Christian Latin through Bible translations, where it means to speak ill of God or things that pertain to God; it is the origin of English "blame." For A.'s sensitivity to criticism, see 5.10.20 *ridebunt me* (n.).

9.2.4 Quin etiam "and besides" (*OLD quin* 3). The phrase regularly introduces a further argument in support of something that has been said, but it is unclear whether A. is now giving another reason for retiring, or for waiting until the end of term to retire, or for not deserving to have his motives impugned.   **quod ipsa aestate litterario labori nimio pulmo meus cedere coeperat et difficulter trahere suspiria doloribusque pectoris testari se saucium uocemque clariorem productioremue recusare, primo perturbauerat me** "the fact that in that very summer, my respiratory system began to give out in the face of scholastic overwork, and to draw breath with difficulty, and to testify by chest pains that it [was] impaired, and to deny [me] a clearer and more sustained speaking voice, had at first bothered me." For *ipse* in later Latin, see 5.2.2 *ipsi conuertantur* (n.). For *cedere* + dative, see *OLD* 14 b. With *testari se saucium*, *esse* is understood as the infinitive of indirect statement. From *clariorem* and *productiorem* it can be inferred that A.'s voice had become husky and that he could speak only in short breaths, two significant limitations on the public speaking responsibilities which his position sometimes entailed in addition to his teaching. Although A. consistently speaks of his pulmonary ailment as a real-world problem, he may have seen symbolic overtones in it as well. In a note at *Expositions of the psalms* 50.12 he writes "where the lungs are concerned, pride (*superbia*) is often being criticized: there we get hyperventilation and loud breathing." *primo* is implicitly contrasted with a post-conversion phase when A. welcomed the excuse of ill health. In several works written shortly after his retirement, he cites pulmonary problems as the reason for it; O'Donnell gathers the texts in his note here.   **si curari et conualescere potuissem** "if I were going to be able to be cured and recover"; the pluperfect subjunctive represents a future perfect conditional clause in an implied indirect statement (*NLS* §285).   **plena uoluntas**: recalls the argument of 8.9.21 that full engagement of the will is necessary for effective willing.   **uacandi et uidendi quoniam tu es dominus**: in fulfilment of God's command in the non-Vulgate version of Psalm 45: 11 *uacate et uidete quoniam ego sum dominus*; for *quoniam* and *quod* introducing indirect statements, see 5.2.2 *nesciunt quod* (n.).   **oborta mihi est** "welled up in me." As in book 8, A. noticeably avoids claiming credit for the exercise of will in the garden.   **nosti** = *nouisti*.   **quae offensionem hominum temperaret**: the subjunctive may either be characterizing, or indicate purpose.   **propter liberos suos me liberum esse numquam uolebant**: A. juxtaposes the use of the adjective *liber* as a plural substantive meaning "children" with its normal meaning of "free."   **donec decurreret** "until it would run out." "Until" clauses that anticipate the future take a subjunctive, and the imperfect tense in secondary sequence (*NLS* §224).   **nescio utrum uel uiginti dies erant**: *uel* is "even" (*OLD* 5) here and in the next sentence; for the indicative in indirect questions in later Latin, see 5.8.14 *unde ... persuasum est* (n.).   **fortiter** "valiantly," emphasizing that the waiting was in fact a challenge.   **ego premendus remanseram nisi patientia succederet** "I had been left behind, [soon] to be crushed [by the burden] if forbearance were not to step into the place [of *cupiditas*]." *succederet* is not contrafactual, but in combination with the future passive participle represents a future condition reported in past time (*NLS* §285).   **peccasse me in hoc quisquam seruorum tuorum, fratrum meorum, dixerit, quod iam pleno corde militia tua passus me fuerim uel una hora sedere in cathedra mendacii** "let anyone of your servants, my brothers, say that I sinned in this [matter] because, [though] my heart [was] now filled by [engagement in] your service, I allowed myself to sit for even one hour on the seat of mendacity." *quisquam* rather than *aliquis* in an affirmative clause is a late Latin use (*OLS* 1168). *dixerit* is a jussive subjunctive, which in the perfect tense is used especially "to grant concessions for the sake of argument" (*NLS* §112), as here. On the idea of the *militia Christi*, see 8.4.9 *cum Paulus proconsul per eius militiam debellata superbia sub lene iugum Christi tui missus esset* (n.). For the form *passus ... fuerim*, see 8.12.29 *admonitus fuerit* (n.). For ablative *una hora* rather than accusative, see 5.6.11 *tanto tempore* (n.). *cathedra* is the characteristic emblem of the teacher in his school: see 6.7.12 *cum sederem loco solito* (n.). But the phrase *sedere in cathedra mendacii* also alludes to the first line of the first Psalm, "blessed is he who has not sat on the seat of pestilence," where A. substitutes *mendacii* for *pestilentiae* as an attribute more closely defining rhetoric. Although A. writes in these two ¶¶ as if his decision about retirement was liable to criticism no matter which course he took, he does not actually say that he encountered criticism. Perhaps the content of it has simply been spun out of strategizing discussions that took place within his entourage at the time. The reference of *seruorum tuorum, fratrum meorum*, however, cannot be to that group, none of whom except Monnica was yet a baptized Christian. It is a reference forward to the time of writing, and like the same phrase in ¶37, can mean the monastic group which A. had gathered around him in Hippo, or the flock over whom he presided as bishop, or the broader community of Christians generally; for the ambiguous meaning of *seruus dei* in A., see Van der Lof 1981.   **non contendo** "I do not dispute, contest" (*OLD* 8 e).   **in aqua sancta**: the water of baptism. This is A.'s first mention of the baptism that he planned to receive several months later, in the spring of 387. The following narrative glances ahead to that rite at several more points (in ¶¶5, 6, 8, 10, 12, 13), yet when it finally occurs, it is registered in one very brief sentence (¶14 *et baptizati sumus et fugit a nobis sollicitudo uitae praeteritae*).

9.3.5 Macerabatur anxitudine Verecundus "Verecundus was stewing with anxiety" (*OLD macero* 4 b). Verecundus is the friend and schoolteacher from Milan who was introduced at 8.6.13.   **de isto nostro bono** "that boon of ours" is the newfound commitment to retire from the world and to serve God, like *bonum nostrum* in ¶3. But here at least *nostro* clearly means "our" and not "my." A. does not anywhere give a full statement of what the commitment entailed, apart from continence. But at 8.12.30 he indicated that it included Alypius as well as himself; in this ¶ he discloses that it involved an even larger group (*nostro consortio*) who were soon planning to leave Milan for Rome, and in ¶17 it emerges that the members of that group were planning to sail from Rome back to north Africa and to form a religious community there.   **coniuge fideli**: ablative of description (G–L §400). *fidelis* is regularly used by A. to mean a "full, sacramental member of the Christian community" (O'Donnell on *fideli* at 2.3.6).   **artiore prae ceteris compede** "a fetter more constrictive in comparison with the others" (*OLD prae* 4 a); the metaphor *compes* was also applied to a wife at 2.3.8. Verecundus' other ties would have included at least his parents and the school of grammar he ran in Milan.   **ab itinere quod aggressi eramus** "from the journey on which we had embarked" (*OLD aggredior* 4). Since A. and his group were not to leave the environs of Milan for several more months, the *iter* meant is presumably metaphorical rather than literal.   **nec christianum esse alio modo se uelle dicebat** "and he said that he did not want to be a Christian in any other way." The conjunction *nec* connects *retardabatur* and *dicebat*, but the negative force of it applies not to *dicebat* but to the indirect statement *se uelle* that depends on it (*OLS* 683–4).   **quam illo quo non poterat**: i.e. than by embracing a life of continence within a religious community, which would entail separating from his family. If Verecundus was a coeval of A. and his group, in addition to his wife, he is likely to have had children who were not yet grown.   **obtulit ut, quamdiu ibi essemus, in rure eius essemus** "he offered that we might be on his country place as long as we were there [in Milan]." For the construction of *offero* with a noun clause, see 8.2.5

oblatum esse dicebat Victorino a presbyteris ut secretius redderet (n.). *in re eius* is the reading of the MSS, but in the absence of an appropriate parallel for the sense of *re* here, Philip Hardie suggests acceptance of *rure* from early printed editions. With *pro rure illo eius* a few lines later, A. makes explicit that what Verecundus offered was the use of a country place outside Milan.   **retribues illi, domine, in resurrectione iustorum**: adapted from Luke 14: 14, where Christ tells his followers to invite the poor to their dinners rather than those who can reciprocate, "for you will be paid back at the resurrection of the just." *resurrectio*, which occurs only here in *Confessions*, refers to the end of the world when all who have died will arise in body and soul for the Last Judgment (see *ODCC* "resurrection of the dead"), and "the just" in that context means those who are "justified" or saved.   **quia iam ipsam sortem retribuisti ei** "because you have already paid him back [with] that very apportionment," namely, a *sors iustorum*, or place among the just. For the sense of *sors*, see *OLD* 5; *sors iustorum* is a psalmic phrase (Psalm 124: 3), and synonymous with the more common expression *sors sanctorum*. A. means that Verecundus' generosity was to be repaid in two instalments. In the first he was saved from damnation through baptism shortly before his death, which has already taken place by the time of writing, as the next sentence explains. The second instalment was still pending (hence the future *retribues*): after the resurrection of the dead, when Verecundus would once again have a body, God would place him in the lush paradise set apart for the blessed. A. has invoked this two-phase eschatology because he wants to create a symmetry between Verecundus' generous deed (the loan of an enjoyable country retreat during the summer) and God's repayment of it (with a place in an ever-verdant paradise, *amoenitatem sempiterne uirentis paradisi* below), and only the second phase really matches.   **quamuis enim absentibus nobis**: ablative absolute. For the use of conjunctions like *quamuis* with participles, see H–S 385.   **cum Romae iam essemus**: a year in advance of the time being narrated, during the latter half of 387 and the first half of 388.   **corporali aegritudine**: see 5.9.16 *flagello aegritudinis corporalis* (n.).   **ex hac uita emigrauit**: for the meaning of the verb, see 6.1.1 *quod ... me uisura esset fidelem catholicum* (n.). Verecundus' is the first of four deaths recorded in book 9, which with one exception all occurred later than the narrative endpoint of *Confessions*.   **misertus es**: from *misereor*, which takes the genitive case; forms with the perfect participle occur more often in later Latin than in classical Latin.   **egregium ... in grege tuo**: an etymological word play links the two participial phrases.   **gratias tibi, deus noster**: sc. *agimus*.   **indicant hortationes et consolationes tuae**: another reference to Christ's exhortation about feeding the poor and future recompense for it at Luke 14: 14.   **fidelis promissor reddes** "[as] a trustworthy guarantor, you will (re)pay." The words all have legal overtones. A *promissor* is one who guarantees the performance of some obligation, a role which is frequently associated with *fides* and *fidelis* in legal sources (*TLL* 1865.75–6); it implies not just a promise, but a binding promise. For the sense of *reddes*, see *OLD* 8–9. Modern editors print the present tense *reddis* here, but *reddes* also has good MSS support, and correponds with *retribues* above.   **pro rure illo eius Cassiciaco**: *rus* here means a country estate (*OLD* 2); in ¶7 A. refers to it as a *uilla*. The location of ancient Cassiciacum (or perhaps better "Cassiacum," according to some MSS: the place is named only here) is unknown, but A.'s references indicate that it was situated at a higher and cooler elevation than Milan, and therefore north of it. Similarity of names has suggested a connection with present-day Cassago Brianza, about 20 miles to the north, or with the smaller site of Casciago, about 35 miles to the northwest (the location is discussed in O'Donnell's note here, in *A-L* "Cassiciacum" I: 771–81, and by Perler 1969: 179–83).   **ab aestu saeculi** "from the heat of the world," suggesting both the heat of summer and the turmoil of life; the phrase recurs in *On the work of monks* 2, *Expositions of the psalms* 60.6, and *To Cresconius, a Donatist grammarian* 4.63.   **amoenitatem**: direct object of *reddes*. *amoenus* "lovely" has a long history in Latin literature as a descriptor for places of natural beauty.   **sempiterne uirentis paradisi tui**: some MSS read *sempiternae uirtutis*. In the Bible, *paradisus* denotes both the garden which God planted in Eden and the dwelling of the blessed in the afterlife (*ODCC* "paradise").   **quoniam dimisisti ei peccata**: *dimisisti* means "you have forgiven"; see 5.8.15 *dimisisti* (n.). The causal clause repeats the point made by *quia iam ipsam sortem retribuisti ei* above: that since Verecundus has *already* been saved by baptism, he is destined *later* to have a place in Paradise.   **in monte incaseato, monte tuo, monte uberi**: echoes Psalm 67: 16 which in the version that A. knew referred to "the mountain of God, the rich mountain, the mountain made into cheese." *incaseatus* is a hapax in Latin (for τετυρωμένον in the Septuagint), and owes its presence here primarily to a similarity in sound with the place name "Cassi(ci)acum," as A. signals by moving it from the end of the quote to the front. He is still at pains to develop the parallelism between Verecundus' loan of a villa and his spiritual reward, which are here linked not only by the similar-sounding words, but also by the word *mons*, the villa being located in the foothills of the Alps. In A.'s mind, the psalm verse offered more than these superficial connections, however. According to his interpretation of it at *Expositions of the psalms* 67.22, the "mountain of God" is a figurative description of Christ, who is also a "mountain made into cheese" by virtue of being a source of nourishment for the faithful. "For milk, from which cheese is made, wondrously symbolizes grace: it flows from the abundance of the mother's body and by sweet mercy is poured free into the young." Minus the allegorical overlay, A. is saying that the forgiveness which Verecundus found by baptism in Christ was the spiritual counterpart of the relief which he and his friends found in their mountain retreat.

9.3.6 Angebatur ergo: *ergo* marks the recapitulation of *anxitudine* in ¶5.   **Nebridius**: last mentioned at 8.6.14 as absent on the day of A.'s experience in the garden.   **collaetabatur**: this response, together with *Nebridium ... opperientes, quando sequeretur* at the end of the ¶, suggests that Nebridius intially planned to join in the plans of A. and the others.   **quamuis enim ... inciderat**: for *quamuis* + indicative, see 8.1.1 *quamuis eam in aenigmate et quasi per speculum uideram* (n.). *enim* explains why Nebridius was enthusiastic about joining in plans to commit to a philosophically oriented life: he was a zealous searcher after truth.   **illam foueam ... ut ueritatis filii tui carnem phantasma crederet** "that pitfall ... [namely,] that he believed the flesh of your son the Truth [to be] an illusion." The belief that the bodily form of Christ was only an appearance rather than a reality became known as the heresy of Docetism (see *ODCC* "Docetism"). It was one of the tenets of Manicheism, from which Nebridius may have picked it up. For Christ as truth, see 5.3.5 *uiam* (n.). A. makes a point of putting *ueritatis* in apposition with *filii* in order to emphasize the logical absurdity of thinking that anything about the embodiment of ultimate reality could be an illusion; he criticizes his own former Manichean idea of Christ in the same terms at 5.9.16.   **inde emergens sic sibi erat**: continues the *fouea* image; for the pleonastic use of *sibi* with *emergens*, see *OLS* 894–5. *sic* is explained by the phrases *nondum imbutus ... sed inquisitor ardentissimus*.   **nondum imbutus ullis ecclesiae tuae sacramentis**: i.e. he had not even undergone the rites associated with entrance into the catechumenate: see 6.4.5 *mihi nomen Christi infanti est inditum* (n.).   **inquisitor ardentissimus ueritatis**: the abiding trait of Nebridius: see 6.10.17 *quaestionum difficillimarum scrutator acerrimus* (n.).   **quem non multo post conuersionem nostram et regenerationem per baptismum tuum ipsum etiam fidelem catholicum, castitate perfecta atque continentia tibi seruientem in Africa apud suos, cum tota domus eius per eum christiana facta esset, carne soluisti** "Not long after our conversion and rebirth through baptism in you, you released that man [= *quem*] from the body, [being now] himself also a baptized Catholic, serving you with perfect chastity and continence among his people in Africa, after his entire household had been made Christian through him." *multo* is an ablative of degree of difference, and *carne* is an ablative of separation (G–L §390.2). A.'s baptism took place in April 387; Nebridius died between 389 and 391, two to four years later, when Nebridius had returned home to Carthage and A. had returned to Thagaste.   **nunc ille uiuit in sinu Abraham**: in Latin, the genitive of the name "Abraham" appears either as *Abraham* or more commonly as *Abrahae*. A. evokes an entirely different eschatology for Nebridius than for Verecundus. The only scriptural reference to "Abraham's bosom" occurs in the parable Christ tells about the rich man and Lazarus at Luke 16: 22–3 (RSV): "the poor man died and was carried by the angels to Abraham's bosom. The rich man also died and was buried; and in Hades, being in torment, he lifted up his eyes, and saw Abraham far off and Lazarus in his bosom." It posed interpretive problems for A. not only because he found no other passage to help clarify it, but also because it seemed at variance with the Christian belief that even the good who died before Christ went down to the underworld until he freed them, and the belief that none would reach a state of perfect happiness until after Christ's judgment at the end of the world. Yet an afterlife in "Abraham's bosom" obviously had the witness of Christ behind it. For A.'s difficulties with the concept, see Solignac XIV 549–50 and O'Donnell's note on this passage. But it is introduced here precisely because it remained an unsolved mystery. It was the sort of problem that interested Nebridius all his life (and *ibi uiuit unde me multa interrogabat* below suggests that he may have asked specifically about the meaning of *sinus Abrahae*), and so A. imagines that his version of heaven is to dwell in the very place where his questions can be answered at first hand.   **tuus autem, domine, adoptiuus ex liberto filius**: Nebridius has become an adoptive son of God through baptism, in accordance with Paul's teaching at Galatians 3: 26 and 4: 5. *ex liberto*, "from having been a freedman" (for the force of the preposition, see *OLD ex* 13), implies that he had previously been a slave, which must be taken figuratively to mean a slave of sin (so Pizzolato). But for other interpretations, see O'Donnell's note.   **ibi uiuit unde me multa interrogabat** "he lives in that place about which he asked me many things." As often, the adverbs are equivalent to prepositional phrases, *in eo [loco]* and *de quo* respectively; for *unde* = *de quo*, cf. 7.10.16 *non erat prorsus unde dubitarem*.   **ad fontem tuum**: how Christ's fountain comes to be flowing in Abraham's bosom is not explained, but Christ as fountain of wisdom and truth is a fixed element of A.'s thought about the afterlife, as in his reference to the place "where we are one day to be satisfied from the Lord's fountain of truth" at *Expositions of the psalms* 62.6.   **pro auiditate sua** "to the limit of his appetite" (*OLD pro* 12).   **sine fine**: a nearly rhyming phrase that is a virtual formula (*TLL finis* 798.3–22).   **obliuiscatur**: governs a genitive case, as does *memor* following.   **cum tu, domine, quem potat ille, nostri sis memor**: i.e. if Nebridius drinks Christ, he must also imbibe what is in the mind of Christ, and therefore be not unmindful of his friends.

Verecundum consolantes tristem salua amicitia de tali conuersione nostra "comforting Verecundus, [who was] sorry about the nature of our conversion, without prejudice to our friendship"; as the word order indicates, the ablative phrases modify *tristem*, not *consolantes*. For the sense of *salua* here, see the examples under *OLD saluus* 7: A. means that, sad as he was, Verecundus was not so ungracious as not to wish his friends well. The point of *tali* is that A. and his group were not just embracing Christianity, but also committing to celibacy and planning to set up a community in north Africa, which effectively excluded Verecundus.   **ad fidem gradus sui** "to faith on the level of his position."   **Nebridium autem opperientes, quando sequeretur, quod de tam proximo poterat** "waiting for Nebridus, for when he would follow, [a thing] which he was able [to do] from [his position of] being so close"; *quando sequeretur* is an indirect question. Since Nebridius was in Milan at this point (8.6.13–14) along with A. and the rest of the group, *sequeretur* must refer to following in spirit rather in space; cf. ¶5 *ab itinere quod aggressi eramus* (n.). And in that case, *de tam proximo* would mean that A. thought Nebridius had already moved very close to orthodox Christianity.   **iam iamque**: see 6.16.26 *iam iamque ... raptura* (n.). A. says nothing that would explain why Nebridius dropped out, though the next ¶ makes clear that he did.   **dies illi**: the twenty days before the end of term (¶4).   **tandem** "finally," emphatically positioned.   **nam** explains why A. wrote *tandem*: the days *seemed* numerous, even if there were only twenty of them.   **prae amore libertatis otiosae ad cantandum** "when set against our ardor for time and freedom to sing." The word *cantandum* is chosen because A. is about to utter a line from a psalm, which is a song.   **"tibi dixit cor meum, 'quaesiui uultum tuum; uultum tuum, domine, requiram'"**: a non-Vulgate version of Psalm 26: 8.

9.4.7 dies quo etiam actu soluerer "the day on which I was to be released in deed as well." *actu*, like *cogitatu* following, is not an ablative of separation here, but an ablative of respect; *soluerer* is a past potential subjunctive.   **cogitatu** "in thought," a hapax in *Confessions*, is chosen to complement *actu*.   **eruisti**: see 8.9.13 *et inde ... eruisti eum tu* (n.).   **unde**: the antecedent is understood, "[from the activity] from which," referring again to the profession of rhetoric.   **cum meis omnibus**: they included Monnica, A.'s son Adeodatus, his brother Navigius, his cousins Lartidianus and Rusticus, his students Licentius and Trygetius, and Alypius (O'Donnell).   **quid egerim in litteris iam quidem seruientibus tibi, sed adhuc superbiae scholam tamquam in pausatione anhelantibus** "what I discussed in writings which were now serving you, but still puffing [the spirit of] the school of pride, as though [I were] in the midst of a break [in my routine]." *quid egerim* is an indirect question depending on *testantur*; *tibi* is governed by *seruientibus*. The "school of pride" is the school of rhetoric, which A. has characterized as a place of vainglorious display on the part of student and teacher alike (cf. 3.4.7 *[eloquentia]* *in qua eminere cupiebam fine* ... *uentoso per gaudia uanitatis humanae* and 4.16.28 *rhetor buccis typho crepitantibus*). *anhelantibus* means "panting," "huffing and puffing" (for its use with a direct object representing the focus of effort, see *OLD* 4 b). It implies that in retrospect, A. considered the Ciceronian manner of his early dialogs to be overblown; in section 3 of the prologue to *Reconsiderations* he says, "I wrote them when bloated (*inflatus*) by habituation to worldly literature." *pausatio*, which first enters Latin in A.'s lifetime, means a pause or respite in some activity (*TLL*). It suggests that the Cassi(ci)acum dialogs resembled a sort of cooling down period, "as the loud breathing of the combatants in a gymnastic contest continues after the bout is over" (Gibb and Montgomery); an explicit reference to *gymnasia* surfaces at the end of the ¶. **libri disputati cum praesentibus et cum ipso me solo coram te** "the books argued with [others] present, and with just myself in your sight." *disputati* means that the books recorded actual debates that A. conducted with his protégés and with himself. The former consisted of *Against the Academic skeptics*, *On the happy life*, and *On order*; the latter of the *Soliloquies*. These writings, which are his first known output since the essay dedicated to Hierius five or six years earlier (4.15.27), launched a prodigious writing career that continued steadily to the end of his life. **quae autem cum absente Nebridio**: sc. *egerim*. **epistulae**: the surviving correspondence with Nebridius consists of *Letters* 3–14, but only the first two date from the months of A.'s retreat north of Milan. **quando mihi sufficiat tempus** "when would there be enough time for me?"; *sufficiat* is a potential subjunctive. **ad alia maiora**: the *alia maiora* are qualified as not occurring during this period, and so presumably include his baptism and his last experiences with his mother; the participle modifies *mihi*. The claim of having to hurry over details in pursuit of something more important (which recurs in ¶17 and at 3.12.21) is a well-worn convention in historical writing: for examples, see Woodman 1975: 282–7 and O'Donnell's note on this passage. **reuocat enim me recordatio mea**: the *enim* statement explains that A. cannot help lingering over some of God's benefits to him during this period, many though there were. The benefits singled out in the remainder of the ¶ have to do with chastening and subduing pride; it will be made clear in the following ¶¶ that they came from a reading of the psalms. **quemadmodum me complanaueris humilitatis montibus et collibus cogitationum mearum et tortuosa mea direxeris et aspera lenieris** "how you leveled me, the mountains and hills of my thoughts having been made low, and [how] you straightened my twisted ways, and smoothed my roughnesses": an indirect question depending on *confiteri*; *quemadmodum* = *quomodo*. A. has adapted Isaiah 40: 4 *omnis mons et collis humiliabitur et erunt praua in directa et aspera in uias planas*. *humilitatis* is not the noun *humilitas*, but the perfect passive participle of *humilito*, a variant of *humilio*, which does not become current in Latin until A.'s lifetime (*TLL*).   **quoque modo ipsum etiam Alypium ... subegeris nomini ... Iesu Christi, quod primo dedignabatur inseri litteris nostris:** *quoque* is interrogative *quo* + the connective *–que*, and introduces another indirect question. For the expression *subigere nomini Christi*, cf. *On agreement among the evangelists* 1.42 *subditos Christi nomini*. *primo* is adverbial, "at first," and *litteris nostris* here means, not Scripture, as usually, but the literary dialogs that A. was writing. Alypius would evidently have preferred that the discussions be kept on a philosophical rather than a theological plane. According to 7.19.25, he had difficulty accepting Christianity because he thought that Christ was only a human being, and at 8.12.30, only a month or two before joining A. on retreat, he described himself as being still "weak in faith"; for his role in the discussions, see O'Donnell's note.   **magis enim eas uolebat redolere gymnasiorum cedros, quas iam contriuit dominus** "he preferred that they carry the scent of those sports-grounds cedars which the Lord has now crushed." The cedars are the cedars of Lebanon, emblematic of the pride which the Lord will crush according to Psalm 28: 5: see 8.2.4 *quorum ex culmine Babylonicae dignitatis quasi ex cedris Libani, quas nondum contriuerat dominus* (n.). *gymnasia*, a hapax in *Confessions*, always refers in A. to parks and athletic grounds like the Academy and the Lyceum in which Greek philosophers used to hold their discussions (e.g. *City of God* 18.41), and *cedros* insinuates that the atmosphere there was as prideful as in schools of rhetoric. *quas iam contriuit dominus* means that by the Christian era, according to A., Stoicism, Epicureanism, and most other philosophic schools were passé, having "lapsed into such silence that there is scarcely any mention in schools of rhetoric of what their views had been" (*Letters* 118.21; the whole section is relevant).   **salubres herbas ecclesiasticas aduersas serpentibus:** "the church's healthful herbal antidotes against snakes." The low-growing *herbae* contrast with the lofty cedars, and *ecclesiasticas* with *gymnasia*; various herbal remedies for snakebite are illustrated by Celsus *On medicine* 5.27.5–10. The phrase forms the transition to A.'s account of his discovery of the psalms in the next four ¶¶, where they are again characterized (in ¶8) as *medicamenta* and as an *antidotum*. The relevance of *serpentibus* is made clear in an early interpretation of Genesis that A. conceived about a decade before *Confessions*. According to *On Genesis, against the Manicheans* 2.38, the serpent in the garden of Eden foreshadows "the poisons of heretics, and especially the Manichees," who are in view throughout the following treatment of the psalms. The elaborate metaphor comparing philosophy and Scripture implies that Alypius failed to appreciate the value of the psalms for curing heretical misconceptions about Christ that he (like A.) acquired in his Manichean period.

9.4.8 uoces dedi: the expression is poetic (Virgil *Aeneid* 7.560, Seneca *Medea* 801) and biblical (1 Kings 12: 17, Psalm 103: 12). *uoces* are utterances, but unlike *uerba*, not necessarily articulate speech (cf. *OLD* 5 a). A.'s response to the psalms is expressed largely by exclamations, and most of the words describing it (*inflammabar, indignabar, miserabar, inhorrui, inferbui, insonui, mouebar, exclamabam, clamabam*) are verbs of emoting rather than speaking.   **Dauid** "of David," but the name is indeclinable.   **sonos pietatis excludentes turgidum spiritum** "utterances of devotion that repel an egotistic spirit"; *sonos* is in apposition with *psalmos*.   **rudis in germano amore tuo** "a beginner in genuine love of you"; *rudis* is nominative singular, agreeing with the subject "I." The point of *germano* is that although A.'s reading of the *Hortensius* had inspired him with a desire for God many years before (3.4.7), he could not truly love God until he was freed from misconceptions about who God/Christ was.   **catechumenus**: see 5.14.25 *statui ... esse catechumenus in catholica ecclesia* (n.).   **matre adhaerente nobis muliebri habitu, uirili fide, anili securitate, materna caritate, christiana pietate**: *matre adhaerente* is an ablative absolute, while the five nouns following are ablatives of manner (G–L §399). *anili securitate* means the unconcern of an elderly woman about death, an outlook to which Monnica gives voice in ¶26.   **inflammabar ... et accendebar**: the verbs anticipate *calor* in the psalm quotation in the next sentence.   **si possem** "if I were able," contrafactual.   **typhum**: see 6.6.10 *typhum* (n.).   **non est qui se abscondat a calore tuo**: Psalm 18: 7, with *tuo* in place of *eius*. For the biblical idiom *non est qui* + subjunctive, see 5.1.1 *non est qui* (n.).   **dolore** "resentment" (*OLD* 3).   **quam uehementi**: *quam* is the exclamatory adverb "how!," modifying *uehementi*.   **et miserabar eos rursus, quod illa sacramenta ... nescirent** "and I pitied them in turn, because they did not know those sacred works." Unlike the synonymous *misereor*, which generally governs a genitive, *miseror* usually governs an accusative (G–L §377). For the broad meaning of *sacramenta* in A., here referring to a text, see 6.5.8 *sacramentorum altitudinem* (n.); the Manichees did not know the psalms because they rejected the Old Testament entirely.   **quo sani esse potuissent** "through which they could have been [made] sane."   **uellem** "I could have wished," past potential subjunctive.   **me nesciente quod ibi essent** "without my knowing that they were there."   **in illo tunc otio**: for adverbs qualifying nouns, see 5.8.14 *animum tunc meum* (n.).   **quid de me fecerit ille psalmus ... audirent ignorante me utrum audirent, ne me propter se illa dicere putarent quae inter haec uerba dixerim, quia et re uera nec ea dicerem nec sic ea dicerem, si me ab eis audiri uiderique sentirem, nec, si dicerem, sic acciperent quomodo mecum et mihi coram te de familiari affectu animi mei** "they could have heard what that psalm ... wrought in regard to me without my knowing whether they heard, so that they might not think I was saying for their sake the things that I said in the midst of these words [from the psalm]—because in fact I would *not* have been saying them, or not saying them in just that way, if I perceived that I was being heard and seen by them—and if I *were* saying them, they would not have been reacting [to them] in the same way as [they were being spoken] privately, and to myself in your presence, out of the fond affection of my soul." *audirent* is past potential and governs an indirect question. For the perfect subjunctives *fecerit* and *dixerim*, which cross from secondary into primary sequence, see K–S II 188 and 191. *quia* introduces not a simple causal clause, but one that contains a pair of past contrafactual conditions embedded in it (*nec dicerem, si sentirem* and *nec acciperent, si dicerem*), and A. has left the verb of the comparative *quomodo* clause to be understood from the preceding verbs, as either *dicebantur* or *dicebam ea*. The quote embedded after *ille psalmus* is Psalm 4: 2, which is the first line after the heading: "the God of my righteousness heard me when I called upon [him]. In [my] distress you opened space for me. Have pity on me, Lord, and hear my prayer." At *Expositions of the psalms* 4.2, A. interprets *dilatasti* (= *dilatauisti*) to mean "you brought me from confines of gloom and sin to an expanse of joy." Over the next three ¶¶, A. will quote and comment on all nine verses of this short psalm. In his introduction to this ¶, O'Donnell sets out the full text of it in the version with which A. was familiar, together with A.'s interpretation of it in *Expositions of the psalms* 4; A. also devoted part of one of his sermons (*Sermons Dolbeau* 4) to this text. What he writes in *Confessions* is not easily understood without reference to his exegesis of the psalm elsewhere.

9.4.9 Inhorrui timendo ibidemque inferbui: simultaneous feelings of chill and fever; *inferbui* is a perfect of *inferueo*. For *timendo* and the following gerunds, see 5.8.15 *orando et flendo* (n.).   **pater**: O'Donnell collects all instances in which God is so addressed in *Confessions*.   **haec omnia**: fear, hope, and exultation.   **cum conuersus ad nos spiritus tuus bonus ait nobis**: the *cum* clause takes note that between verses 2 and 3, the speaker of the psalm changes from the sinner to the Holy Spirit, whom A. always identifies as the source of prophetic utterance in Scripture; the phrase *spiritus tuus bonus* recurs at 12.32.43, 13.4.5, 13.9.10, and 13.34.49.   **filii hominum, quousque graues corde? ut quid diligitis uanitatem et quaeritis mendacium?**: Psalm 4: 3. *ut quid* = *cur*; see 7.4.6 *ut quid?* (n.).   **magnificaueras sanctum tuum**: alludes to a non-Vulgate version of Psalm 4: 4, *et scitote quoniam magnificauit dominus sanctum suum*. As the rest of the sentence makes clear, A. takes "his holy one" here to mean Christ.   **suscitans eum a mortuis et collocans ad dexteram tuam**: Ephesians 1: 20, which A. always quotes with *collocans* in place of *constituens*. The verse serves to indicate that A. now possesses an orthodox understanding of

Christ. **unde mitteret**: a relative clause of purpose. **promissionem suam, paracletum, spiritum ueritatis**: descriptions of the Holy Spirit drawn from John 14: 16–17. *promissio*, which in Christian Latin can mean the thing promised as well as the act of promising (*TLL* 1858.64–74), is often applied to the Holy Spirit on the strength of Christ's words to his apostles (RSV) "I will pray to the Father, and he will give you another counselor (*paracletum*), to be with you forever, even the spirit of truth." *paracletus* is a Greek loan word which at 5.5.8 and elsewhere A. translates as *consolator*. **ante**: adverbial. **spiritus nondum erat datus, quia Iesus nondum erat clarificatus**: a non-Vulgate version of John 7: 39. *clarificatus* is "glorified"; the verb enters Latin through Bible translations and occurs only in Christian writers (*TLL*). **prophetia**: a Greek loan word which enters Latin through Bible translations and occurs almost exclusively in Christian writers (*TLL*). In A. "prophecy" is not limited to the Old Testament prophets, but can be drawn from any book of Scripture, as here from the psalms. **clamat ... clamat**: emphasized to explain *audiui et contremui* following: the message came through to him so loudly that it got his attention. **tamdiu nesciens**: answering *quousque* and *scitote* respectively. **quoniam talibus dicitur qualem me fuisse reminiscebar** "since it [the psalm verse] is addressed to such people as I remembered that I had been." **phantasmatis**: see 5.9.16 *phantasmatis* (n.). A.'s reference to the sun and the *gens tenebrarum* in the next ¶ show that he has in mind Manichean myths about the cosmos and its agents which he illustrates in 3.6.10–11. But he is particularly concerned with the Manichean doctrine that Christ's suffering and death were no more than illusory appearances, as he explains at 5.9.16. **insonui multa grauiter ac fortiter** "I blurted out many a grave, strong word." **quae utinam audissent qui adhuc usque diligunt uanitatem** "if only [those] who still keep on loving vanity had heard those things [= *quae*]." *utinam audissent* expresses an unfulfilled wish about the past (A–G §441-2); those still loving vanity are the Manichees. **conturbarentur et euomuissent illud, et exaudires eos cum clamarent ad te**: the subjunctives *conturbarentur, euomuissent,* and *exaudires* are contrafactual (for the use of the imperfect subjunctive in a *past* contrafactual environment, see *NLS* §199). *illud* refers to *mendacium*, by which is meant specifically the lie about the illusory death of Christ. For the metaphor in *euomuissent*, see 7.2.3 *euomendos a pressura pectoris* (n.). *exaudires eos cum clamarent ad te* alludes to verse 4 of the psalm, *dominus exaudiet me cum clamauero ad eum*. **quoniam uera morte carnis mortuus est pro nobis qui te interpellat pro nobis**: the *quoniam* clause explains why God would have heeded the Manichees when they prayed: because, if they accepted that Christ truly died on their behalf, they would have had an effective intercessor with God. A. quotes from Romans 8: 34 *Christus Iesus ... mortuus est ... qui etiam interpellat pro nobis*, and has adapted and abridged Paul's argument there that God will surely forgive humankind for their sins after allowing his own son to die for them. *interpellat* here has the meaning "to appeal to someone on another's behalf," which is limited to Christian Latin (*TLL* 2242.80–2243.12).

9.4.10 irascimini et nolite peccare: picks up again with verse 5 of Psalm 4. **quomodo mouebar**: an exclamatory main clause. **iam didiceram irasci mihi**: in the Milanese garden (8.7.16–8.12.28). **de cetero** "for the future," a formula most common in Christian writers (*TLL ceterus* 975.11–45). **quia non alia natura gentis tenebrarum de me peccabat** "because, not [some] other nature [consisting] of the spawn of darkness was sinning through me"; *de me* is a late Latin use of *de* instead of *per* with the accusative "to express means involving a person" (Arts 1927: 29, *OLS* 880–1). A. recalls the Manichean belief criticized at 8.10.22–4 that separate natures of good and evil, or Light and Dark, operate within each person. **thesaurizant sibi iram in die irae et reuelationis iusti iudicii tui**: slightly adapted from Romans 2: 5; *thesaurizo* "store up" enters Latin by way of this and other Bible passages. **foris**: i.e. "outside of me," true goods being goods of the soul within. **carneis**: see 8.11.26 *uestem meam carneam* (n.). **in isto sole**: the sun as the Manichees conceived it, principal repository of Light and good gathered from the cosmos. **uolentes enim gaudere forinsecus facile uanescunt et effunduntur in ea quae uidentur et temporalia sunt, et imagines eorum famelica cogitatione lambiunt** "For those wishing to experience joy outside [themselves] easily evanesce and meld into things which are seen and are transitory, and they lick at images [consisting] of them with hungry thoughts." *ea quae uidentur et temporalia sunt* is borrowed from 2 Corinthians 4: 18, "things which are seen are transitory," and *lambiunt* is a postclassical variant for *lambunt*. A. does not mean that such persons are transformed into things which are transitory, but that they do lose their spiritual identity if they turn outward to where nothing is stable. Because external things consist of surface appearances without substance—*imagines*—they can only be licked at, not swallowed, which leaves consumers of them starving (cf. *City of God* 4.23 "anyone who licks at bread in a painting cannot help but go hungry"; the striking phrase *lambere imagines* might derive from Persius *Satires*, prologue 5, though the context is different). The comparison of objects of desire to filling and unfulfilling foods was developed at length in A.'s first sally against the Manichees, at 3.6.10. **o si fatigentur inedia et dicant, "quis ostendet nobis bona?"** "If only they would grow weary of their starvation diet and say 'who will show us good things?'" For wishes introduced by *o si*, which are not uncommon in A., see G–L §261; he wishes that the Manichees would take a hint from Psalm 4: 6, *multi dicunt "quis ostendet nobis bona?,"* and ask the same question. They would receive the answer given in the following verse of the psalm, **"signatum est in nobis lumen uultus tui, domine,"** "the light of your face has been set as a stamp upon us, Lord." According to the interpretation of that verse at *Expositions of the psalms* 4.8, he means that they will learn the source of their good once they acknowledge that they belong to God, whose light is stamped upon them like the image of a king on a coin. **non enim lumen nos sumus quod illuminat omnem hominem, sed illuminamur a te ut, qui fuimus aliquando tenebrae, simus lux in te** "For we are not the light which illuminates every human being, but we are illuminated by you, in order that we who were once darkness might be light [by being] in you." With *enim*, A. diverges from the psalm text to correct Manichean beliefs about Light and Dark by citing two scriptural passages. Human beings are not possessed of Light in their own right: that belongs to Christ, who is described at John 1: 9 as "the true light that illuminates every person coming into the world." That we become Light only secondarily, by God's grace, is proven by Ephesians 5: 8, "you were once darkness, but are now light in the Lord." **o si uiderent internum aeternum, quod ego quia gustaueram, frendebam, quoniam non eis poteram ostendere, si afferrent ad me cor in oculis suis foris a te et dicerent, "quis ostendet nobis bona?"** "If only they saw the eternal [light] within [them]! Since I had tasted it [= *quod*], I gnashed my teeth because I would not have been able to show [it] to them if they brought me their heart [which was located] in their eyes, outside [of them], away from you, and if they said, 'who will show us good things?'" With the imperfect subjunctive *uiderent*, A. shifts from wishing for something possible, as in *o si fatigentur* above, to wishing for something he considers impossible. The reason that the Manichees could not see the eternal light of God within, he goes on to say, is that they have set their heart on what they can see with their eyes, which lies in the physical realm outside them. *lumen* should probably be understood with *internum aeternum*, but is omitted in order not to interfere with the rhyme. Although A. often uses *aeternum* as a substantive in adverbial expressions like *in aeternum*, his works afford no parallel for the use of it by itself to mean something like '"the eternal," "an eternal element" (a problematic expression in any case, since A. would hardly have referred to God as an impersonal *aeternum*). In the relative clause *quod ego quia gustaueram, quod* is the object not of *frendebam*, but of *gustaueram* in a clause subordinate to it; for the difficulty of translating such interlaced constructions, see 6.7.12 *lectio in manibus erat, quam dum exponerem... uideretur similitudo circensium* (n.). The taste of eternal light to which A. refers is the vision described in 7.10.16–7.17.23. For the use of indicative *poteram* in a contrafactual condition, see G–L §597 r. 3. *si afferrent ... cor* is not a continuation of the wish *o si uiderent* but part of a contrafactual condition with *poteram*. **ibi enim ubi mihi iratus eram, intus in cubili ubi compunctus eram, ubi**

sacrificaueram ... dulcescere coeperas: the *enim* statement enlarges on A.'s explanation of why he could not have helped the Manichees: he managed to find the light of God only by looking within himself (which their materialism kept them from doing). The sentence contains an extraordinary number of words bringing home the idea of place within: *ibi, ubi, intus, in, ubi, ubi, ibi, in*. With *in cubili*, A. again returns to Psalm 4 and borrows words from verses 5–6, *quae dicitis in cordibus uestris, in cubilibus uestris compungimini; sacrificate sacrificium iustitiae*. For his interpretation of *cubili*, see 8.8.19 *in cubiculo nostro, corde meo* (n.).   **mactans uetustatem meam** "sacrificing my old [sinful] self." A. often uses *uetustas* by itself to mean what he elsewhere calls the *uetustas peccati* (e.g. *On the literal interpretation of Genesis* 6.24.35) or the *uetustas ueteris hominis* (e.g. *Against Julian, an unfinished work* 6.36). All these expressions allude to the exhortation at Ephesians 4: 22–4 to "put off the old self (*hominem*) which is corrupted ... and put on the new self which is created in relation to God"; *uetustas* in this sense is usually accompanied by a reference to "renewal," implying baptism, as here.   **et dederas laetitiam in corde meo**: A. again identifies his experience with that of the psalmist, who declares *dedisti laetitiam in corde meo* in verse 7.   **legens haec foris**: i.e. aloud; the choice of adverb keeps up the opposition between inner and outer.   **nec uolebam multiplicari terrenis bonis, deuorans tempora et deuoratus temporibus, cum haberem in aeterna simplicitate aliud frumentum et uinum et oleum**: this riddling utterance involves an idiosyncratic interpretation of Psalm 4: 8, which in the version A. knew read *a tempore frumenti, uini et olei sui multiplicati sunt*. He took it as the psalmist's criticism of the worldly-minded, who in flush times are filled with earthly goods like grain, wine, and oil, and lose interest in goods of the spirit. In *Sermons Dolbeau* 16.14, he paraphrases *multiplicati* here as *impleti*, a sense that it has nowhere outside the psalms. At the same time, however, he is concerned not to let go of the literal sense of "multiplicity," a baneful concept for a Neoplatonist. As he explains at *On true religion* 41, again drawing on Psalms 4: 8, the abundance of the world's goods "has split up the human person among the bodily senses and ... fragmented (*multiplicauit*) his affection," distracting him from seeking unity with God (similarly *Expositions of the psalms* 4.8). In the present passage of *Confessions*, A. means that he wanted neither to be filled nor to be fragmented, and the term *multiplicari* stands in conscious opposition to the *aeterna simplicitas* of God.   **deuorans tempora et deuoratus temporibus**: strikingly unscriptural phraseology. The oddness of the plural "times" and the metaphor of devouring suggest that A. may have in mind an etymology he cites at *City of God* 6.8, apropos of the god Kronos (in Latin "Saturnus"), who in the myth was said to have devoured his children. Since the name "Kronos" closely resembled the Greek word for "time" (χρόνος), A. says that some people interpreted the myth as meaning that "length of time ... consumes all that it generates." In any case, he holds that time is associated with the soul's experience of the material world, and that as human beings engage with it, they are swallowed up by it, since their being is thereby divided into fragments which quickly pass out of existence: cf. 11.29.39.   **aliud frumentum et uinum et oleum**: i.e. Christ: see 5.13.23 *eloquia strenue ministrabant adipem frumenti tui et laetitiam olei et sobriam uini ebrietatem* (n.).

9.4.11 in consequenti uersu: Psalm 4: 9 reads *in pace, in id ipsum obdormiam et somnum capiam*. A.'s exclamation consists of that verse, together with his "o, what does it say!" uttered in yearning over each part of it, though the full exclamation is given only over the last and most important part. He understands the verse as an expression of the psalmist's turn away from those preoccupied with earthly things toward the prospect of an afterlife in which "perfect peace can be interrupted by no disturbance" (*Expositions of the psalms* 4.8). *in id ipsum obdormiam* (ἐπὶ τὸ αὐτὸ κοιμηθήσομαι in the Septuagint) is "I will fall asleep into the Itself," where A. takes the enigmatic *id ipsum* as a name for God: "that which does not change, which is not variable, which is not in time" (*Sermons Dolbeau* 16.15). O'Donnell's note traces the expression through A.'s works; it was perhaps the nearest equivalent A. found in Scripture to something that sounded like Plotinus, as Pizzolato's note suggests.   **quoniam quis resistet nobis, cum fiet sermo qui scriptus est, "absorpta est mors in uictoriam"**: the use of *quoniam* rather than *nam* to introduce a main clause occurs in Bible translations and Christian writers (H–S 628). A.'s rhetorical question draws out the implication of *in pace*: there will be no hostile pressures to contend with in heaven; cf. *Expositions of the psalms* 84.10 where he develops an extended picture of the afterlife as a state of peace "in which there is no conflict, no resistance, no antagonism," in contrast to life on earth. *fiet sermo qui scriptus est, "absorpta est mors in uictoriam"*—"(then) the word which has been written will be brought to pass, 'death has been swallowed up in victory'"—is a quotation from 1 Corinthians 15: 54 on which A. seizes to prove his point: there can be no more opposition because the forces of sin and death will have been decisively defeated. (Bible commentators think that Paul is loosely quoting or adapting a variant version of Isaiah 25: 8.)   **ualde**: see 8.1.2 *oneri mihi erat ualde* (n.).   **in te requies**: sc. *est*.   **quoniam nullus alius tecum nec ad alia multa adipiscenda quae non sunt quod tu** "since no other [exists] alongside you, nor [exists] for obtaining the many other things which are not what you [are]." A. seems to be thinking of the scriptural refrain "I am the Lord; there is no other" (e.g. Isaiah 45: 5), and adding the point that other versions of God (like the Roman gods) are imagined only as providers of material goods and services, which are irrelevant to the afterlife. For *nullus alius,* see 7.7.11

nullus hominum (n.).   **tu, domine, singulariter in spe constituisti me**: the last verse of Psalm 4. While *singulariter* here would make sense in its ordinary meaning of "to an exceptional degree" (*OLD* 3), A. relates it to the polarity between multiplicity and unity that he perceives in this psalm, and takes it as meaning something like "single-mindedly": "we ought to be *singulares* and *simplices*, which is to say, removed from the plethora and throng of things that are born and die—[we ought to be] lovers of eternity and unity, if we desire to cleave to our one God and Lord" (*Expositions of the psalms* 4.9).   **nec inueniebam quid facerem surdis mortuis ex quibus fueram** "and I was at a loss what I was to make of the deaf [and] dead of whom I had been [one]." *quid facerem* is a deliberative subjunctive within an indirect question (*NLS* §§172 and 177); the phrase *surdis mortuis* is not dative, but an idiomatic ablative of means (*OLS* 877). *surdis* concludes A.'s excursus on the Manichees and Psalm 4: though he wishes they could hear it, they remain deaf to it.   **pestis**: a strong and comparatively rare epithet as applied to persons (*OLD* 3), and only here applied by A. to himself.   **latrator**: A. has previously characterized himself as a Manichean attack dog in his youth at 4.16.31 and 6.3.4.   **amarus et caecus**: in contrast to the following *melleas et luminosas*.   **litteras de melle caeli melleas et de lumine tuo luminosas**: the image of honey comes from Psalm 118: 103 "how sweet are your words to my taste, sweeter than honey to my mouth!"; the image of light from 118: 105 "your word is a lamp to my feet and a light to my path."   **super inimicis scripturae huius tabescebam**: adapted from Psalm 138: 21 *super inimicos tuos tabescebam*, which A. elsewhere quotes with *inimici* in the ablative rather than the accusative; *scripturae huius* refers to Psalm 4.

9.4.12 dierum illorum feriatorum: although the harvest holiday proper lasted from August 23 to October 15, it is clear from ¶14 that A. prolonged his sojourn at the suburban villa into the early part of the following year.   **silebo**: *sileo*, like the synonymous *taceo*, can be used transitively to mean "leave unsaid" (*OLD* 3 c).   **flagelli tui asperitatem**: meaning the toothache which is about to be described. In A.'s view, every affliction is sent by God either to punish or to test the person visited with it.   **dolore dentium**: it lasted for several days, according to an account of it written soon after the event (*Soliloquies* 1.21).   **ascendit in cor meum**: a biblical expression (Isaiah 65: 17, 1 Corinthians 9: 23, Luke 24: 38) of which A. makes frequent use, often in reference to something that unaccountably "comes into one's head."   **admonere omnes meos ... ut deprecarentur te pro me**: *admonere* = "to urge" is the subject of *ascendit* and governs the indirect command *ut deprecarentur te pro me* (G–L §546); *deprecor* means to pray to someone for the averting of some ill in that person's control (*OLD* 3 a).   **omnimodae**: after the high-flown reflections of the previous four ¶¶, A. insists that even his toothache was not too lowly a matter of *salus* to merit God's attention.   **in cera**: a hand-held writing tablet, with a hard wax coating laid over a slightly hollowed wooden backing; the writing was inscribed in the wax with the point of a stylus.   **mox ut genua supplici affectu fiximus** "as soon as we knelt down in an attitude of entreaty." For the conjunction *mox ut*, see *TLL mox* 1552.40–9; *genua figere* is a fixed expression in A. and other Christian writers (*TLL figo* 711.6–10).   **sed quis dolor! aut quomodo fugit!** "But what a [keen] ache [it was]! Or [should I say], how [quickly] it was gone!" Adjectival and pronominal forms of interrogative/exclamatory *quis* are sometimes interchanged in the nominative singular in classical Latin, and often in A. (G–L §106 r.). Context shows that both phrases here must be exclamatory (on which, see *OLS* 362).   **expaui**: from *expauesco*.   **ab ineunte aetate**: see 6.14.24 *ab ineunte aetate* (n.).   **expertus fueram**: an alternative pluperfect of the deponent verb *experior*.   **insinuati sunt mihi in profundo nutus tui** "in the depths your will was made known to me." For the sense of *insinuo*, see *OLD* 5. In A.'s works, the phrase *in profundo* has almost always a negative meaning, which is related to his interpretation of sea imagery in Scripture as a figure for the sin and trouble of the world: e.g. *Expositions of the psalms* 129.1 "for us, 'the depths' are this mortal life, and whoever realizes that he is in the depths cries out, groans, and sighs until he is rescued"; cf. 5.8.15 *seruans me ab aquis maris* (n.). A. uses *nutus* in the plural to mean usually non-verbal expressions of will or want; here it may be his explanation for the source of the impulse that prompted him to ask his companions to pray for him.   **gaudens in fide**: because the prayer offered in faith had been answered.   **laudaui nomen tuum**: indicates that A. was again able to speak. "This is the first place in the events narrated in which A. presents himself in the act of praising God" (O'Donnell).   **et ea fides me securum esse non sinebat de praeteritis peccatis meis**: A. interprets his cure as a cautionary experience. Since he still lacked the full-fledged faith of a baptized Christian, he realized that more was at stake than a toothache. At *Soliloquies* 1.21, he says that the episode made him think how much greater pain he could suffer, presumably in the afterlife. The sentence is transitional to the next ¶ in which he informs Ambrose of his wish to seek baptism.

9.5.13 Renuntiaui: introduces the indirect command *ut prouiderent* (*OLD* 3). A.'s formal notice of resignation contrasts both with his withdrawal from his position in Carthage three years earlier, which he left without informing his students (*Against the Academic skeptics* 2.2.3), and with his departure from Rome at 5.13.23, where he appears to have parted from his students on bad terms. In Milan, however, he held an official appointment involving public monies, and a formal resignation would probably have been required. His appointment had lasted just two years. **peractis uindemialibus**: on October 15. **scholasticis**: refers to students of rhetoric in particular (*OLD* 2). **uenditorem uerborum**: in keeping with A.'s self-description at 4.2.2 *loquacitatem uendebam* and 8.6.13 *uendebam dicendi facultatem*, though perhaps not exactly how he phrased it in his letter to the burghers of Milan. **quod ... delegissem et ... non sufficerem**: causal clauses introduced by *quod* take the subjunctive when the writer chooses to represent the cause as reported (as here, where A. is paraphrasing his letter) rather than as objective fact (G–L §541, *OLS* 646–50). **prae difficultate**: *prae* in the sense of "because of" is much more common in late Latin than in classical Latin (*TLL* 376.82–377.46). **per litteras**: since the plural of *littera* is the ordinary Latin word either for a single epistolary communication or for several (*OLD* 7), A.'s phrase does not reveal whether he wrote to Ambrose once or more than once. But nothing here or elsewhere suggests the latter (and no exchange between A. and Ambrose was preserved in the collected correspondence of either man). **antistiti tuo**: see 6.2.2 *antistite* (n.). **pristinos errores meos**: would seem to imply a longish letter. **uotum meum, ut moneret**: the *ut* clause could be understood as a noun clause defining the substance of *uotum*. But context suggests that A. assumes readers will understand *uotum* to refer to baptism, mentioned only a few lines earlier, and that the *ut* clause is a purpose clause with *insinuaui Ambrosio*. A. has not yet given up the hope of an in-depth exchange with Ambrose that was frustrated at 6.3.3–4; at *Soliloquies* 1.26 he expresses regret that it was still unsatisfied even after this date. **quid ... potissimum** "what as a first choice." **quo percipiendae tantae gratiae paratior aptiorque fierem**: another purpose clause, but with *quo* + a comparative instead of *ut* (G–L §545.2). *tantae gratiae* is the grace of baptism, which would remove the guilt of all A.'s past sins: see 5.8.15 *seruans me ab aquis maris ... usque ad aquam gratiae tuae* (n.). **ille iussit** "he said"; *iussit* simply preserves the "ought" in the question *quid legendum esset.* **Esaiam prophetam**: Ambrose was the author of a now lost commentary on Isaiah that A. later knew and cited. **credo**: Ambrose evidently did not explain the reason for his recommendation, which suggests that his response to A.'s letter was brief. **prae ceteris**: sc. *libris*. **euangelii uocationisque gentium sit praenuntiator apertior**: *praenuntiator* instead of classical *praenuntius* is a rare, Christian, and mainly Augustinian word (*TLL*). Christian readers held that the book of Isaiah foretold the gospel largely on the basis of the four "Servant Songs" in chapters 42–53, which were interpreted as prophecies about the life of Christ (see *ODCC* "Servant Songs"). The phrase *uocatio gentium* first appears in Christian Latin of the third century and often in the works of Ambrose; it was understood to mean God's call to non-Jews to share in the promises to Israel. Christians found that call proclaimed in such verses of Isaiah as 2: 2–3 (RSV) "the mountain of the house of the Lord shall be established as the highest of the mountains, and shall be raised above the hills, and all the nations shall flow to it, and many peoples shall come, and say, 'Come, let us go up to the mountain of the Lord, to the house of the God of Jacob, that he may teach us his ways and that we may walk in his paths'," and 66: 18 "I am coming to gather all nations and tongues, and they shall come and shall see my glory,"   **primam huius lectionem**: perhaps not "my first reading of this [prophet]," since A. makes clear that he did not read much, but "the first part of the text of this [prophet]." *lectio* can mean either the act of reading or the text read (*OLD* 3-4); for the two possible senses of adjectives that indicate relative position in space or time, see G–L §291 r. 2, *OLS* 1048–51.   **totumque talem arbitrans** = *totumque [librum esse] talem arbitrans.*   **distuli repetendum exercitatior in dominico eloquio** "I deferred [the book] to be picked up again, [when I was] more practiced in the Lord's eloquence." *exercitatior* is a dangling modifier to the subject of *distuli*, but acquires its reference to the future irregularly from the tense of *repetendum.*

9.6.14 Inde "then, next" (*OLD* 5), covering an interval of from three to five months.   **ubi tempus aduenit quo me nomen dare oporteret**: *nomen dare* is the act of registering for baptism at Easter, which meant in turn receiving instruction throughout the preceding season of Lent; for the process, see 8.2.4 *primis instructionis sacramentis, non multo post etiam nomen dedit* (n.). In 387, Easter fell on April 25, and Lent began seven weeks earlier on March 10. A. must have returned to Milan at least by that date; Pizzolato argues that he may have returned as early as January, when Ambrose issued the call for candidates to enroll.   **Alypio**: modified successively by the participle *induto* and the appositional phrase *fortissimo domitori corporis*, describing Alypius' preparation in spirit and in flesh for receiving baptism.   **induto humilitate sacramentis tuis congrua** "clothed with the humility befitting your sacred rites"; A. takes note that Alypius had made progress against the pride for which he was criticized in ¶7.   **usque ad Italicum solum glaciale nudo pede obterendum insolito ausu**: ascetic practices of various sorts were part of the Lenten preparation in which all candidates for baptism engaged, but Alypius went about them "with exceptional hardihood." *Italicum* and *glaciale* make the point that it was more of a challenge for a native of north Africa to go barefoot in winter in north Italy than back home.   **Adeodatum**: A.'s son is named in *Confessions* only here and in ¶29. For information about him, see *A-L* "Adeodatus" I 87–90 and *PCBE Afrique* "Adeodatus 1" 32–4; for the Christian theophoric name, see Kajanto 1963: 101–3, 117.   **natum carnaliter de peccato meo**: *natum carnaliter* is implicitly contrasted with the rebirth in the spirit which Adeodatus is about to undergo. A. draws a similar distinction apropos of himself at 5.9.16, saying that his mother gave him birth first in the flesh and later in the spirit (through praying for his conversion). *de peccato meo* does not mean that birth in the flesh is sinful per se, but that A.'s liaison with Adeodatus' mother was sinful, as he indicated at 4.2.2 and 6.15.25.   **annorum erat ferme quindecim**: for Adeodatus to have been fifteen years old at Easter, his 15th birthday must have fallen at some point between April 26, 386 and April 25, 387; details which A. will add a few lines later in this ¶ imply that Adeodatus must have turned 15 in the latter half of that period. He would therefore have been born in 371 or 372, when A. himself was only 16 or 17 years old.   **munera tua**: both words are emphatic; A. disclaims any credit for Adeodatus' *ingenium*, as a couple of lines later he will disclaim credit for his moral formation.   **multum potens formare nostra deformia** "well able to give shape to our ill-shapenness"; *multum* is adverbial.   **ego in illo puero praeter delictum non habebam**: sc. *aliquid*; for omission of the indefinite pronoun, see 7.19.25 *ut praeter deum et carnem non esset* (n.).   **quod enim et nutriebatur a nobis in disciplina tua, tu inspiraueras nobis** "for *you* had inspired it in us that he was also being fostered by us in your teaching"; the meaning "prompt," "inspire the idea" is a postclassical and mainly Christian sense of *inspiro*, as is its construction with a substantive clause (*TLL* 1961.71–82). *quod nutriebatur* is a "fact that" clause (G–L §525). *et* = "also" couples nurture (*disciplina*) with nature that has just been mentioned (*ingenium*). The imperfect and pluperfect tenses indicate that Adeodatus' Christian training had begun before his enrollment for baptism (Courcelle 1963: 67 n. 4), but *educandum in disciplina tua* a few lines later suggests that it was a relatively recent development. In the absence of his mother, who had been sent back to Africa a year or more earlier, it is likely that Monnica took a role in it, in which case *nobis* would be a true plural; that Adeodatus formed some attachment to her is suggested by his grief over her death in ¶29. In *On Christian discipline* 1 = *Sermons* 399, A. says that Christian *disciplina* consists in learning to live well by following God's commandments, and that it is taught in the "house of discipline" which is the church. At a minimum, therefore, Adeodatus' initiation would have been a matter of accompanying his father and his grandmother to church.   **liber noster qui inscribitur "de magistro"**: *inscribere* is one of the words corresponding to English "entitle" (*OLD* 4). *On the teacher* is extant; at *Reconsiderations* 1.12 (cf. 1.10.1), A. says that it was among several works that he wrote after his return to north Africa in the autumn of 388, which puts it at least a year and a half beyond the time which he has reached at this point in his narrative (hence the jump in Adeodatus' age from 15 to 16 in the next sentence).   **sensa**: perfect passive participle of *sentire* used substantivally to mean "perceptions, thoughts, ideas." A. typically distinguishes *sensa* from *uerba* as being pre-verbal or non-verbal (e.g. 1.6.10 *signa quibus sensa mea nota aliis facerem iam in fine infantiae quaerebam*, and *On the soul and its origin* 2.8 *ille iuuenis sua sensa uerbis luculentissimis et sufficientissimis explicauit*), and so here he may be hinting that the words ascribed to Adeodatus in *On the teacher* are not actual words uttered on an actual occasion. **collocutoris** "interlocutor," a rare word first attested in Christian Latin of the third century (*TLL*). **cum esset in annis sedecim** "when he was sixteen years old," the age which A. defines as the stage of full adolescence at *City of God* 15.12, *in annis sedecim est matura pubertas*. Since A. is here dissociating Adeodatus' moral character from his own, we are perhaps meant to recall that he dated the beginning of his own sexual activity to his 16th year at 2.3.6. **alias**: an adverb, "on other occasions." **horrori mihi erat** "was [a cause] for awe to me"; for the datives, see 6.3.3 *quis enim tam intento esse oneri auderet?* (n.). For the sense of *horror*, cf. *admirationis horror* at *On the literal interpretation of Genesis* 5.22.43. **cito de terra abstulisti uitam eius**: the phrasing implies that Adeodatus was removed to the safer environment of heaven. His appearance as an interlocutor in *On the teacher* at the end of 388 or the beginning of 389 is the last recorded trace of him; his death is assumed to have taken place at about that time. This is the third demise which A. steps outside the narrative frame of *Confessions* in order to include in book 9. As with Verecundus and Nebridius earlier, he has created an obituary for Adeodatus that is keyed to his baptism, which in this case is made to mark a child's arrival at full personhood. **securior eum recordor non timens quicquam pueritiae nec adulescentiae nec omnino homini illi** "I think back on him with the more assurance, as not fearing anything for his boyhood nor youth, nor [fearing anything] at all for that person"; for the dative, see *OLS* 893. *homini* encompasses all ages from boyhood to old age, as A. says at *On dialectic* 9: "when we say *homo*, we mean *puer* as well as *iuuenis*, as well as *senex*." It suggests that Adeodatus had reached completion as a moral person, sparing his father the anxiety that A. had long caused Monnica. **sociauimus eum**: picks up *adiunximus etiam nobis puerum Adeodatum* above and closes the digression on Adeodatus' talent and early death. **coaeuum nobis in gratia tua**: A. may have in mind the church custom whereby the newly baptized of whatever age were known as *infantes* or "neophytes" during the week after baptism: see 8.2.3 *infans fontis tui* (n.). **educandum in disciplina tua**: balances *coaeuum nobis in gratia tua*, indicating that Adeodatus had catching up to do in practice and doctrine. **et baptizati sumus**: a remarkably understated account of the moment toward which A.'s narrative has been moving; for the hesitance of early Christian writers to divulge details about sacramental rituals, see on 8.2.5. But Wills 2012: 105–22 and Lane Fox 2015: 347–52 offer a reconstruction of the ceremony that A. skips over, based largely on Ambrose's sermons to the newly baptized. **sollicitudo uitae praeteritae**: for A.'s anxiety on the subject, cf. 5.9.16 and 6.16.26. It was allayed by church teaching that baptism canceled the punishment owed for the inherited guilt of original sin as well as for any individual sins committed up to the time of baptism ("Baptism" *ODCC*). **nec satiabar illis diebus dulcedine mirabili considerare altitudinem consilii tui super salutem generis humani** "nor in those days was I sated with the wondrous sweetness of pondering the profoundness of your plan concerning the salvation of the human race." *illis diebus* refers particularly to the week leading up to Easter ("Holy Week") and to the week after ("Easter Week") in which new converts received their most intensive instruction. *considerare* depends on *dulcedine*; the use of a modifying infinitive rather than a gerund with nouns occurs rarely in classical Latin, somewhat less rarely afterwards (H–S 351). *super* in the sense "concerning, in regard to" is used with the ablative in classical Latin, but also with the accusative in late Latin (H–S 281). The profoundness of God's plan for human salvation was a lesson developed at Eastertime through preaching which linked the baptismal rite with typological foreshadowings of it in the Old Testament, such as Noah's ark and the flood, and the passage of the Israelites through the Red Sea: see Daniélou 1946. **in hymnis et canticis tuis**: evidently synonymous with *hymni et psalmi* in ¶15 below. In liturgical contexts, A. defines *hymni* as praises of God which are sung (e.g. *Expositions of the psalms* 148.17 *laus ergo dei in cantico hymnus dicitur*), and treats songs (*cantici*) as largely interchangeable with *psalmi* (*Expositions of the psalms* 67.1). **suaue**: adverbial accusative (*OLS* 865–6). **uoces illae influebant … et eliquabatur ueritas … et exaestuabat inde affectus … et currebant lacrimae**: *eliquabatur* means "was distilled" (*TLL* 392.58–64), and *exaestuabat* means "bubbled up" (*OLD* 1). In keeping with the context of weeping, A. has chosen four verbs that describe the movement of liquids, partly in order to call to mind the image of God's grace as a fountain, as in Christ's promise at John 4: 14 *aqua quam dabo ei fiet in eo fons aquae salientis in uitam aeternam.* **et bene mihi erat cum eis** "and I was fine with them"; impersonal *bene est* with a dative is colloquial (*OLS* 96). A.'s tears in church are implicitly contrasted with the unproductive tears he shed in the theater as a young man (3.2.2–4). The ¶ closes with a decrescendo of parallel cola.

9.7.15 A. departs from his story in order to recall events that had convulsed the church of Milan during the year before his baptism, while he still stood on the sidelines. On the death of the emperor Gratian in 383, when his young half-brother Valentinian II became senior emperor in the West, Valentinian and his mother Justina began promoting the claim of Arian Christians at court to have their own place of worship in the capital.

Ambrose steadily refused to comply with the demand that he turn over one of Milan's several basilicas, and the clash reached its height in the week before Easter of 386. Ambrose's congregants thronged to the basilicas in order to secure them against seizure, and those in which they had gathered were in turn surrounded by troops, including the cathedral in the center of town where Ambrose himself was conducting services. Then a couple of days before Easter, the emperor reversed course and withdrew the troops. A. describes only the climactic moment of a clash which went on for many months, and the details of which remain controversial. For recent discussions, see McLynn 1994: 170–208, Barnes 2000, and Liebeschuetz 2005: 124–73 (with a translation of the principal sources).

Non longe "not long ago" (*OLD* 3 c); *longe* can refer to either distance or time. The phrase here points back to April of 386.   **fratrum**: see ¶4 *peccasse me in hoc quisquam seruorum tuorum, fratrum meorum* (n.).   **Iustina**: the second wife of the emperor Valentinian I, widowed since his death in 375 (*PLRE* I 488-9 "Iustina").   **Valentiniani regis pueri**: Valentinian II (*PLRE* I 934–5 "Flavius Valentinianus 8") born in 371, was 14 years old at the time A. is describing. *regis* is unusual in Latin as a designation of the Roman emperors, and it is echoed in *regiam* in the next ¶, apropos of Justina. A. may have in mind the biblical Jezebel (1 Kings 16: 31–3 and 2 Kings 9), a persecuting queen who was also the mother of a young king; the comparison was explicitly invoked at this time both by Ambrose (*Letters* 10.76.18) and Gaudentius (*Twenty-one tractates* pr. 5).   **persequeretur**: the word first acquires its specific connotation of religious persecution in Christian Latin (*TLL* 1696.12–13).   **haeresis suae**: the Arian heresy, which still had many adherents in the Eastern empire, concerned the nature of the Trinity, and held that the Son was not equal in every respect to the Father (*ODCC* "Arianism").   **excubabat** "camped out," implying that they remained there night and day.   **sollicitudinis et uigiliarum primas tenens** "taking the lead in anxious all-night watches." *primas* = *primas partes* (*OLD primus* 15 b).   **orationibus uiuebat**: if the text is correct, it should mean that Monnica survived on prayer. But the phrase is unparalleled in A., who usually specifies the circumstances under which life is spent by the expression *uiuere in*; for *uiuere in orationibus*, see *On the catholic and Manichean ways of life* 1.67 and *Expositions of the psalms* 99.12.   **excitabamur tamen ciuitate attonita atque turbata** "yet we were caught up in the shock and turmoil of the city," though apparently not to the extent of joining his mother during the sit-in, which might have been an awkward step for the city's official rhetor to have taken.   **hymni et psalmi ut canerentur ... institutum est** "it was established ... that hymns and psalms be sung"; for the construction of *instituo* with a noun clause, see *OLD* 4 a. Although A. elsewhere envisions hymns that are derived from psalms, in this case he may be referring to hymns that Ambrose himself composed in order to rally his congregation during the struggle with the imperial court (Ambrose *Letters* 10.75a.34). The emphasis on participation by the faithful (in *concinentium* above) and other evidence about early liturgical music in the West imply that Ambrose inaugurated the practice of responsorial singing, in which the whole congregation answers at intervals parts sung by a cantor or choir: see the discussions by Leeb 1967: 90–110 and Schmitz 1975: 303–15.   **secundum morem orientalium partium**: *partes* = "regions" (*OLD* 12). In *Letter* 207, Basil, the bishop of Caesarea (= Kayseri in present-day Turkey), describes various forms of congregational psalm-singing that were being practiced in his diocese just a decade before the time of which A. is writing.   **ne populus maeroris taedio contabesceret** "lest the people languish from the weariness of sorrow."   **et ex illo in hodiernum retentum**: most manuscripts and Pizzolato read *et ex illo*, which makes *retentum [est]* a second verb coordinate with *institutum est* within the same clause. Most modern editors, however, accept the text of the oldest MS of *Confessions*, in which *et* is lacking, and they punctuate so that one sentence ends with *institutum est* and a new one begins with *ex illo … retentum. ex illo* and *in hodiernum* are conventional phrases in which the noun *dies* is usually expressed, but sometimes understood, as here.   **multis iam ac paene omnibus gregibus tuis et per cetera orbis imitantibus**: see Leeb 1967. *gregibus tuis* "your flocks" often refers to church communities in Christian writers (*TLL* 2334.3–17). *et* means "even, also."

9.7.16 A. carries the story ahead to two months after Easter of 386. In June, when Ambrose consecrated a new basilica outside the city walls (predecessor of the existing Basilica di Sant' Ambrogio), he placed his new foundation under the patronage of two long-overlooked martyrs whose gravesite he providentially discovered at a nearby funerary chapel. Their remains were exhumed and displayed to miraculous effect before being redeposited in a sarcophagus below the main altar of the new basilica. Although details about Saints Gervasius and Protasius came to be elaborated later, they are essentially unknown apart from the story of their rediscovery. But they were useful to Ambrose as home-bred martyrs whom he could claim as champions in his contest with a court of imperial outsiders. For his account of the discovery, see *Letter* 10.77, and for a more nuanced account, McLynn 1994: 209–17.

Tunc: June of 386.   **memorato** "the afore-mentioned" (*TLL memoro* 694.35–6).   **per uisum**: in a dream, according to A.'s recollection at *City of God* 22.8.   **quo loco laterent**: indirect question.   **in thesauro secreti tui** "in the treasury where you hold things concealed"; *secreti* is a substantivized participle, often used by A. in speaking of God's mysterious purpose (as at 11.31.41 *quis ille sinus est alti secreti tui* and at *On free will* 3.57 *in dei aliquo secreto*).   **reconderas**: a late Latin contracted form of the pluperfect *recondideras*.   **unde ... promeres**: the subjunctive indicates that the clause expresses purpose.   **cohercendam**: *coherc-* is the usual spelling of *coerceo* in this period.   **propalata** "discovered," "brought to light"; the verb *propalo* enters Latin in Christian writings of the fourth century (*TLL*). But the reading *prolata* is also well attested.   **ambrosianam basilicam**: the new basilica was already so designated in Ambrose's lifetime; he had built it to be the site of his own eventual burial (and he reposes there today).   **immundi ... spiritus** "unclean spirits," the standard appellation of demons in gospel stories, to which this account bears more than a passing resemblance. Ambrose had arranged for certain victims of possession to be present during the exhumation so that he could conduct an exorcism, which precipitated an outburst on the part of the demons (*Letters* 10.77.2, 9, 16, and 22).   **confessis eisdem daemonibus**: ablative absolute, "on the confession of those same demons." What the demons confessed, through the mouths of the possessed, was that they were demons, and that they were suffering torment in the presence of the newly discovered martyrs.   **quidam plures annos caecus** "a man who had been blind for several years." Ambrose adds that he was a former butcher named Severus, who accosted the procession which was bringing the relics to the basilica (*Letters* 10.77.2 and 17).   **quaesisset** = *quaesiuisset*.   **audisset** = *audiuisset*.   **exiliuit eoque se ut duceret suum ducem rogauit** "he bounded up and asked his guide to lead him there," i.e. to the source of the commotion.   **impetrauit admitti ut sudario tangeret feretrum pretiosae in conspectu tuo mortis sanctorum tuorum** "he managed to be let in to touch with a piece of cloth the bier [with] the dead bodies of your saints that were precious in your sight." For the unusual construction of *impetrauit* with an infinitive, see *TLL* 602.30–3. The sense of *mortis* is strained for the sake of incorporating an allusion to Psalm 115: 15 *pretiosa in conspectu domini mors sanctorum eius*. Until the eastern custom of taking body parts from deceased saints prevailed, the western church sought to limit the collection of relics to "secondary" relics, or objects that had been brought in contact with the body of a saint, like the strip of cloth mentioned here. Pope Gregory I later articulated the policy in *Letters* 4.30.   **quod ubi fecit atque admouit**: *quod* refers to the act of touching the relics; *sudarium* is understood as the object of *admouit*.   **inde** = *ex eo*, "as a result of that," or "thereupon."   **feruentes, lucentes** "burning [and] shining"; the praise given to God for the martyrs is compared to the lighting of a lamp or candle, a context in which A. often pairs these two verbs (*On continence* 17, *Letters* 144.77, *Sermons* 108.1).   **illius inimicae**: the empress Justina.   **a persequendi ... furore compressus**

est "was checked from its rage to persecute." Paulinus similarly observes that Justina's feud with Ambrose quieted down after the display of support from Gervasius and Protasius (*Life of Ambrose* 15).   **unde et quo** "from where and to what end?"   **ut haec etiam confiterer tibi, quae magna oblitus praeterieram** "so that I might confess to you these things as well, which, great [though they were], I had forgotten and passed over." The discovery of the martyrs formed an important narrative sequel to the Easter stand-off of 386, in that it brought an end to the confrontation between church and court. But A. questions what implications it could have had for him personally, since he only recollected it a year after it happened. His answer appears to be that, in retrospect, it was another opportunity of grace that he ignored; compare *nos adhuc frigidi a calore spiritus tui* in ¶15.   **et tamen tunc, cum ita fragraret odor unguentorum tuorum, non currebamus post te**: A. passes judgment on himself in language that combines *Song of songs* 1: 3 *post te curremus in odorem unguentorum tuorum*, which he always interprets as referring to Christ, with an allusion to Paul's declaration at 2 Corinthians 2: 15 that "we are the aroma (*odor*) of Christ to God among those who are being saved." The "perfumes" are the martyrs whose example of commitment A. should have followed.   **ideo plus flebam inter cantica hymnorum tuorum**: picks up *quantum fleui in hymnis et canticis tuis* in ¶14 and so brings the narrative back to Easter of 387.   **olim suspirans tibi et tandem respirans quantum patet aura in domo faenea** "so long sighing for you, and now at last breathing [you] in, so far as breath swells in [my] house of grass." The antithesis between breathing out and breathing in (which recurs at 10.4.5) recalls the metaphor of asphyxiation A. had used at 5.11.21 *me ... deprimebant corporalia cogitantem moles illae, sub quibus anhelans in auram tuae ueritatis liquidam et simplicem respirare non poteram*. By "house of grass" A. means his mortal body. The metaphor is borrowed from Isaiah 40: 6 *omnis caro [est] faenum*, of which A. says "flesh is called 'grass' because it dies" (*Sermons* 82.13). The elevated language of this sentence again serves to mark the close of a narrative sequence.

9.8.17 This ¶ bridges an indeterminate period between Easter of 387 and the death of Monnica in the summer or early fall. During that time A. left Milan and traveled back to Rome and from there to the port of Ostia, accompanied by his mother, his brother, his son, his countryman Evodius, and others he does not name. The *quidam amici* mentioned in ¶28 probably included Alypius, however, in view of *City of God* 22.8, where A. says that he and Alypius stopped in Carthage after their return from overseas. Although they were intending to sail back to north Africa, the need for a respite during their long trip (¶23) led them to delay their departure and to take up temporary lodging in Ostia. As A. approaches the close of his narrative, he pauses for an extended look back over Monnica's life in ¶¶ 17–22. The details he provides about the family into which she was born, the family into which she married, and the family she helped create underlie the study of Roman family structure in late antiquity by Shaw 1987. Frend 1987 also focuses on this household, but with a narrower interest in its religious complexion.

Qui habitare facis unanimes in domo "you [God], who cause the like-minded to dwell in a house," adapted from a non-Vulgate version of Psalm 67: 7 *deus qui habitare facit unanimes in domo*.   **consociasti** = *consociauisti*; cf. ¶ 22 *consociati uiuebamus*.   **Euodium**: known almost exclusively from A.'s works, in some of which he figures as an interlocutor during the years 387 and 388. Within about a decade of their return to Africa, he like A. was drafted into the service of the church and became a bishop. A handful of letters that they exchanged two decades later are included in A.'s correspondence (*PCBE Afrique* "Evodius 1" 366–73, *A-L* "Evodius" II 1158–61).   **nostro municipio**: Thagaste.   **agens in rebus**: for the post, see 8.6.15 *agentes in rebus* (n.).   **nobis**: ablative of comparison.   **accinctus** "girt up and ready for action," but in a military context, as here, the word carries the implication "with swordbelt strapped on."   **in tua**: sc. *militia*.   **simul eramus, simul habitaturi placito sancto** "we were together, intending to dwell together according to [our] holy resolve." The *placitum sanctum* was the plan to live a celibate life dedicated to the service of God, as at 8.6.15 and 8.12.30; the participle is future because it looks ahead to their arrival in north Africa, where they planned to establish their community.   **quaerebamus quisnam locus nos utilius haberet seruientes tibi**: *seruientes* here implies living a life dedicated to God and apart from the world, as at 8.6.15, *On the Catholic and Manichean ways of life* 1.68, *City of God* 22.8, and *Letters* 31.9. During this year and the next, A. investigated monastic communities of which he had become aware both in Milan and in Rome (*On the Catholic and Manichean ways of life* 1.33.70). He and his party were not yet prepared to place themselves under the supervision of a religious superior as clerics, however, but hoped to form a lay community on A.'s family property in Thagaste.

mater defuncta est: after a retrospect on Monnica, A. will return to the circumstances of her death in ¶¶ 27–8.   **multa praetereo, quia multum festino**: for the convention, cf. ¶ 7 *ad alia maiora properanti* (n.).   **me parturiuit et carne, ut in hanc temporalem, et corde, ut in aeternam lucem nascerer** "she brought me forth both in her flesh, that I might be born into this ephemeral light, and in her heart, that I might be born to eternal light"; *lucem nascerer* is understood with the first as well as the second *ut* clause. Throughout *Confessions*, A. credits Monnica with bestowing spiritual as well as bodily life on him: see 5.9.16 *maiore sollicitudine me parturiebat spiritu quam carne peperat* (n.). *corde* takes the place of *spiritu* here for the sake of an alliterative contrast with *carne*, as at *Sermons* 297.10, *Against Faustus, a Manichean* 33.8, and *On patience* 9. According to ¶28, Monnica was born in the year 331 or 332.   **creasti** = *creauisti*; *tu creasti eam* corrects *neque se ipsa fecerat*, as *erudiuit eam uirga Christi* corrects *neque educauerat se ipsam.*   **qualis ex eis fieret** "what sort of person was being made from them." A. is thinking of Monnica's pre-natal development, before her parents could have had any knowledge of her, as in his reference to himself at ¶21 *in ... utero me creasti.*   **erudiuit eam in timore tuo uirga Christi tui, regimen unici tui, in domo fideli, bono membro ecclesiae tuae** "the rod of your Christ [and] the rule of your only-begotten son trained her in fear of you, in a believing household [that was] a goodly component of your church." In keeping with the theme that Monnica owed everything to God's gifts, A. attributes her upbringing more to the Christian spirit that pervaded her home than to the humans who embodied it. That the sense of Christian spirit here is closely bound up with physical coercion is due both to the structure of power within the late antique family, for which see Shaw (1987), and to A.'s attitude toward Christian discipline. *in timore tuo* alludes to the biblical adage that the fear of God is the beginning of wisdom (Psalms 110: 10, Sirach 1: 16). A *uirga* is a rod or stick, emblem of discipline, often with reference to "the rod and the staff" of Psalm 22: 4; at *Expositions of the psalms* 22.5, A. understands that passage to mean "as a young animal in the flock of the pasture, I was being trained (*erudiebar*) by the rod (*uirga*)." For *unici tui*, see 6.4.5 *unici tui* (n.). *membro* is in apposition with *domo*; the word usually refers to an individual member of the church, but A. sometimes applies it to a collective, as to individual church communities (*To Cresconius, a Donatist grammarian* 3.9, *To Catholic members of the church* 31). There is no evidence that identifies the hometown of Monnica's family, which is often assumed to be Thagaste. But A.'s careful specification of their religious affiliation here appears to mean that, unlike the majority of people in Thagaste during the 330s and 340s, the family was Catholic, not part of the Donatist schism. See, however, Frend 1987: 135 and 139–41.   **nec tantam erga suam disciplinam diligentiam matris praedicabat quantam famulae cuiusdam decrepitae** "she did not speak of attention to her rearing so much on the part of her mother as on the part of a broken-down old servant woman."   **grandiuscularum**: "not attested before A. ... frequent in his works, regularly marking a stage just older than that of *paruuli*" (O'Donnell).   **in domo christiana**: i.e. it being a good Christian home where morals were valued.   **satis ... honorabatur** "she received a certain degree of respect."   **dominicarum filiarum**: no more is heard about the sister(s) of Monnica whose existence is here implied, or about brother(s) who may also be implied (but sons would not have been raised under the same regime as daughters).   **erat in eis cohercendis, cum opus esset, sancta seueritate uehemens atque in docendis sobria prudentia** "she was fierce in chastening them with godly strictness whenever it was needful, and of a clear-eyed practicality in teaching them." The servant is described first with an adjective, then with an ablative of description; the expression "a holy terror" springs to mind. For the iterative sense of the subjunctive in *cum* and *si* clauses, see *NLS* §196 and H–S §334. Throughout this ¶, A. emphasizes that the servant combines coercion with instruction.   **consuetudinem malam**: the locution appears elsewhere in A. and means not so much a particular bad habit as an overall bad tendency.   **aqua sordebit** "water will be disgusting to you."   **auctoritate imperandi**: the words call attention to the incongruity between the slave's status and her role.   **ipsam puellarum sitim** "even girlish thirst," i.e. for water.   **ut iam nec liberet quod non deceret** "so that what was unbecoming was no longer tempting"; *liberet* is from *libet*, not *libero*.

9.8.18 Et subrepserat tamen ... uinulentia: A. makes no effort to disguise the abrupt and contradictory turn between ¶18 and ¶17. *subrepserat* is from *subrepo*, used with a dative to mean "to steal over," "to encroach on"; the metaphor anticipates *latentem morbum* below. That women have a weakness for drink had been a Roman stereotype since the earliest period of Latin literature; see O'Donnell's note for illustrations.   **cupa**: a wooden cask laid on its side in a cradle in the winecellar, with an opening bored through a stave on the top side, so that wine could be ladled out when the stopper was removed.   **summisso poculo** "by means of a cup that was lowered"; the *poculum* served as a dipper.   **qua**: the adverb "where."   **lagunculam**: a serving pitcher into which wine was poured from the *poculum*.   **merum**: wine at full strength; at table, wine was ordinarily diluted with water before being served.   **primoribus labris** "with the edge of the lips," a fixed expression in Latin.   **non poterat**: sc. *sorbere*.   **sensu recusante**: ablative absolute, "her sense [of taste] recoiling [from it]."   **quibusdam superfluentibus aetatis excessibus, qui ludicris motibus ebulliunt, et in pucrilibus animis maiorum pondere premi solent** "through those wild extravagances of youth which bubble over in playacting, and which in young persons always get damped down by pressure from their elders." A. implies that Monnica was just mimicking the behavior of grown-ups in their cups that she had observed; for *ludicris motibus*, compare *imitatione ludicra aemulatus* at *On the literal interpretation of Genesis* 12.22.47. But the sententiousness of the line, its comparison of young and old, and the fact that it does not actually apply to Monnica (who was not curbed by a grown-up, but by an age-mate) make it likely that A. has in mind passages in book 1 in which he criticized the indulgences of adults as little different from the "play" of children (1.10.16, 1.19.30).   **illud modicum**: refers to *sorbebat exiguum*.   **addendo**: for the ablative gerund, see 5.8.15 *orando et flendo* (n.).   **qui modica spernit, paulatim decidit**: slightly adapted from Sirach 19: 1. Biblical authority helps carry A. past another awkwardness in the story, which is that Monnica's drinking went beyond high-spirited playacting.   **in eam consuetudinem lapsa erat ut ... inhianter hauriret** "she had fallen into this routine, [namely] that ... she was glugging down."   **ubi tunc sagax anus?** sc. *erat*. Although the question is rhetorical, the answer is surely that the old servant had died by this time.   **numquid ualebat aliquid** "surely it is not true, is it, that anything would avail?"; *numquid* functions as an interrogative particle expecting the answer "no" (*OLD*). For the indicative in contrafactual conditions with verbs expressing possibility, see G–L §597 r.3.   **nisi tua medicina, domine, uigilaret super nos**: the conception of *Christus medicus*, Christ the physician of souls, is prominent in early Christian writers, and in no one more prominent than in A. In *Confessions*, it first appears at 2.7.15; for a survey of its use, see Arbesman (1954). The oddity of the personification *tua medicina vigilaret* is due to A.'s habit of identifying Christ as both *medicus* and *medicina*: as he says in *Sermons* 380.2, Christ is *ipse medicus, ipse medicina*.   **tu praesens**: sc. *es*. The sentence is a generalization, not an observation about Monnica's situation, and its point lies in the opposition of *absente* and *praesens*: "if father and mother and caregivers are [ever] absent, *you* are [always] present." The three *qui* clauses then characterize God as a supra-familial and ever reliable source of life, admonition, and aid.   **boni aliquid** "something good."   **curasti ... sanasti**: = *curauisti* and *sanauisti*.   **durum et acutum ... conuicium tamquam medicinale ferrum** "a hard, sharp ... reproach, like surgical steel"; the adjectives are chosen to accord with the simile.   **litigans**: the ordinary word for "quarreling" (*OLD* 2).   **obiecit hoc crimen**: *crimen* in A. still often retains its original meaning of "charge" rather than "crime," and *obicere crimen* is his standard expression for bringing a charge.   **meribibulam** "a wine soak." The word is a hapax (except that this passage was quoted back at A. by one of his antagonists in *Against Julian, an unfinished work* 1.68).   **quo illa stimulo percussa respexit foeditatem suam confestimque damnauit atque exuit**: a miniature conversion incorporating elements of other such moments in *Confessions*: unconsidered words (6.7.12, 8.6.14–15, 8.12.29), seeing oneself anew (8.7.16, 8.12.28), sloughing off the past (6.7.12, 8.6.15, 8.11.26), and abrupt action (8.2.4, 8.6.15, 8.12.29); cf. O'Ferrall 1976: 28–30.   **exagitare** "provoke."   **minorem dominam**: vis-à-vis Monnica's mother.   **ideo clanculo**: sc. *fecit* or *dixit*; the following *quia* clauses offer alternate motivations for *clanculo*.   **quia ita eas inuenerat locus et tempus litis**: implies that they were not looking to have a quarrel; a good opportunity just happened to present itself while they were off in the wine cellar, out of sight and hearing of everyone else. **ita =** "like that" refers to *sola cum sola*. **ne forte et ipsa periclitaretur, quod tam sero prodidisset** "lest maybe she, too, get in trouble because she had taken so long to disclose [Monnica's drinking]." **rector caelitum et terrenorum, ad usus tuos contorquens profunda torrentis, fluxum saeculorum ordinate turbulentum**: A. evokes God as the ruler of cosmic and temporal processes partly so as to close the episode with a rhetorical flourish, but partly also to make the point that God's care for the cosmos does not preclude attention to the human microcosm. *profunda torrentis, fluxum saeculorum ordinate turbulentum* "the deeps of the torrent, the methodically chaotic flow of the ages"; *fluxum* is in apposition with *profunda*, and the two phrases are variations on the same idea. A. often uses *profunda* as a substantive to mean deep waters in which one risks drowning (e.g. *Against Julian, an unfinished work* 3.57 *tu in haec profunda demersus intereas*; *Sermons* 242.9 *continuo demerguntur, et ad ima profunda peruenunt*); cf. ¶12 *insinuati sunt mihi in profundo nutus tui* (n.). The *torrens* is identical with the extended metaphor of the "river of human custom" at 1.16.25–6. As A. explains in *Sermons Dolbeau* 26.43, "'torrent' [in Psalm 109: 7] means this world (*saeculum*). Waters that flow as a result of cloudbursts or winter rains or floods are torrents, as they will surely soon run dry. All temporal things are like that: a temporary torrent that will soon end." *ordinate turbulentum* is an oxymoron; for the meaning of *ordinate* in A.'s thought, see *ordinatiore disciplinae cohercitione* 5.8.14 (n.). **de alterius animae insania sanasti alteram**: sc. *animam*, "you healed the one soul by means of the un-health of the other soul," an oxymoron in chiasmus. For the concurrence of *de* + ablative with the instrumental ablative in later Latin, see *OLS* 880. **ne quisquam**: used interchangeably with *ne quis* in A.

9.9.19 potiusque a te subdita parentibus quam a parentibus tibi: a veiled criticism. That God made Monnica subject to her parents parallels the case of Christ who was "made subject to his parents" Mary and Joseph (Luke 2: 51). But A. hints that Monnica's parents did not hold up their end, perhaps because they were insufficiently attentive to her upbringing (¶17), or because they arranged a marriage to a non-Christian. **ubi plenis annis nubilis facta est**: an echo of *Aeneid* 7.53 *iam matura uiro, iam plenis nubilis annis*. The earliest age at which a woman could marry under Roman law was 12 (*BNP* "Marriage, Age at" VIII 393–5). Monnica did not necessarily marry as soon as she came of age, however, and she did not give birth to A. until she was 22 or 23 (¶28). **uiro** "to a husband"; the dative modifies both *tradita* and *seruiuit*. **sategit eum lucrari tibi** "she made it her business to gain him for you," a reminder that Patricius did not become a Christian until late in life (1.11.17,

2.3.6). Monnica thus put into practice Paul's advice at 1 Corinthians 7: 14–16 for a Christian woman married to an unbelieving husband. From the perspective of her parents, who had at least two daughters to dower and marry off, and who could not have ranked among the wealthiest of the municipal elite, difference of religion on the part of a prospective match was evidently a drawback that could be overlooked. **loquens te illi moribus suis** "preaching you to him by means of her behavior." The figurative sense of *loquor* as bearing witness without actually speaking is frequent in Christian writers (*TLL* 1667.46–80). **reuerenter amabilem**: as opposed to what A. terms *carne amabilis* at *On marriage and concupiscence* 1.15. **mirabilem**: rarely applied to persons in A., and as in Latin generally, only in a sense closer to "extraordinary" or "awesome" than "admirable" (*OLD*). **cubilis iniurias**: probably refers to Patricius' philandering rather than to abusive sexual demands on Monnica, given *reuerenter amabilem* above. **simultatem**: a protracted feud rather than an isolated quarrel. **expectabat enim misericordiam tuam**: in the spirit of Jude 21 *expectantes misericordiam domini nostri Iesu Christi.* **castificaretur**: enters Latin through Bible translations and is used exclusively by Christian writers (*TLL*). **uero**: introduces a separate point (*OLD* 6); with *praeterea* = "now, furthermore." **sicut beniuolentia praecipuus, ita ira feruidus**: though formally a comparative construction, the combination *(sic)ut ... ita* often introduces a contrast of ideas, "although... nevertheless" (*NLS* §253 n. iii). **nouerat ... non resistere** "knew how ... not to resist" (*OLD nosco* 9 b). **iam uero refractum et quietum cum opportunum uiderat** "but when she had seen [him to be] receptive, having now subsided and calmed down"; the sense of *refractum* is postclassical. **facti sui** "of her action," whatever had made Patricius lose his temper. **inconsideratius** "without quite having thought things through." **plagarum uestigia etiam dehonestata facie gererent** "bore the marks of blows, with even their face disfigured." **haec earum linguam**: sc. *arguebat.* **ueluti per iocum grauiter admonens** "giving serious advice as though in jest." **ex quo illas tabulas quae matrimoniales uocantur recitari audissent**: with *ex quo* understand *tempore* (*OLD qui*¹ 15 c). *audissent = audiuissent.* For an account of the formalities that went into the arrangement of a Roman marriage at this time, see Shaw 1987: 33–6 and more broadly Nathan 2001: 74–106. **tamquam instrumenta quibus ancillae factae essent deputare debuisse**: an indirect statement depending on *admonens*, to be understood as *[eas matronas] debuisse deputare [eas tabulas] tamquam instrumenta.* The subject of *factae essent* is again *matronae*, and *ancillae* is a predicate nominative. *instrumentum* is used in a technical sense to mean a binding legal document (*OLD* 5). Monnica argues in terms of Roman norms, rather than invoking the Pauline admonition, "wives, be subject to your husbands, as is fitting in the Lord" (Colossians 3: 18,

Ephesians 5: 22). **proinde**: marks the point at which a speaker finishes a preamble and presents a recommendation or command; "so then," "therefore" (*OLD* 3). **cumque mirarentur illae, scientes quam ferocem coniugem sustineret, numquam fuisse auditum aut aliquo indicio claruisse quod Patricius ceciderit uxorem aut quod a se inuicem uel unum diem domestica lite dissenserint, et causam familiariter quaererent, docebat illa institutum suum** "and when those women, knowing how hot-tempered a husband she had to cope with, voiced their surprise that it had never been heard of, or come to light through any sign, that Patricius had hit his wife, or that they had been estranged from each other for even a single day as the result of a quarrel at home, and [when those women] confidentially asked the reason, she explained her policy." *mirarentur* governs two infinitives in indirect statement which in turn govern two indirect statements in the form of *quod* clauses, for which, see *nesciunt quod* 5.2.2 (n.). This is the first passage in which A.'s father is named in *Confessions*. **quae obseruabant, expertae gratulabantur; quae non obseruabant, subiectae uexabantur** "[those women] who gave heed, thanked [her], having put [her advice] to the test. [Those] who did not give heed, having been brought to heel, kept being chivvied." An isosyllabic antithesis closes the ¶.

9.9.20 aduersus se: i.e. against Monnica, subject of *uicit*. **obsequiis** "gestures of respect"; the plural of abstract nouns often serves to denote acts or instances of the quality in question (A–G §100 c). **ut illa ultro filio suo medias linguas famularum proderet**: a result clause cued by the preceding *sic*. *ultro* emphasizes that, beyond disregarding the slanders, the mother-in-law went so far as to ensure that they were punished. *medias linguas* = "the meddling tongues" (Gibb and Montgomery); malicious talk placed a barrier to peace between Monnica and her mother-in-law. A. may have in mind the language of Ephesians 2: 14, about the peace that "has made us one and broken down the dividing wall (*medium parietem*) of hostility" (RSV). **matri obtemperans et curans ... et concordiae suorum consulens**: by careful motivation A. forestalls any temptation to suspect that Patricius, *beneuolentia praecipuus* (¶19), might have been in the habit of brutalizing his household. **proditas** "the women who had been reported." **ad prodentis arbitrium** "to the satisfaction of the one reporting [them]" (*OLD arbitrium* 7 c). **promisit illa talia de se praemia sperare debere, quaecumque de sua nuru sibi, quo placeret, mali aliquid loqueretur** "that woman vowed that whoever spoke any ill to her about her daughter-in-law in order to please her should expect just such rewards." For purpose clauses introduced by *quo* in place of *ut*, see 6.11.18 *dubitamus pulsare, quo aperiantur cetera?* (n.).

9.9.21 Hoc quoque illi bono mancipio tuo, in cuius utero me creasti, deus meus, misericordia mea, munus grande donaueras: *illi bono mancipio tuo ... munus grande donaueras* resumes the theme announced in ¶17 *de illa famula ... tua dicam dona.* The vocative *deus meus, misericordia mea* is borrowed from Psalm 58: 18. A. brings mention of himself into his account of Monnica's peacemaking among her peers because (as he indicates in the next sentence) he encountered the same sorry situations in his pastoral work.   **quod ... tam se praebebat pacificam ut ... nihil tamen alteri de altera proderet**: a "fact that" clause explaining *munus* leads into a result clause that is completed only after a detour through three intervening clauses in *cum, qualia,* and *quando.*   **de inuicem** "about each other"; for the expression, see 6.10.17 *inopiam suam sibimet inuicem anhelantium* (n.).   **amarissima, qualia solet eructare turgens atque indigesta discordia** "most bitter things, such as bloated and dyspeptic discord is accustomed to belch out." The equation of discord with indigestion carries over into the words *acida* ("sour"), *cruditas* ("indigestibility"), and *exhalatur* ("is burped up") and is a recurrent metaphor in A. (e.g. *Against Julian* 2.28, *Sermons* 28.2, *Sermons Lambot* 6).   **paruum hoc bonum mihi uideretur, nisi turbas innumerabiles tristis experirer (nescio qua horrenda pestilentia peccatorum latissime peruagante) non solum iratorum inimicorum iratis inimicis dicta prodere, sed etiam quae non dicta sunt addere, cum contra homini humano parum esse debeat inimicitias hominum nec excitare nec augere male loquendo, nisi eas etiam extinguere bene loquendo studuerit** "This merit would seem to me slight, did I not sadly find that countless throngs (since the awful blight of sins spreads far and wide) not only report to an angry enemy the words of another angry enemy, but that they even add things which have not been said—whereas by contrast, for any human being deserving of the name, it should hardly be enough not to stir up or inflame hostilities among [fellow] human beings by evil words, unless he has also tried to douse them by good words." The condition is framed as present contrafactual because it reflects A.'s current perspective as a bishop. *experirer* governs an indirect statement (*OLD* 4 b) of which *turbas* is the subject. The parenthesis grounds *innumerabiles*: calumny is rife because such sins are particularly contagious; *pestilentia peccatorum* occurs in a similar context in *Against the letter of Parmenian* 3.14. The redundancy of *iratorum inimicorum iratis inimicis* is meant to emphasize both the back-and-forth of malicious intermediaries and the fact that relations between the principals were inflamed to start with; A. is not describing a confrontation between the *inimici* themselves. *contra* is here an adverb (*OLD* 9). The point of *homini humano* is explained at *Sermons* 174.1: "that human being is called 'human' who shows himself to be human," as by showing hospitality to others.   **qualis illa erat docente te magistro intimo in schola pectoris** "[being such a sort of person] as she was, while you, her inner teacher, instructed her in the school of her heart"; the antecedent of *qualis* is *homini humano*. This abrupt close brings A. back from generalities to the subject of Monnica and makes a point about her that he reiterates elsewhere, that without benefit of a conventional education she had a deep practical understanding of life. It also alludes to a theme that he was to develop in *On the teacher* about two years later, that all learning has to be mediated through Christ; cf. 5.6.10 *nec quisquam praeter te alius doctor est ueri, ubicumque et undecumque claruerit.*

9.9.22 in extrema uita temporali "at the end of his temporal life," which in A.'s view is only a minor portion of the soul's life.   **lucrata est tibi**: the goal Monnica had pursued since they were married, according to ¶19 *sategit eum lucrari tibi*; A. repeats the fact in ¶37.   **iam fideli**: i.e. after baptism.   **quod in nondum fideli tolerauerat**: the *cubilis iniurias* of ¶19.

serua seruorum tuorum: this phrase shifts focus from Monnica's relationships with family and friends to her relationships through the church. *seruorum tuorum* could refer to the little group around A., whom he has characterized as servants of God (¶17 *nos seruientes tibi* and *nobis seruis tuis* later in this ¶) since their decision to renounce the world and to form a spiritual community. But the progression of thought in this ¶ suggests that he is thinking rather in terms of a wider church circle in which Monnica had been moving after being swept up by the charismatic Ambrose, and to which he alludes in 6.2.2.   **sentiebat praesentiam tuam in corde eius sanctae conuersationis fructibus testibus** "he perceived your presence in her heart through the fruits [that were] witnesses to her holy way of life." For *conuersatio*, see 6.2.2 *conuersationem* (n.); the phrase *sancta conuersatio* is scriptural (Tobit 14: 17 and 2 Peter 3: 11).   **fuerat enim unius uiri uxor, mutuam uicem parentibus reddiderat, domum suam pie tractauerat, in operibus bonis testimonium habebat** "For she had been the wife of just one husband, she had yielded recompense to her parents, she had managed her household dutifully, she enjoyed testimony in [the form of] good works." As *enim* indicates, these are the fruits that witness to the holiness of Monnica's life. The sentence has been composed out of snippets from the commendation of widows in chapter 5 of the first letter to Timothy: 5: 9 *quae fuerit unius uiri uxor* (but to have married only once had been a professed ideal for Roman women long before the advent of Christianity, see Treggiari 1991: 233-5), 5: 4 *discant ... domum suam regere et mutuam uicem reddere parentibus*, and 5: 10 *in operibus bonis testimonium habens*.   **nutrierat filios, totiens eos parturiens quotiens abs te deuiare cernebat**: *nutrierat filios* nods to 1 Timothy 5: 10 *si filios educauit*. For birthing in spirit as well as in flesh, see ¶17 *me parturiuit et carne ... et corde*. That A.'s brother Nauigius followed a wayward course in youth is suggested only here; nothing is said about the one daughter Monnica is known to have had. **postremo nobis, domine, omnibus, quia ex munere tuo sinis loqui, seruis tuis, qui ante dormitionem eius in te iam consociati uiuebamus percepta gratia baptismi tui, ita curam gessit quasi omnes genuisset, ita seruiuit quasi ab omnibus genita fuisset** "At the end, Lord— since by your gift you allow [me] to say [it]—toward all of us, your servants who had received the grace of your baptism and who were now living united in you, she showed such concern before her decease as if she were a parent to all, [and] such service as if all were parents to her." A. means that the spiritual kinship among baptized Christians had come to seem as important to Monnica by the end of her life as family relationships (for which she had earlier been criticized as having an excessive, "carnal" concern at 5.8.15); the idea that baptism in Christ supersedes social categories is Pauline (e.g. Galatians 3: 26–8). The dative *nobis* is governed by *curam gessit* and *seruiuit*. The formula *ex munere tuo sinis loqui* accompanies statements that A. considers surprising or extreme (cf. 1.6.7 *sine me loqui apud misericordiam* and 1.17.27 *sine me, deus meus, dicere aliquid et de ingenio meo munere tuo*); here it refers to the surprising expansion in Monnica's sense of family. The word *dormitio* "falling asleep" is rare in classical Latin, and connotes dying only in Christian Latin (*TLL* 2034.13–14). *in te* can be understood either with *dormitionem* (cf. 1 Corinthians 15: 18 *qui dormierunt in Christo*) or with *iam consociati* (cf. *Against Gaudentius* 1.50 *in unitate Christi consociare*), but A.'s emphasis on the unity of the baptized here favors taking it with the latter. *iam consociati uiuebamus* refers to the rented house in Ostia which is the setting of the next two episodes. The ¶ closes with a two-point antithesis arranged in parallel clauses to form a coda.

9.10.23 Impendente autem die quo ex hac uita erat exitura: this detail serves both to pick up the story line interrupted in ¶ 17 and to signal a connection between Monnica's death and the incident about to be narrated. The phrase *ex hac uita* again implies another life to come. **ut ego et ipsa soli staremus, incumbentes ad quandam fenestram unde hortus intra domum quae nos habebat prospectabatur, illic apud Ostia Tiberina, ubi remoti a turbis post longi itineris laborem instaurabamus nos nauigationi** "that she and I were standing by ourselves, leaning out a window with a view of the garden inside the dwelling that housed us, there in Ostia on the Tiber, where after the exertion of a long journey, away from the crowds, we were recuperating for a voyage." *ut ... staremus* is the subject of *prouenerat* (*TLL* 2312.44–53), though in sense it is also understood as the object of *procurante* (*TLL* 1584.18–24). *quandam fenestram* connects to *unde ... prospectabatur* and means "one of the windows with a view of the garden"; for the sense of *instauro*, see *TLL* 1977.35–45. This burst of scenography appears to be simultaneously real and figurative, since almost every detail in it functions symbolically at some other point in A.'s corpus. According to *Expositions of the psalms* 48.2.7, the human body is the *domus quae habebat hominem* (and the phrase *domus habere* + a person is not ordinary Latin for living in a house). At *Expositions of the psalms* 41.7, the eyes are described as *fenestrae* through which the soul sees, and at *Expositions* 118.18.4 the illumination of a house by a window is compared to God's illumination of the mind. At *Sermons Dolbeau* 25.3, A. says that a *hortus amoenus* is the typical picture people have of Paradise (cf. Song of Songs 4: 12–18, and ¶5 above). The clause *unde hortus intra domum prospectabatur* may allude to Plotinus' adjuration to look inward for the divine: see 7.10.16 *inde admonitus redire ad memet ipsum, intraui in intima mea* (n.). The name of the town Ostia is the plural of *ostium*, meaning literally "doorway": in *Tractates on the gospel of John* 48.5, A. borrows the word when interpreting Christ's parable of the sheepfold at John 10: 9, "as we have entered [the sheepfold] by the door of faith, so let us go out from our body in faith, for thus we go out through the doorway himself so that we may find good pasture, meaning eternal life." At *Expositions of the psalms* 99.10, *remoti a turbis* is paraphrased as meaning people who are far "from the great waves of the world, as though they are in port." (The phrase was also literally true because by this period much of the port activity at Ostia had shifted to Portus just north of it, and the town itself was shrinking (see Hermansen 1981: 12–13).) *iter* has been a central metaphor for the journey of life in *Confessions* since *iter agebam platearum Babyloniae* at 2.3.8. At *On Christian teaching* 1.10, A. describes the process of purifying the mind in order to see God as a *nauigatio ad patriam*. See further O'Donnell and Smolak 2003. True to its name, Ostia is represented as a kind of portal for Monnica ("the name of the city itself is suggestive," O'Donnell); cf. 8.8.19 *interioris domus meae* (n.). **praeterita obliuiscentes in ea quae ante sunt extenti**: slightly adapted from Philippians 3: 13, which A. interprets at *Expositions of the psalms* 89.5 as meaning "forgetting all temporal things and craving eternal things"; *extenti* is true in a literal sense as well, in that he and Monnica are leaning out the window. **inter nos apud praesentem ueritatem, quod tu es** "between us, in the presence of the manifest truth, which you are"; for neuter *quod*, cf. *Sermons* 71.23 *quisquis ... blasphemauerit ueritatem, quod est Christus ... accipiet ... remissionem*, *Sermons Caillau* 2.6.4 = *Sermons* 94A.4 *erunt martyres ueri si pro ueritate, quod est Christus, certentur*. A. regularly identifies Christ with *ueritas* on the basis of Christ's statement at John 14: 6 "I am the way, the truth, and the life." His point here is that the conversation between him and his mother briefly freed them from thinking in material terms and allowed a glimpse of fullness of life in Christ (for the phrase *praesens ueritas* in A., cf. *To Simplicianus* 2.3.1, *On the Trinity* 14.21, and *Tractates* *on the gospel of John* 15.19; it is also scriptural, 2 Peter 1: 12).   **qualis futura esset uita aeterna sanctorum**: indirect question depending on *quaerebamus*.   **quam nec oculus uidit nec auris audiuit nec in cor hominis ascendit**: this quotation from 1 Corinthians 2: 9 previews the theme of the next two ¶¶ on the inadequacy of the senses.   **inhiabamus ore cordis in superna fluenta fontis tui** "we opened the mouth of our heart wide to the waters of your fountain above."   **fontis uitae, qui est apud te**: the phrase is from Psalm 35: 10; A. always understands the fountain to be Christ himself.   **pro captu nostro** "in proportion to our capacity" (*OLD captus*² 1).   **aspersi**: i.e. getting only drops to drink instead of drinking directly from the fountain, as at *Sermons* 23.10, *Expositions of the psalms* 62.3, and *On the literal interpretation of Genesis* 12.26.54.   **quoquo modo** "in whatever way possible" (*OLD quisquis* 8 b).   **rem tantam cogitaremus**: for the accusative, see 5.10.10 *cogitare nisi moles corporum non noueram* (n.).

¶¶24–5 A. here describes a movement of thought from the external world into the realm of spirit, and from there to a direct but momentary vision of God. It has much in common with the visionary experience that he describes in the latter half of book 7 (the similarities are analyzed by Mandouze 1968: 679–99). But although the present account is more compact and focused, discussion of it has been no less inconclusive. Interpreters have been preoccupied with four issues. One is whether A.'s experience here shortly after his baptism represents an advance over the pre-baptismal vision that he described in book 7. Another question is partly related: to what extent can the experience be considered specifically Christian? There is no doubt that the central metaphor of a spiritual ascent in stages derives from Plotinus and not from any scriptural source, and there are similarities of phraseology in descriptions of the ascent by A. and by Plotinus (especially in *Enneads* 1.6 *On beauty* and 5.1 *On the three primary hypostases*). On the other hand, A.'s narrative is repeatedly grounded in appeals to scriptural authority, and he sometimes tailors Plotinian language to Christian concepts. The question of Plotinian influence is most fully considered by Mandouze 1954. A third question is how closely, or whether, the experience of union with God that A. describes conforms to traditions of Christian mysticism that developed after him; a recent discussion of A.'s vision in that context is by McGinn 1991: 228–62. Finally, Monnica's role in the episode has been found problematic. It is in the first place exceptional for two persons to share in a visionary experience of God achieved by a process of conversation, and the Plotinus-inflected language in which A. describes the experience cannot have corresponded very well with the terms in which Monnica was prepared to understand it.

9.10.24 Cumque ad eum finem sermo perduceretur "and when our conversation reached this conclusion"; the expression recurs at *Sermons Caillau* 2.11.1 = *Sermons* 112A.1. **ut carnalium sensuum delectatio quantalibet ... prae illius uitae iucunditate non comparatione sed ne commemoratione quidem digna uideretur** is a noun clause explaining *eum finem* ("this conclusion, [namely,] that ... it seemed"). *quantalibet* means "the greatest conceivable," and *illius uitae* refers to the *uita aeterna sanctorum* of ¶23. *commemoratione* means "mention"; the noun and the related verb denote an act of speaking far more often than an act of remembering. A. may have in mind Paul's depreciation of life in the flesh by comparison with the glory of the life to come at Romans 8: 18–23. **in id ipsum**: on A.'s use of this term for God, see ¶11 *in consequenti uersu* (n.). **ipsum caelum ... super terram**: the physical heavens, which are visible to the human eye, are being implicitly distinguished from the spiritual heaven, which is not. **uenimus in mentes nostras et transcendimus eas**: A. and Monnica now turn their attention from the external world to the realm of their own minds or souls, the one spiritual reality to which A. thought every human being had immediate access. The move parallels the moment at which, during an effort of ascent in book 7, A. "entered into my inmost being" (7.10.16). Also as in book 7, as the soul gains consciousness of itself, it recognizes a reality above itself: *transcendimus eas* here corresponds to A.'s recognition of a truth *supra mentem meam* at 7.17.23. **ut attingeremus regionem ubertatis indeficientis ubi pascis Israhel in aeternum ueritate pabulo**: the recurrence of *attingimus* below suggests that the *ut* clause here expresses purpose rather than result. A. is not quoting Scripture, but borrowing scriptural phraseology in order to christianize the impersonal realm of supra-sensible being which figured in Plotinus' version of the soul's ascent. *ubertas* probably comes from Psalm 35: 9 *ubertas domus tuae* (which A. often quotes in conjunction with the verse on the "fountain of life" that immediately follows it). The phrase *pascere Israel* occurs in Psalm 77: 71 and 79: 2; commentators also cite Ezechiel 34: 13 "I will feed [my sheep] on the mountains of Israel" (the "figura etymologica" *pascere pabulo*, however, appears to be A.'s own touch). *in aeternum* is a frequent scriptural tag. *ueritate*, which is in apposition with *pabulo*, again means the truth personified in Christ, who is the "food" of the blessed: *pabulum* here, *cibus* in the parallel account at 7.10.16 and 7.18.24. **ibi uita sapientia est, per quam fiunt omnia ista** "there life is the wisdom through which all those things are made/occur," as usually construed, with *uita* as subject and *sapientia* as predicate (see Solignac XIV.117 n. 2). Given A.'s long quest for *sapientia*, it must have been particularly satisfying for him to learn that the essence of eternal life would be sharing in the wisdom of God. **ipsa non fit**: *ipsa* = *sapientia*. **quin potius fuisse et futurum esse non est in ea, sed**

esse solum "but rather, having-been and going-to-be do not exist in it, but only being." For *quin potius*, see *OLD quin* 3 c. The infinitives are used substantivally as subjects of *est*, as again in the next sentence. This line recalls Plotinus *Enneads* 5.1.4.21–4 "Intellect... only is, and its 'is' is for ever, and there is no place for the future for then too it is—or for the past—for nothing there has passed away—but all things remain stationary for ever" (Armstrong). **attingimus eam modice toto ictu cordis** "we attain it in some measure with a full thrust of our mind/heart." Although some MSS read *attigimus* here and in the next ¶, A. is likely to have used the present of process rather than the perfect of completed action; the completeness of the action is further qualified by *modice*, as in similar passages cited by O'Donnell. *eam* refers to *sapientia*, like *illi* in the preceding clause. The meaning of *toto ictu cordis* is controversial, since *ictus* can mean either a stroke delivered or a stroke received. Interpreters who take their lead from Plotinus understand it in the latter sense ("a shock"), citing *Enneads* 6.7.31.8, which describes Soul as "struck" (πληγεῖσα) by its vision of Intellect (see Mandouze 1954: 73 n. 3). But A.'s language corresponds better to his own account of an earlier moment in which he achieved an intimation of the ultimate reality *in ictu trepidantis aspectus* (7.17.23). There and throughout that account he speaks of the experience in terms of vision, and of the "eye of the soul." According to an ancient theory of vision to which he subscribed, an *ictus* is the ray or glance which the eye sends out toward the object it perceives; here he imagines an analogous impulse emanating from the mind or *cor* toward an object of intellectual vision (so Pizzolato). See 7.1.1 *hoc uno ictu* and *in ictu oculi* (nn.). **et suspirauimus et reliquimus ibi religatas primitias spiritus** "and we sighed and left bound there the first fruits of the spirit." The words are susceptible of multiple interpretations which are surveyed by Pépin 1951. *primitias spiritus* is taken from Romans 8: 23 *nos ipsi primitias spiritus habentes et ipsi intra nos gemimus*. Contrary to the usual understanding of Paul, however, A. regularly treats the phrase as meaning not the first fruits of future glory bestowed by the Holy Spirit on humanity, but the first fruits of faith and affection that the aspiring human spirit directs to God. He conceives of the *primitiae* more as an offering (as the metaphor itself implies) than as a person's "first taste" of something, and what is offered is a preliminary or nascent form of the contemplation that the soul will offer fully in the afterlife. His idea here is similar to what he says at 12.16.23, about lifting up his heart to the heavenly Jerusalem "where are the first fruits of my spirit." The first fruits, then, would be the soul's consciousness of its communion with God at the highest level which it is capable of achieving during earthly life. For further discussion and other possibilities, see O'Donnell's note here, Solignac XIV 52–5, and Pépin 1951. The word *religatas* may also hint that A. saw in his and Monnica's experience the essence of religious feeling: cf. *On the greatness of the soul* 80 "it is true *religio* by which the soul ... binds (*religat*) itself to the one God," and similarly *On true religion* 111–13 and *On Christian teaching* 3.10.   **remeauimus ad strepitum oris nostri, ubi uerbum et incipitur et finitur**: it seems to be implied that A. and Monnica had ceased talking during their moment of communion with the divine. A. discusses speech as a prime example of the time-boundedness of earthly human existence at 11.26.33–30.40, and he anticipates that it will give way to telepathic communication in the afterlife (cf. 11.3.5, 13.15.18).   **uerbo tuo, domino nostro, in se permanenti sine uetustate atque innouanti omnia**: Christ is identified as the Word of God on the basis of John 1: 14, and then characterized in words describing wisdom personified at Wisdom 7: 27 *permanens in se omnia innouat*.

9.10.25 Dicebamus ergo: since the first-person plural verbs in sections ¶¶23–4 clearly refer to both A. and Monnica, that would be the natural assumption here too. But at the beginning of the next ¶, A. shifts conspicuously from the plural to the singular *dicebam* when he sums up this conversation, which puts Monnica's role in it into question. The sentence following *ergo* begins with a string of "ideal" conditions in the present subjunctive, and does not arrive at the main clause until *nonne hoc est: "intra in gaudium domini tui"?*   **si cui sileat tumultus carnis** "if for anyone the turmoil of the flesh should quiet down." The line parallels Plotinus *Enneads* 5.1.2.15–16 "let not only the [soul's] encompassing body and the body's raging sea (κλύδων) be quiet, but all its environment" (Armstrong). The *tumultus* is the flood of images and sensations by which the embodied soul is assailed.   **sileant phantasiae terrae et aquarum et aeris, sileant et poli**: A. uses the word *phantasia* "predominantly ... in the sense of 'image' or 'impression'," O'Daly 1987: 107. *phantasiae* is again understood with *poli*, a poetic word for the starry upper reaches of the heavens, as opposed to the lower *aer* (*TLL* 2571.44). The parallel with *Enneads* 5.1.2 continues: "[let] the earth [be] quiet, and the sea and air quiet, and the heaven itself [be] at peace."   **sileant somnia et imaginariae reuelationes**: A. passes from impressions that the soul receives from sensory data to the extra-sensory. *imaginariae reuelationes* are visions wrought directly in the mind (as by God, an angel, or a demon) without an external physical stimulus, such as described in *Letters* 169.11, "a revelation in the spirit, which takes place through incorporeal forms that resemble bodies."   **omnis lingua et omne signum**: sc. *sileant*. A. desires to eliminate every intermediary that merely reports or points to the truth without itself being the truth. The thought becomes more explicit below, in A.'s aspiration to hear God speak directly, *non per linguam carnis neque per uocem angeli nec per sonitum nubis nec per aenigma similitudinis.*   **et quidquid transeundo fit si cui sileat omnino**

"and if whatever has a transitory existence should become completely quiet for someone." *quidquid transeundo fit* is contrasted with *qui manet in aeternum* following. **"non ipsa nos fecimus, sed fecit nos qui manet in aeternum"**: A. imagines that the created world has taken to heart the words of Psalm 99: 3 which bids "all the earth" to know "that the Lord himself is God: he made us, and not we ourselves," and that it speaks accordingly. *manet in aeternum* is a scriptural refrain (e.g. Psalms 116: 2, Sirach 18: 22, John 8: 35, 2 Corinthians 9: 9). **his dictis**: i.e. *fecit nos qui manet in aeternum.* **aurem**: sc. *nostram.* **ut audiamus**: a clause of result. **non per linguam carnis neque per uocem angeli nec per sonitum nubis nec per aenigma similitudinis**: though the phrases are rhetorically parallel, the sense of each genitive in relation to its noun differs: a tongue *consisting of* flesh, a voice *belonging to* an angel, a sound *in* a cloud, and a puzzle *involving* a likeness. *per sonitum nubis* characterizes the way God often speaks in the Bible, e.g. Exodus 16: 10–11, Psalm 98: 7, Matthew 17: 5. Here and usually when A. uses the word *aenigma*, he depends on Paul's use of it at 1 Corinthians 13: 12 *uidemus nunc per speculum in enigmate.* At *On the Trinity* 15.15 he says that an *aenigma* is an allegory (and hence a *similitudo*) that is particularly obscure. **super omnia manentem**: in the parallel account at 7.10.16, A. says that he discerned the light of God *supra mentem meam*, but there he is careful to add that *supra* is meant metaphysically, not spatially. **continuetur hoc**: *hoc* means "this vision." **recondat in interiora gaudia spectatorem suum** "gather up their beholder into inner joys," a densely allusive phrase. *recondo* in A. regularly means "to store away securely" and often carries an echo of John the Baptist's prophecy at Luke 3: 17 that at the end of the world Christ will "gather the wheat into his barn" (a verse which A. consistently paraphrases as *frumenta recondet in horreum*). *interiora gaudia* are spiritual joys, which A. elsewhere opposes to "external" joys based on the world and the flesh (e.g. at *On the Lord's sermon on the mount* 2.40: Christ's precepts direct us to *interiora gaudia* lest we conform ourselves to this world and seek our reward *foris*). In addition, however, the phrase prepares a variation on the sense of "insideness" at the close of the sentence. There A. quotes the words to the good servants in the parable of the talents at Matthew 25: 21 and 23, "enter into the joy (*intra in gaudium*) of your Lord," which he understands as an assurance of entry into Paradise. He thus equates the ultimate experience of *inner* joys with *entering into* Paradise, which is of course a spiritual state. **ut talis sit sempiterna uita quale fuit hoc momentum intellegentiae** "with the result that everlasting life would be just like this instant of insight." **istud quando?**: sc. *erit.* The question arises because on A.'s view the soul does not enjoy the vision of God immediately after death, but only after the resurrection of the dead at the end of the world. **an cum omnes resurgemus, sed non omnes immutabimur?**: A. appropriates the words of

1 Corinthians 15: 51 about the resurrection, but according to the Vulgate version *omnes quidem resurgemus sed non omnes immutabimur*, rather than the accepted modern text (with κοιμηθησόμεθα in place of ἀναστησόμεθα and with the negative in the first clause rather than in the second, as in the RSV translation "we shall not all sleep, but we shall all be changed"). His understanding of *non omnes immutabimur* is that at the Last Judgment, the saved will receive imperishable new spiritual bodies, whereas the damned will get back bodies still subject to pain and decay, but with no prospect of relief (*Sermons* 362.23).

9.10.26 Dicebam talia, etsi non isto modo et his uerbis: for such retroactive qualifications on the literalness of a quotation, see 8.8.19 *dixi nescio qua talia* (n.).   **tamen tu scis, quod illo die ... tunc ait illa**: for *quod* clauses in indirect statements, see 5.2.2 *nesciunt quod* (n.). By privileging the words which follow, A. virtually admits that Monnica's part in the conversation up to this point bore little resemblance to his telling of it. In ¶¶26–8, however, he creates a speaking voice for her that is noticeably different. The most extensive sequence of utterances in direct speech attributed to her in *Confessions* (elsewhere she has only a single sentence, at 3.11.20), it consists of relatively short, simple clauses expressed in everyday language.   **quantum ad me attinet** "so far as I am concerned"; a formula frequent in letters and speeches (*TLL attineo* 1140.57–78), it occurs in *Confessions* only here.   **quid hic faciam adhuc ... nescio**: as the repetition at the end of the ¶ shows, *quid hic faciam* is not a deliberative subjunctive in indirect question ("what I am to do here"), but simply interrogative ("what I am doing here"). Like the English equivalent, *quid hic facio?* is a slangy expression of bafflement, cf. Ovid *Tristia* 1.2.91 *ferte—quid hic facio?—rapidi, mea carbasa, uenti*, Martial 10.64.6 *si nec pedicor, Cotta, quid hic facio?*, and *Shepherd of Hermas* (Latin version) 1.1.3 *ego prospiciens illam dico ei, "domina, quid tu hic facis?"*   **spe huius saeculi**: often opposed by A., explicitly or implicitly, to *spes futuri saeculi*. It is characteristic of Monnica that her "hope regarding this world" was focused not on conventional desires such as wealth or honor, but on her son (as A. observes at 5.9.17 *lacrimas, quibus non a te aurum et argentum petebat, nec aliquod nutabile aut uolubile bonum, sed salutem animae filii sui*).   **aliquantum**: adverbial = "for a bit" (*OLD aliquantum*²); it occurs elsewhere in *Confessions* only at 10.31.47.   **ut te christianum catholicum uiderem priusquam morerer**: a noun clause explaining *unum* ("there was one thing ... [namely,] that I might see you a Catholic Christian before I die'). Monnica is made to speak more plainly here than when A. reported her conviction at 6.1.1 that *priusquam de hac uita emigraret, me uisura esset fidelem catholicum*. The phrase *christianus catholicus* serves to distinguish an orthodox believer from all heretics or schismatics (so *On true religion* 9), but the particular contrast usually at issue in A.'s early works is with the Manichees, as at 6.1.1 *non me quidem iam esse manichaeum, sed neque catholicum christianum.* **cumulatius hoc mihi deus meus praestitit** "my God has granted this more abundantly." The locution *facere* or the like + adverbial *cumulate* or *cumulatius* is common in Cicero's letters (*TLL cumulo* 1384.77–1385.3). **ut te etiam contempta felicitate terrena seruum eius uideam**: a clause of result. For the meaning of *seruus dei* in A., see 8.6.14 *excellenter clarebat apud seruos tuos* (n.). **quid hic facio?**: A. adverts to this utterance of Monnica one more time in ¶28.

9.11.27 cum interea + indicative loosely attaches one event to another to which it is causally unrelated, but linked by an association of ideas (H–S 623; cf. 1.13.20 *cogebar ... plorare Didonem mortuam ... cum interea me ipsum ... a te morientem ... siccis oculis ferrem* and 2.3.5). The link in this case is that Monnica had just been talking about her death, when coincidentally she fell mortally ill. **decubuit febribus** "she took to her bed with a recurrent fever" (*OLD decumbo* 2). **defectum animae** "a loss of consciousness." **paululum subtracta a praesentibus** "she was dissociated from her surroundings for a short time." *est* is understood again with *subtracta*, *paululum* here indicates duration of time (*OLD* 2 c), and *praesentibus* is neuter plural (*OLD praesens* 12 c). **fratrem meum**: Navigius (*PCBE Afrique* 772), mentioned here in *Confessions* for the first and last time. It is not known whether he was older or younger than A., but A.'s presentation of him here and elsewhere makes the latter seem more likely. **quasi quaerenti similis**: refers not to the question she asks, but to her looking around to see where she was. **ponitis hic ... matrem uestram** "here [is where] you lay your mother to rest." *ponere* in conjunction with *corpus* is the *vox propria* for laying to rest the dead (cf. *On the care of the dead* 6–7 and *TLL pono* 2643.46–2644.42). Monnica's choice of it as her first word, without *corpus*, bluntly acknowledges that she is dying, a fact which she is the first to accept, and her use of the present tense (future *ponetis* in some MSS, however) presents the situation as a matter of fact about which there was no choice. "The practice of taking bodies home for burial was not very common" (Handley 2011: 55), and the possibility was evidently never raised in Monnica's case. **quiddam locutus est, quo eam non in peregre, sed in patria defungi tamquam felicius optaret** "he said something or other in which he expressed a hope for her to die a presumably happier death, not on foreign soil, but in her home country." The adverb *peregre* by itself can mean to, from, or in foreign parts, but in late Latin it is sometimes reenforced with a preposition (*TLL* 1300.43–68), as here in some but not all MSS. **reuerberans eum oculis, quod talia saperet** "repelling him with a look, because he was thinking such thoughts." The metaphor in *reuerberans* is based on the ancient theory that the eye shoots out rays. **uide ... quid dicit** "just look at what he's saying," a dismissive aside about the behavior of a third party in a scene, as often in Roman comedy: Plautus *Bacchides* 137 *illuc sis uide: non paedagogum iam me, sed Lydum uocat*, *Miles* 200 *illuc sis uide, quem ad modum adstitit seuero fronte curans, cogitans*, Terence *Adelphoe* 766 *illuc sis uide: exemplum disciplinae eccum*. **hoc corpus**: Monnica dissociates her true self from the mortal body she is about to leave behind. **ubicumque** "in any place whatever" (*OLD* 2). **nihil uos eius cura conturbet**: *nihil* is adverbial, and *conturbet* is a wish or command. **tantum illud uos rogo, ut ad domini altare memineritis mei** "I ask you only this, [namely,] that you remember me at the altar of the Lord." *tantum* is adverbial (*OLD tantum* 8), *rogo* takes a double accusative (*OLS* 165–6), and *memineritis* takes a genitive (*OLS* 117–19). Although the practice of praying for the dead was a subject of controversy in the Christian church from early on (see *ODCC* "dead, prayer for the"), A. firmly defended it in an essay *On the care of the dead* written some thirty years after Monnica's death. **ubiubi** "wherever," a word that belongs almost exclusively to colloquial speech. **explicasset** = *explicauisset*. **exercebatur** "she was hard pressed" (*TLL* 1371.38–51).

9.11.28 et proueniunt inde fruges admirabiles: for the independence of the second clause from the relative construction, see 6.13.23 *et ... animaduertebat* (n.). *inde* = *de eis*, referring to *tua dona*. **gratias tibi agebam recolens, quod noueram quanta cura semper aestuasset** "thinking back, I gave you thanks, because I knew with what great anxiety she had always fretted"; *aestuasset* = *aestuauisset*. With this punctuation, *quod noueram* is a causal clause introducing the indirect question *quanta cura aestuasset* (so Pizzolato). Other editors punctuate the line so as to understand *quod noueram* as a relative clause: "I gave thanks, thinking back on what I knew, [namely,] with what anxiety she had fretted." **ualde concorditer uixerant**: as described in ¶19. **id etiam uolebat, ut est animus humanus minus capax diuinorum, adiungi ad illam felicitatem et commemorari ab hominibus, concessum sibi esse post transmarinam peregrinationem ut coniuncta terra amborum coniugum terra tegeretur** "as the human mind has a poor grasp of the divine, she wanted this also to be added to that blessedness and to be commemorated by people, [namely,] that it had been granted to her that the earthly remains of both spouses be covered in commingled soil after her sojourn overseas." *id* is the subject of the infinitives *adiungi* and *commemorari*, and is later explained by the indirect statement *concessum sibi esse ut ... tegeretur*. Although *ut est animus humanus minus capax diuinorum* is formally a comparative clause, *ut est* clauses often occur in contexts where a causal explanation is being given (*NLS* §253 n. iii, H–S 635). The comment points ahead to the words *illam felicitatem*, which are meant ironically. In A.'s works, *felicitas* unqualified almost always refers to bliss in the afterlife; any other form of *felicitas* is denigrated as false and inadequate, including the idea of it here ascribed to Monnica. As *commemorari* hints, her wish takes the form of an imagined epitaph. The phrase *terra tegi*, the celebration of marital harmony, and references to spousal sharing of a tomb are conventional in funerary inscriptions (see Lattimore 1962: 275–80), and her sentiments are further embellished by a play on two different senses of *terra* and an antithesis between *terra* and *mare*.   **quando autem ista inanitas plenitudine bonitatis tuae coeperat in eius corde non esse**: an indirect question depending on *nesciebam*; for the indicative, see 5.8.14 *unde ... persuasum est* (n.). A. toys with the idea of *inanitas* ("vacuousness," "nonsense"), first juxtaposing it with its antonym *plenitudo*, and then noting its dissolution into non-existence.   **admirans quod sic mihi apparuisset** "marveling that she had left me with that impression," i.e. of being unconcerned about the fate of her body after death.   **ad fenestram, cum dixit, "iam quid hic facio?"**: in ¶26.   **audiui etiam postea quod ... cum quibusdam amicis meis materna fiducia colloquebatur**: *quod ... colloquebatur* is an indirect statement after *audiui*, and is continued by the *inquit* statement at the end of the sentence, where A. appears to switch from indirect to direct speech. The point of *materna fiducia* ("with a mother's self-assurance") is that Monnica spoke as uninhibitedly about her deepest feelings as if she were talking to her own children; in ¶22 A. had said that she adopted a parental attitude toward the whole group at Ostia.   **de ... bono mortis** "about the goodness of death."   **illisque stupentibus uirtutem feminae (quoniam tu dederas ei) quaerentibusque utrum non formidaret**: the *–que* of *illisque* connects *quod ... colloquebatur* with the *inquit* statement. *uirtutem feminae* is an oxymoron that activates the root idea of *uirtus*: "manliness," "male toughness." The *quoniam* clause explains not *illis stupentibus*— the friends would not have been surprised that God bestowed a gift on Monnica—but the combination in her of seemingly incompatible attributes. *utrum non formidaret* is an indirect question; A. often introduces single indirect questions with *utrum non* instead of *num* (e.g. *Against the Academic skeptics* 1.9 *quaero utrum non secundum rationem uiuat qui quaerit perfecte ueritatem*, *Letters* 36.1, 47.2).   **"nihil" inquit "longe est deo, neque timendum est, ne ille non agnoscat in fine saeculi unde me resuscitet"** "nothing is far away for God," she said, "and there is no need to worry he won't know where to find me at the end of world so as to resurrect me," one last down-to-earth utterance from Monnica. At *City of God* 1.12, A. repeats the observation in his own voice.   **quinquagesimo et sexto anno aetatis suae, tricesimo et tertio aetatis meae**: since Monnica died between Easter of 387 and A.'s 33rd birthday on November 13, if she was 55 years old at the time, she had to have been born either in 331 or 332.

9.12.29 Premebam oculos eius: the traditional gesture of closing the staring eyes of someone who has just died (*OLD premo* 27 b).   **confluebat in praecordia mea maestitudo ingens et transfluebat in lacrimas, ibidemque oculi mei uiolento animi imperio resorbebant fontem suum usque ad siccitatem** "a great grief welled into my heart and flowed on into tears, and at the same instant, by a forceful command of my mind, my eyes were trying to reabsorb the outflow until they were dry." For A., grief is an emotion felt in the lower part of the soul which interacts most closely with the body (O'Daly 1987: 46–54). The physicality of his response is emphasized because it is being represented as a *carnalis affectus*, as he calls it in ¶34.   **luctamine**: rare and poetic in classical Latin, more commonplace in later Latin.   **male mihi erat**: colloquial; cf. ¶14 *et bene mihi erat cum eis* (n.)—also in a context of weeping.   **tum uero**: introduces a shift of focus, not a subsequent action.   **efflauit extremum**: sc. *spiritum* (which some MSS supply here).   **etiam meum quiddam puerile** "some childishness in me as well," in tandem with that of *puer Adeodatus*.   **quod labebatur in fletus** "which was slipping into tears" (*OLD labor*[1] 9).   **iuuenali uoce cordis** "by the grown-up voice of my heart."   **neque enim decere arbitrabamur … celebrare**: *decere* is an impersonal infinitive of indirect statement, and *celebrare* is its subject.   **his plerumque solet deplorari quaedam miseria morientium aut quasi omnimoda extinctio** "by these actions some anguish on the part of the dying, or as some think, their complete annihilation, is generally lamented." *miseria* in A. refers more often to a state of mental or spiritual distress, especially the distress associated with sin, than to physical distress. *omnimodus* comes into Latin in the second century (*TLL* 594.25–44).   **hoc et documentis morum eius et fide non ficta rationibusque certis tenebamus**: the evidence of behavior presumably relates to the claim that Monnica did not die "in distress," and means that she did not act as if anything were weighing on her conscience when she died. *fide non ficta* might apply to her as well, and mean that her strong faith also protected her from anxiety. The phrase is borrowed from 1 Timothy 1: 5, where it is associated with the Monnica-like qualities of "charity from a pure heart and a good conscience." On the other hand, the faith might rather be the faith of those who mourned her, serving as one basis for the claim *nec omnino moriebatur*: as Christians, they accepted as part of their creed that her soul lived on. *rationes certae* would be a second basis for the claim: they thought there were good philosophical arguments for the immortality of the soul.

9.12.30 Quid erat ergo quod intus mihi grauiter dolebat, nisi ex consuetudine simul uiuendi, dulcissima et carissima, repente dirupta uulnus recens? "In that case, what was it that was causing me deep hurt within, if not the fresh wound resulting from the sudden rupture of a most sweet

COMMENTARY: 9.12.31

and precious habit of living together?" Impersonal *dolet* is often accompanied by a dative indicating the person affected (*TLL doleo* 1827.65–6). A.'s language here and later in this ¶ (*dirupta, uulnus, sauciabatur, dilaniabatur*) parallels that in which he had described two other great ruptures in his life, at 4.6.10–12 (*uulnus, dilaniatur, concisam et cruentam animam*) and at 6.15.25 (*auulsa, concisum et uulneratum, uulnus, praecisio*). **gratulabar quidem testimonio eius, quod ... obsequiis meis interblandiens appellabat me pium** "to be sure, I was glad of her tribute [to me], the fact that (or "because"), as she let fall fond words over my attentions to her, she kept calling me a loving son." The construction *gratulor* in the sense "be glad" + ablative is postclassical (*TLL* 2256.17–67). *quidem* affirms a point that will be qualified and outweighed by the counter-consideration introduced by *sed tamen*. *interblandior* is a hapax in Latin. **commemorabat ... numquam se audisse ex ore meo iaculatum in se durum aut contumeliosum sonum** "she recalled that she had never heard from my lips a harsh or offensive utterance cast at her." A. often applies the metaphor of throwing a javelin to words, especially abusive ones (e.g. *On the teacher* 31, *To Cresconius, a Donatist grammarian* 3.42, *Against Faustus, a Manichean* 22.66), and in late Latin the perfect participle of *iaculor* occurs as a passive. But *sonum* makes a discordant object with it, and the alternative reading *sermonem* offered by several MSS may be correct (*sermones* are characterized as *iacula* at *Expositions of the psalms* 54.24). **quid tale ... quid comparabile habebat honor a me delatus illi et seruitus ab illa mihi?**: A. begins as though he were going to ask *quid tale habebat honor a me delatus illi, quale seruitus ab illa delata mihi?* But by changing the question to *quid comparabile*, he turns *seruitus ab illa delata mihi* into a phrase coordinate with *honor a me delatus illi* rather than a clause subordinate to it. **solacio**: ablative of separation with *deserebar*. **dilaniabatur uita, quae una facta erat ex mea et illius** "the life which had been made one single [life] instead of my [life] and her [life] was torn apart." The thought recalls but does not fully replicate the conceit which A. developed at 4.6.11, *ego sensi animam meam et animam illius unam fuisse animam in duobus corporibus, et ideo mihi horrori erat uita, quia nolebam dimidius uiuere*.

9.12.31 Cohibito ergo a fletu illo puero: as *ergo* indicates, "This sentence resumes narrative broken by meditation after 9.12.29 'Adeodatus ... tacuit'" (O'Donnell). **psalterium**: a Greek loan word for a harp-like instrument, which in the fourth century gains currency in Latin as a term for a book consisting of the psalms, originally songs for the harp (*TLL* 2405.74). **omnis domus**: in apposition with the subject of *respondebamus*. **"misericordiam et iudicium cantabo tibi, domine"**: the first verse of Psalm 100 becomes a refrain as the mourners implore God's merciful judgment on the now departed soul of Monnica; the psalm as a whole affirms the justness of the speaker's life. For Christians, chanting or recitation of the psalms often took the place of the lamentation that customarily followed a death.   **audito autem quid ageretur** "when what was going on was overheard." For the form of the ablative absolute, see *NLS* §93 n. 2.   **multi fratres ac religiosae feminae:** *fratres* are fellow Christian men, as in ¶15. *religiosae feminae* are not women in religious orders, which were not yet widespread, but women who played a comparatively active, visible role in church life, like Monnica herself.   **de more illis quorum officium erat funus curantibus** "while those whose responsibility it was took care of funeral arrangements in the usual way." Typical arrangements would include washing and perhaps anointing the body with oil, then dressing and placing it on a bier for transport to the place of burial (on which, see Volp 2002: 172–213). Since there were no women in A.'s entourage to take charge, women from the local church must have stepped in, and since Monnica was to be buried under the auspices of the church, clerics, necessarily male, would have had a part to play as well.   **in parte ubi decenter poteram** "in a place apart where I could decently [do so]." For the sense of *in parte ubi*, cf. *Against Julian* 5.4 *si quisquam ... te sine clamore inuidioso et in parte ubi nullus audiret compellaret*, and *TLL pars* 458.85. With *poteram*, understand *disputare*.   **eoque fomento ueritatis** "and with that poultice of truth," referring to the content of his *disputatio*, which was presumably on the happiness of the afterlife. But *ueritatis* perhaps hints that, by and large, he felt he was acting a part.   **sine sensu doloris me esse:** an indirect statement depending on the ablative absolute *illis ... arbitrantibus*.   **in auribus tuis** "in your hearing."   **increpabam mollitiam affectus mei et constringebam fluxum maeroris** "I was assailing the unmanliness of my emotion and trying to control the flooding of grief."   **impetu suo ferebatur** "it was borne along by its own momentum."   **mihi uehementer displicebat tantum in me posse haec humana, quae ordine debito et sorte conditionis nostrae accidere necesse est** "it greatly vexed me that these human circumstances which are bound to happen according to the due pattern and portion of our [human] condition had so much power over me." *haec* is the subject of *posse* and *quae* is the subject of *accidere*; for A., *ordine* and *sorte* imply the perspective that sickness, suffering, death, and loss are consequences of original sin.   **alio dolore dolebam dolorem** "with extra grief I grieved for the grief [I felt]." The phrase *dolere + dolore* has a possible warrant in a non-Vulgate version of Zachariah 12: 10, but the expression *dolere dolorem* is unique in A.'s works (cf. *TLL doleo* 1826.7–11). The triple repetition makes a graphic, alliterative statement of his point and marks the close of his meditation on the sadness that preceded Monnica's burial.

9.12.32 Cum ecce corpus elatum est: see 8.6.14 *cum ecce* (n.). *effero* is the regular term for carrying a body out to the place of burial (*OLD effero*[1] 3). Though the length of time between death and burial varied from place to place, it is clear from *toto die* following that Monnica was buried on the same day she died.   **imus, redimus:** historical present tenses (G–L §229).   **cum offerretur pro ea sacrificium pretii nostri iam iuxta sepulchrum, posito cadauere priusquam deponeretur, sicut illic fieri solet** "when the sacrifice [consisting] of the price [paid] for us was being offered for her near the grave, after her dead body had been laid out prior to being interred, as is customarily done there [in Ostia]." *pretium nostri* in A. always refers to the blood of Christ, in physical or sacramental form—see 7.21.27 *poculum pretii nostri* (n.)—and *sacrificium pretii nostri* means the sacrifice of the Mass, at which Christ's body and blood was offered in the form of bread and wine. Since a Mass normally takes place in a church, the *cum* clause implies that the bier with Monnica's body was brought to a church in Ostia near the place of interment, and that a Mass was first celebrated for her there before she was taken out for burial. Churches and chapels of the period were frequently built on burial grounds which were believed to hold the remains of early martyrs, and which therefore became popular burial sites for later Christians who wished to repose in the company of proven saints. Ancient Ostia had a church and cemetery complex dedicated to Santa Aurea a little way east of the Porta Romana, where by coincidence in 1945, part of an epitaph for Monnica was unearthed outside the fifteenth-century church that now occupies the site. The inscription dates from decades, possibly centuries, after her death (for its history, see Boin 2010). It does, however, purport to identify the actual burial place of Monnica, and it would fit with the details of A.'s account if she were buried from the martyr church of Santa Aurea (Mastrorilli 2011). In any case, *sicut illic fieri solet* implies that the funeral for Monnica was in no way out of the ordinary for a Christian burial at Ostia, and probably also that the custom of celebrating a funeral Mass before burial would have been unfamiliar to many of A.'s readers. In the fifteenth century, Monnica's remains were transferred from Ostia to Rome, where they were installed in a chapel of the newly constructed church of Sant' Agostino, in which they still repose.   **nec in eis ergo precibus fleui:** *ergo* marks a recapitulation of the opening words of the sentence as A. starts over after a tangent on funeral arrangments (*OLD ergo* 5 a).   **rogabam te, ut poteram, quo sanares dolorem meum:** *ut poteram* is a comparative clause, "as best I could" (for the sense, see *OLD possum* 2 b). *quo sanares* is the noun clause that completes *rogabam*, with (exceptionally) *quo* in place of *ut* in order to avoid dissonant *ut* constructions.   **credo:** parenthetical, as often.   **commendans memoriae meae uel hoc uno documento omnis consuetudinis uinculum etiam

aduersus mentem quae iam non fallaci uerbo pascitur "impressing on my memory, just by this one lesson, the strait-jacket of every habit, even over a mind that is now nourished by no deceiving word." For the sense of *uel*, see *OLD* 5. The formula *pascere uerbo* is biblically inspired, alluding to such passages as Matthew 4: 4 "man shall not live by bread alone, but by every word that proceeds from the mouth of God" and John 6: 35 "I am the bread of life," and *uerbum*, as usual, refers to Christ. A. contrasts his new Christian mentality with that in which he used to be fed with the illusory food of the Manichees, as described at 3.6.10. But he also takes note of a problem. In book 4, he had blamed his great grief over the death of a friend largely on those false beliefs (4.7.12). Yet when his grief over his mother's death still proves to be intense even after conversion, the blame has to be shifted to *consuetudo*. A. draws similar lessons for future reference at 6.9.14 and 7.20.26. **uisum etiam mihi est** "it also seemed good to me" (*OLD uideo* 24). **lauatum**: supine with *irem*. **quod audieram inde balneis nomen inditum quia graeci balanion dixerint, quod anxietatem pellat ex animo** "because I had heard that the name ['balneum'] had been given to baths as a result of this, [namely,] because the Greeks called it a 'balanion,' because it casts distress from the mind." *inde* = *ex eo* or *de eo*, and cues the *quia* clause; with *inditum*, understand *esse*. Latin *bal(i)neum* is in fact borrowed from βαλανεῖον, but that the Greek word was derived from βάλλω = "throw" or "cast" is doubtful, and A.'s source for the etymology is unknown. Hook and Davis 2011 discuss A.'s use of it, and its connection with the symbolism of baptism. **et hoc** "this too," i.e. the effort to find relief by a visit to the public baths. **pater orphanorum**: from Psalm 67: 6. **neque enim** "for... not," *OLD enim* 3. **exudauit**: intransitive; the metaphor of sweating out is prompted by the baths. **deus, creator omnium ... luctuque soluat anxios** "God, creator of all, ruler of heaven, who clothes the day in comely light and the night in welcome sleepiness, so that slumber restores slackened limbs for the exercise of toil, and relieves wearied minds and frees the care-worn from their grief." A. quotes the first two strophes from Ambrose *Hymns* 4 (Fontaine); the lines consist of iambic dimeters in which spondees can replace iambs in the first and third foot.

9.12.33 paulatim reducebam in pristinum sensum "little by little, I drew [Monnica] back to my primary impression [of her]." A. seems to mean that he began recalling details about his mother's behavior (*conuersatio*) just as he had experienced it at the time. The unique expression *reducere in sensum* is based on set phrases like *reducere in memoriam* (e.g. Cicero *On invention* 1.98, Seneca *Consolation to Marcia* 1.5). But *sensus*, which A. often couples with *memoria*, is for him the locus of the sensory impressions that are the raw material of memory (see O'Daly 1987: 80–105), and his sensory or emotional memories of Monnica are what finally trigger the outburst of tears.   **sancte** "irreproachably," qualifies *blandam* and *morigeram*, which often carry negative associations.   **qua:** ablative of separation with *destitutus sum*.   **in conspectu tuo:** this scriptural tag conveys that A. was able to weep for his mother only when he felt he was unobserved by anyone except God.   **dimisi ... continebam** "I let loose ... I was holding in."   **substernens eas cordi meo** "laying them down for my heart." *substerno* regularly refers to spreading out straw or other material on which to lie down (*OLD* 1), and the image carries over into *requieuit* (tears were described as a form of *requies* at 4.7.12); for another metaphor of the soul seeking rest, see 6.16.26 *uersa et reuersa in tergum et in latera et in uentrem, et dura sunt omnia, et tu solus requies*. A.'s weeping for his mother is the last act he records in the narrative of books 1 through 9, and this ¶ ends a series of reflections on tearful experiences in *Confessions* that began with 3.2.2–4.   **requieuit:** *cor* is the subject.   **ibi erant aures tuae, non cuiusquam hominis superbe interpretantis ploratum meum:** *ibi* refers to *in eis [lacrimis]*; with *cuiusquam hominis* understand again *aures*. For A.'s ongoing discomfort about criticism, see 5.10.20 *ridebunt me* (n.).

Et nunc, domine, confiteor: this shift out of the time of A.'s story and into the time at which he is writing it obtains for the remainder of book 9.   **in litteris** "in writing."   **legat ... et interpretetur ... et ... non irrideat sed ... fleat:** the four main verbs are jussive subjunctives arranged in clauses of increasing length to form an elaborate coda.   **si peccatum inuenerit fleuisse me matrem exigua parte horae, matrem oculis meis interim mortuam quae me multos annos fleuerat ut oculis tuis uiuerem** "if he shall have found [it] a sin for me to have wept for my mother during a short part of an hour—that mother, having since died before my eyes, who had wept for me in order that I might live in your eyes—"; the passage should perhaps be classified among the accusative + infinitive constructions discussed at H–S 359. The *si* clause unfolds a four-point antithesis (*fleuisse me matrem ~ matrem quae me fleuerat; exigua parte horae ~ multos annos; oculis meis ~ oculis tuis; mortuam ~ ut uiuerem*).   **grandi caritate:** ablative of description.

9.13.34 in quo poterat redargui carnalis affectus "in regard to which carnal feeling [on my part] could have been criticized." *carnalis affectus* is the misplaced attachment to worldly, passing things and people for which A. had criticized Monnica at 5.8.15.   **quae in Adam moritur:** a soul which dies in Adam is the soul of someone who has not been baptized and so dies in the state of original sin that was the consequence of Adam's sin in the Garden of Eden. Monnica, by contrast, as A. goes on to say, had been "brought to life in Christ" through baptism. The language echoes 1 Corinthians 15: 21–2 (RSV) "for as by a man came death, by a man has come also the resurrection of the dead; for as in Adam all die, so also in Christ shall all be made alive."   **quamquam illa ... etiam nondum a carne resoluta sic uixerit, ut laudetur nomen tuum in fide moribusque eius** "although she ... even [when] not yet separated from the flesh, lived in such a way that your name is praised in her faith and in her behavior." *laudetur nomen tuum* is psalmic language (e.g. Psalm 68: 31, 73: 21, 148: 5); God derives praise from Monnica's actions because her actions bear witness to God.   **ex quo**: sc. *tempore*.   **regenerasti** = *regenerauisti*.   **contra praeceptum tuum**: the teaching to which A. refers is Christ's declaration at Matthew 12: 36–7 (RSV) "on the day of judgment, men will render account for every careless word they utter; for by your words you will be justified, and by your words you will be condemned."   **a ueritate filio tuo** "by your son, the Truth," according to Christ's testimony about himself at John 14: 6.   **"si quis dixerit fratri suo, 'fatue,' reus erit gehennae ignis"** "if anyone shall have said to his brother, 'fool!,' he will be liable for [the punishment of] the fire of Gehenna," Christ's words at Matthew 5: 22. *ignis* is a genitive specifying a judicial charge (G–L §378). Gehenna was a ravine near Jerusalem where some expected the Last Judgment to take place; it became synonymous in the gospels with the fire of hell (BDAG).   **laudabili uitae hominum**: as the addition of *hominum* may suggest, *laudabili* here must mean "conventionally praiseworthy."   **remota misericordia**: ablative absolute.   **discutias**: the meaning "examine vigorously" becomes current in the second century (*TLL* 1374.60–2).   **fiducialiter** "confidently." The adverb comes into Latin through Bible translations and occurs exclusively in Christian writers.   **quid tibi enumerat nisi munera tua?** relying partly on 1 Corinthians 4: 7 (RSV), "what have you that you did not receive? If then you received it, why do you boast as if it were not a gift?"; A. held that human beings could claim credit for nothing except their sins.   **o si cognoscant se homines homines** "oh, if human beings would only recognize themselves as human beings." For wishes with *o si*, see ¶10 *o si fatigentur inedia et dicant* (n.).   **qui gloriatur, in domino glorietur**: 2 Corinthians 10: 17. *glorietur* is jussive, "let him boast."

9.13.35 laus mea ... deus cordis mei: invocations from Psalm 117: 14 and Psalm 72: 26.   **bonis eius actibus**: *actibus* = "actions," "deeds" (*OLD actus* 11); *eius* refers ahead to *matris*.   **deprecor**: see ¶12 *admonere omnes meos ... ut deprecarentur te pro me* (n.).   **per medicinam uulnerum nostrorum**: i.e. Christ; see ¶18 *tua medicina, domine* (n.).   **quae pependit in ligno et sedens ad dexteram tuam te interpellat pro nobis**: *ligno* refers to Christ's cross; for the meaning of *interpellat*, see ¶9 *quoniam uera morte carnis mortuus est pro nobis qui te interpellat pro nobis* (n.). A. has combined two

Pauline passages to make a theological argument. *pependit in ligno* alludes to a passage from Deuteronomy 21: 23 on the execution of malefactors, *maledictus a deo est qui pendet in ligno*, which Paul interpreted at Galatians 3:13 as prefiguring Christ's action in taking upon himself the "curse of God" for human sinfulness. A. understands that passage in turn as the basis for Paul's description of Christ after his resurrection as an intercessor for humanity, *qui et est ad dexteram dei, qui etiam interpellat pro nobis* (Romans 8: 34). **scio misericorditer operatam et ex corde dimisisse debita debitoribus suis** "I know that [Christ our medicine] acted mercifully and forgave debtors their debts whole-heartedly." The subject of *operatam [esse]* is still *medicinam*; the sense of the verb is postclassical, see 6.7.12 *illam ... operatus es* (n.). For the sense of *dimisisse*, see 5.8.15 *dimisisti* (n.). A. borrows the words in which Christ instructed his disciples to pray at Matthew 6: 12, *dimitte nobis debita nostra*, but his certainty (*scio*) that Christ himself forgave sins is based on gospel stories to that effect (Matthew 9: 2, Luke 5: 20, 7: 48). **post aquam salutis**: i.e. her baptism. **ne intres cum ea in iudicium**: slightly adapted from Psalm 142: 2, with *cum ea* in place of *cum seruo tuo*. *ne intres* may be an independent jussive clause ("do not enter into judgment"), as it is in the verse A. quotes, but it may also be understood as a purpose clause with *dimitte*. In either case, A.'s reason for deprecating the judgment of God lies in the following verse from the psalm: "because no one living will be justified in your sight." **superexultet misericordia iudicio** "let mercy triumph over judgment," taken from James 2: 13, with a jussive subjunctive in place of an indicative. The intransitive verb *superexulto* (for κατακαυχάομαι of the original) occurs in Latin only in this passage from the Epistle of James, and in passages which quote it. **eloquia**: see 5.13.23 *eloquia strenue ministrabant adipem frumenti tui* (n.). **promisisti misericordiam misericordibus**: in the sermon on the mount at Matthew 5: 7. **quod ut essent tu dedisti eis, qui misereberis cui misertus eris, et misericordiam praestabis cui misericors fueris** "you have granted to them [the merciful] that they be this [i.e. merciful]—you who shall pity the one on whom you will have had pity, and who shall give mercy to the one to whom you will have been merciful." For the construction of *dedisti* with an *ut* noun clause, see *TLL* 1690.57–84; *misereor* can govern either a genitive or dative. To support the assertion that it is God who bestows the quality of being merciful, A. quotes a non-Vulgate version of Exodus 33: 19, *miserebor cui misertus ero, et misericordiam praestabo cui misericors fuero*. With help from Paul's treatment of the passage at Romans 9: 15–16, he interprets the phrase *misericordiam praestabo* to mean, not that God shows mercy, but that God infuses mercy in human beings. The idea is spelled out in *Commentary on statements in the letter to the Romans* 61: "by giving the Holy Spirit, [God] will grant mercifulness to the one to whom he will have been merciful—that is, with the result that he makes him merciful, in order that he may do good things through love." A.'s concern here and often is to convey that no good impulse can originate in human beings without the grace of God.

9.13.36 iam feceris quod te rogo "it will turn out that you have already done what I ask"; for this use of the future perfect indicative, see *OLS* 467–8.   **uoluntaria oris mei**: the phrase is taken from Psalm 118: 108 and interpreted by A. to mean "the sacrifice of praise, offered in confession of love, not through fear of compulsion" (*Expositions of the psalms* 118.23.4).   **die resolutionis suae**: the day on which her soul was released or separated from her body, cf. ¶34 *illa ... nondum a carne resoluta*. *resolutio* in this sense derives from 2 Timothy 4: 6 *tempus meae resolutionis instat* and occurs only in Christian writers.   **non cogitauit suum corpus sumptuose contegi aut condiri aromatis** "she did not think about her body being sumptuously decked out and perfumed with fragrances." *cogitauit* here does not mean "think that," introducing an indirect statement, but "worry about," "be anxious about," a sense it acquires through Bible translations of μεριμνάω (*TLL* 1474.25–6); Harm Pinkster suggests that A. has constructed it with the accusative + infinitive by analogy with other verbs of emotion. *contegi* refers both to the garments in which the body was clothed for burial and the fabrics with which the bier was draped.   **electum** "choice," "special" (*OLD electus*¹).   **non ... curauit sepulchrum patrium**: "she did not care about the tomb back home," although according to ¶28 she had in fact prepared a tomb for herself and her husband in Thagaste, and had once been anxious to end up there. *curauit* ends a striking succession of alliterations in this sentence: <u>cog</u>itauit, <u>cor</u>pus, <u>con</u>tegi, <u>con</u>diri, <u>con</u>cupiuit, <u>cur</u>auit.   **non ... mandauit** "she did not enjoin"; the verb is often used of deathbed instructions (*TLL* 263.45–50, 64–71).   **memoriam sui ad altare tuum fieri desiderauit**: as reported in ¶27. *memoriam sui* means "remembrance of her"; *sui* is objective genitive (G–L §363). In ¶¶36–7, A. appears to be developing an opposition between Monnica's abandoned and meaningless *sepulchrum*, and the altar on which the life-giving sacrifice of Christ is daily renewed in the Mass.   **cui nullius diei praetermissione seruierat**: cf. 5.9.17 *nullum diem praetermittentis oblationem ad altare tuum. praetermissione* is an ablative of manner (G–L §399, *OLS* 862–3). "Serving (at) the altar," normally a priestly function (e.g. 1 Corinthians 9: 13, Cyprian *Letters* 1.1, *City of God* 17.5), is a remarkable way of describing Monnica's daily attendance at Mass.   **unde sciret dispensari uictimam sanctam qua deletum est chirographum quod erat contrarium nobis, qua triumphatus est hostis computans delicta nostra et quaerens quid obiciat, et nihil inueniens in illo, in quo uincimus** "[the altar] where she knew that the sacred victim was distributed, [the victim] by which the bill of debt that lay against us was canceled, [the victim] by which the enemy was defeated who calculates our sins, and seeks what charge to bring, and finds nothing in the case of that one in whom we triumph." The *uictima* is Christ, offered to God in the form of bread and wine at the sacrifice of the Mass and then distributed to the faithful in the eucharist. A. puts the Mass into the context of a theology sketched by Paul at Colossians 2: 13–15 (RSV), "you who were dead in trespasses (*delicta*) ... God made alive together with [Christ], having forgiven us all our trespasses, having canceled the bond (*chirographum*) which stood against us ... this he set aside, nailing it to the cross. He disarmed the principalities and powers ... triumphing over them (*triumphans*) in [Christ]." A. understood this passage to mean that thanks to Adam's sin, the devil acquired a claim of ownership over all humanity, but that he forfeited the claim when he brought about the death of Christ, who owed no debt for sin. Thereafter, human beings could escape their subjection to the devil through union with Christ. See also 7.21.27 *in quo princeps huius mundi non inuenit quicquam morte dignum et occidit eum* (n.). *hostis* in A.'s sentence is the devil, for other references to whom in *Confessions*, see 6.12.21 *serpens* (n.).   **quis ei refundet innocentem sanguinem?** "Who [else but Christ] will pour out innocent blood to him [the devil]?" As often in rhetorical questions, *quis* means *quis alius* (e.g. 1.5.5 *quis mihi dabit acquiescere in te?*, 1.5.6 *quis mundabit [domum meam]?*, 13.17.20 *quis congregauit amaricantem societatem unam?*). The *re-* of *refundet* and *restituet* following implies "in exchange for the debt owed to the devil."   **quis ei restituet pretium quo nos emit, ut nos auferat ei?** "Who [else but Christ] will pay to him [the devil] the price by which he [Christ] purchased us, in order to take us away from him [the devil]?" (Translators generally understand *ei* with *restituet* as referring to Christ, along with *ei* in the previous question, but *ei* with *auferat* as referring to the devil, which muddles the pronoun references.) The metaphor of a price paid for the redemption of humanity comes from 1 Corinthians 6: 20 and 7: 23.   **ad cuius pretii nostri sacramentum** "to the sacred rite involving the price paid for us," i.e. the sacrifice of the Mass.   **dirumpat**: jussive, like *interponat* following; *dirumpat* extends the metaphor in *ligauit* and *uinculo*.   **leo et draco**: not two entities, but alternate appellations for the devil, as at 7.21.27 and in Psalm 90: 13.   **ne conuincatur et obtineatur** "lest she be refuted and snatched up."   **respondebit dimissa debita sua ab eo cui nemo reddet, quod pro nobis non debens reddidit** "she will answer that her debts have been forgiven by him to whom no one will pay what he paid for us without owing it"; the price that Christ paid without owing it was his death. In keeping with the image of sin as a debt to the devil, Monnica will argue that the debts she owed have been forgiven by Christ, and that no one will ever have the wherewithal to buy her back from Christ.

9.13.37 Sit ergo in pace: *sit* is a subjunctive of wishing, and the phrase conforms to a standard pattern in Christian epitaphs (*RAC* "Friede" VIII.484–7), but A. has grounded it by arguing that Monnica has nothing to fear, hence *ergo*.   **ante quem nulli et post quem nulli nupta est:** repeated from ¶22.   **fructum tibi afferens cum tolerantia, ut eum quoque lucraretur tibi** "in her forbearance yielding you fruit, so that she gained him for you as well." A. borrows the description of seeds that fall on good soil from the parable of the sower at Luke 8: 15, *fructum afferunt in patientia*, but with the variant *tolerantia* for *patientia*. The word lent itself to describing a relationship with an unfaithful husband: cf. ¶22 *nec in eo iam fideli planxit quod in nondum fideli tolerauerat*. Monnica's success in effecting Patricius' conversion is noted for the third time in this book (cf. ¶¶19 and 22).   **inspira seruis tuis, fratribus meis, filiis tuis, dominis meis, quibus et corde et uoce et litteris seruio, ut quotquot haec legerint, meminerint ad altare tuum Monnicae:** for the meaning and construction of *inspira*, see ¶24 *quod enim et nutriebatur a nobis in disciplina tua, tu inspiraueras nobis* (n.). A.'s catalog expands from fellow clerics and parishioners to include readers everywhere; it is the fullest statement of his intended audience since *genus humanum* at 2.3.5.   **Monnicae:** the only place in A.'s corpus in which his mother is identified by name. Spellings of it both with -*n*- and with -*nn*- are attested in MSS here, and both forms of the name occur in north African inscriptions. But the double -*n*- spelling has a somewhat greater likelihood of being what A. wrote. It is the reading of the oldest (though not always the best) MS of *Confessions,* and the variant "Monnica" occurs more than twice as often in inscriptions as "Monica": see Wischmeyer 1975: 32–4.   **Patricio:** named for the second (after ¶19) and last time in A.'s works.   **meminerint:** jussive subjunctive.   **parentum meorum ... et fratrum meorum ... et ciuium meorum:** A. is asking his readers to remember, not distinct sets of people, but Monnica and Patricius considered under three aspects, as A.'s parents, fellow Christians, and citizens of heaven. Each term makes them representative of a progressively larger class and of a different phase in A.'s life (past, present, future).   **in matre catholica:** i.e. in the church, see 6.3.4 *quos de matre catholica per gratiam regenerasti* (n.).   **ciuium meorum in aeterna Hierusalem, cui suspirat peregrinatio populi tui ab exitu usque ad reditum** "my fellow citizens in the heavenly Jerusalem, for which your people in their pilgrim state yearn from their departure to their return." *ciuium meorum in aeterna Hierusalem* refers to a prospective state, not a present one: A. himself is obviously not yet a citizen of the heavenly Jerusalem, nor are Monnica and Patricius, since A. held that the blessed do not arrive there at death, but only after the Last Judgment. The term *peregrinatio* is here shifted from the journey to the person journeying, as at 12.15.21 *tibi suspiret peregrinatio mea, Sermons* 31.5, *Expositions of the psalms*

93.6, and elsewhere. The phrase *ab exitu* would seem to assume the preexistence of souls before birth, a view which A. considered possible but not certain (O'Daly 1987: 15–18). **ut quod a me illa poposcit extremum uberius ei praestetur in multorum orationibus per confessiones quam per orationes meas** "in order that the last thing which she asked of me may be granted to her in the prayers of many, [and] more abundantly as the result of my *Confessions* than as the result of my own prayers [for her]." Monnica's last request was for remembrance at the altar (¶27), and A. has just asked God to prompt readers of *Confessions* to remember her there as well. *meas* is to be understood both with *confessiones* and *orationes*.

WORKS CITED

Amphoux, C.-B. 1997. "La division du texte grec des évangiles dans l'antiquité" in J.-C. Fredouille et al., eds., *Titres et articulations du texte dans les oeuvres antiques: actes du colloque international de Chantilly, 13–15 décembre 1994*, 301–12. Paris.

Arbesman, R. 1954. "The concept of 'Christus medicus' in St. Augustine," *Traditio* 10: 1–28.

Arts, M. R. 1927. *The syntax of the Confessions of saint Augustine*, Washington, DC.

Auerbach, E. 1953. *Mimesis: the representation of reality in western literature*, trans. W. R. Trask. Princeton.

Babcock, W. S. 1994. "Augustine and the spirituality of desire," *Augustinian studies* 25: 179–99.

Banchich, T. M. 1993. "Julian's school laws: *Cod. Theod.* 13.3.5 and *Ep.* 42," *The ancient world* 24: 5–14.

Barnes, T. D. 1985. "Proconsuls of Africa, 337–392," *Phoenix* 39: 144–53.

1992. "Augustine, Symmachus, and Ambrose," in J. McWilliam, ed. *Augustine: from rhetor to theologian*, 7–13. Waterloo, Ont.

2000. "Ambrose and the basilicas of Milan in 385 and 386: the primary documents and their implications," *Zeitschrift für antikes Christentum* 4: 282–99.

Bastiaensen, B. R. 1987. "Sur deux passages des *Confessions*" in C. Mayer, ed. *Homo spiritalis: Festgabe für Luc Verheijen zu seinem 70. Geburtstag*, pp. 425–33. Würzburg.

BeDuhn, J. D. 2010. *Augustine's Manichaean dilemma*, I: *conversion and apostasy, 373–388 C.E.* Philadelphia.

2013. *Augustine's Manichean dilemma*, II: *making a "Catholic" self, 388–401 C.E.* Philadelphia.

Bennett, C. 1988. "The conversion of Vergil: the *Aeneid* in Augustine's *Confessions*," *Revue des études augustiniennes* 34: 47–69.

Blanchard-Lemée, M. et al. 1996. *Mosaics of Roman Africa: floor mosaics from Tunisia*. New York.

Boin, D. 2010. "Late antique Ostia and a campaign for pious tourism: epitaphs for bishop Cyriacus and Monica, mother of Augustine," *Journal of Roman studies* 100: 195–209.

Bömer, F. 1969–80. *P. Ovidius Naso Metamorphosen: Kommentar*. Heidelberg.

Bonner, G. 1986. *St. Augustine of Hippo: life and controversies* (rev. edn.). Norwich.

Bonner, S. F. 1977. *Education in ancient Rome from the elder Cato to the younger Pliny*. Berkeley and Los Angeles.

WORKS CITED

Brittain, C. 2011. "Augustine as a reader of Cicero" in R. C. Taylor, D. Twetten, and M. Wreen, eds. *Tolle lege: essays on Augustine and medieval philosophy in honor of Roland J. Teske SJ*, 81–114, Milwaukee, WI.
Brown, P. 2000. *Augustine of Hippo: a biography*, 2nd. edn. Berkeley and Los Angeles.
Bruce, F. F. 1989. *Philippians*, Peabody, MA.
Bucchi, F. 2003. *S. Hieronymi presbyteri opera, pt. I.8: commentarii in epistulas Pauli apostoli ad Titum et ad Philemonem*, Corpus Christianorum series Latina 77C. Turnhout.
Buchheit, V. 1968. "Augustinus unter dem Feigenbaum (zu *Conf.* VIII)," *Vigiliae Christianae* 22: 257–71.
Burnaby, J. 1938. *Amor Dei: a study of the religion of St. Augustine*. London.
Burton, P. 2007. *Language in the* Confessions *of Augustine*. Cambridge.
Callam, D. 1984. "The frequency of mass in the Latin church ca. 400," *Theological studies* 45: 613–50.
Cameron, A. 2011. *The last pagans of Rome*. New York.
Carena, C. 1964. "*Plantarium* in Aug. *Conf.* 7,3,5," *Rivista di filologia e di istruzione classica* 92: 423–7.
Châtillon, F. 1945. "'*Quidam secundum eos*': note d'exégèse augustinienne (*Conf.* VII, IX, 1)," *Revue du moyen age latin* 1: 287–304.
Chevalier, L. and H. Rondet. 1957. "L'idée de vanité dans l'oeuvre de saint Augustin," *Revue des études augustiniennes* 3: 221–34.
Chevallier, R. 1976. *Roman roads*, trans. N. M. Field. London.
Clark, G. 2010. "Should the philosopher marry? Marriage as sacred or profane in late antiquity" in E. Rebillard and C. Sotinel, eds. *Les frontières du profane dans l'antiquité tardive*, 235–45. Rome.
Courcelle, P. 1963. *Les* Confessions *de saint Augustin dans la tradition littéraire: antécédents et postérité*. Paris.
   1968. *Recherches sur les* Confessions *de saint Augustin*, 2nd. edn. Paris.
Cunningham, M. P. 1962. "*Casta dignitas continentiae* in Augustine's 'Confessions'," *Classical philology* 57: 234–5.
Daniélou, J. 1946. "Traversée de la mer rouge et baptême aux premiers siècles," *Recherches de science religieuse* 33: 402–30.
Decret, F. 1978. *L'Afrique Manichéenne (IVe–Ve siècles): étude historique et doctrinale*. Paris.
De Marchi, V. 1962. "De nonnullis Augustini Confessionum locis," *Rendiconti dell'istituto lombardo, classe di lettere, scienze morali e storiche* 96, 310–16.
Deveker, J. 1991. "Les Sergii Paulli: problèmes généalogiques d'une famille supposée chrétienne" in M. van Uytfanghe and R. Demeulenaere, eds. *Aevum inter utrumque: mélanges offerts à G. Sanders*, 109–19. The Hague.

Dihle, A. 1982. *The theory of will in classical antiquity*. Berkeley and Los Angeles.
Dolansky, F. 2011. "Honouring the family dead on the parentalia: ceremony, spectacle, and memory," *Phoenix* 65: 125–57.
Drecoll, V. H. 1999. *Die Entstehung der Gnadenlehre Augustins*. Tübingen.
Dulaey, M. 1973. *Le rêve dans la vie et la pensée de saint Augustin*. Paris.
2003. "*Scatentes lacrimis Confessionum libros*: les larmes dans les *Confessions*" in *Le Confessioni di Agostino (402–2002): bilancio e prospettive: 31. incontro di studiosi dell' antichità cristiana: Roma, 2–4 maggio 2002*, 215–32. Rome.
DuRoy, O. 1966. *L'intelligence de la foi en la trinité selon saint Augustin: genèse de sa théologie trinitaire jusqu'en 391*. Paris.
Dutoit, E. 1961. "La gradation chez saint Augustin," *Revue des études latines* 39: 63–4.
Ennabli, L. 1997. *Carthage: une métropole chrétienne du IVe à la fin du VIIe siècle*. Paris.
Eyben, E. 1973. "Die Einteilung des menschlichen Lebens im römischen Altertum," *Rheinisches Museum* 116: 150–90.
Feldmann, E. 1987. *Die "epistula fundamenti" der nordafrikanischen Manichäer: Versuch einer Rekonstruktion*. Altanberge.
Ferrari, L. C. 1977. "Augustine and astrology," *Laval théologique et philosophique* 33: 241–51.
1978. "The 'food of truth' in Augustine's *Confessions*," *Augustinian studies* 9: 1–14.
1979. "The dreams of Monica in Augustine's *Confessions*," *Augustinian studies* 10: 3–17.
1980. "Paul at the conversion of Augustine," *Augustinian studies* 11: 5–20.
1992. "Beyond Augustine's conversion scene" in J. McWilliam, ed. *Augustine: from rhetor to theologian*, 97–107. Waterloo, Ont.
Finamore, J. 1999. "Plotinus and Iamblichus on magic and theurgy," *Dionysius* 17: 83–94.
Fontaine, J. 1992. *Ambroise de Milan: hymnes*. Paris.
Freccero, J. 1966. "Dante's prologue scene," *Dante studies* 84: 1–25.
Frede, M. 2011. *A free will: origins of the notion in ancient thought*. Berkeley and Los Angeles.
Frend, W. H. S. 1987. "The family of Augustine: a microcosm of religious change in north Africa" in *Atti del congresso internazionale su s. Agostino nel XVI centenario della conversione* I: 135–51.
Gabillon, A. 1987. "Sur quelques passages du livre 7 des *Confessions*" in C. Mayer, ed. *Homo spiritalis: Festgabe Luc Verheijen*, 440–6. Würzburg.
Gamble, H. Y. 1995. *Books and readers in the early church: a history of early Christian texts*. New Haven.

Gasti, F. 2009. "*parturitio nouae uitae*: raccontare la conversione (Augustinus Conf. VIII e due lettere)" in *Agostino a scuola: Atti della giornata di studio di Pavia 13 nov. 2008*, 79–102. Pisa.
Glucker, J. 1978. "Antiochus and the late academy," *Hypomnemata* 56. Göttingen.
Grensted, L. W. 1920. *A short history of the doctrine of the atonement*. Manchester.
Griffiths, P. J. 2004. *Lying: an Augustinian theology of duplicity*. Grand Rapids, MI.
Gros, P. 1982. "Le forum de la haute ville dans la Carthage romaine d'après les textes et l'archéologie," *Comptes rendus de l'académie des inscriptions* 1982, 636–58.
Hadot, P. 1971. *Marius Victorinus: recherches sur sa vie et son oeuvre*. Paris.
Hagendahl, H. 1967. "Augustine and the Latin classics," *Studia Graeca et Latina Gothoburgensia* 20. 2 vols. Göteborg.
Handley, M. 2011. "Dying on foreign shores: travel and mobility in the late-antique west," *Journal of Roman archeology* supplementary series 86.
Hardie, P. R. 2002. *Ovid's poetics of illusion*. New York.
Harrison, S. 2006. *Augustine's way into the will: the theological and philosophical significance of De libero arbitrio*. Oxford.
Heid, S. 2000. *Celibacy in the early church: the beginnings of a discipline in East and West*, trans. M. J. Miller. San Francisco.
Helm, R. 1956. *Die Chronik des Hieronymus*. Eusebius *Werke* VII.3. Berlin.
Henry, P. 1934. *Plotin et l'occident*. Louvain.
Heraeus, W. 1904. "Con und com vor Vokalen in der Composition," *Archiv für lateinische Lexikographie und Grammatik* 13: 51–8.
Hermansen, G. 1981. *Ostia: aspects of Roman city life*. Edmonton, Alb.
Hofmann, J. B. 1951. *Lateinische Umgangssprache*, 3rd. edn. Heidelberg.
Holte, R. 1962. *Béatitude et sagesse: saint Augustin et le problème de la fin de l'homme dans la philosophie ancienne*. Paris.
Hombert, P.-M. 2000. *Nouvelles recherches de chronologie augustinienne*. Paris.
Hook, B. S. and D. H. Davis. 2011. "A note on the baths in *Confessions* IX.12.32," *Augustinian studies* 42: 49–56.
Houghton, H. A. G. 2008. *Augustine's text of John: patristic citations and Latin gospel manuscripts*. Oxford.
Hrdlicka, C. L. 1931. *A study of the late Latin vocabulary and of the prepositions and demonstrative pronouns in the Confessions of St. Augustine*. Washington, DC.
Johnson, W. A. 2010. *Readers and reading culture in the high Roman empire: a study of elite communities*. Oxford.
Jones, A. H. M. 1964. *The later Roman empire 284–602: a social economic and administrative survey*. 2 vols. Norman, OK.

Kahn, C. H. 1988. "Discovering the will: from Aristotle to Augustine" in J. M. Dillon and A. A. Long, eds. *The question of "eclecticism": studies in later Greek philosophy*, 234–59. Berkeley and Los Angeles.
Kajanto, I. 1963. *Onomastic studies in the early Christian inscriptions of Rome and Carthage*. Helsinki.
Kelly, J. N. D. 1975. *Jerome: his life, writings, and controversies*. London.
Kirwan, C. 1989. "The nature of speech" in *Augustine*, 35–59. London.
Knauer, G. N. 1955. *Psalmenzitate in Augustins Konfessionen*. Göttingen.
Kotila, H. 1992. "*Memoria mortuorum*: commemoration of the departed in Augustine," *Studia ephemeridis "Augustinianum"* 38. Rome.
Kotzé, A. 2004. *Augustine's Confessions: communicative purpose and audience*. Leiden.
Kroon, C. 1995. "Discourse particles in Latin: a study of *nam, enim, autem, vero*, and *at*," *Amsterdam Studies in Classical Philology* 4. Amsterdam.
Kursawe, B. 1989. "Die Bedeutung von 'excitare' im Werk Augustins" in A. Zumkeller, ed. *Signum pietatis: Festgabe für Cornelius Petrus Mayer OSA zum 60. Geburtstag*, 217–30. Würzburg.
Lane Fox, R. 2015. *Augustine: conversions to confessions*. New York.
Lattimore, R. 1962. *Themes in Greek and Latin epitaphs*. Urbana, IL.
Lausberg, H. 1998. *Handbook of literary rhetoric: a foundation for literary study*. Leiden.
Leeb, H. 1967. *Die Psalmodie bei Ambrosius*. Vienna.
Liebeschuetz, J. H. W. G. 2005. "Ambrose of Milan: political letters and speeches," *Translated texts for historians* 43. Liverpool.
Lieu, S. N. C. 1992. *Manichaeism in the later Roman empire and medieval China*, 2nd. edn. Wissenschaftliche Untersuchungen zum neuen Testament 63. Tübingen.
Löfstedt, B. 1981. "Notizen zu den Bekenntnissen des Augustin" 56: 105–8.
Löfstedt, E. 1933. *Syntactica: Studien und Beiträge zur historischen Syntax des Lateins II: syntaktisch–stilistische Gesichtspunkte und Probleme*. Skrifter utgivna av kungl. humanistiska vetenskapssamfundet i Lund X.2. Lund.
1942. *Syntactica: Studien und Beiträge zur historischen Syntax des Lateins I: über einige Grundfragen der lateinischen Nominalsyntax*. Skrifter utgivna av kungl. humanistiska vetenskapssamfundet i Lund X.1, 2nd. edn. Lund.
Lorenz, R. 1966. "Die Anfänge der Abendländischen Mönchtums im 4 Jahrhundert," *Zeitschrift für Kirchengeschichte* 77: 1–61.
Lynch, J. V. 1986. *Godparents and kinship in early medieval Europe*. Princeton.
MacCormack, S. G. 1998. *The shadows of poetry: Vergil in the mind of Augustine*. Berkeley.

Madec, G. 1970. "Une lecture de *Confessions* VII, ix, 13–xxi, 27: notes critiques à propos d'une thèse de R. J. O'Connell," *Revue des études augustiniennes* 16: 79–137.

Mandouze, A. 1954. "L'extase d'Ostie: possibilités et limites de la méthode des parallèles textuels," in *Augustinus magister: congrès international augustinien Paris, 31–24 septembre 1954*, I: 67–84. Paris.

—— 1968. *Saint Augustin: l'aventure de la raison et de la grâce*. Paris.

Markus, R. A. 1994. "Augustine on magic: a neglected semiotic theory," *Revue des études augustiniennes* 40: 375–88.

Mastrorilli, D. 2011. "La tomba di s. Monica ad Ostia: fonti ed evidenze archeologiche," in M. Chiabò, M. Gargano, and R. Ronzani, eds. *Santa Monica nell'urbe dalla tarda antichità al rinascimento: storia, agiografia, arte: atti del convegno Ostia antica-Roma, 29–30 settembre 2010*, 113–28. Rome.

Matthews, J. F. 1973. "Symmachus and the oriental cults," *Journal of Roman studies* 63: 179–95.

—— 2010. "Children's games in Augustine's *Confessions*" in *Roman perspectives: studies in the social, political and cultural history of the first to fifth centuries*, 275–90. Swansea.

McGinn, B. 1991. *The foundations of mysticism*, vol. I: *The presence of God: a history of western Christian mysticism*. New York.

McKeown, J. C. 1989. *Ovid: Amores. Text, prolegomena and commentary in four volumes*, II. Leeds.

McLynn, N. B. 1994. *Ambrose of Milan: church and court in a Christian capital*. Berkeley.

Metzger, B. M. and B. D. Ehrman. 2005. *The text of the new testament: its transmission, corruption, and restoration*, 4th. edn. New York.

Mikkelsen, G. 2011. "Augustine and his sources: the 'devil's snares and birdlime' in the mouths of Manichaeans in east and west" in J. A. van den Berg et al., eds. *"In search of truth": Augustine, Manichaeism and other gnosticism: studies for Johannes van Oort at sixty*, 419–25. Leiden.

Millar, F. 1977. *The emperor in the Roman world (31 BC—AD 337)*. Ithaca.

Mohrmann, C. 1956. "'Domus Dei' chez saint Augustin," *Hommages à Max Niedermann* Collection Latomus 23. Brussels.

Müller, A. 1910. "Studentenleben im 4. Jahrhundert n. Chr.," *Philologus* 69: 292–317.

Nathan, G. S. 2001. *The family in late antiquity: the rise of Christianity and the endurance of tradition*. London.

Nisbet, R. G. 1923. "*Voluntas fati* in Latin syntax," *American journal of philology* 44: 27–43.

O'Daly, G. J. P. 1987. *Augustine's philosophy of mind*. London.

O'Donnell, J. J. 2005. *Augustine: a new biography*. New York.

O'Ferrall, M. M. 1976. "Monica the mother of Augustine: a reconsideration," *Recherches Augustiniennes* 10: 23–43.

O'Laughlin, T. 1992. "The *libri philosophorum* and Augustine's conversions," in T. Finan and B. Twomey, eds. *Relationships between neoplatonism and Christianity*, 101–25. Dublin.

Otto, A. 1890. *Die Sprichwörter der Römer*. Leipzig.

Pease, A. S. (ed.). 1955–8. *M. Tulli Ciceronis de natura deorum*, 2 vols. Cambridge, MA.

Pépin, J. 1951. "'*Primitiae spiritus*': remarques sur une citation paulinienne des 'Confessions' de saint Augustin," *Revue de l'histoire des religions* 140: 155–202.

Perler, O. 1969. *Les voyages de saint Augustin*. Paris.

Poque, S. 1985. "Au sujet d'une singularité romaine de la '*redditio symboli*' (*Confessiones* 8,2,5)," *Augustinianum* 25: 133–43.

Prendiville, J. G. 1972. "The development of the idea of habit in the thought of saint Augustine," *Traditio* 28: 29–99.

Rapp, C. 2005. *Holy bishops in late antiquity: the nature of Christian leadership in an age of transition*. Berkeley.

Réau, L. 1955–9. *Iconographie de l'art chrétien*, 3 vols. Paris.

Reynolds, L. D. and N. G. Wilson. 1991. *Scribes and scholars: a guide to the transmission of Greek and Latin literature*, 3rd. edn. Oxford.

Rigby, P. 1987. *Original sin in Augustine's* Confessions. Ottawa.

Rist, J. M. 1969. "Augustine on free will and predestination," *Journal of theological studies* 20: 420–47.

1994. "Words, signs and things" in *Augustine: ancient thought baptized*, 23–40. Cambridge.

Rondet, H. 1954–5. "Le symbolisme de la mer chez saint Augustin" in *Augustinus magister*, Congrès international augustinien Paris 21–24 septembre 1954, II 691–701. Paris.

Salzman, M. R. 2002. *The making of a Christian aristocracy: social and religious change in the western Roman empire*. Cambridge, MA.

Saxer, V. 1988. *Les rites de l'initiation chrétienne du IIe au VIe siècle: esquisse historique et signification d'après leurs principaux témoins*. Spolcto.

Schäfer, C. 2002. *Unde malum: die Frage nach dem woher des Bösen bei Plotin, Augustinus, und Dionysius*. Würzburg.

Schmitz, J. 1975. *Gottesdienst im altchristlichen Mailand*, Theophaneia: Beiträge zur Religions- und Kirchengeschichte des Altertums 25. Cologne.

Scibona, C. G. 2011. "The doctrine of the soul in Manichaeism and Augustine," in J. A. van den Berg et al, eds. "*In search of truth*": *Augustine, Manichaeism, and other gnosticism: Studies for Johannes van Oort at sixty*, 377–418. Leiden.

Shanzer, D. 2002. "*Avulsa a latere meo*: Augustine's spare rib, Augustine *Confessions* 6.15.25," *Journal of Roman studies* 92: 157–76.

Shaw, B. 1987. "The family in late antiquity: the experience of Augustine," *Past and present* 115: 3–57.

Smolak, K. 2003. "*Hortus intra domum*: zu Augustinus, *Confessiones* IX,10,23," in *Le Confessioni di Agostino (402–2002): bilancio e prospettive: 31. Incontro di studiosi dell'antichità cristiana: Roma, 2–4 maggio 2002*, 149–59. Rome.

TeSelle, E. 1970. *Augustine the theologian*. New York.

Teske, R. J. 1992. "'Homo spiritualis' in the *Confessions* of St. Augustine" in J. McWilliam, ed. *Augustine: from rhetor to theologian*, 67–76. Waterloo, Ont.

Testard, M. 1987. "La 'superbia' dans les *Confessions* de saint Augustin" in C. Mayer, ed. *Homo spiritalis: Festgabe für Luc Verheijen OSA*, 136–70. Würzburg.

Treggiari, S. 1991. *Roman marriage: iusti coniuges from the time of Cicero to the time of Ulpian*. Oxford.

Van der Horst, P. W. 1998. "*Sortes*: sacred books as instant oracles in late antiquity" in L. V. Rutgers et al., eds. *The use of sacred books in the ancient world*, 143–73. Leuven.

Van der Lof, L. J. 1981. "The threefold meaning of 'servi Dei' in the writings of Saint Augustine," *Augustinian studies* 12: 43–59.

Van der Meer, F. 1961. *Augustine the bishop: church and society at the dawn of the middle ages*. New York.

Van Fleteren, F. 1974. "Augustine's ascent of the soul in book VII of the *Confessions*: a reconsideration," *Augustinian studies* 5: 29–72.

Vessey, M., ed. 2012. *A companion to Augustine*. Malden, MA.

Volp, U. 2002. *Tod und Ritual in den christlichen Gemeinden der Antike*, Supplements to *Vigiliae Christianae* 65. Leiden.

Von Harnack, A. 1981. *Militia Christi: the Christian religion and the military in the first three centuries*, trans. D. M. Gracie. Philadelphia.

Vössing, K. 1997. *Schule und Bildung im Nordafrika der römischen Kaiserzeit*. Brussels.

Wallis, R. T. 1972. *Neoplatonism*. London.

Webb, R. 2008. *Demons and dancers: performance in late antiquity*. Cambridge, MA.

Weber, D. 2009. "Zur Gestaltung der Gartenszene in Augustins Confessiones" in G. Förster et al., eds. *Spiritus et littera: Beiträge zur Augustinus-forschung: Festschrift zum 80. Geburtstag von Cornelius Petrus Mayer OSA*, 377–89. Würzburg.

Weber, R. (ed.) 1994. *Biblia sacra iuxta vulgatam versionem*, 4th. edn. Stuttgart.

Wiedemann, T. 1992. *Emperors and gladiators*. London.

Wills, G. 2012. *Font of life: Ambrose, Augustine, and the mystery of baptism.* Oxford.
Wilmart, A. 1931. "Operum s. Augustini elenchus a Possidio eiusdem discipulo Calamensi episcopo digestus," *Miscellanea Agostiniana: Testi e studi pubblicati a cura dell' ordine eremitano di S. Agostino,* II 149–233. Rome.
Wischmeyer, W. 1975. "Zum Epitaph der Monica," *Römisches Quartalschrift* 70: 32–41.
Wolfsdorf, D. 2013. *Pleasure in ancient Greek philosophy.* Cambridge.
Woodman, A. J. 1975. "Questions of date, genre, and style in Velleius: Some literary answers," *Classical quarterly* 25: 272–306.
Zwierlein, O. 2002. "Augustins quantitierender Klauselrhythmus," *Zeitschrift für Papyrologie und Epigraphik* 138: 43–70.

INDEX OF LATIN WORDS

This index comprises words and phrases in the *Confessions* which were not current until the Christian period, or which acquired new meanings then. Numbers refer to pages of the commentary.

a longe 86
ab usque 171
absurditas 138
abyssus 5, 124
acceptabilis 5, 274
aenigma 121, 132, 329
agens in rebus 254, 314
animositas 113, 133
antistes 127, 144
apostolus 4

blasphemia, blasphemo 5, 286

captiuo 144
carnalis, carneus, caro 4, 83, 106, 270, 306–7, 339
castifico 319
catholicus 4, 114, 121, 132, 216, 330
certe uel 99
christianus 4
clarifico 298
cohibeo 257
collocutor 308
combino 254
concerno 115
concupiscentia 5
condelector 247
confessio, confiteor 2–4, 79–80, 100, 175, 180, 233, 312
conglobatim 188
consolator 93
contempero 216
contenebratus 188
contestor 228
contribulatus 221
contritio, contritus 5, 8, 87, 186, 263
conuersio, conuertor 4, 81, 99, 134, 256
cor 90, 100, 116, 131, 162, 169, 261, 284, 303, 315
corruptibilis 5
creatura 5, 81, 90, 200
credulitas 136
curiositas 87–8, 157, 183

daemonicola 233
de + ablative 4, 89

dimitto 4, 104
discutio 99
dispono 152
dissimulo 112
ditator 93
documentum 121
dominicus, dominus 5, 132
dormitio 323

ecclesia 4
elemosyna 4, 109
eloquia 119, 219
eo quod 117
episcopus 4
eremus 253
eruo 147
et ecce 82, 275
euangelium 4
examinatissimus 182

fabrica 148
fidelis 4, 288
fiducialiter 340
flato 182
foris a 123
fornicatio, fornicor 5, 117

gentes, gentilis 4, 128, 305
grandiusculus 315
gratia 5, 80, 104, 235
gratulatorius 251
gratulor + ablative 335

haeresis 4, 216
hebetudo 103
homo (indefinite) 93, 120, 192
humilito 294

id ipsum 302, 326
idem 4, 83
in + ablative 92, 195
incontaminabilis 172
inconuertibilis 172
incorruptibilis, incorruptio 167, 196
incrassatus 169

355

INDEX OF LATIN WORDS

incunctanter 168
inferi 106
ingravidatus 179
iniquitas, iniquus 4, 82, 112, 203
inolitus 270
inspiro 307
interblandior 335
interpello 299
intimo 149
inuiscero 223
ipse 4, 83

longe fieri 83
luminare 87

mammona 5, 151
martyr 4
mediator 212
meditor 246, 282
memoria 105
monachus 252
monasterium 4, 252
mortifico 272
mox ut 263

non for ne 4, 185, 206, 267
non est qui 81
nullatenus 183
numerator 92

obdulcesco 218
oblatio 109
occurro + ad 91
operor 144
oratio 4, 109
omnitenens 208

paeniteo 237
paracletus 93, 298
parturitio 255
pausatio 294
peccatum 4
peccatum originale 107
peregrinatio, peregrinus 4, 119
pensor 92
persequor 310
personalis 94
peruentio 124
phantasma 108, 168, 211, 291, 298
plango 125
plenarius 93–4
praedestino 110
praenuntiator 305
praesidatus 154

praesumptio 218
presbyter 4, 236
primogenitus 197
procuro 162
profiteor 93, 236
propalo 312
propheta, prophetia 4, 298
psalterium 335

quaquauersum 169
quid for quod 204, 246
quisquam for aliquis 287
quisque for quis 218, 267
quod quasi 285

refractus 100
reliquiarium 106
remergo 246
requies 5
resolutio 342
resurrectio 5, 289

sacramentum 5, 138, 144, 267, 296, 343
saecularis, saeculum 4, 86, 129, 183, 248
salsiuscula 239
saluator 114
salus 5
sancti 4, 109, 134
satago 120, 152
satellitium 163
scriptura 5
seductorius 99
solidamentum 218
spiritalis 115
spiritus 5
statim quippe 278
suaueolentia 253
sustentaculum 131

terricrepus 232
testamentum 5
thesaurizo 299
trinitas 4
typhus 141, 190, 296

uagabundus 96
uanitas 94, 228, 234, 270, 298
ueritas 89, 141, 201, 208, 215, 234, 246, 264, 268, 326, 336
unigenitus 89
ut quasi 148–9
ut quid 176
utrumnam 276

INDEX OF TOPICS

Numbers refer to pages of the introduction and commentary.

Adeodatus 11, 103, 162, 249, 280, 283, 293, 306–8, 313, 334–5
allegory 6, 88, 121, 123, 131, 134–6, 196, 225, 232, 290, 329
Alypius
 addiction to shows 143–7
 biography written by Augustine 142
 career in law 102, 146–51, 241
 relations with Augustine 143, 156–60, 164, 251–61, 273, 278–9, 288, 313
 religious career 145, 216, 293–5, 306
Ambrose
 episcopal career 119, 122, 130, 225, 229
  confrontation with the emperor 309–13
 preaching 119–21, 134, 173, 179
 promoter of monasticism 253
 relationship with Augustine 10, 119–20, 122, 129–32, 153, 305–6, 308
 relationship with Monnica 124, 126–9, 322
angels 4, 175–7, 213, 215, 223, 238, 240
Anthony of Egypt 251–4, 259, 276–7
Apollinarians 216
Arianism 309–10
astrology 11, 95, 142, 151, 179–85, 189
astronomy 82, 87–92, 98, 179
atonement, doctrine of the 107, 221–2, 343
Augustine
 baptism of 104, 159, 283, 288, 291, 304–6, 308–9, 323
 datable points in his life 1–2, 79, 96, 106, 118–9, 123, 140, 143, 152, 166, 180, 223–4, 229, 249, 257, 280, 283, 289, 291, 303, 305–8, 310–11, 313, 333
 entourage of 98, 131, 140, 160, 186, 217, 283, 313
 fear of death 107–9, 163–4, 178–9, 180, 269, 304, 309
 sexuality 129, 139–40, 156, 158, 209, 226–8, 239–40, 244, 247–8, 268–9, 270–1, 279, 282, 308

 sexual attachments 11, 103, 139, 154–60, 162, 226, 270–1, 279, 307, 335
 teacher of rhetoric
  in Carthage 11, 79, 100, 102–3, 143–4, 147
  in Rome 100–1, 106, 116–17
  in Milan 11, 79, 117–18, 251, 282–3, 286–7, 293
Bible 4, 6, 7, 9, 11–12, 138–9, 154
bibliomancy 277

Cassi(ci)acum 290, 294
catechumenate 4, 122, 134, 153, 232, 234, 291, 296
chirographum metaphor 110, 221, 343
Cicero 3–5, 8, 99, 112, 164–5, 167, 211, 257, 294
codex, format of 10, 150, 153, 249–52, 261, 277
Cyprian 105

devil, the 99, 156, 175, 220–1, 223, 242–4, 283, 343
dreams 110, 124, 159, 311

Egypt 196–9, 231–2, 251, 253
Elpidius 115
Epicurus 164, 295
eucharist 109, 128, 202, 221, 337, 343
evil, origin of 11, 82, 108, 110–13, 170, 173–6, 178–9, 186, 204–9, 264–7, 299
Evodius 313–14

Firminus 181–4
flashbacks 95, 115, 166, 170, 219, 257–8, 265, 279, 309–13, 315–22
flashforwards 79, 94, 106, 117, 144, 147, 158, 215–16, 225, 229, 287, 289, 291, 311, 321, 339
Flavius Mallius Theodorus 153, 190
food and drink, imagery of 85, 95, 97–8, 127–8, 130–1, 140–1, 172, 196–7, 202, 211–12, 221–2, 225, 239, 299, 303, 316, 326–7, 337–8

357

fragmentation, imagery of 102, 152, 203, 257, 260, 301

Hippo Regius 1, 288
house, imagery of a 260, 313–14, 323–4

Jerome 7, 231, 242, 256
Julian 230, 244
Justina 129, 309–10, 312–13

liberal arts 85–6, 230
lies 90, 104, 140, 152, 184, 214, 234, 267, 283, 287, 298

Manicheism
  adherence of Augustine to 1, 9, 96, 101, 110–11, 113, 115, 161, 303
  doctrines of 91–4, 108, 110–16, 133, 136, 170–2, 200, 207, 264–8, 291, 298–300
  Faustus, encounter of Augustine with 84–6, 95–100
  Mani, critique of 90–5, 99–100, 108, 114–15
Marius Victorinus 191, 229–37, 241, 243, 246–7, 252, 284–5
medicine, imagery relating to 126, 136, 145, 147, 155–6, 163, 172, 188, 207, 209, 239, 261, 269, 286, 295, 303, 317–18, 321, 331, 336, 340–1
Monnica
  breach and reunion with Augustine 103–6, 123
  death and burial of 331–45
  early life of 315–22
  negotiates a marriage for Augustine 139, 158–9, 279
  piety and faith of 109–10, 125–8, 131–2, 310, 323–31, 333, 342–4

Navigius 106, 123, 293, 322, 331
Nebridius 142, 151, 160, 164, 171–2, 180, 248–51, 280, 291–4, 308
Neoplatonism
  adaptation of, by Augustine 6, 82, 186–7, 190–4, 200–10, 301–2, 325–30
  critique of, by Augustine 195–200, 217–18, 222–3, 230
  discovery of, by Augustine 189–91, 216, 230, 262,

Ostia 313, 323–4, 333, 336–8
Ovid 88, 167

Patricius 318–22, 332–3, 342, 344
Paulinus of Nola 6, 142
Persius 269, 275, 299
Photinus 216
Ponticianus 251–60, 269, 276
predestination 110

reading, silent 129, 254
Romanianus 104, 160–1

school of the grammarian 143, 248–9
sea, the 105, 123, 126, 304, 318
Sergius Paulus 242
Simplicianus 132, 225, 229, 233, 243–4, 247
singing, congregational 309–13, 338
skepticism, Academic 95, 112, 122, 126, 132, 133, 135–6, 173, 203, 258
soldiering, imagery of 223, 242–3, 246, 251, 287, 314
Symmachus 79, 118, 251

tears 83, 101, 105, 221, 273–4, 309, 334, 337, 339
Thagaste 11, 142–4, 161, 291, 314–15, 342
theurgy 196, 199, 232
time 8, 11, 208, 220, 257, 301–2
Trier 253, 255, 284

Valentinian II 129, 140, 251, 309–10
Verecundus 248–9, 280, 288–93, 308
Vindicianus 180–1, 185
Virgil 88, 91, 104–5, 116, 124, 147, 163, 231, 242, 318

will, the 173–7, 209, 220, 244–5, 256, 262–8, 280–1, 286
word (uerbum)
  as sign 6, 85, 97, 214, 328
  of God 7, 284
  = Christ 7, 85, 89, 172, 190–1, 212–13, 216, 230, 234, 244, 328, 338